이집트인 모세

서구 유일신교에 새겨진 이집트의 기억

MOSES THE EGYPTIAN: The Memory of Egypt in Western Monotheism
by Jan Assmann

Copyright © 1997 by the President and Fellows of Harvard College
Korean translation copyright © 2009 by Greenbee Publishing Co.
All rights reserved.
This edition published by arrangement with Harvard University Press through Shinwon Agency Co.

이집트인 모세 : 서구 유일신교에 새겨진 이집트의 기억

초판 1쇄 발행 2010년 1월 5일
초판 3쇄 발행 2018년 12월 15일

지은이 얀 아스만 | **옮긴이** 변학수
펴낸이 유재건 | **펴낸곳** (주)그린비출판사 | **신고번호** 제2017-000094호
주소 | 서울시 마포구 와우산로 180, 4층 | **전화** 702-2717 | **팩스** 703-0272

ISBN 978-89-7682-341-0 03100
이 도서의 국립중앙도서관 출판시도서목록(CIP)은 서지정보유통지원시스템 홈페이지(http://seoji.nl.go.kr)와
국가자료공동목록시스템(http://www.nl.go.kr/kolisnet)에서 이용하실 수 있습니다.(CIP제어번호 : 2009003816)

이 책의 한국어판 저작권은 신원에이전시를 통해 Harvard University Press와 독점 계약한 (주)그린비출판사에 있습니다. 저작권법에 의하여 한국 내에서 보호를 받는 저작물이므로 무단 전재와 무단 복제를 금합니다.
책값은 뒤표지에 있습니다. 잘못 만들어진 책은 서점에서 바꿔 드립니다.

철학이 있는 삶 **그린비출판사** www.greenbee.co.kr

프리즘총서 001

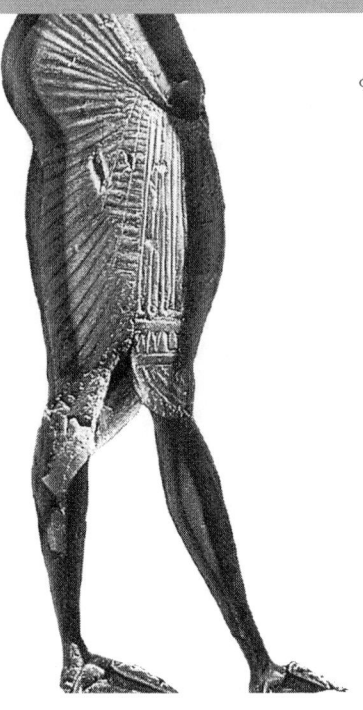

Moses the Egyptian

이집트인 모세

서구 유일신교에 새겨진 이집트의 기억

얀 아스만 지음, 변학수 옮김

gB
그린비

모셰 바라쉬에게

서 문

요세프 하임 예루살미는 그의 책 『프로이트와 모세』(1991) 도입부에서 프로이트로부터 시작해 거꾸로 실러를 거쳐 존 스펜서와 스트라본, 마네톤, 아피온, 그리고 켈수스에 이르는 계보를 만들었는데, 그는 이 계보가 "우리가 만약 충분한 세계와 시간을 가졌더라면" 대단히 탐구할 만한 것이라고 말하였다. 나는 『유일신교와 우주신교』(1993)에서 아케나톤과 그의 종교적 혁명의 대척점에서 출발하여 마네톤, 스트라본, 아피온, 그리고 타키투스를 거쳐 실러와 지그문트 프로이트에 이르기까지의 모세 수용사를 구상하였지만 결국 체념 비슷한 느낌으로 이 일을 중단하고 말았다. 그러나 그때, 정말 예상치도 못한 가운데 나에게 충분한 세계와 시간이 주어졌는데 그것은 일 년간(1994~1995) 캘리포니아에서 머물 수 있는 초청장이 날아온 것이다. 그래서 나는 그 시간을 아케나톤과 프로이트 사이의 광대한 영역을 예비적으로 탐사하는 데 사용했다.

폴 게티 센터 예술인문학사 분과와, 특히 살바토레 세티스 소장님께 나를 초청해 주신 데 대해 감사를 드린다. 특히 그분이 만들어 주신 협조적이고 대화적인 분위기와 여러 번에 걸친 아주 고무적인 토론에 감사한다. '기억'

이란 주제(그 해의 주제였음)를 두고 지속적으로 토론에 참가해 준 줄리아 안나스, 메리 케러더스, 프랑수아 아르토지, 크리스티앙 자코브, 안 푸아리에와 파트리크 푸아리에, 크리슈토프 포미안, 자크 레벨, 미하엘 로트, 카를로 세베리, 그리고 알라이다 아스만과 칼 E. 쇼르스케에게 감사한다. 이분들과 함께 나는 이 책에 썼던 몇몇 문제들과 개념들을 공유할 수 있는 기회를 가졌다. 그리고 이분들은 여러 가지 고무적인 해결방안에 도움을 주었다. 나는 특히 연구소의 이웃이었던, 우연히 만난 카를로 진즈부르그에게 큰 빚을 졌다. '낯설게 하기'에 관한 그의 세미나는 정보를 얻고 자극을 받는 데 무한한 원천이 되었다. 그리고 나의 작업에 대한 그의 비판적 고찰은 입장을 분명히 하도록 재촉했고 수많은 불명료한 질곡에서 나를 구하였다. 그리고 사이스의 베일에 가려진 성상(聖像)의 모티브에 대해 작업하고 있었던 스튜어트 하르텐에게도 빚을 졌다. 그가 찾아 놓은 많은 문헌 정보를 함께 이용할 수 있었다.

크리스티아노 그로타넬리와 마우로 페셰는 최근의 이탈리아 연구자들에게도 관심을 갖게 하면서 내가 놓쳤을 수도 있는 많은 책들과 논문들을 제공해 주었다. 나의 연구조교인 루이즈 A. 히치콕은 문헌들과 복사본들을 제공해 주었을 뿐 아니라 내 원고를 읽어 주었고, 영어표현을 다듬어 주었으며, 귀중한 제언들을 해주었다. 나의 친구이자 이집트학 동료인 안토니오 로프리에노에게도 특별한 감사의 말을 전하고 싶다. 그는 로스앤젤레스에서 체류하는 동안 집처럼 편안하게 지낼 수 있도록 했을 뿐 아니라 이집트학 연구에도 도움을 주었다. 다나 M. 림스를 만난 것도 안토니오 로프리에노와 함께 조직한 고대 이집트 문학 심포지엄에서였다. 당시 UCLA 연구 도서관 특별 자료실에서 내가 읽고 있던 랠프 커드워스의 『우주의 진정한 지적 체계』에 그 역시 관심과 흥미가 있었다는 것을 알게 되었다. 그는 내가 그 책을 집에서 볼 수 있도록 사본을 주었을 뿐 아니라 자신의 풍족한 개인 장서에서 관련된 책들을 제공해 주었다(나는 이것을 주석에 명기했다). 더욱이 그는 이 책의 원고를 읽었고, 여러 가지 필요한 제언을 했으며, 문체를 가다듬을 수 있도록 여러 가지 조언을 해주었다. 이 책을 준비하는 동안 용기를 준 린지 워터스에게 감사를 드리고, 원고를 기술적으로 편집해 준 낸시 클레멘트에게도 감사한다.

내가 샌타모니카에 체류하는 동안 내 직무를 감당했을 하이델베르크 대학교의 동료들은 여러 가지 업무가 많아졌을 것이다. 감사하다는 말을 전해야 할 많은 이들 중에 무엇보다 나의 조교들인 마르틴 보마스, 하이케 구크쉬, 안드레아 쿠하렉, 그리고 프리데리케 자이프리트에게 감사하고, 이집트학과에서 나의 강의와 행정을 떠맡았던 슈테판 자이들마이어에게 감사한다. 그의 주의 깊고 활기찬 지도로 인하여 학과가 더 번창할 수 있었다.

    이 책은 비밀과 신비를 주제로 한 '문학적 소통의 고고학'이라는 연구 그룹의 프로젝트에서 발전하게 되었다. 이 프로젝트는 내가 알라이다 아스만과 함께 일련의 학회와 출판물(*Schleier und Schwelle*, 1권에서 3권)의 형식으로 수행하였다. 이 학회가 열리는 기간 내내 일어난 토론들이 이 책의 기본적 개념을 형성하는 데 크게 공헌하였다. 특별히 알라이다 아스만, 모셰 바라쉬, 그리고 볼프-다니엘 하르트비히에게 빚진 바 크다. 그리고 나는 이 책을 모셰 바라쉬에게 헌정한다. 그가 격려한 덕분에 이 책이 출간의 빛을 보게 되었다.

CONTENTS

서문 — 7

1장 기억사와 이집트의 구성 — 13
모세구별 14 | 두 나라 이야기 22 | 기억사의 목표 25 | 기억사와 담론사 37
모세와 이집트의 부활 40

2장 박해의 역사, 억압의 기억: 모세와 아케나톤 — 49
아케나톤: 최초의 반−종교 50
문둥병자와 유대인: 그리스·라틴 문헌 속에 등장하는 아케나톤으로서의 모세 59
고대 세계의 반−종교와 종교적 번역 가능성 86

3장 법 앞에서: 이집트학자 존 스펜서 — 103
망각술로서의 규범전도: 마이모니데스 107 | 적용: 율법의 문화화 130
신성문자에서 율법으로: 법의 보호 아래(Sub Cortice Legis) 143
헨 카이 판: 랠프 커드워스가 말하는 이집트의 불가해한 신학 148

4장 18세기 모세 담론 — 167
유일신교의 시각: 존 톨런드 168 | 신비 또는 이교도의 정신분열증: 윌리엄 워버턴 177
사물과 기호: 우상숭배와 신비의 그라마톨로지 188 | 여호와, 즉 이시스: 카를 레온하르트 라
인홀트 210 | 자연과 숭고함: 프리드리히 실러 228 | 헨 카이 판: 이집트 우주신의 귀환 248

5장 지그문트 프로이트: 억압의 회귀 — 259

만화경의 전환과 프로이트 텍스트의 탄생 260 | 이집트인 모세와 유일신교의 기원 270
두 모세와 유대인의 이원론 279 | 반복과 억압: 아버지 살해와 종교의 기원 285
역사적 의미: 프로이트식 에우헤메리즘 291

6장 고대 이집트 전통 속의 유일자 — 301

자연의 반-종교: 아케나톤의 혁명적 유일신교 303 | 창조와 신의 현시로서의 세계 342

7장 모세구별의 폐지: 종교의 적대성과 그 극복 — 369

혁명 혹은 옛 것과 새 것 372 | 비밀 혹은 계시된 것과 감춰진 것 376
잠복, 또는 망각한 것과 기억한 것 380

옮긴이 후기 — 385
찾아보기 — 392

| 일러두기 |

1 이 책은 Jan Assmann의 *Moses the Egyptian*, Harvard University Press, 1997을 완역한 것이다.
2 본문의 주석은 모두 각주로 표시되어 있다. 옮긴이 주는 끝에 '―옮긴이'라고 표시했으며, 표시가 없는 것은 모두 지은이 주이다.
3 본문 중에서 『성경』이 인용된 경우, '공동번역' 『성경』을 주로 참조했다. 단 본문의 문맥상 필요한 경우 '공동번역' 『성경』의 번역을 무조건 반영하지는 않았다.
4 독자의 이해를 돕기 위하여 저자가 인용한 문헌에 첨가한 부분과 옮긴이가 본문에 추가한 내용은 대괄호(〔 〕)로 묶어 표시했으며, 이 중 옮긴이가 첨가한 부분은 '―옮긴이'라고 표시했다.
5 본문에서 저자가 인용하고 있는 파피루스 문헌표기의 의미는 다음과 같다. Papyrus 뒤에 나오는 지명이나 인명은 해당 파피루스를 소장하는 곳이나 발굴·수집을 주도한 사람의 이름이며, 그 뒤의 번호는 해당 파피루스의 보관기호이다. 예컨대 Papyrus Louvre 3148은 현재 루브르 박물관에서 소장하고 있는 3148번 파피루스를 의미하며, Papyrus Salt 825는 헨리 솔트(Henry Salt)가 구입했던(현재는 대영박물관에 보관 중) 825번 파피루스를 의미한다.
6 각주 중 서지정보가 등호(=)로 연결된 것은 해당 문헌 혹은 인용부가 등장하는 다른 문헌을 의미한다.
7 단행본·정기간행물에는 겹낫표(『 』)를, 논문·단편 등에는 홑낫표(「 」)를 사용했다.
8 외국 인명이나 지명, 작품명은 2002년에 국립국어원에서 펴낸 외래어 표기법을 따라 표기했다.

1장

기억사와 이집트의 구성

1장 _ 기억사와 이집트의 구성

모세구별

> 구별을 하라
> 그리고 그것을 제1구별이라고 부르라
> 그 구별된 공간을 이 구별로 단절되거나 분리된 공간이라고 명명하라.

조지 스펜서-브라운의 "제1구성법칙"(first Law of Construction)[1]은 논리나 수학의 구성 영역에만 적용되는 것이 아닌 것 같다. 이 법칙은 대단히 놀랍게도 문화적 구성과 구별, 그리고 그 같은 구별로 단절되거나 분리된 공간들에도 잘 적용된다.

내가 이 책에서 다루고자 하는 구별은 유대인과 이민족들(Gentiles), 기독교인과 이방인들(pagans), 무슬림과 비무슬림들(unbelievers) 같은 좀 더 특수한 구별을 하는, 종교에 있어서의 진리와 거짓 간의 구별이다. 그런데 이런 구별은 한번 이루어지면 그로 인해 갈라진 공간들 내에서 끊임없

---

1) George Spencer-Brown, *Laws of Form*, New York: The Julian Press, 1972, p.3.

이 분열한다. 예를 들어 기독교인과 이방인으로 시작한 구별은 구교도와 신교도, 루터파와 칼뱅파, 소시니안과 광교파(Latitudinarian), 그리고 수많은 유사한 종파들과 그 하부 종파들의 구별로 이어진다. 그런 문화적·종교적·지적 구별들은 의미와 동질성, 지향성으로 가득한 하나의 세계를 구성할 뿐 아니라 갈등과 비관용, 폭력으로 가득한 세계를 구성하기도 한다. 그래서 비록 문화적 의미가 훼손되는 위험을 감수한다 할지라도 이런 구별을 다시 재점검함으로써 그 갈등을 극복하려는 시도가 항상 존재했다.

우리는 종교에서의 진리와 거짓 사이의 구별을 '모세구별'이라고 명명하고자 하는데 그 이유는 서구의 전통이 그것을 모세와 연관 짓기 때문이다. 종교적 경전 이외에는 모세가 실존했다는 어떤 흔적도 없기 때문에 그가 실존인물인지 확신할 수 없다. 하지만 그가 이 같은 구별을 한 최초의 인물이 아니었음은 분명하다. 그 선구자는 자신을 아케나톤이라 이름 지었고, 기원전 14세기에 유일신교를 설립한 이집트 왕으로 전해지는 인물이다. 하지만 그의 종교는 어떤 맥도 잇지 못한 채 창시자인 그가 죽자마자 곧 잊혀졌다. 아케나톤은 기억이 아닌 역사의 인물인 반면, 모세는 역사가 아닌 기억의 인물이다. 문화적 구별과 해석의 영역에서는 기억이 아주 중요하므로 아케나톤 구별이 아닌 모세구별이란 용어를 쓰는 것이 마땅하다. 이 모세구별에 의해 단절되거나 분리된 공간이 서구 유일신교의 공간이다. 그리고 거의 2천 년 동안 유럽인들의 정신적·문화적 공간을 이루고 있었던 곳도 바로 이 공간이다.

비록 얼핏 보기에 이 구별이 아주 그럴듯해 보여도 그것이 종교 자체만큼 오래되었다고 믿는 것은 잘못이다. 거의 모든 종교가 무의식적으로 자기 종교 밖의 모든 것을 미혹과 허위로 보고, 다른 종교를 '이방인'으로 비하하지 않는가? 실상 이 구별은 그저 자민족중심주의의 종교적 표현이지 않은가? 현실에서의 진실과 거짓 사이의 구별이 '우리'와 '그들'에 대한 구별 그 이상은 아니지 않은가? 모든 문명이 '야만인들'을 생성하는 것과 똑같은 방식으로 모든 종교가 '이방인들'을 만들어 내지 않는가?

이 구별이 아무리 타당해 보여도 사실은 그렇지 않다. 문화는 정체성을 구성함으로써 타자를 양산할 뿐만 아니라 또한 번역의 기술도 발달시킨다. 하지만 우리는 개인을 넘어서서 자신과 타자에 대한 개인적 구성으로부터 독립해 항상 거기 있는 '진정한 타자'와 개인적 정체성의 그림자라 할 수 있는 '구성된 타자'를 구분해야 한다. 게다가 어느 경우든 우리는 '진정한 타자'가 아닌 타자에 대한 우리의 구성과 투사에 대한 이야기를 다루고 있다는 것을 깨달을 필요가 있다. '이방인'이나 '우상숭배'란 말도 그러한 타자를 구성한 것에 속한다. 이것은 문화적 타자를 구성하는 데 있어서 어느 정도 번역의 기술에 의해서 보완되어야 할 불가피한 측면이다. 하지만 이런 의미에서의 번역은 절대 타자를 자문화의 시선으로 왜곡하여 수용하는 것과 혼동해선 안 된다. 그것은 단지 문화적 구별에 의해 만들어진 경계를 더 분명하게 설정하려는 시도이다.

고대 다신교들은 그런 번역의 기술로 그 기능을 수행했다. 그 다신교들은 정치적으로 상호 밀접하게 관련을 맺은 민족들의 세계종교로서 '고대 세계'가 발생하는 데 필수 불가결한 요소로 자리하고 있다.[2] 다신교들은 다양한 신들을 이름, 형상, 기능으로 구별하면서 부족종교들의 원시 자문화중심주의를 극복했다. 물론 언어가 다르기 때문에 그 이름들은 문화마다 다르다. 그리고 신들의 형상과 숭배의 의식들 또한 아주 다르다. 그에 반해 그 기

---

[2] Peter Artzi, "The Birth of the Middle East", *Proceedings of the Fifth World Congress of Jewish Studies*, Jerusalem: Magnes Press, 1969, pp.120~124.

능들은 아주 비슷했으며 보편적 신성을 가진 경우에는 특히 비슷했는데 고대의 신들은 대부분 그런 보편적 기능을 가지고 있었다. 한 종교의 태양신은 다른 종교의 태양신과 동일시될 수 있고 다른 것들도 마찬가지다. 그 동일한 기능 때문에 다른 종교의 신들도 같은 것으로 여겨질 수 있다. 메소포타미아에서는 신들의 이름을 번역하는 일이 기원전 3천 년으로 거슬러 올라간다(이는 2장에서 참조하라). 기원전 2천 년에는 이런 번역 작업이 근동의 다른 많은 언어와 문화에도 확장된다. 문화, 언어, 관습은 아주 다를지라도 종교는 언제나 공통된 토대를 가지고 있었다. 그래서 종교가 상호 문화적 번역 수단으로 쓰일 수 있었다. 신들은 보편적이었기 때문에 상호 민족적이었다. 다양한 민족들은 다양한 신들을 숭배했지만 누구도 낯선 신들의 존재와 그 신들을 숭배하는 낯선 형식이 지니는 정당성을 부정하지 않았다. 내가 논하려 하는 구별은 다신교적 종교의 세계에는 존재조차 하지 않았다.

그러므로 모세구별은 그 구별을 이끌어 낸 세계를 상당히 변화시킨 대단히 새롭고 급진적인 것이다. 이 구별로 '단절되거나 분리된' 공간은 일반적 종교에 해당하는 것이 아니라 아주 특정한 종교에 해당된다. 이런 새로운 형태의 종교를 '반-종교'(counter-religion)라 할 수 있는데 그 이유는 이런 종교가 그들 앞의, 혹은 그들 밖의 모든 종교를 '이방인'이라 부인하고 거부하기 때문이다. 이런 반-종교는 더 이상 상호 문화적 번역 수단으로 사용되지 않았고 오히려 상호 문화적 이질화의 수단으로 쓰였다. 다신교, 다시 말해 '우주적 종교'가 다른 문화들을 상호 투명하고 용납할 수 있는 것으로 여겨졌던 데 반하여, 그 새로운 반-종교는 상호 문화적 번역의 가능성을 차단했다. 거짓 신들은 번역될 수 없었던 것이다.

모든 문화적 구별들은 이 구별들이 구성하는 공간에 지속성을 부여하기 위하여 기억되어야 한다. 보통 그런 근본적인 구별을 회상하는 이런 기능은 과거의 수많은 구체적 이야기와 반복적 전승의 토대를 이루고 그 성격을 형성하는 '대서사시'적 형식을 지닌다. 참 종교와 거짓 종교 사이의 모세구별은 출애굽(Exodus)의 이야기로 그 모습을 나타낸다. 이는 그 이야기가 이스라엘과 이집트 사이의 좌표 또는 대립 관계를 상징적으로 표현한다는 것을 의미한다. 모세오경의 2경에서 5경까지가 이 구별을 서사적 형식과 규범적 형식으로 서술하고 있다. 서사적으로 볼 때, 모세구별은 이스라엘의 출애굽에 의해 생겨난다. 그리하여 이집트는 거부된 사람들, 종교적으로 부정한 사람들, '이방인들'을 상징하게 되었다. 그 결과 이집트의 가장 두드러진 관행인 우상숭배는 가장 큰 죄로 여겨지게 되었다. 규범적으로 볼 때, 모세구별은 '우상숭배'를 최우선적으로 금지하는 그 서사시와 일치하는 십계명으로 표출된다. 모세구별로 생겨난 공간에서 우상숭배는 절대적 공포와 거짓, 그리고 배신으로 간주되었다. 다신교와 우상숭배는 똑같은 종류의 종교적인 죄로 여겨졌다. 제2계명은 제1계명에 대한 설명이다.

1. 너는 나 말고 다른 어떤 신도 섬기지 말지어다.
2. 너는 너를 위해 어떤 우상도 새겨 만들지 말지어다.

진정한 신은 보이지 않고 성상(우상)으로 재현될 수도 없으므로 우상들은 당연히 '다른 신들'인 것이다.

「출애굽기」와 모세율법 둘 다 상징적으로 모세구별을 표현한다. 「출애굽기」는 단순한 역사적 사건 이상이며, 율법은 사회적 질서와 종교적 순수함의 단순한 근거 이상이다. 그 외면적 역할 이외에도 그것들은 구별을 상징한다. 「출애굽기」는 상징적 이야기고, 율법은 상징적 법률이며, 모세는 상징적 인물이다. 이스라엘과 이집트가 이루는 전체 좌표는 상징적이고 모든 종류의 대립을 상징하게 된다. 하지만 가장 눈에 띄는 것이 바로 참 종교와 우상숭배 간의 구별이다.

우상숭배의 개념과 그것의 박해는 유대인 역사가 진행되면서 더욱더 강해졌다.[3] 성구(聖句)들은 세월이 지난 것일수록 더욱 상세하게 우상숭배자에 대한 경멸과 혐오를 퍼부어 댔다. 「이사야」 2장과 「시편」 115편의 몇몇 신랄한 문구가 솔로몬의 잠언에서는 장 전체로, 필론(Philo)의 『십계명에 관하여』(*De decalogo*)와 『특수 율법에 관하여』(*De specialibus legibus*)에서는 긴 구절로 발전된다.[4]

이 같은 증오는 상호적이었고, '우상숭배자들' 또한 잊지 않고 앙갚음을 했다. 독자들은 충분히 짐작할 수 있겠지만 그들은 대부분 이집트인들이었다. 예를 들어 프톨레마이오스 2세 때 이집트 역사를 썼던 이집트 성직자 마네톤(Manetho)은 모세를 문둥병자 집단의 지도자가 되어 반란을 일으킨 이집트 성직자로 서술한다. 유대인들이 우상숭배를 일종의 정신적 탈선, 광기로 묘사한 반면, 이집트인들은 대단히 전염력이 강하고 신체를 기형적으로 만드는 전염병과 성상파괴주의를 결부시킨다. 질병이라는 말은 모세 구별을 둘러싼 논쟁을 지속적으로 상징하게 되어 프로이트 시대까지 전해진다. 다음 장에서 나는 문둥병자들에 대한 이 이야기가 원래는 모세가 아니라, 처음으로 유일신교적 반-종교를 수립하였고 참과 거짓 사이의 구별을 한 아케나톤을 말하는 것임을 보여 주고자 한다. 아케나톤 사후 그의 종

---

[3] Moshe Halbertal and Avishai Margalit, *Idolatry*, Cambridge, Mass.: Harvard University Press, 1993을 보라.
[4] 알라이다 아스만(Aleida Assmann)은 솔로몬의 잠언이 특별히 반(反)우상숭배적 텍스트라는 주의를 환기시켜 주었다. 그리고 줄리아 안나스(Julia Annas)는 나에게 이 맥락에서의 필론의 중요성을 지적해 주었다.

교는 완전히 파괴되었고 그의 이름은 완전히 망각되었다. 그의 혁명적인 기억의 외상들은 알 수 없는 암호가 되어 갈 곳을 잃었고 결국엔 유대인들과 관련을 맺게 되었다.

지금 우리는 여기서 유대인과 이집트인에게만 있는 특유의 기질적 혐오로부터 생긴 것이 아닌 모세구별에 근거한, 근원적으로는 아케나톤의 구별에서 생겨난 상호 간의 강한 혐오를 다루고 있음을 깨닫는 것이 중요하다. '우상숭배자들'에 대한 많은 논쟁들은 반유대주의 담론에서 계속 살아 나가고 있고 모세구별에 대항하는 논쟁이 반유대주의를 내포하고 있는 것은 사실이지만, 18세기의 많은 사람들 중 모세구별에 반대한 존 톨런드(John Toland)나 고트홀트 에프라임 레싱(Gotthold Ephraim Lessing) 같은 사람들은 유대인들을 평등하고 관대하게 대우하자는 입장에 앞장섰던 것 또한 사실이다. 모세구별에 대한 반대 투쟁은 반유대주의에 대항하는 성격을 지니기도 했다. 모세구별의 가장 노골적인 반대자는 바로 유대인 프로이트다.

프로이트가 독일 반유대주의 물결이 전통적인 박해와 억압의 차원을 훨씬 넘어 살인적 공격으로 바뀌는 것을 느꼈을 때 그는 대단히 놀랍게도 "어떻게 독일인들이 유대인들을 살해했는가?"라는 뻔한 질문 대신 "어떻게 유대인들이 이런 영원한 증오를 받게 되었는가?"라는 질문을 했다. 그리고 그는 자신의 평상시 관심사와는 아주 다른 작품을 시작했다. 이 '역사소설'[『그 사람 모세와 유일신교』―옮긴이]은 처음 그가 그렇게 부를 계획[5]을 했을 당시는 다소 개인적인 시도였는데 결국에 가서는 출판 전 많은 변형

---

5) Pier Cesare Bori, *L'estasi del profeta ed altri saggi tra Ebraismo e Cristianismo*, Bologna: Il Molino, 1989, pp.237~258을 보라. 이 부분을 알려 준 마우로 페셰(Mauro Pesce)의 친절에 감사한다.

을 겪은 일종의 "백일몽"[6] 같은 일이 되었다. 모세에 대한 이 책은 유대인과 이교도들 사이를 구별한 원(原)모세구별의 출처와 발달, 의미 등을 고찰함으로써 무엇보다 자기 자신의 유대인 기질을 인정하는 것과, 유대교와 일반 종교 간의 타협을 목적으로 한다. 프로이트는 모세구별의 출처를 찾아 아케나톤과 아케나톤의 유일신교적 혁명에까지 거슬러 올라갔다. 프로이트는 모세를 이집트인으로 보고, 유일신교의 근원을 고대 이집트에서 찾으면서 그 잔인한 구별을 해체하고자 했다. 이는 니체가 그의 『도덕의 계보학』에서 사용했던 것과 똑같은 역사적 환원에 의한 해체의 방법이었다.

나는 프로이트의 책이 이집트학과 비교종교학을 하는 사람들 모두에게 도전이 되리라고 항상 생각했는데, 왜 이 영역들에서 그에 대한 반응이 거의 없는지 의문스러웠다.[7] 그것은 프로이트의 역사적 잘못을 고치는 문제가 아니라 현재가 과거에 전하는, 그리고 이집트학이 설령 대답할 수는 없어도 적어도 관심을 가져야 할 근원적 질문들을 기억하는 것을 배우는 일이다. 내가 이집트인 모세에 대한 연구를 글로 쓰기 시작한 것은 바로 프로이트와 유사한 '타협하기'를 개인적으로 시도하는 것이다. 그것은 프로이트 당시에는 생각지도 못했던 인종학살의 전모를 내가 알고 있다는 것, 그리고

---

6) Ilse Gubrich-Simitis, *Freuds Moses-Studie als Tagtraum: ein bibliographischer Essay*. Die Sigmund-Freud-Vorlesungen, vol.3, Weinheim: Verlag Internationale Psychoanalyse, 1991.
7) 성서학자에 의한 대답에 대해서는 특별히 Bori, *L'estasi del profeta*와 Bori, "Moses, the Great Stranger", *From Hermeneutics to Ethical Consensus among Cultures*, Atlanta: Scholars Press, University of South Florida, 1994, pp.155~164를 보라. 이집트학에 대해서는 Abraham Rosenvasser, *Egipto e Israel y el monoteismo Hebreo: A propositio del libro Moisés y la religión monoteista de Sigmund Freud*, 2nd ed., Buenos Aires: University of Buenos Aires Faculty of Philosophy and Letters, Institute of Ancient Near Eastern History, 1982를 보라.

사람들이 일단 학문적 영역으로 들어가면 너무나 쉽게 잊어버리는 질문들을 품고 35년 전 고대 이집트학으로 방향을 바꾸었던 한 이집트학자로서, 프로이트가 예감한 그 대재앙이 일어난 지 50년 후에 이 글을 쓰는 독일인 이집트학자로서의 현 상황을 반영하는 것이다. 학문은 그 자체의 질문들을 발전시키고 그렇게 하면서 더 일반적이고 근본적인 특성에 대한 관심과 관련해서 망각의 기억술로서 쓰인다. 이 책에서 나는 그에 대한 답을 하려는 것이 아니라 그 질문들을 기억하고 되찾고자 하는 것이다. 이런 반목은 이스라엘과 이집트의 상징적 마찰에 근거하기 때문에 나는 이 종교적 반목의 기억사를 쓰려는 것이다. 이 점에서 이 글이 반유대주의에 대한 역사적 분석에 기여할 수 있길 바란다.

두 나라 이야기

모세구별은 이스라엘과 이집트 사이의 구별로 표현된다. 지정학적 관점에서 볼 때 고대 이스라엘과 이집트는 지중해 동쪽의 이웃국가였다. 또한 이 두 나라는 각각 이웃나라들을 두고 있었다. 지중해와 근동이라는 공통의 역사적·정치적 세계를 공유하면서 이 두 나라는 때로는 친하지만 때로는 갈등을 일으키며 언제나 복잡했던 정치·상업·이념적 유대관계를 주변나라들뿐만 아니라 두 나라 상호 간에도 맺었다. 하지만 기억사에서 이 두 나라는 적대관계로 등장한다. 여기서 복잡다단한 지정학적 연속성은 보이지 않는다. 역사적 현실은 모세구별이라는 기본적 상징으로서 그 둘을 다 보유한 기억의 인물로 소급된다. 이스라엘은 진리를 구현하고, 이집트는 무지와 죄를 상징한다. 이집트는 그 역사적 현실을 잃고 이스라엘의 반대 이미지로 전락한다. 이스라엘은 이집트를 부정한 데서 탄생하고, 이집트는 이스라엘이 극복했던 모든 것을 상징한다. 이런 적대적 대립은 대서사시 형태를 띠고 「출애굽기」의 신화를 만들어 내게 된다. 그것은 '대립적 신화'이자 '두 나라의 이야기'이고, 이 이야기의 의미적 초점은 이런 극단 대립이 야기하는 긴장관계에 있다. 「출애굽기」 신화가 그 탄생, 전승, 변형의 과정에 영향을 미친 게 분명한 문화적 타자와 그 대립에 대한 기록은 후기 청동기 시대에서 어떤 역사적 실체도 찾아볼 수 없다.

유일신교들은 진화가 아닌 혁명의 관점으로 옛것과 새것의 관계를 만들어 냈고 모든 오래된, 그리고 다른 모든 종교들을 '이방인'이나 '우상숭배'로 배척했다. 그래서 유일신교는 항상 반-종교로 나타난다. 우상숭배라는 죄로부터 유일신교라는 진실로 인도하는 자연스럽고 점진적인 길은 없다. 이 같은 진실은 계시를 통해 오로지 외부에서만 생겨날 수 있다. 「출애굽기」의 이야기는 유일신교와 우상숭배 간의 종교적 갈등이 이룬 시간적 의미를 강조한다. '이집트'는 '우상숭배'뿐만 아니라 거부된 과거를 상징한다. 출애굽은 이주와 개종, 변화와 혁신, 정체와 진보, 그리고 과거와 미래에 관한 이야기다. 이집트가 옛것을 상징한다면 이스라엘은 새것을 상징한다. 그 두 나라 사이의 지리적 경계는 시간적 의미를 지니고 인류사의 두 시대를 상징하게 된다. 똑같은 인물이 '구약'과 '신약' 사이의 대립으로 또 다른 차원에서 다시 반복된다. 개종이란 종교에서 '옛것'과 '새것' 간의 대립을 전제하고 또 그것을 구조화한다.[8]

이집트를 기억하는 것은 극단적으로 다른 두 가지 기능을 수행한다. 첫째, 그것은 참 종교와 우상숭배 간의 구별을 하도록 한다. 이런 기억의 기능

---

8) Arthur D. Nock, *Conversion: The Old and the New in Religion from Alexander the Great to Augustine of Hippo*, 1933; repr. Oxford: Oxford University Press, 1963.

을 '개종 기억'이라 할 수 있다. 유대교와 기독교의 종교의식(ritual) 면에서 볼 때, 출애굽은 개종의 본질을 형성하고 유지한다. 개종이란 더 이상 자신의 것이 아닌 자신의 과거로부터의 해방과 극복의 결과물이다. 개종자들은 다시 과거에 있었던 죄의 상태로 되돌아가지 않기 위해서 과거를 기억해야 한다.[9] "과거를 기억하지 않는 사람은 그 과거를 되풀이할 수밖에 없다"(조지 산타야나). 기억하는 행위는 부단한 과거 부인의 행위다. 과거에 무슨 일이 있었는지 그리고 무엇이 다시 되풀이되어서는 안 되는지를 알기 위해서 이집트를 기억해야 한다. 그러므로 (회상)기억이란 주제는 출애굽 신화와, 이집트와 이스라엘의 대립관계에서 가장 중요한 문제이다. 이것은 기억해야 할 신화일 뿐만 아니라, 기억하기에 관한 신화, 과거와 미래에 대한 신화이다. 이 신화는 미래를 얻기 위해 과거를 기억하는 신화다. 우상숭배는 망각과 퇴행을 의미하는 반면 유일신교는 기억과 진보를 의미한다.

둘째는, 거꾸로 이집트를 기억하는 것은 모세구별에 대한 여러 논의들을 재검토하는 데 있어서 중요하다. 이런 기억의 기능을 '해체 기억'이라 부를 수 있다. 만약 종교적 진실의 공간이 '참 이스라엘'과 '거짓 이집트' 간의 구별로 생겨난다면, 이집트적 진리에 대한 어떠한 발견이라도 있다면 그것은 모세구별을 무효화하고 이 구별에 의해 분리된 공간을 해체할 것이다. 이런 방법, 다시 말해 역사적 해체전략은 계몽주의 시대에는 특히 중요한 의미를 띠었는데, 왜냐하면 그때 모든 구별은 자연을 거스르는 것으로 여겨졌고 자연은 가장 고귀한 이상의 서열에 올라 있었기 때문이다. 스피노자의 저 유명하고도 악명 높은 문구 "신 즉 자연"(deus sive natura)은 모세구

---

[9] Thomas Luckmann, "Kanon und Konversion", eds. Aledia Assmann and Jan Assmann, *Kanon und Zensur*, Munich: Fink, 1987, pp.38~46을 보라.

별의 폐지뿐만 아니라 신과 세계 사이의 모든 구별의 폐지에 가장 근본적인 것으로 여겨졌다. 그러므로 이 해체는 모세구별만큼이나 혁명적이다. 왜냐하면 이것은 당장 이집트에 대한 새로운 평가로 이어지기 때문이다. 이집트인들은 스피노자주의자들이자 우주신교자들이었다. 상호 문화적 번역의 토대로서의 고대의 우주신교가 재발견되었다. 계몽주의 담론에서 그것은 프리메이슨이 유행하는 가운데 상호 민족적, 상호 문화적 신비종교로 재구성되었다.

기억의 이 첫번째 형식(개종 기억)은 문화적 정체성 형성과 재생산의 수단에 기여한 반면, 두번째 형식(해체 기억)은 상호 문화적 번역의 기술에 기여하였다.

기억사의 목표

이 책은 유럽의 이집트 기억사에 대한 탐구를 시도한다. 특히 위에서 말한 두번째 형식, 즉 이집트 기억이 모세구별을 적절히 완화하거나 해체하는 데 기여한 기억을 연구하고자 한다. 우리는 이 특별한 역사적 탐구의 형식을 '기억사'(mnemohistory)라고 칭하고자 한다. 엄격한 의미의 역사와는 달리 기억사는 있는 그대로의 과거가 아닌 오직 기억된 과거만을 다룬다. 기억사는 전통의 줄거리, 실타래 같은 상호 텍스트성, 과거 해석의 통시적 연속성과 불연속성을 조사한다. 그러므로 기억사는 역사의 반대개념이 아니라 오히려 지성사나 사회사, 정신사, 이념사들처럼 역사의 한 부문이거나 하위 영역이다. 하지만 기억사는 탐구하는 대상의 공시적인 양상들을 일부러 배제한다는 점에서 그 고유한 접근법을 가진다. 기억사는 다시 말해, 과거에 의지하는 기억의 산물들이자 후세의 해석의 관점에서만 드러나는 의미와 중요성의 관점들만 전적으로 탐구한다. 기억사는 역사에 적용한 수용이론이다.[10] 하지만 여기서 '수용'이란 전달하고 받아들이는 좁은 의미로만 이해되어선 안 된다. 과거는 현재에 의해 단순하게 '수용되지' 않는다. 현재는 과거에 '사로잡히고', 과거는 현재에 의해 만들어지고, 창안되며, 재창안되거나 재구성된다. 물론 이런 모든 사실은 전달과 수용의 과제와 기술들을 암시하지만 수용이라는 개념이 함축하는 문화적 기억의 역동성과 더 많은 관련이 있다. 이집트가 유럽에 의해 '수용되었다'기보다 유럽이 이집트에 '사로잡혔다'라고 말하는 것이 옳다. 물론 중국이나 인도, 멕시코에 대한 아주 많은 발견과 수용이 있었던 것과 마찬가지로 이집트에 대한 몇몇 발견과 수용이 있었다. 하지만 이 나라들에 대한 발견과는 달리 이집트는 항상 이스라엘과 그리스의, 그래서 유럽의 과거로서의 이미지가 있었다. 이 같은 사실로 이집트의 경우에는 중국이나 인도 혹은 전반적인 '오리엔탈리즘'과는 아주 다르다는 걸 알 수 있다.

기억사 연구의 목표는 모세에 대한 전통처럼 있음 직한 사실의 전통을 규명하려는 것이 아니라 이런 전통들을 집단적 기억의 현상으로 연구하는 것이다. 회상 기억들은 거짓되고, 왜곡되고, 조작되고, 인위적으로 주입된 것일 수 있다. 이는 법정신의학이나 정신분석학, 자전(自傳) 연구 그리고 역사 분야의 최근 연구에서 충분히 밝혀졌다.[11] 기억은 '객관적' 증거와 대

---

10) 수용에 대한 좋은 요약으로는 Martyn P. Thompson, "Reception Theory and the Interpretation of Historical Meaning", *History and Theory*, no.32, 1993, pp.248~272를 보라.
11) Dan L. Schacter, Joseph T. Coyle, Gerald D. Fischbach, Marek-Marsel Mesulam, and Lawrence E. Sullivan(eds.), *Memory Distortion*, Cambridge, Mass.: Harvard University Press, 1995를 보라. 그리고 또한 기억과 기억왜곡에 대한 진행 중인 토론은 *New York Review of Books* 1994, issues 19, 20, 1995와, issue 2(참고문헌이 들어 있음)에 실린 프레더릭 크루스(Frederick Crews)와 다른 학자들의 의견을 참조하라.

조해 보지 않고는 역사적 자료로서 유효하지 않다. 이런 사실은 개별 기억의 경우뿐 아니라 집단 기억에도 적용되며, 이에 대해서는 다음 장에서 다소 놀라운 예를 통해 확인하게 될 것이다. 하지만 기억사가에게는 주어진 기억의 '진실'은 그 '실제성'보다는 그 '현실성'에 달려 있다. 사건은 집단 기억에 살아남지 않는 한 잊힌다. 이 같은 원칙은 기본적인 의미론적 구별에도 적용된다. 이런 구별이 기억되지 않는다면 역사는 의미가 없다. 기억이 이렇게 '계속 살아남는' 이유는 사건들의 지속적인 중요성 때문이다. 그리고 이런 중요성은 그들의 역사적 과거로부터가 아니라 이런 사건들이 중요한 사실로 기억되는, 끊임없이 변화하는 현재에서 생겨난다. 기억사는 현재가 과거에 부여하는 중요성을 분석한다. 역사적 실증주의의 과제는 기억에서 역사적 요소와 신화적 요소를 분리하고, 현재를 구성하는 요소와 과거를 보존하는 요소를 구별하는 것이다. 이와는 대조적으로 기억사의 과제는 전통에서의 신화적 요소를 분석하고 숨겨진 동기를 발견하는 것이다. 기억사는 "모세가 정말로 이집트인들의 모든 지혜와 학술을 배웠던가?"라고 질문하는 대신 왜 그런 진술이 「출애굽기」에는 나타나지 않고 「사도행전」 7장 22절에만 나타나는지, 왜 17~18세기 모세 담론이 거의 전적으로 모세오경 속에 있는 모세에 대한 세세한 전기 속의 모습에 근거하지 않고 신약의 이 단 한 절에 의존하는지라는 질문을 한다. 페사흐 하가다[Pessah Haggadah, 유월절에 「출애굽기」를 함께 듣는 의식—옮긴이]로 기억되는 「출애굽기」에는 모세에 대한 언급이 전혀 없다. 다른 한편 계몽주의 모세 담론에서는 하느님에 대한 이야기가 빠져 있다.

　기억사의 접근법은 대단히 선택적이다. 모세와 이집트에 관한 전통의 역사적 탐구는 그것이 이집트학적 관점에서든 성서적인 관점에서든 훨씬 더 포괄적이다. 그것은 상당량의 금석학적·고고학적·문헌학적 사료들을 고려해야 한다. 이집트학자로서 나는 이 연구에서 무엇을 배제해야 할지 잘 알고 있다. 나는 '문둥병자들'에 대한 전통에 아마르나(Amarna) 경험이 남아 있는 한 그것을 다루고, 또 일반적으로 이집트인의 반유대주의라고 보는 이 전통을 다루되 그것이 모세와 이집트에 대한 후세의 담론을 언급할 경우에만 다룬다. 나는 마이모니데스(Maimonides)를 스펜서(John Spencer)의 관점에서, 스펜서는 워버턴(William Warburton)과 라인홀트(Karl Leonhard Reinhold)의 관점에서, 그리고 워버턴은 라인홀트와 실러(Friedrich Schiller)와 프로이트의 관점에서 해석하는데, 다만 이 마이모니데스가 이들의 논쟁에 참여하거나 그 쟁점으로 부각될 경우로만 제한한다. 이 각 저자들의 글에 대해 역사적으로는 다른 방식으로 접근할 것이다. 분명히 존 스펜서에 대해서 독자들은 이 책에서 경험하는 것보다 훨씬 많은 이야기를 접할 수 있을 것이다. 예이츠(Frances A. Yates)나 매뉴엘(Frank E. Manuel) 같은 17세기 정신사에서 뛰어난 학자들은 근본적으로 다른 해석을 했을지도 모른다. 실러나 프로이트의 경우에는 기억사적인 접근이 극단적으로 선택적이고, 순수 역사적 관점에서는 주변적인 것으로 보이는 일부 논문만을 강조한다. 나는 기억의 수직적인 축을 취하는 대신, 넓은 의미에서 말하는 역사의 수평적 연속성에 대해서는 광범위하게 배제할 것이다.

나는 아케나톤에서부터 20세기에 걸쳐 탐구한 수직적인 기억의 흔적을 두고 '이집트인 모세'라고 이름 붙였다. 동시에 나는 모세가 이집트인인지 아니면 히브리인인지, 미디안인인지에 대한 대답은 물론이고 질문도 하지 않을 것이다. 이 질문은 역사적 모세에 관심을 두는 것으로서, 그렇게 되면 역사에 속하는 질문이 된다. 내게 그보다 중요한 것은 기억의 인물 모세다. 기억의 인물로서 이집트인 모세는 히브리인 모세나 성서의 인물 모세와는 극단적으로 다르다. 히브리인 모세는 이스라엘=진리, 이집트=거짓이라는 식의 적대관계를 체현하는 데 반해 이집트인 모세는 이 대립들 사이에 다리를 놓는다. 여러 관점에서 이집트인 모세는 출애굽 신화를 뒤집거나 새롭게 보게 한다. 히브리인 모세는 자기 민족을 이집트로부터 해방시킨 인물이므로 그는 이집트 공포(Egyptophobia)의 대명사가 된다. 성서 속의 히브리인 모세는 서구 전통에 살아 있는 이집트 이미지를 간직하고 있는데, 그것은 서구 이상과 완전히 대척점에 서 있는 것으로서 독재정치, 불손함, 마술, 동물숭배와 우상숭배의 나라라는 이집트 이미지이다. 성서 속 모세가 모세구별을 체현한다면, 이집트인 모세는 그 화해를 구현한다. 이집트인 모세는 인류 역사에 있어서의 이집트에 대한 긍정적 의미를 체현한다.

유럽의 문화적 기억에서 모세와 이집트에 대한 담론의 중요성은 성서에서 이집트 서브텍스트(함축의미)를 그 최전방에 내세우는 데 있고, 논쟁적 왜곡을 복구하는 데 있으며, 그 서브텍스트를 해석하기 위해 모든 이용 가능한 성서 외적 요소들을 활용하는 데 있다. 이집트 서브텍스트는 성서에 그저 퇴색한 이미지로 그려져 있고 그것을 토대로, 혹은 그것과는 반대로 성서 텍스트가 쓰였다. 우리는 교회제도 및 신학적 구별에 저항한 계몽주의적 투쟁의 인물로서 이집트인 모세의 중요성을 현대의 유대-기독교인 대화의 맥락에서 유대인 바울(Paulus)의 중요성과 비교할 수 있을지도 모른다. 유대인 바울은 이집트인 모세가 계몽주의 시대의 종교적 논쟁거리가 된 것과 같은 방식으로 기독교인과 유대인 사이의 대립에 다리를 놓고 있다.

유대인 바울은 기독교 자체의 과거, 선민(選民), 기독교가 생겨난 모태 같은 유대교의 양가적인 기독교적 이미지를 체현하고 있다. 또한 그는 기독교의 양가적인 유대인 이미지로 구현되는데 이는 유대 메시아 신앙의 소산이다. 예를 들어, 17세기 사바티언 메시아니즘(사바타이 츠비Sabbatai Tzvi) 운동과 같은 의미로서 유대교에 속한 전형적인 유대인 이단자로서의 이미지다.[12] 유대인 바울은 유대교와 기독교에 공통된 것을 구현한다. 이와 마찬가지로 이집트인 모세는 고대 이집트와 이스라엘에서 공통적으로 상상할 수 있는 것을 체현한다. 모세와 바울 둘 다 비성서적 끈을 잘라 낸 첫번째 구별을 상징하는 기억의 원조들이다.

하지만 우리는 히브리인 모세와 이집트인 모세가 결코 같지 않음을 잊어서는 안 된다. 거기에는 중심과 변두리라는 엄격한 계층이 존재한다. 출애굽의 이야기와, 모세오경 중 3경에서 5경까지의 부수적 이야기는 정전(正傳)이자 규범인 반면, 모세오경의 다른 이야기들은 완전히 이단적이지는 않더라도 정전은 아니다. 이집트인 모세는 분명히 교회의 규범적 전통에 속하지 않는다. 기억의 인물로 여겨지는 그는 일종의 반-기억(counter-memory)에 속한다. 내가 의미하는 반-기억은 정식 기억에서 잊히거나 잊힐 경향이 있는 요소들을 전면에 부상시키는 것을 말한다. 이와 같은 원리가 구로사와 아키라(黑澤明) 감독의 영화 「라쇼몽」(1950)과 알랭 레네 감독의 영화 「지난해 마리앙바드에서」(1961)에 아주 인상적으로 묘사되었듯이, 개인들이 똑같은 사건을 아주 다양한 방식으로 기억한다는 것은 이미 잘 알려져 있다. 하지만 반-기억은 그것이 또 다른 기억을 노골적으로 반박한다는 점에서 진일보한다. "당신은 이것을 이렇게 기억하지만 나는 당신이 잊은 것을 기억하기 때문에 그것을 다르게 기억합니다."[13] 만약 반-기억

---

12) Jacob Taubes, *Die politische Theologie des Paulus*, Munich: Fink, 1993을 보라.
13) 반-기억은 과거의 다른 구성뿐 아니라 현재의 다른 구성과도 마주한다. 그것은 오늘의 세계에 현재를 보관함에 있어 그것과 정반대에 있는 어제의 이미지를 얻으려고 애쓴다. 알라이다 아스만은 이런 의미에서 이 용어를 사용한다. Aleida Assmann, "The Sun at Midnight: The Concept of Counter-Memory and Its Changes", ed. Leona Toker, *Commitment in Reflection. Essays in Literature and Moral Philosophy*, New York: Routledge, 1994, pp.223~243.

이 전통적 이야기의 형식이나 심지어 역사기술적 작품으로 편찬된다면 그것은 아모스 푼켄슈타인(Amos Funkenstein)이나 데이비드 비알(David Biale)이 제안한 "반-역사"(counterhistory)와 일치하게 될 것이다.[14] 이집트인 모세는 반-역사의 전형적인 예다. 그러므로 기억의 인물로서의 모세는 서양의 문화적 전통을 거스르는 어떤 두드러진 인물이 된다. 그리고 이러한 사실은, 혹 모세라는 이름을 가진 어떤 역사적 인물이 실존하여 그가 정말 이집트인이었다는 대단한 증거(나는 정말로 그렇게 믿지만 그렇게 되면 그것은 다른 역사가 될 것이다)와는 관계없이, 그를 대단히 흥미로운 인물로 만든다.[15]

기억사는 전혀 새로운 것이 아니다. 그 예로 우리는 이미 전달과 수용이라는 수직선을 연구한 아비 바르부르크(Aby Warburg)의 기획인 문화적 기억의 '이동경로'(Wanderstrassen)를 꼽을 수 있다. 그러기에 정식 역사와

---

14) Amos Funkenstein, *Perceptions of Jewish History*, Berkeley: University of California Press, 1993, pp.32~49; David Biale, *Gershom Scholem: Kabbala and Counterhistory*, Cambridge, Mass.: Harvard University Press, 1979.

15) 모세라는 인물의 이집트적 배경에 대한 현대 역사 논쟁 중 내게 가장 흥미를 끄는 것은 Ernst Axel Knauf, *Midian: Untersuchungen zur Geschichte Palästinas und Nordarabiens am Ende des 2. Jt. v. Chr.*, Wiesbaden: Harrassowitz, 1988, pp.97~149와 Donald B. Redford, *Egypt, Canaan, and Israel in Ancient Times*, Princeton: Princeton University Press, 1992, pp.408~422이다. 그러나 이 두 학자는 서로 동의하지 않는다. 크나우프는 모세를 라모세 카이엠네트예루(Ramose-khayemnetjeru)라 불리는 바이(Bay)라는 사람과 동일시하는데, 그는 시리아 사람이었고 19왕조 말기(기원전 1220년경)에 이 나라의 재무장관이라는 고위직에 있었으며 심지어 몇 년간은 왕위에 오른 적도 있었다. 하지만 그는 격렬한 저항을 불러왔고, 이것이 민족전쟁으로 비화되어 결국 그 자신과 추종자들은 쫓겨나게 되었다. 그에 반해 레드포드는 출애굽의 전통을 힉소스 시대에 대한 기억으로 본다. 그래서 그는 모세를 순수하게 전설적인 인물로 본다. 역사적인 모세에 대한 문제는 루돌프 스멘트의 탁월한 논거를 통해서도 살펴볼 수 있다. Rudolf Smend, "Moses als geschichtliche Gestalt", *Historische Zeitschrift*, no.260, 1995, pp.1~19. 이 부분에 대해서 언급해 준 엘케 블루멘탈(Elke Blumenthal)에게 감사한다.

기억사에 대한 구별만이 새로운 것이다. 이런 차이에 대한 인식이 없다면 회상의 역사, 다시 말해 기억사는 너무 쉽게 모든 것을 기억에 대한 역사적 비판으로 전환시킨다. 예를 들어 마틴 버낼(Martin Bernal)은 이런저런 언급도 없이 『블랙 아테나』(Black Athena)라는 자신의 기념비적 연구서 1권에서 기억사가(그는 이에 아주 특출했다)의 모습을 보였다가 2권에서는 '사료'에 대한 역사가(이 점에 있어서는 좀 덜 뛰어났다)로 변신한다.[16] 그리스를 기억하는 데 있어서 사용한 '구모델'과 '신모델'이라는 버낼의 구별과, 구모델의 소멸과 신모델의 부상에 실재했던 숨은 의도에 대한 그의 분석은 유럽 중심주의와 그 문화적 기억의 기억사적 분석에 아주 중요한 기여를 한다.

1권에서 버낼은 독일 낭만주의의 그리스 열광 속에 유대인 혐오와 이집트 혐오가 서로 구별이 되지 않을 정도로 함께 수용되어 있음을 보여 준다. 그리스에 대한 이런 새로운 이미지는 새로운 독일 상을 형성하는 데 기여했다. '아리안 신화'는 헤르더(Johann Gottfried von Herder)의 민족정신이나 독창성이란 개념과 더불어 과거 지향적 자기 형상화에 큰 몫을 했다. 하지만 버낼은 '구모델'이 '신모델'만큼이나 가상의 구조임을 깨달았어야 했다. 그러므로 그는 기억사의 경계들을 건너 그 역사적 진실을 입증하려는 시도를 시작하지 말았어야 했다. 18세기 후반과 19세기 초반 독일을 다루면서 버낼은 문화적 기억이라는 편견들을 아주 예민하게 자각하고 있음을 보여 주고 있다. 하지만 고대 그리스를 다룰 때는 이런 편견들을 무시하고 헤카타이오스(Hecataeus)와 디오도루스(Diodorus)의 허구적 설명들

---

16) Martin Bernal, *Black Athena: The Afroasiatic Roots of Classical Civilization*, vol.1: *The Fabrication of Ancient Greece, 1785~1985*; vol.2: *The Archaeological and Documentary Evidence*, New Brunswick: Rutgers University Press, 1987~1991.

을 결정적인 증거로 받아들인다.[17] 아브데라의 헤카타이오스는 바로 1세대 그리스학자이다. 그는 다문화 제국을 건설하려던 알렉산더 대왕의 계획과 일치하는 역사를 기술했다.[18] 다른 문화들 간의 상호 연관성을 구축하려는 것과 이주, 종교보급과 접촉에 대한 이야기를 만드는 것에 보인 헤카타이오스의 관심은 카를 오트프리트 뮐러(Karl Otfried Müller)가 문화적 순수성과 절대성을 찾고자 한 것만큼이나 이해 가능한 것이다. 보편적 역사에 관한 보쉬에의 담론은 프랑스 황태자를 개화하고 정세를 개선하려는 의도에서 시작되었다.[19] 이런 기획은 예를 들어 『아테네 서한』[20]을 쓴 영국의 지식인 집단이나, 요제프 2세에게 희망을 걸고 이집트의 신비[21]에 대해 썼던 오스트리아 프리메이슨 같은 많은 부문의 계몽주의자들이 공유했다. 그들은

---

17) 나의 서평 Jan Assman, "Sentimental Journey zu den Wurzeln Europas: Zu Martin Bernals Black Athena", *Merkur*, no.522, 1992, pp.921~931을 보라. 나는 역사학이나 고고학에 아무런 '증거들'이 없다고 말하려는 것이 아니다. 회고적 자기 모델화 이미지는 그 자체로 진실을 포함하고 있고 이러한 진리의 탐구는 다양한 방법론을 필요로 하는데 그것이 바로 기억사이다. 고고학적 증거는 결코 그런 모델이 사실인지 거짓인지를 입증할 수 없다. 그 진리는 다른 곳에 있다. 물론 다양한 방법론을 분리시키기만 한다면 고고학적 증거를 이런 모델과 대비하는 것은 대단히 흥미로운 일이다.

18) François Hartog, *Mémoire d'Ulisse: Récits sur la frontière en Grèce ancienne*, Paris: Gallimard, 1996, pp.73~75를 보라.

19) Jacques-Bénigne Bousset, *Discours sur l'histoire universelle à Monseigneur le Dauphin: pour expliquer la suite de la religion et les changements des empires: Première partie: Depuis le commencement du monde jusqu'à l'empire de Charlemagne*, 1681; repr. Paris, 1744.

20) Philip Yorke Hardwicke, *Athenian Letters or, the Epistolary Correspondence of an Agent of the King of Persia, Residing at Athens during the Peloponnesian War. Containing the History of the Times, in Dispatches to the Ministers of State at the Persian Court. Besides Letters on Various Subjects between Him and His Friends*, 4 vols., London: James Bettenham, 1741~1743. 카를로 진즈부르그(Carlo Ginzburg)가 이 문헌을 알려 주었다.

21) Ignaz von Born, "Über die Mysterien der Aegyptier", *Journal für Freymaurer*, no.1, 1784, pp.17~132.

헤카타이오스의 설명을 토대로 디오도루스의 고대 이집트 군주제에 대한 기술에서 자신들이 찾던 것을 발견했다. 헤카타이오스도 프톨레마이오스 1세를 개화시키길 원했기에 똑같은 프로젝트를 추진했다. '구모델'은 그것이 문화적으로 옳기 때문이 아니라 계몽된 군주제의 개념이 정치적으로 유용했기 때문에 초기 그리스 문화나 계몽주의에 대단히 중요했다. 이런 모든 노력들은 문화적 기억이라는 역동과 관련이 있고, 그 과거를 재구성함으로써 그 정체성을 지속적으로 형성하려는 현재의 과정과 관련이 있다. 문화적 기억에 관한 저작들을 올바르게 다루는 것이 기억사다.

역사와 신화 사이의 중요하고도 숙명적인 구별이 이 논쟁에서 큰 역할을 하는데, 이는 이 구별이 신화를 만드는 기억의 자기중심주의와 아주 멸균된 '순수한 사실'의 개념을 대비시키기 때문이다. 역사는 기억되고 이야기로 만들어지며 사용되자마자, 다시 말해 현재라는 틀 속에 주조되자마자 신화로 바뀐다. 역사의 신화적 특성은 그 진실가치와는 전혀 무관하다. 예를 들어 고대 유대와 로마 간의 전쟁 때 있었던 방어요새인 마사다는 논쟁의 여지가 없는 역사적 사실들에 대한 복합 관념이자 근대 이스라엘 민족 신화의 강력한 구성성분이다. 그 신화적 기능은 그 역사적 확실성을 조금도 무효화하지 않을뿐더러 그 비신화화가 역사적 지식을 확대하지도 못한다. '홀로코스트'라는 용어가 채택되자마자 나치 독일이 저지른 유대인 학살은 미국과 이스라엘에서 신화적 지위를 얻게 된다. 그러고 나서 이 복잡한 이야기를 문화적 기억이라는 체계 속에서 더 설명 가능하고, 전달 가능하며, 표현 가능하게 하는 의미들이 생성된다. 이와 똑같은 신화 생성과정은 아직 독일에서 시작되지 않았으며, 가해자 국가에서는 피해자 국가보다 과거의 이런 부분이 현재에 통합되기가 훨씬 더 어렵기 때문에 신화가 생성되려면 아마도 시간이 더 필요할 것이다. '홀로코스트'란 말 자체가 독일적 상황에서는 적절치 않은 것 같다. 그러나 이 모든 것은 사건들의 역사성 자체에 조금도 영향을 미치지 않는다. 사건들에 대한 역사적 연구는 기념물이나 전통, 그리고 관련된 사람들의 집단적 기억과는 신중하게 구별되어야 한다.[22]

개인적이고 사회적 역량으로서의 기억은 과거의 '사실들'을 단순히 모아 놓은 것이 아니라 상상력을 재구성하는 지속적 작업이다. 다른 말로 하면 과거는 그대로 저장할 수 없고 항상 '처리'해서 매개해야 한다. 이런 매개는 주어진 현재 속에서의 주어진 개인이나 사회의 의미론적 틀과 요구에 따라 달라진다.[23]

만약 "우리가 우리의 기억 그 자체"[24]라면 기억의 진실은 그것이 만들어 내는 정체성에 있다. 이런 진실은 모든 새로운 정체성과 모든 새로운 현재와 함께 변하는 시간에 영향을 받는다. 진실은 만들어지는 당시의 이야기가 아닌 집단적 기억 속에 살아서 펼쳐지는 이야기 속에 있다. 만약 "우리가 우리의 기억 그 자체"라면 우리는 우리 자신에 대해 말할 수 있는 그 이야기다. "우리들 각자는 삶의 이야기, 내면의 서사를 가지며 그 지속성과 그 의미가 바로 우리의 삶이다. 우리 각자가 하나의 '서사'를 구성하여 살고 있고,

---

[22] 신화는 역사의 반대 개념이 아니다. 그보다는 오히려 (미셸 드 세르토가 지적하듯이) "역사가 아마도 우리의 신화일 것이다. 그것은 한 사회가 그 자신의 작업을 이해하는 그 방식과 일치하도록, 생각될 수 있는 것, 즉 '생각할 수 있는 것'과 기원(起原)을 연결한다". Michel de Certeau, *The Writing of History*, trans. Tom Conley, New York: Columbia University Press, 1988(French ed., 1975), p.21을 보라.

[23] Maurice Halbwachs, *La topographie legendaire des évangiles en Terre Sainte*, 1941; 2nd ed., Paris: Presses Universitaires de France, 1971; *Les cadres sociaux de la mémoire*, Paris: F. Alcan, 1925; *La mémoire collective*, Paris: Presses Universitaires de France, 1950을 보라. 알바슈에 대해서는 Gérard Namer, *Mémoire et société*, Paris: Meridiens Klincksieck, 1987을 보라.

[24] Michael S. Roth, "We Are What We Remember(and Forget)", *Tikkun*, no.9.6, 1994, pp.41~42, p.91.

1장_기억사와 이집트의 구성

이 서사가 우리 자신이자 우리의 정체성이라 할 수 있다."[25] 이와 똑같이 기억이 이런 서사를 만들고 자기가 직접 구성한다는 개념은 집단적 차원에도 적용된다. 이때는 그 이야기가 '신화'라고 불린다. 신화는 한 집단, 한 사회, 혹은 한 문화가 지침으로 삼는 이야기를 담고 있다. 전통적 서사의 의미에서의 신화는 민족 형성('민족집단 형성')에 대단히 중요한 역할을 한다. 민족집단 형성운동은 대체로 "신화 동력"[26] 역할을 하는 중심서사에서 그 역동성을 가져온다. 현대적 사건이 그런 메타서사의 관점에서 경험되고 해석되는 한, 역사는(발생한 일res gestae이라는 의미에서) 서사의 형태로 말해지거나 쓰이는 것과 관계없이 이미 서사에 깊숙이 관여하는 것이다. 서사적 구조는 실행, 경험, 기억, 재현이라는 유기적 구조 속에서 작동된다.

---

25) Oliver Sacks, *The Man Who Mistook His Wife for a Hat and Other Clinical Tales*, New York: Summit Books, 1985, p.110. 이는 Funkenstein, *Perceptions*, p.33에서 인용한 것이다. 또한 Dan McAdams, *The Stories We Live By: Personal Myths and the Making of the Self*, New York: Morrow, 1993도 보라. "우리가 지침으로 삼는" 많은 이야기들은 개인적 기억이 아니라 집단적·문화적 기억이다. 이 점은 특히 토마스 만이 자신의 여러 소설(예를 들면 『요셉과 그 형제들』, 『파우스트 박사』)과 산문(특히 "Freud und die Zukunft", 1936)에서 보여 주었다. 나의 논문 Jan Assmann, "Zitathaftes Leben: Thomas Mann und die Phänomenologie der kulturellen Erinnerung", eds. Eckhard Heftrich and Hans Wysling, *Thomas Mann Jahrbuch*, vol.6, 1994, pp.133~158을 보라. 또한 에릭 베른의 '성서' 개념은 이런 맥락과 관련이 있다. 그의 책 Eric Berne, *Beyond Games and Scripts*, New York: Grove Press, 1976을 보라. 그리고 Donald P. Spence, *Narrative Truth and Historical Truth: Meaning and Interpretation in Psychoanalysis*, New York: Norton, 1982도 참조하라.

26) "신화 동력"(mythomoteur)의 개념은 Ramon d'Abadal i de Vinyals, "A propos du Legs Visigothique en Espagne", *Settimane di Studio del Centro Italiano di Studi Sull' Alt. Medioevo*, no.2, 1958, pp.541~585에 의해 만들어졌으며, John Armstrong, *Nations before Nationalism*, Chapel Hill: University of North Carolina Press, 1983과 Anthony D. Smith, *The Ethnic Origins of Nations*, Oxford: Blackwell, 1986에 의해 발전되었다. 이에 대한 나의 논문 Jan Assmann, "Frühe Formen politischer Mythomotorik: Fundierende, kontrapräsentische und revolutionäre Mythen", eds. Dietrich Harth and Jan Assmann, *Revolution und Mythos*, Frankfurt: Fischer, 1992, pp.39~61도 참조하라.

기억사와 담론사

기억사는 문화적 기억을 탐구한다. '문화적 기억'이란 용어는 단지 그리스 이름 므네모시네(Mnemosyne)를 번역한 것이다. 므네모시네는 아홉 명의 뮤즈의 어머니였기에 그 이름은 다양한 뮤즈들로 의인화된 총체적인 문화 활동을 상징하게 되었다. 이런 문화 활동을 의인화된 기억에 포함시킴으로써 그리스인들은 문화를 기억에 토대를 둔 것뿐만 아니라 그 자체를 기억의 한 형태로 보았다. 하지만 내가 관심을 두는 기억사는 훨씬 더 구체적인 것이다. 그것은 아비 바르부르크가 명명하였던 것처럼 많은 문화적 기억의 이동경로 중 하나일 뿐이다. 또한 그 탐구는 기억사의 훨씬 더 일반적인 관심사들과 혼동해서는 안 되는 독특한 방법론을 가지고 있다. 이것이 바로 담론사다. 이때 내가 의미하는 '담론'은 미셸 푸코나 다른 몇몇 사람들의 영향으로 언급되는 의미보다 훨씬 더 특수한 경우를 말한다.[27] 나는 서로 간에 관련을 맺으면서 공통된 연구주제를 다루거나 처리하는 연속적인 텍스트를 담론이라고 본다. 이런 관점에서의 담론은 기록물, 정전(正典), 교육기관이나 성직자 단체 등과 같은 항구불변의 제도에 의존하며 몇 세대나 몇 세기, 심지어 몇천 년까지 이어지는 일종의 텍스트적 대화나 논쟁이다.

담론(이런 식의 제한된 의미의 논쟁)이란 주제적 틀을 가지고 선행하는 텍스트와 연구주제를 어떻게 다룰 것인가에 대한 일종의 (성문화되지 않은) 규칙이다. 이 안에는 대화, 주장, 인용, 검증 등등의 규칙이 포함된다. 기

---

[27] 푸코의 '담론' 개념에 대한 크리스토퍼 틸리의 아주 명확한 설명을 보라. Christopher Tilley (ed.), *Reading Material Culture*, Oxford: Blackwell, 1990, pp.290~304. 루이스 A. 히치콕(Louise A. Hitchcock)이 이 책을 알려 주었다.

역사적 담론분석은 기억의 수직적 계열인 이런 연속된 텍스트들을 탐구하고, 텍스트 뒤에서 작동하고 있는 접속 가능성(상호 텍스트성, 이념의 진화, 망각된 증거들, 재조명, 초점의 이동 등)의 실타래를 찾아내는 것이다. 유럽의 문화적 기억에서 이집트 수용(모차르트의 「마술피리」와 그것의 이집트 연관성)이라는 좀더 보편적인 틀 안에 있는 특수한 테마와 관련하여 지그프리트 모렌츠(Siegfried Morenz)는 "이집트-고대-서양의 삶의 맥락(Lebenszusammenhang)"이라는 말을 사용했다. 그러나 이 용어는 설명해주기보다 오히려 다소 어리둥절하게 만든다.[28] 문화적 기억은 이 '중대한 긴밀성'을 구성하는 원칙이고 그 형식 중 하나가 바로 '담론'이기 때문이다.

담론은 상호 텍스트성 그 이상이다. 텍스트적 차원 이외에도 항상 질료적 또는 주제적 차원(Sachdimension)이 존재한다. 담론은 일련의 그 전임자(텍스트적 차원)와 어떤 텍스트와의 관계, 그리고 공통주제(질료적 차원)와 어떤 텍스트와의 관계라는 이중적 관계로 정의된다. 보통 담론은 출처보다도 텍스트 사이에서 더 강한 친화력을 만들어 낸다. 예를 들어 프로이트의 『그 사람 모세와 유일신교』(Der Mann Moses und die monotheistische Religion)의 첫 두 논문은 자신의 다른 저작들보다 실러의 「모세의 파송」(Die Sendung Moses)에 훨씬 더 가깝다. 워버턴의 『모세 신성한 특사』(The Divine Legation of Moses Demonstrated)는 그가 쓴 포프나 셰익스피어에 대한 저작보다 스펜서의 저작에 더 가깝다. 심지어 같은 원칙이 이 책에도 적용되는데, (유일신교의 일반적 문제와 관련된 것으로 보이는 몇몇 이집트학 자료를 소개하는 6장을 제외하고) 이 책은 나의 다른 이집트학 작업들보다

---

28) Siegfried Morenz, *Die Zauberflöte: Eine Studie zum Lebenszusammenhang Ägypten-Antike-Abendland*, Köln and Münster: Böhlau, 1952.

내가 지금 논평하고 있는 텍스트들과 더 많은 공통점이 있는 것 같다.

어떤 (특정 저자의 작품을 구성하는 텍스트들과 대립되는 것으로서의) 논쟁에 참여하는 텍스트들 사이의 유사성은 우리에게 그 총체적인 해석들로서 클로드 레비-스트로스의 신화 개념을 떠올리게 한다. 이는 '신화'라는 개념이 모세-이집트 전통과 관련하여 담론이란 말보다 덜 적합하지 않느냐는 질문을 야기한다. 모세 이야기는 마치 헤라클레스와 프로메테우스의 이야기처럼 아주 다양한 판본으로 각색되어 전개되는 이야기 같다. 다만 차이가 있다면 모세-이집트 이야기는 시인이 아닌 학자들이 하는 이야기라는 점이다. 그럼에도 불구하고 그 이야기의 전개에 작동되는 역동성은 한스 블루멘베르크(Hans Blumenberg)가 "신화 작업"(Arbeit am Mythos)이라고 이름붙인 것에서 작동되는 것과 아주 흡사하다.

여기에 나는 '담론'이라는 개념에 대한 개인적 주해를 달아 놓았는데, 그것이 전반적으로 더 유익하다고 생각되기 때문이다. 이집트인 모세 연구를 시작할 때, 나는 UCLA 연구도서관 특별 소장품 관에서 스펜서의 『히브리 제의에 관하여』(*De legibus hebraeorum ritualibus*)를 처음 본 이후로 날 휩쓸고 간, 말하자면 상호 텍스트 간의 전염병이라는 주제의 복합체에 매혹되어 쏙 빠져 있었던 경험이 있다. 그때가 1994년 10월이었고 나는 마치 마술에 걸린 듯, 나로서는 (그것도 외국어로) 상당히 짧은 시간 안에 이 연구에 대한 책을 쓰기 시작했다. 또한 이 원고의 초고를 마친 후, 이 프로젝트를 그만두거나 다른 작업을 하는 것이 대단히 어려웠다. '모세-이집트 담론'에 대한 나의 이런 개인적 경험은 스펜서, 워버턴, 라인홀트, 실러 그리고 프로이트로 이어지는 계보가 분명히 보여 주는 매혹에 눈뜨게 하였다. 그것은 또한 읽기와 쓰기가 만들어 내고, 내가 '담론'이라 칭하는 것의 지속성과 연관성을 날카롭게 인식하게 해주었다. 은유적으로 말하면, 담론은 참여

1장_기억사와 이집트의 구성 39

하는 사람들 안에서 스스로를 복제하는 자체의 생명력을 가지고 있다. 이런 '자체의 생명력'이 바로 레비-스트로스가 말하는 담론의 신화적인 면과 관계 있을 것이다. 문어(文語)의 영역에서 발생하는 담론의 모든 방면에 이집트 신화가 있고, 그것은 이런 영역을 초월하여 보이지 않는 곳에서 '신화 동력적' 마술을 건다. 18세기 사람들은 이런 신화 동력적 매력을 '담론의 천재성'으로 의인화할 수 있었는지도 모른다. 물론 우리는 이런 종류의 유익한 신비화를 읽을 수 없으며, '담론'이나 '문화적 기억' 같은 분석되지 않은 개념의 사용도 마찬가지다. 다만 앞에서 말한 설명들이 내 용어의 사용을 충분히 명확하게 하길 바랄 뿐이다.

모세와 이집트의 부활

모세와 이집트에 대한 담론의 분석은 현재까지 무시된 채 남아 있는 고대 이집트 수용이라는 국면을 새롭게 조명한다. 보통 이집트에 대한 수용은 르네상스와 나폴레옹의 이집트 원정이라는 유럽사의 두 사건과 연관된 이집트의 '부활' 혹은 '이집트광'(Egyptomania)의 두 기간으로 이루어지는 것으로 인식되었다.

첫번째 부활은 주로 호라폴론(Horapollo)에 의해 쓰여진 이집트 신성문자에 관한 논문과 『헤르메스 전집』(*Corpus Hermeticum*) 같은 이른바 "이집트 텍스트들"의 발견을 통해 이루어졌다.[29] 마르실리오 피치노(Marsilio Ficino)와 프란체스코 콜로나(Francesco Colonna)에서 아타나시우스 키르허(Athanasius Kircher)에 이르는 다른 이탈리아 르네상스 저자들은 고대 이집트 신학과 학술로서의 연금술을 복원했다. 이런 저자들은 그리스, 라틴 저자들에 의해 고안된 이집트의 고전적 이미지를 자신들이 연금술 관련 문서들에서 추출할 수 있었던 우주론적·신학적·철학적인 내용으로 채워 넣을 수 있다고 여겼다. 피치노는 연금술적 전통과 이집트의 고전적 이미지를 결합시킴으로써, 그가 보기에 이집트 지혜의 창시자이자 주인에게 이름을 붙일 수 있었다. 헤르메스 트리스메기스투스(Hermes Trismegistus)는 연대기에 관련되는 한 적어도 같은 지위를 지니는 성서적 모세를 대면하게 되며, 그런 한 그를 '이집트인 모세'라 부를 수 있었다. 성서가 끌어내고 전달하는 고대 이집트에 대한 극단적 공포의 이미지와는 대조적으로 이집트의 고전적 이미지는 거의 대부분, 그리고 거의 절대적으로 이집트 우호적이다. 르네상스 시대의 고대 이집트의 부활은 몇 가지 서로 다른 담론으로 전개된다.

1. '연금술적' 담론[30]: 지혜의 원천, '고대 신학'(prisca theologia)과 '영원한 철학'(philosophia perennis)[31]으로서의 이집트.
2. '신성문자적' 담론: 순수한 표의문자(Begriffsschrift)로 이해 혹은 오

---

[29] Frances A. Yates, *Giordano Bruno and the Hermetic Tradition*, Chicago: University of Chicago Press, 1964; Erik Iversen, *The Myth of Egypt and Its Hieroglyphs in the European Tradition*, 1961(2nd ed., Princeton: Princeton University Press, 1993); Liselotte Dieckmann, *Hieroglyphics: The History of a Literary Symbol*, St. Louis: Washington University Press, 1970. 호라폴론의 논문은 1419년 안드로스 섬에서 발견되었고 라틴어로 번역되어 이미 1505년에 인쇄되었다. 『헤르메스 전집』은 코시모 디 메디치(Cosimo de Medici)의 위탁에 의해 1460년에 이탈리아로 보내졌다. 1463년에 이 책은 마르실리오 피치노에 의해 라틴어로 번역되었다. 그는 이 일 때문에 자신의 플라톤 번역을 중지했다.

[30] Yates, *Giordano Bruno*를 참조하라.

[31] Ingrid Merkel and Allen G. Debus(eds.), *Hermeticism and the Renaissance: Intellectual History and the Occult in Early Modern Europe*, Washington, D.C.: Folger Books, 1988; Antoine Faivre(ed.), *Présence d'Hermès Trismégiste*, Cahiers de l'Hermétisme, Paris: Albin Michel, 1988을 참조하라.

해되는 이집트 문자——표상적 전통.[32]

3. 역사적 담론 혹은 시대의 발견[33] : 문서화된 역사가 성서적 연대기를 훨씬 넘어서까지 펼쳐진 문명국가로서의 이집트. 역사에 대한 담론은 고전적·성서적 연대기에 정면으로 맞서고 그런 이유로 특히 논쟁적임.

르네상스는 일반적으로 이집트애(Egyptophilia)의 황금기로 여겨진다. 르네상스 시대의 이집트 이미지는 전승된 것을 실제로 재고안한 것이었고, 역사와는 거의 관련이 없는 회고적 상상의 대단한 성취였다. 그럼에도 불구하고, 그런 이미지는 문화적 기억에 거대한 영향을 끼쳤다. 더욱이 그것은 역사비평으로 피치노가 그려 낸 것을 성공적으로 파괴한 후에도 오랫동안 계속되었다.[34]

이집트 부활에 생명력을 불어넣은 두번째 사건은 이집트 기념물들에 대한 최초의 체계적 조사를 할 수 있게 한 나폴레옹의 이집트 원정이다. 이

---

32) 에리크 이베르센(Erik Iversen)의 뛰어난 개관 이외에도 다음과 같은 고전적 연구들을 참조하라. Karl Giehlow, *Die Hieroglyphenkunde des Humanismus in der Allegorie der Renaissance, besonders der Ehrenpforte Kaisers Maximilian I.*, Jahrbuch der kunsthistorischen Sammlungen, no.32, vol.1, 1915; Ludwig Volkmann, *Bilderschriften der Renaissance: Hieroglyphik und Emblematik in ihren Beziehungen und Fortwirkungen*, Leipzig, 1923; Arthur Henkel and Albrecht Schöne, *Emblemata: Handbuch zur Sinnbildkunst des 16. und 17. Jahrhunderts*, Stuttgart: J. B. Metzler, 1967.
33) Paolo Rossi, *The Great Abyss of Time: The History of the Earth and the History of Nations from Hooke to Vico*, trans. Lydia G. Cochrane, Chicago: University of Chicago Press, 1985를 참조하라.
34) Isaac Casaubon, *De Rebus Sacris et Ecclesiasticis Exercitationes XVI: Ad Cardinalis Baronii Prolegomena in Annales*, London, 1614, p.70ff. 그리고 Yates, *Giordano Bruno*, pp.398~403; Anthony Grafton, "Protestant versus Prophet Isaac Casaubon on Hermes Trismegistus", *Journal of the Warburg and Courtauld Institutes*, no.46, 1983, pp.78~93을 참조하라.

프로젝트는 결국 프랑수아 샹폴리옹(Jean François Champollion)이 신성문자 문서들을 해독하여 이집트학을 학문의 한 분과로 부상시킨 계기가 되었다. 하지만 이 원정은 새로운 이집트 부활에 방아쇠를 당긴 사건이 아니라 오히려 18세기 후반에 유럽을 휩쓴 이집트 맹신이라는 새로운 물결의 눈부신 결과들 중 하나로 여겨야 한다. 그리고 이는 일련의 최신 연구들, 특히 건축학 분야에서의 성과 덕택이다.[35) 우리는 모세-이집트 담론이 이런 발전에 상당한 기여를 하게 된다는 것을 알게 될 것이다.

일반적으로 간과되었던 것은 17세기 후반에 시작되어 나폴레옹 시대에 정점을 이룬 이집트 기억사의 한 단계다. 이집트에 관한 이런 담론은 그것이 이사크 카소봉(Isaac Casaubon)의 비판과 정교주의의 적대적 반응을 통해 이루어졌다는 점에서, 그리고 합리주의와 역사비평 위에 그 견고한 토대를 두고 재구성되었다는 점에서 이집트애적 르네상스 담론과는 사뭇 다르다. 르네상스 시대의 이집트 애호가들은 기독교의 대단히 광범위한 테두리 안에서 활동을 했고, 나중에는 이단으로 탄핵받게 되는 사상들을 가볍게 다루면서도 자신들을 훌륭한 기독교인으로 여길 수 있었던 반면, 후기의 학자들은 이집트에 대한 관심이 합법적으로 인정받을 수 있는 뚜렷한 경계와 결정을 가진 분위기에서 작업을 했다. 그러므로 이 후기는 주로 모세, 유일신교, 계시의 역사적 배경으로서의 이집트에 관심을 가졌다. 그 주창자들은 더 이상 마술적·연금술적·신비주의적 경향을 가진 철학가나 의사가 아니었다. 그리고 그 배경에는 헤라르트 요안네스 포시우스(Gerard Joannes

---

35) James Stevens Curl, *The Egyptian Revival: An Introductory Study of a Recurring Theme in the History of Taste*, London: Allen & Unwin, 1982; Dirk Syndram, *Ägypten-Faszinationen: Untersuchungen zum Ägyptenbild im europäischen Klassizismus bis 1800*, Frankfurt: P. Lang, 1990.

Vossius, 1577~1649), 사뮈엘 보샤르(Samuel Bochart, 1599~1667), 존 셀던(John Selden, 1584~1654), 리샤르 시몽(Richard Simon, 1638~1712), 장 르클레르(Jean Le Clerc, 1657~1737), 존 마셤(John Marsham, 1602~1685), 헤르만 비츠(Herman Wits, 1636~1708), 피에르 다니엘 위에(Pierre-Daniel Huet, 1630~1721), 그리고 다수의 학자들이 실행한 성서적 역사비평이 있었다. 물론 나는 이중에서 주로 모세와 이집트 담론의 출발점이 되는 기여를 한 존 스펜서(1630~1693)를 다룰 것이다.

　이런 이집트에 관한 새로운 관심은 그 당시 종교적·정치적 갈등 및 세기 첫 중반에 있었던 종교전쟁에 대한 끔찍한 경험과 무신론, 범신론, 자연신론, 자유사상, 토마스 홉스와 바뤼흐 스피노자의 영향 아래의 논쟁들로부터 생겨났다. 이집트는 당시의 신학, 정치, 역사, 철학 논쟁에서 흥미를 끌었다. '모든 열광적 신흥종교의 공통된 근원'으로 주장되는 이집트는 이성과 계시 혹은 자연과 성서의 궁극적인 집합점이라 주장하기 위한 예로 사용되었다. 스피노자주의에 동조하는 몇몇 사람들은 감히 파문된 철학자의 이름을 노골적으로 언급하지는 못하고 스피노자를 뜻할 때 그 대신 '이집트'를 이야기했다.

　그 명백한 다신론적·우상주의적 겉모습에도 불구하고, 이집트 종교는 신비주의적이고 근원적인 유일신교 혹은 범신론을 포함하는 것으로 묘사되었다. 이것은 『헤르메스 전집』에서 자신의 이집트에 대한 무비판적 이미지를 본받은 아타나시우스 키르허로의 단순한 복귀는 아니었다. 오히려 카소봉의 『헤르메스 전집』에 대한 텍스트 비판과 그 텍스트 연대를 시기적으로 후에 나온 것으로 보는 견해를 정당히 평가하는 것이었다. 이집트학의 새로운 국면이 계몽주의와 그것의 역사비평 방법론의 틀 속에 있었지만 키르허는 르네상스 최후의 이집트학자로 보아야 한다. 이사크 카소봉

(1559~1614)이 『헤르메스 전집』을 후기 편찬물이자 기독교 문서를 베낀 것이라 폭로했을 때인 1614년 이후에 헤르메스 트리스메기스투스의 가르침은 선호도가 떨어졌다. 그때 이후로 신비주의적 전통은 오직 장미십자회(Rosicrucianism), 연금술, 접신학(接神學) 등의 불가해한 형태의 하류(下流)로만 살아남았다. 적어도 이것이 프랜시스 예이츠가 그린 신비주의적 전통의 모습이다. 하지만 그가 선언한 신비주의의 사망은 시기상조였다. 헤르메스 트리스메기스투스는 랠프 커드워스(Ralph Cudworth)의 노력으로 18세기에 의기양양하게 돌아왔다. 카소봉의 통렬한 비판으로부터 헤르메스 트리스메기스투스를 구해 내면서 커드워스는 독일에서 스피노자주의의 조류와 함께 이집트애가 시작되는 새로운 국면을 맞이했다. 스피노자와 커드워스 이외에 이런 국면과 관련된 사람들로는 프랑스와 영국의 이신론자들, 케임브리지 플라톤학파들, 자유사상가들, 그리고 프리메이슨 단원들이 있었다.[36] 이들 중 특히 내가 윌리엄 워버턴에 관심을 가지는 것은 모세율법의 신적 특성을 아주 상세하게 보여 준 그의 저작이 그가 반박하고자 했던 사상들을 가장 포괄적이고 대표적으로 성문화시켜 놓은 것으로 여겨지기 때문이다. 비술(秘術)적 유일신교 혹은 고대 이집트인들의 '신비주의'의 대상은 '자연'으로 규명되었다.[37] 전혀 알아볼 수 없는 상징과 수수께끼들로 포

---

[36] 이 전통에 관해서는 특히 Margaret C. Jacob, *The Radical Enlightenment: Pantheists, Freemasons, and Republicans*, London: Allen & Unwin, 1981을 보라.

[37] "자연"에 대한 유일신적 숭배로서의 고대 이집트 종교에 대한 초기 해석은 Henry Reynolds, *Mythomystes*, 1633에서 찾아볼 수 있다. "늙고 현명한 그 이집트 성직자들은 자연(이것은 처음에 전체 세계의 신성이었다)의 신비를 탐구하기 시작했다." 그리고 "사물들의 특정한 표기와 특성들"을 고안했다. 이것이 말하자면 그들의 지식을 숨겨 전달할 신성문자였다. 모세는 알레고리적 언어로 표현된 진정한 지혜를 감추는 자기만의 방법을 이집트 선생들로부터 배웠다. Dieckmann, *Hieroglyphics*, p.96f.에서 재인용.

장된 이집트 종교에서 살아남은 근원적·비계시적 유일신교의 신격인 자연에 대한 개념들 속에서 이집트에 관한 신비주의적·신성문자적·성서적 담론들이 생겨난다. 이런 발전들이 18세기 후반에 이집트 숭배의 절정을 이루면서 모차르트의 「마술피리」와 나폴레옹의 이집트 원정이라는 특히 주목할 만한 예를 만들어 낸다.

'이집트인 모세' 담론에서 나는 민족적 정체성뿐만 아니라 문화적 정체성을 구성하는 더 넓은 의미의 '이집트인'을 다룰 것이다. 다양한 이유를 들어 마네톤, 스트라본, 톨런드, 그리고 프로이트는 모세를 민족적·문화적 의미에서 진정한 이집트인으로 여겼다. 하지만 대조적으로 스펜서, 워버턴, 라인홀트, 그리고 실러는 모세가 유대인이라는 규범적 전통에 충실했다. 하지만 그들은 모세를 이집트인들의 '신성문자에 대한 지혜와 신비주의'에 완전히 동화되거나 그것을 전수받은 사람으로 봤다. 분명히 아주 다양한 능력을 요하는 그런 프로젝트에 이집트학자 하나가 어떤 기여를 할 수 있을지 의문을 가질 수도 있다. 이런 사람들의 작품을 연구하기 위해 그들도 알지 못했던 이집트어를 알 필요는 없다. 필요한 것은 고전주의자, 그리스도교 교부(敎父) 문학연구가, 히브리어학자, 르네상스학자, 개념역사가, 그리고 지금은 그 자체로 학문의 한 분과인 프로이트학자, 이 모든 자질들이 결합된 것이다. 나는 이 자질들 중 어느 것도 제대로 가진 것 같지는 않다. 내 관찰기록물의 아주 초보적 특성은 각각의 전문가들에게 증보되거나 점검받거나 수정되어야 함을 뼈저리게 느끼고 있다. 하지만 이 책에는 오직 한 이집트학자만이 발견할 수 있는 무언가가 있고 그것이 이 담론을 시작하게 하고 모든 변형과 분파를 거치면서도 거의 마술처럼 살아남는 근원적인 원동력이 되었다. 역사의 한 부분으로서의 기억사는 역사 없이는 살 수 없다. 기억에 관한 작품들이 가시화되는 것은 오직 지속적인 역사적 고찰 때문이다. 역사(다시 말해 이집트학)가 회상의 형식으로 그 기능을 인식하는 것은 바로 이 기억사적 고찰 때문이다.

그러므로 중요한 것은 이집트학이 유럽의 지성사에서 이집트 상(像)에 대한 연구에 무엇을 기여할 수 있느냐 하는 것뿐만 아니라 유럽 지성사 연구가 이집트학에 어떤 기여를 할 수 있는가 하는 것이다. 기억과 역사는 서로 다르지만 서로 밀접하게 뒤얽혀 있다. 역사가는 있지만 '기억사가'는 없다. 기억과 역사는 몇몇은 어느 한 극단에, 또 다른 몇몇은 다른 극단에 더 가깝지만 같은 범위의 활동들로 이루어진 양 극단들이다. 서로 끊임없는 상호 작용을 놓치지 않도록 그 두 극단들이 따로 유지되는 것이 중요하다. 기억은 과거에 살고 과거에 스스로 만든 이미지를 그 과거에 제공하는 경향이 있는 반면, 극단적 실증주의로서의 역사는 과거를 중화하고, 이상하게 들리겠지만 과거가 그 자신의 목소리로 말하게 만드는 경향이 있다. 유럽의 문화적 기억에서 역사적 발견과 재구성으로 이집트를 평가하는 것보다 더 이집트 상에 결정적으로 해를 끼친 것은 없다. 이집트를 축소하거나 과소평가한 사람은 요한 빙켈만(Johann Winckelmann)이 아니라 아돌프 에르만(Adolf Ermann), 쿠르트 제테(Kurt Sethe), 앨런 가디너(Alan Gardiner) 경처럼 탈신비화라는 프로젝트를 추구했던 이집트학자들이었다. 어느 누구도 실증주의의 거대한 업적을 과소평가하지 않을 것이다. 이집트학은 그 토대를 마련하기 위해서 실증주의적이고 철학적인 학문이 되어야 했다. 하지만 고전학과 근동학의 맥락 속에서 이집트학이라는 학문 분과가 수립되는 과정에 그 근원적 질문들은 망각되고 이집트 숭배와 이집트학 간의 차이는 어느 누구도 상호 이해할 수 없는 간극을 만들어 냈다.

이런 종류의 실증주의에 반대하는 움직임이 전후 독일에서 2차 세계

대전의 끔찍한 재앙과 독일 파시즘의 공포를 목격한 요아힘 슈피겔[38], 에베르하르트 오토[39], 헬무트 브룬너[40], 지그프리트 모렌츠[41], 발터 볼프[42] 같은 이집트학자들에 의해 시작된 것은 결코 우연이 아니다. 그들은 고고학적·역사적·문헌학적 탐험과 문제 해결의 영역으로뿐만 아니라 다소 무의식적이긴 하지만 도덕적·종교적 정향성의 기초에 대한 통찰을 얻을 희망을 가지고 이집트를 보았다. 단순한 해독과 발견의 대상으로 이집트를 보기보다는 고대 이집트와의 대화를 시도하려는, 그리고 성서적·고전적 전통을 가진 '정전'으로 끝내기보다 유럽의 문화적 기억 속에 다시 이집트를 통합하려는 이 프로젝트는 이집트 숭배와 이집트학 사이의 미지의 영역을 개척하고 이집트학과 그 기억사를 다시 연결하는 것을 목표로 한다.

---

38) 슈피겔의 이름을 여기서 언급하는 것은 그의 중요성, 그리고 여러 관점에서 걸작으로 평가받고 있는 Joachim Spiegel, *Das Werden der Altaegyptischen Hochkultur*, Heidelberg: Kerle, 1953 때문이다. 이 연구는 전후 독일 이집트학에서 새로운 이정표를 놓았고 다양한 영역에 걸쳐 정신적인 이집트 상을 모색하고 있다.
39) Eberhard Otto, *Ägypten: Der Weg des Pharaonenreichs*, Stuttgart: Kohlhammer, 1954.
40) Hellmut Brunner, *Altägyptische Erziehung*, Wiesbaden: Harrassowitz, 1956.
41) Siegried Morenz, *Ägyptische Religion*, Stuttgart: Kohlhammer, 1960; *Gott und Mensch im alten Ägypten*, Leipzig: Koehler & Amelang, 1965; *Die Begegnung Europas mit Ägypten*, Berlin: Akademie-Verlag, 1968.
42) Walther Wolf, *Kulturgeschichte des alten Ägypten*, Stuttgart: A. Kroener, 1962.

2장

박해의 역사, 억압의 기억: 모세와 아케나톤

2장_박해의 역사, 억압의 기억: 모세와 아케나톤

아케나톤: 최초의 반-종교

모세와는 달리, 파라오 아멘호테프 4세인 아케나톤은 전적으로 역사의 인물이지 기억의 인물이 아니었다. 사후 그의 이름은 왕의 명단에서 지워졌고, 그의 유물은 훼철되었으며, 비문과 조상(彫像)들은 파괴되어 그가 존재했다는 흔적은 거의 다 소멸되었다. 그래서 수백 년 동안 어느 누구도 그의 놀랄 만한 혁명에 대해 알지 못했다. 19세기의 그에 대한 재발견 이전에는 실제로 아케나톤에 대한 어떤 기억도 존재하지 않았다.[1] 하지만 모세는 그 반대의 경우다. 모세에 대한 역사적 기록은 그 어디에서도 찾아볼 수 없다. 그는 율법제정, 해방운동 그리고 유일신교와 관련된 모든 전통을 흡수, 동화시키고 구체화하면서 오직 기억의 인물로만 각인되었다.

아케나톤의 비문이 재발견되어 처음 발표되자마자 사람들은 아케나톤이야말로 모세에 대한 기억과 아주 비슷한 일, 다시 말해 이집트 다신교

---

1) 아마르나 종교의 발견에 관한 역사에 대해서는 Erik Hornung, "The Rediscovery of Akhenaten and His Place in Religion", *Journal of the American Research Center in Egypt*, no.29, 1992, pp.43~49를 보라.

의 신상(神像)과 제식(祭式)숭배를 폐지하고, '아톤'(Aton)이라 불리는 빛의 신을 숭배하는 순수하고 새로운 유일신교를 수립했다는 것을 알게 되었다. 베를린 대학교에 제출된 박사학위 논문 「아멘호테프 4세 치하에 형성된 태양신 숭배에 대하여」(De Hymnis in Solem sub Rege Amenophide IV. Redactis, 1894)에서 젊은 미국인 학자 제임스 헨리 브레스티드(James Henry Breasted)는 성서의 유일신 사상의 해석을 위해 아케나톤의 유일신 교적 혁명이 대단히 중요함을 보여 주었다. 좀 덜 탄탄한 철학적 배경을 가진 또 한 사람의 이집트학자인 아서 웨이걸(Arthur Weigall)은 이집트 유일신교와 성서의 유일신교 사이의, 혹은 아케나톤과 모세 사이의 관계에 대해 좀더 자세한 비교를 했다. 「시편」 104편은 아케나톤에 대한 찬가의 히브리적 번역이지 않은가? 이집트어 '아톤'과 히브리어 '아도나이'(Adonai)는 같은 단어이지 않은가?[2] 지그문트 프로이트가 모세와 유일신교에 대한 '역사적 해석' 작업에 착수했을 때, 그는 이 같은 주장을 따라서 모세를 아케나톤 왕의 지근에 있었던 인물이지만 그 왕은 아니었던 한 아톤주의자라 했다. 이런 식의 동일시는 미래가 아닌 과거를 배경으로 '공상과학'을 쓰는 작업을 하는 다른 몇몇 저자들에 의해서도 이루어졌다.[3]

아케나톤이 이집트인 모세였던가? 모세의 성서 속 이미지는 망각된 이집트 파라오에 대한 변형된 기억인가? 오직 '공상과학'만이 이런 질문에 간단히 '그렇다'라고 대답할 수 있을 것이다. 하지만 기억사는 이집트 유일신교와 성서 유일신교 간의 관계 혹은 이집트 반-종교와 이집트에 대한 성서

---

[2] 물론 그 둘은 같지 않다. 그러나 프로이트는 웨이걸의 해석에 큰 영향을 받았다.
[3] Philippe Aziz, *Moise et Akhenaton, les énigmes de l'univers*, Paris: Editions Robert Laffront, 1980; Ahmed Osman, *Moses, Pharaoh of Egypt: The Mystery of Akhenaten Resolved*, London: Grafton Books, 1990.

적 혐오감이 역사 속에 확실한 근거가 있음을, 다시 말해 아케나톤에 대한 뒤바뀐 기억과 모세에 대한 동일시는 이미 고대에 있었던 일임을 보여 줄 수 있다. 그러므로 기원전 14세기 중반 약 17년간 이집트를 지배했던 왕, 아멘호테프 4세로부터 이 종교적 적대감의 이야기를 시작하는 것이 좋겠다.

팔레스티나 침입자들 중의 한 종족인 힉소스 왕족이 나일강의 동쪽 삼각주에 정착하여 거의 100년 이상 이집트를 지배하러 나섰던 기원전 17세기까지의 역사로 더 거슬러 가보자. 유대인 역사학자 요세푸스 플라비우스(Josephus Flavius)는 이 이집트를 지배했던 이방인들이 이스라엘의 조상이라고 봤다. 하지만 이 힉소스 왕족과 이집트인들 사이에는 어떤 뚜렷한 종교적 갈등은 없었던 것 같다. 힉소스 왕족들은 유일신교자도, 성상파괴자도 아니었다. 발견된 힉소스 왕족의 유물들은 오히려 그들 또한 나중에 이집트를 지배한 이방인들인 페르시아인들, 마케도니아인들, 로마인들이 했던 방식과 똑같이 전통적 이집트 왕들의 종교적 의무를 준수하였음을 보여 준다. 그들은 이집트인들에게 친숙한 인물인 바알(Baal)을 계속 숭배하였지만 이집트인들에게 자신들의 신을 믿도록 개종을 강요하지 않았다. 완전한 개종의 개념이 다신교적 분위기에서는 부조리한 것 같다. 하지만 만약 우리가 최초로 발생한 아주 순수한 종교 갈등을 역사적 기록에서 찾고자 한다면 부조리함보다는 오히려 아주 다른 점을 발견할 것이다.

인류사에 기록된 근본적으로 상이하고 상호 배타적인 최초의 종교 간 갈등은 기원전 14세기 이집트에서 발생했다. 이 사건은 어떤 외부적 공격도 없이 한 사회 안에서 발생했다는 점에서 아주 특이하다. 전통에 대한 급진적인 거부와 그 거센 비관용적 분위기 속에서 아케나톤의 유일신교적 혁명은 반-종교가 지닌 모든 특징들을 보여 주었다. 그의 치세 첫 6년간 파라오 아멘호테프 4세는 단순한 역사적 혁명 이상으로 더 급진적이면서 위로부터의 혁명을 통해 이집트 전체 문화체계를 변화시켰다. 이 새로운 종교에 대한 신학적 논의는 이 장의 주제와는 먼 것이므로 다른 장에서 다루겠다. 여기서는 당시의 이집트인들에게 아주 중대하고 충격적인 인상을 남긴 그 사건이 지니는 종교적 적대주의의 면모만을 다루려 한다. 어떤 측면에서 볼 때, 내가 재구성하고자 하는 역사의 근본 동인을 이루는 것은 바로 이 혁명으로 인한 충격이다. 나는 공식적이고 역사적인 기억에서 금지된 아케나톤의 혁명에 대한 회고가 외상적 기억(trauma)의 형태로 부활했음을 보여 주고자 한다. 알라이다 아스만이 예시하듯이 이 트라우마는 기억의 안정체 역할을 할 수 있기 때문이다.[4]

아케나톤의 유일신교적 혁명은 인류 역사상 가장 최초이자 가장 급진적이고 폭력적인 반-종교의 형식으로 분출되었다. 사원들은 폐쇄되었고, 신들의 성상은 파괴되어 그 이름이 지워졌고, 그 신들을 위한 제식은 중단되었다. 제식과 자연 간의 아주 밀접한 상호 의존관계를, 그리고 사회적 번영과 개인적 번영의 상호 의존관계를 보아 온 사람들의 심적 상태에 그런 경험이 얼마나 충격적이었겠는가. 그러한 제식을 준수하지 않는 것은 우주적·사회적 질서 유지를 중단시킨 것이나 다름없다. 그것은 대단히 파괴적이고 돌이킬 수 없는 범죄라는 의식이 상당히 널리 퍼졌음에 틀림없다. 게다가 아마르나 시대 말기에 히타이트 제국과 이집트 간의 정치적 위기가 발발했다. 히타이트인들이 시리아에 있는 이집트 주둔군들을 습격해서 포로로 붙잡아 갔다. 이 포로들이 ─ 아마도 이집트까지 포함하여 ─ 전 근동 지역에

---

4) Aleida Assmann, "Stabilizers of Memory: Affect, Symbol, Trauma", unpublished lecture at the Getty Center for the History of Art and the Humanities, March 23, 1995.

퍼져 거의 20년간 창궐했던 역병을 아나톨리아(Anatolia)에 옮겼다. 이 역병은 고대 이 지역에서 발생한 가장 최악의 전염병이었다. 이 역병에 대한 경험은 아마도 종교 혁명의 경험과 더불어 종교적 적이라는 환영을 불러일으킨 트라우마를 만들었음이 명백하다.

일반 대중은 제사장들만 관계했던 제식에 참여할 수 없었으므로 그 제식의 중단에 큰 영향을 받지 않았을 수도 있다는 일각의 주장이 있다. 우주적 통일성에 대한 믿음은 아마도 제사장 계급에서 보여 주었던 특징이고 나머지 사람들은 거의 상관없을 수 있다는 것이다. 하지만 제식의 중단과 사원의 파괴는 모든 대중들에게도 영향을 끼친 축제의 중단을 의미했다. 고대 이집트에서 종교적 축제는 신이 그들의 신전을 떠나 대중들에게 모습을 드러내는 행사였다. 보통 때 신들은 사원이라는 신성한 장소, 즉 제식을 치르는 제사장을 제외한 누구와도 닿을 수 없는 아주 어둡고 동떨어진 곳에 거주한다. 하지만 축제가 시작되면 이런 비밀과 공개, 신성과 세속, 내부와 외부 간의 경계는 무너진다. 신들은 사원 벽 밖에 있는 사람들에게 모습을 드러내는 것이다. 이렇게 모든 이집트의 주요 종교 축제는 이런 행렬(카니발)의 모습으로 치러졌다.[5]

그래서 도시에 대한 이집트인들의 생각은 종교적 축제를 중심으로 형성되었다. 도시란 지상에서 주요한 행렬 축제 때 모든 사람들이 신의 발현을 감지할 수 있는 장소였다. 축제를 더 중요시하면 할수록 도시도 더욱더 중요시되었다. 축제는 종교적 참여뿐만 아니라, 사회적 정체성과 응집력 또

---

[5] Jan Assmann, "Das ägyptische Prozessionsfest", eds. Jan Assmann and Theo Sundermeier, *Das Fest und das Heilige: Religiöse Kontrapunkte zur Alltagswelt,* Studien zum Verstehen fremder Religionen 1, Gütersloh: Bertelsmann, 1991, pp.105~122를 보라.

한 촉발시켰다. 이집트인들은 자신을 국가보다는 도시의 구성원으로 생각했다. 도시는 자신들이 속해 있고, 묻히길 원하는 장소였다. 도시의 구성원이라는 것은 기본적으로 그 도시의 주인인 신성의 일부라는 것을 의미했다. 이렇게 신이나 여신의 일부라는 느낌은 축제에 참여함으로써 생겨나고 확인되었다. 그러므로 축제의 폐지는 이집트 개개인들의 정체성을 앗아 가는 일이었고, 좀더 나아가 불멸에 대한 그들의 소원을 빼앗는 일이었다. 왜냐하면 세속적 축제에서 신성함을 따르는 것이 내세에서 최상의 행복을 얻는 가장 처음이자 가장 필요한 단계로 여겨졌기 때문이다. 파이리(Pairi)의 테베인 무덤에는 필경자 파와(Pawah)가 아마르나 마지막 왕인 세멘카레 시대에 그린 벽화가 있다. 거기에는 신의 부재에 대해 애통하는 마음이 다음과 같은 말로 시작된다. "내 마음은 당신을 앙망하나이다." 그 벽화의 주제는 축제에서 아문(Amun)을 보았던 시절을 그리워하는 것이다.[6]

내가 이 사실을 강조하는 것은 아마르나 시대의 보통 이집트인들이 지녔을 경험의 틀을 재구성해 보기 위해서다. 이것들은 회상의 틀이기도 하다. 어떤 사건을 경험할 수 있고, 소통할 수 있고, 기억할 수 있는 것은 그런 틀을 통해서만 가능하다. 나는 아마르나 시대가 극도의 신성모독과 파괴와 공포를 이집트인들에게 주었으리라 확신한다. 다시 말해 이 시기는 신이 부재하고, 어둠과 질병만이 창궐한 시대였다. 그들의 고통을 넌지시 비춰 주는 내용이 투탕카멘의 "석비 복원"(Restoration Stela)이라는 짧은 암시 속에서 전해진다.

---

6) 나의 논문 Jan Assmann, "Ocular Desire in a Time of Darkness: Urban Festivals and Divine Visibility in Ancient Egypt", eds. Aharon Agus and Jan Assmann, *Torat ha-Adam*, Yearbook of Religious Anthropology 1, Berlin: Akademe-Verlag, 1994, pp.13~29를 보라.

엘레판티네에서 저 먼 델타의 습지까지
모든 신들의 사원은 황량하게 버려졌도다.
그 성소들은 이제 무너져 버려
쓰레기 더미가 되고 가시덤불로 뒤덮였네.
그 신전들이 마치 있지도 않았던 것처럼
이제는 짓밟혀 길이 되었구나.
그 땅은 중한 질병[znj-mnt]이 창궐했고
신들은 그 땅을 외면했도다.
만약 이집트의 땅을 넓히고자 군대를 시리아로 보냈다 해도
그들은 결코 성공하지 못했으리.
만약 인간들이 신들에게 간청을 했더라도
신들은 들어주지 않았으리.
만약 인간들이 여신들에게 기도했다 하더라도
그 여신들 찾아오지 않았으리.
그들의 심장이 육체 속에서 약하디 약해졌던 것은
'그들'이 세운 것을 파괴했기 때문이도다.[7]

"중한 질병"이란 은유는 이 책 중간에 다시 등장할 것이다. 하지만 이 질병이 아케나톤의 계승자들을 괴롭혔을 것을 생각해 보면 이 표현이 은유적이란 느낌이 전혀 들지 않는다. 내 이론은 아마르나 시대의 사건에서 기인한 트라우마는 종교적 타자와 그에 대한 배타적 행위, 그리고 끔찍한 전

---

7) Wolfgang Helck, *Urkunden IV: Urkunden der 18. Dynastie*, vol.22, Berlin: Akademie Verlag, 1958, p.2025ff. 이 책은 다음부터 *Urk*로 인용한다.

염병으로 인한 고통 모두를 반영한다는 것이다. 실제로, 당시 이 전염병을 이집트인들은 "아시아의 질병"[8]이라 했다. 이 사실은 추측건대 아마르나 시대의 기억을 아시아인의 이미지와 융합하는 데 기여했고, 이는 뒤에 다시 살펴보겠지만 후세대의 전승에 다시 등장하게 된다.

그래서 우리가 아마르나 시대의 경험을 대단히 충격적인 것으로, 그리고 그것이 당대 사람들에게 아주 고통스럽고 해결하기 어려운 것으로 상상하는 것은 당연하다. 아마르나 경험에 대한 회상은 그 당시 모든 눈에 보이는 흔적들이 삭제되고 왕들의 이름이 모든 공식 기록물에서 제거되는 체계적인 억압과정을 겪으며 훨씬 더 미궁으로 빠진다. 성물들은 해체되어 새 건물로 모습을 바꾸었다. 아케나톤은 이집트인들의 기억 속에 이단자로조차도 등장하지 않는다. 그의 이름과 가르침은 망각되었다. 오직 그 충격의 흔적만이—종교적으로 대단히 불결하고, 증오로 가득 차 있으며, 파괴적인 어떤 것에 대한 모호한 기억만이—남았다.

이집트인들에게 아마르나 종교는 이방인 종교에 대한 최초의, 그리고—유대인들과의 접촉이나 아마도 더 앞서 페르시아인들과의 접촉이 있기 전까지는—유일한 경험이었다.[9] 물론 그들은 바알, 아나트, 아스타르테, 케데세트, 레셉, 테숩, 마르두크, 그리고 아슈르 같은 다른 신들의 이름과 친숙했지만 그 신들을 구체적으로 알지는 못했다. 그 이름들이 쉽게 한 언

---

8) Hans Goedicke, "The 'Canaanite Illness'", *Studien zur Altägyptischen Kultur*, no.11, 1984, pp.91~105; "The End of Hyksos in Egypt", ed. Leonard H. Lesko, *Egyptological Studies in Honor of Richard A. Parker*, Hanover and London: University Press of New England, 1986, pp.37~47. 이 자료는 토마스 슈나이더(Thomas Schneider)가 준 것이다.
9) 페르시아인들과의 가능한 접촉에 관해서: 아케메네스인(Achaemenids)들은 조로아스터교도들이었고, 이집트 신전을 파괴하고 아피스(Apis) 황소를 살해한 것은 캄비세스(Cambyses)라는 나중의 이집트 기록은 완전히 근거 없는 것은 아닐 것이다.

어와 종교에서 다른 언어와 종교로 번역될 수 있었기 때문에 아마르나 종교와 신들도 어느 곳에서나 같은 느낌으로 다가왔다. 이런 몇몇 이방종교의 신들은 이집트 신화 속에 편입되기도 했다. 그래서 「출애굽기」에서 아주 눈에 띄는 그런 종류의 종교적 마찰과 갈등이 아마르나 시대를 제외하고 적어도 페르시아 정복(기원전 525년)까지 이집트에서 발생했을 가능성은 대단히 적다. 이집트인들에게 이것은 힉소스 왕족과의 마찰보다 더 극단적인 타자와의 마찰을 의미했음에 틀림없다.

아마르나 시대의 모든 흔적이 사라졌기 때문에 이 사건과 문화적 현상에 대한 전통과 기억은 19세기 근대 이집트학을 통해 고고학적 흔적으로 발견되고 해석되기까지 어떤 것도 존재하지 않았다. 이 시대에 대한 기억은 오직 트라우마의 형태로만 남아 있다. 이 첫 징후는 종교적 타자에 대한 개념이 이집트의 전통적인 적이었던 아시아인들과 결부되었던 전통으로 회귀한 40년 후에 벌써 나타나기 시작했다. 이런 맥락에서 볼 때, 이 뒤바뀐 아마르나 기억은 힉소스 왕조와, 이집트 신 세트(Seth)와 동일시되었던 그들의 신 바알에게 투사되기 시작했다. 람세스 시대의 한 파피루스에서 힉소스 왕 아포피스(Apophis)가 일신(一神)숭배적 종교를 따랐음을 알 수 있다.

아포피스 왕이 세트 신을 주인으로 섬겼다.
그 나라에서 그 왕은 세트 신 이외에 어떤 신도 신으로 섬기지 않았다.[10]

---

10) Papyrus Sallier I, 1.2~3 = Alan H. Gardiner, *Late-Egyptian Stories*, Bibliotheca Aegyptiaca 1, Brussels: Editions de la Fondation Egyptologique Reine Elizabeth, 1932, p.85; Hans Goedicke, *The Quarrel of Apophis and Seqenenre*, San Antonio: Van Sicklen, 1986, p.10f.

아마도 이때쯤 다른 기억들과 경험들이 역사적 흔적의 말살과 트라우마에 의해 생겨난 집단적 기억의 틈새를 침범했을 것이다. 그리하여 힉소스 왕족의 갈등은 종교적 갈등으로 변했다. 이런 왜곡의 과정은 종교적 타자에 관한 이야기와, 혐오 및 박해라는 그 이야기의 위험한 의미에 들어맞는 사건이 계속 발생하면서 수 세기 동안 지속되었다. 이집트 신 세트가 점차 이 종교적 타자의 특성들과 결합되고 악마와 아시아인의 특성을 가지기 시작했다. 아시리아인들과 페르시아인들의 이집트 침략은 이 이야기를 좀더 새롭게 각색시켰다. 아마르나 시대의 문화적 억압에 의해 생겨난 진공상태는 항상 이 아시아의 적에 대한 초기의 이미지에 의미론적 근거를 두게 되는 새로운 경험들로 채워지는 경향이 있었다.

문둥병자와 유대인: 그리스·라틴 문헌 속에 등장하는 아케나톤으로서의 모세

이미 1904년에 에두아르트 마이어(Eduard Meyer)는 자신의 가장 우수한 역사 재해석 저작들 중 하나에서 아케나톤에 대한 몇몇 기억은 이집트인들의 구전에서 부활하였고, 거의 천여 년의 잠복기를 거친 후 문헌에 다시 등장하였음을 보여 준 바 있다.[11] 그는 마네톤이 쓴 『이집트지(誌)』(Aigyptiaka)에 보존된 문둥병자들과 유대인들에 대한 다소 환상적인 이야기가 결국은 아케나톤과 그의 유일신 종교의 개혁을 말하고 있다고 확신했다. 롤프 크라우스(Rolf Krauss)와 도널드 B. 레드포드(Donald B. Redford)는 마이어의 가설을 좀더 많은 주장과 새로운 자료를 통해 입증할

---

11) Eduard Meyer, *Aegyptische Chronologie*, Abhandlungen der Preussischen Akademie der Wissenschaften, Leipzig: Hinrichs, 1904, pp.92~95.

수 있었다.[12] 좀 다른 방향을 거치긴 했지만 나도 같은 결론에 이르렀다. 나의 목표는 이 전설이 지시하는 실제적인 역사적 사건을 규명하는 것이 아니라 아마르나 시대의 억압된 기억이 이집트 전통에 남겼을 수도 있는 어떤 흔적을 찾는 것이다.[13] 이 같은 관점상의 차이는 중요하다. 마네톤의 이야기를 오직 아마르나 경험의 흔적으로만 주장한다면 이런 해석은 이 이야기에 전해지는 '그' 단 하나의 역사적 사건을 규명하려는 시도에 맞서 레몽 베유(Raymond Weill)가 제기한 비판을 온전히 받게 된다. 레몽 베유는 마네톤 이야기의 기원에 대한 마이어의 설명이 너무 단순하다고 거부했다. 그는 '불경한 아시아인들' 전통은 힉소스 왕족의 추방과 함께 발생했고 수 세기에 걸쳐 발전해서 헬레니즘 역사문헌에 등장하게 되었다는 다차원적 설명을 옹호했다.[14] 베유는 아마르나 경험이 이런 발달에 기여했을 수 있지만

---

12) Rolf Krauss, *Das Ende der Amarnazeit*, Hildesheim: Gerstenberg, 1978; Donald B. Redford, "The Hyksos Invasion in History and Tradition", *Orientalia*, no.39, 1970, pp.1~51은 문둥병자들의 이야기를 아마르나 시대에까지 거슬러 올라간다. 이 연구는 Donald B. Redford, *Pharaonic King Lists, Annals, and Day-Books: A Contribution to the Study of the Egyptian Sense of History*, Mississauga: Benben Publications, 1986, p.293에도 등장한다. 레드포드는 심지어 그 전설의 상세한 사항을 아마르나 시대의 구체적 사건들(채석장에서의 강제노역, 아멘호테프 3세와 4세의 과도한 건축 활동, 사막의 수용소와 아마르나 궁정의 분리, 문둥병자들이 이집트를 지배했다고 주장되는 13년, 아케나톤이 자신의 새로운 수도에서 지낸 13년, 아마르나 시대 말에 발생하여 고대 근동의 몇몇 나라까지 20여 년간 휩쓴 역병, 그 전설에 대해 몇 가지 다른 해석된 그 역병)과 상호 연관시키기까지 한다. 마지막으로 그 전체 이야기를 아멘호테프 3세 재위기간으로 한정하는 주장이 있다. 레드포드는 내가 불가피하다고 생각하는 결론과 똑같은, 다시 말해 "그 이야기가 증명하는 것은 아마르나 몰락은 모든 등장인물과 사건들과 더불어 이집트의 총체적 기억에서 실종된 것이 아니라 어떤 형태로든 살아남았다"(Redford, *King Lists*, p.294)라는 견해를 가지고 있다.

13) Jan Assmann, *Monotheismus und Kosmotheismus: Ägyptische Formen eines "Denkens des Einen" und ihre europäische Rezeptionsgeschichte*, Heidelberg: Sitzungs/berichte der Heidelberger Akademie der Wissenschaften, 1993을 보라.

14) Raymond Weill, *La fin du Moyen Empire égyptien: Etude sur les monuments et l'histoire de la période comprise entre la xiie et la xviiie dynastie*, Paris: A. Picard, 1918, pp.95~145를 보라.

그렇다고 이 이야기를 역사 속의 한 특정 사건으로 축소시켜 설명하는 것은 잘못이라고 말한다.

　베유와 마이어 둘 다 옳았다. 마네톤과 다른 사람들이 언급하는 이야기는 다른 많은 역사적 사건으로 통합되었고 그 이야기들 중에는 기원전 16세기에 이집트로부터 힉소스 왕족들이 추방되는 사건도 있었다. 하지만 이 이야기의 핵심은 단순한 종교적 충돌이고, 이집트사에 이런 특성들과 일치하는 유일한 사건이 있는데 그게 바로 아마르나 시대다. 종교적 마찰이라는 이런 동기는 외부의 침입이라는 동기와 융합된다. 아마르나 경험은 힉소스 왕족의 점령 기억을 회고적으로 그려 냈고, 또한 나중에 외세 침입자들과의 만남을 경험하고 기억한 방법을 결정지었다. 이런 설명은 마이어의 중요한 통찰을 버리지 않은 채 베유의 비판을 완전히 수용하는 것이다. 기억사라는 프로젝트를 위해서는 이 발견이 대단히 중요하다. 왜냐하면 그것은 어떻게 트라우마가 천 년이란 세월을 거쳐 '기억의 안정체' 역할을 하는지 입증할 뿐만 아니라 문화적 억압과 외상적 왜곡의 위험성을 보여 주기 때문이다. 종교적 적에 대한 이집트인들의 환상은 처음에는 일반적 아시아인과 연합하였으며, 그 다음에는 특별한 유대인과 연합하였다. 그것은 지금은 근원적 충동이라 할 수 있는 서양의 반유대주의[15]의 많은 특성들을 예고하는 것이었다. 이런 충동은 유대인들과는 전혀 관련이 없고 오히려 반-종교와 역병을 겪은 경험과 관련된다.

---

15) Pier Cesare Bori, "Immagini e stereotipi del popolo ebraico nel mondo antico: asino d'oro, vitelle d'oro", *L'estasi del profeta*, pp.131~150을 보라(풍부한 참고문헌이 실려 있다. 나는 마우로 페셰의 소개로 이 중요한 책을 알게 되었다). 이 전통의 영향에 대한 논쟁적인 글로는 특히 Peter Schäfer, *Judaeophobia: The Attitude Towards the Jews in the Ancient World*, Cambridge, Mass.: Harvard University Press, 1997을 보라.

마네톤은 기원전 3세기 중반 프톨레마이오스 2세 치하에서 이집트 역사를 썼던 이집트 사제였다.[16] 마네톤의 글은 대부분 사라지고 그 중 몇몇 글들이 인용문과 발췌문의 형태로 남아 있는데, 그 가운데 대표적인 것이 요세푸스 플라비우스가 쓴 『아피온 반박문』(Contra Apionem)에 발췌문의 형태로 남아 있다. 이 책에서 요세푸스는 이집트의 사가(史家)인 아피온과 다른—주로 이집트 출신이었던—그리스 사료 편찬가들이 유대인들에게 가한 많은 비방들을 반박하려 애썼다. 요세푸스의 텍스트는 성서 외적인 출애굽 역사에 대한 자료로서 이집트와 이스라엘 사이의 관계, 즉 '두 나라 이야기'를 이집트의 관점에서 기술한 대단히 가치 있고 체계화된 문헌이다. 마네톤의 첫 발췌문은 유대인들의 오래된 역사에 대한 증거로서, 두번째 발췌문은 반-유대적 역사왜곡을 입증하기 위한 예로서 이용된다. 마네톤은 첫 발췌문을 옳은 것으로, 그리고 두번째 발췌문을 거짓된 것으로 보았다. 첫 발췌문은 힉소스 왕족에 대해 기술하는데, 그들이 이집트를 칼 한 번 사용하지 않고 정복하여 그 백성들을 아주 잔인하게 다뤘다는 이야기를 담고 있다. 그 이야기에 따르면 힉소스 왕족들은 테베의 왕들이 연합해 반군을 일으켜서 이들을 수도 아바리스(Avaris)에 포위할 때까지 500년 이상 이집트를 지배했다.[17] 힉소스 왕족들은 결국 시리아로 도망가서 마침내 지금 유대라 불리는 곳에 정착하고 도시 예루살렘을 건설했다.

---

16) William G. Waddell(ed. and trans.), *Manetho*, Loeb Classical Library, Cambridge, Mass.: Harvard University Press, 1940. 나는 이 편집본을 사용한다.
17) '투모시스' 왕: 멘데스의 프톨레마이오스는 모세 시대에 이집트로부터 유대인을 탈출시킨 왕으로 "아모시스"를 가지고 있다. 이 모세는 힉소스족들로부터 해방시킨 아모세로 볼 수밖에 없다. Tatianus, *Oratio ad Graecos*, 38 = Menachem Stern, *Greek and Latin Authors on Jews Judaism*, 3 vols., Jerusalem: Israel Academy of Sciences and Humanities, Magnes Press, 1974~1984, vol.1, no.157a/b, p.380f.를 함께 보라. 아피온은 출애굽을 아모세 재위 때로 간주하는 프톨레마이오스를 언급한다.

두번째 발췌문[18]은 요세푸스가 반박하고자 하는 일련의 반-유대인 비방의 포문을 여는데, 여기에서 마네톤은 증인이 아닌 적으로 다루어진다. 요세푸스에 의하면 마네톤은 첫 판에서 "성서"(ta hiera grammata)를 따르지만 두번째 판에서는 민속적 설화나 전설(mutheuomena kai legomena)을 따른다. 마네톤은 아멘호테프 왕이 신들을 보길 원했다고 설명한다. 하푸의 아들, 현자 아멘호테프는 만약 아멘호테프 왕이 문둥병자들의 땅을 깨끗하게 한다면 신을 볼 수도 있다고 말한다. 그러자 왕은 모든 문둥병자들을 제사장들과 함께 동쪽 광야의 채석장으로 강제노역을 보낸다. 현자 아멘호테프는 병자들에 대한 이런 비인간적 처사에 대해 신의 벌을 예고하는데, 문둥병자들이 외부의 도움을 받아 이집트를 정복하고 13년간 지배한다는 것이다. 현자 아멘호테프는 이 사실을 감히 왕에게 직접 전하지 못하고 모든 것을 문서에 기록한 후 자살한다. 문둥병자들은 힉소스 왕족들의 고대 수도인 아바리스에 정착할 수 있도록 허락받는다. 그들은 고대 도시 헬리오폴리스의 사제 오사르시프를 지도자로 선출한다.[19] 그리고 오사르시프는 규범전도의 원칙에 근거하여 이집트에서 금지된 것은 모두 허용하고 거기

---

[18] Stern, *Greek and Latin Authors*, vol.1, no.21, pp.78~86; Eduard Meyer, *Geschichte des Altertums*; repr. Darmstadt: Wissenschaftliche Buchgesellschaft, 1953, vol.2, p.1, pp.420~426; Redford, *King Lists*, p.282f.; Doron Mendels, "The Polemical Character of Manetho's Aegyptiaca", *Purposes of History*, eds. Herman Verdin, Guido Schepens, and Els de Keyser, *Studia Hellenistica*, no.30, 1990, pp.91~110. 슈나이더의 정보를 따른 것이다.

[19] 그 이름은 일반적으로 '오시리스-세파'라고 설명된다. 카이레몬(Chaeremon)은 '페테세프'라는 형식을 사용하는데 이것은 단지 P3dj-Sp3, "세파에 의해 주어진"이란 뜻으로 설명된다. 세파는 낮은 신인데 그리스 사람들이 바빌론이라 불렀던 카이로의 남쪽 작은 마을의 신이다. 토마스 만은 이 신을 "오시리스 요셉"이라고 해석하였는데 이는 "낮은 나라의 요셉"이란 뜻이다. Josephus, *Contra Apionem*, p.250의 "apò tou en Helioupólei theou Osireos"에서 처음으로 "오시리스"라고 해석되었다. Krauss, *Amarnazeit*, p.213, n.1을 보라.

서 허용된 것은 모두 금지시키는 법을 만든다. 가장 처음이자 중요한 계명은 여러 신을 숭배하지 말 것이고, 제물을 하나도 잡아 두지 말 것이며, 다른 금지된 음식들도 삼갈 필요가 없다는 것이다. 이 규범전도의 원칙은 계속해서 다른 문화에 대한 혐오감을 의무감으로 만들거나 의무감을 혐오감으로 만들었다. 이런 원칙이 영양과 관련되어 적용될 때는, 예를 들어 돼지고기를 허용하는 것은 싸거나 맛있거나 영양이 풍부해서라기보다는 자신들이 이런 음식을 혐오하는 사회에 속하지 않았다는 것을 과시하기 위해서였다. 반대로 유제품과 고기를 함께 먹는 것을 금지하는 것은 고기와 우유가 어울리지 않거나 냄새가 고약해서라기보다는 이렇게 함께 먹는 것이 관습적이거나 혹은 의무적이기까지 한 사회와 자신들은 이질적 존재라는 것을 보여주기 위해서였다. 이와 같은 규범전도의 원칙은 마이모니데스와 스펜서의 해석학에서 주요한 역할을 하기 때문에 더 자세히 다루어 볼 기회가 있을 것이다.

제2계명은 외부의 사람들과 교제하는 것을 금지하고 있다. 이 두 계명 중 제1계명은 반-종교의 가장 대표적인 부정적 힘인 것 같다. 왜냐하면 이는 성상, 제물, 음식물 금기를 통해 전통적인 신들을 부정하고 있기 때문이다. 반면 제2계명은 위협받는 소수민들의 문화가 다수 문화에 의해 흡수, 통합되지 않기 위해 많은 순결 법칙들을 발달시키는 것이다. 이것은 (메리 더글러스의 용어인) "엔클레이브[소수 이문화 집단의 집단 거주지—옮긴이] 문화"(enclave culture)의 전형을 보여 준다. 더글러스는 유대교가 그런 "엔클레이브 문화"의 전형적 예라는 것을 예리하게 지적했다.[20] 그러므로 외부인

---

20) Mary Douglas, *In the Wilderness: The Doctrine of Defilement in the Book of Numbers*, Sheffield: Sheffield Academic Press, 1993.

들과의 교제를 금지하는 두번째 계명은 아마르나 종교보다는 유대인들에게 적용되는데, 이는 특히 배타주의 또는 '배타성'(amixia) 개념이 유대인과 유대교에 대한 고전주의 담론의 전형이 되었기 때문이다. 그러므로 오사르시프의 두 계명 중 두번째 것은 이집트인들이 유대인들을 만난 바로 직후에 전통으로 편입되는 두번째 동기라고 설명되어야 한다. 유대의 피난민들이 이집트로 오고 유대 상인들이 엘레판티네의 식민지 같은 곳에 정착하던 때인 기원전 16세기만큼이나 일찍이 이런 만남이 있었을 수도 있다. 하지만 두번째 명령이 더욱 오랜 경험에서 생겨났을 수도 있다는 가능성 또한 결코 배제할 수 없다. 아마르나 종교는 또한 엔클레이브 문화의 특성들을 보여 준다. 가장 눈에 띄는 것으로는 도시의 경계를 표시하고 그것을 결코 넘어서는 안 된다는 왕의 엄숙한 맹세를 기록한 석주들이다. 이것이 만들어진 이유가 괴딕케(Hans Goedicke)가 말한 것처럼 이미 당시 이집트를 강탈한 역병과의 접촉이 두려워서일까? 아니면 순수의 추구와, 이 정책이 파라오를 비전형적(untypical)으로, 심지어는 모순적으로 만들 수 있다는 더 정신적인 종류의 접촉감염에 대한 두려움 때문일까? 그 어느 경우든 그것은 아마르나를 엔클레이브 문화로 보게 하고, 또한 격리의 명령이 아마르나 경험의 (그러나 왜곡되었던) 기억과 결부된다는 것을 보여 준다. 게다가 외부인들과의 접촉을 금지하는 것은 좀더 일반적으로 말해 종교 상호 간의 전환 가능성을 부정하는 것으로 해석될 수 있다. 그래서 그것은 상호 문화적 소통을 지지하고 강화했던 고대 다신교의 배경과는 다른 것으로 보여 왔다.

이렇게 반-종교적 제도를 수립한 후 오사르시프는 도시를 강화하고, 당시 이집트에서 이삼백 년 더 일찍 쫓겨나 반란을 도모하고 있었던 힉소스 왕족들을 불러들인다. 이렇게 힉소스 왕족들이 귀환했다. 그때 아멘호테프 왕은 예전의 예언을 기억하고서 그 반란군들과 싸우지 않고 신상(神像)

들을 감추고 이디오피아로 성스런 동물들과 함께 떠나갔다. 이렇게 해서 문둥병자들과 힉소스 왕족들은 13년간 이집트를 지배했는데, 이는 이집트인들이 이전 힉소스 왕족들의 지배를 황금기처럼 기억하도록 만들었다. 이때는 마을들과 신전들만 황폐해진 것이 아니라 성상들도 파괴되었고 신전들은 부엌으로 바뀌며 성스런 짐승들은 불에 구워 죽임을 당했다. 오사르시프는 '모세'로 이름을 바꾸었다. 마침내 아멘호테프와 그의 손자 람세스가 누비아에서 돌아와 문둥병자들과 그의 무리들을 몰아냈다.

이것이 내가 A판이라 부르는 그 이야기의 마네톤식 설명이다. 그것은 아래 다섯 개의 주요 에피소드로 나눌 수 있다.

1. 원래의 부족함과 곤궁한 상태: 신들이 사라지자 왕은 그 신들을 보고 싶어 한다.
2. 이런 상황을 극복하기 위한 왕의 조처들: 돌산에 문둥병자들을 집결시켜 노예로 만들고 아바리스에 강제로 고립시킨다.
3. 오사르시프의 지휘와 율법 아래 문둥병자들은 조직되는데, 그 율법은 이집트의 법과 관습을, 특히 (이집트) 신들의 숭배를 금지하고 다른 민족들과의 교류를 금지하는 것이다.
4. 힉소스 왕족들과 문둥병자들에 의한 13년간의 공포정치 기간, 그리고 사원과 제식과 성상과 성물들을 파괴했던 시기.
5. 이집트의 해방, 문둥병자들과 힉소스 왕족의 추방.

이것은 일명 모세라고 불린 '오사르시프'로 가장된 아케나톤이 이집트의 문학적 전통으로 재진입하게 되는 대단히 특이한 이야기다. 아모스 푼켄슈타인은 최근 그가 "반-역사"라 부르길 제안하는 가장 최초의 예로서 문둥병자들에 대한 마네톤식 설명에 관심을 가졌다. 그에 의하면 반-역사는 "고대 이후 쓰인 특정한 역사의 장르를 형성한다.……그 반-역사의 기능에 대해서는 의견이 분분하다. 반-역사의 방법은 자신들에게 못마땅한 적이 가장 신뢰하는 출처들을 체계적으로 파괴하는 것이다.……그 목적은 적의 자기 이미지와 그 정체성을 그의 기억 파괴를 통해 왜곡하는 것이다".[21] 바로 이런 식으로 요세푸스는 마네톤의 텍스트를 읽었다. 하지만 이것은 마네톤의 의도를 거의 읽어 내지 못한 것이다. 마네톤은 성서는커녕 유대인에 대해 언급한 적이 전혀 없다. 마네톤은 한 이집트 사제의 지휘 아래의 추방된 이집트인들에 대한 이야기를 했고, 그 이집트 사제와 모세를 동일시한 것은 요세푸스의 억지 해석이다. 왜냐하면 그것은 마네톤이 끝에 가서 조금 변경한 부분, 즉 사후 생각일 뿐이다.[22]

마네톤은 "성서를 거꾸로 세워 둔 채"(푼켄슈타인) 이야기를 전개함으로써 상호 텍스트성을 보여 주지 못하고 그 대신 구전되는 전설을 기록한 것이다. 모세의 이야기는 앞으로 살펴보겠지만 고대 사료 편찬가들 사이에서 다양한 해석으로 떠돌았다. 마네톤은 그 중 가장 널리 알려진 이야기를 하고 있을 뿐이다. 그러므로 사료 편찬가들은 서로 이야기를 모방할 뿐만 아니라 다양한 구전 출처를 이용하고 있다. 결과적으로 그 이야기의 원천은 이집트 저자가 유대 성서를 제일 처음 접했을 때로 거슬러 올라가야 한다.[23] 마네톤은 유일하게 '오사르시프'라는 영웅을 끌어낸 인물이다. 다른 모든

---

21) Funkenstein, *Perceptions*, p.36.
22) 마네톤의 텍스트에 있는 모세에 대한 언급은 나중 판본으로 생각해야 한다는 것이 일반적 견해다. John G. Gager, *Moses in Greco-Roman Paganism*, New York: Abingdon Press, 1972, p.117을 보라. 그러나 마찬가지로 가능한 것은 마네톤이 그 주석을 이미 알고 있었던 헤카타이오스 판본과 맥락을 맞추기 위해 썼을 수도 있다는 것이다.
23) Raymond Weill, *La fin*, pp.22~68, 76~83, 111~145, 605~623을 보라.

이야기들은 오사르시프를 모세라 부르고 그를 이집트인이라 했다. 마네톤은 이 이야기가 자신이 알고 있는 것보다 더 오래된 이집트 역사에서 발생한 일이므로 이 차이를 인식했음에 틀림없다. 거기에서 지도자의 이름은 모세라고 불린다. 내 생각에는 마네톤 자신이 (나중의 교정자가 아니라) 다양한 판본의 이야기들을 일치시키기 위해 오사르시프가 모세라는 이름을 취하는 억지 해석을 덧붙인 것 같다.

가장 먼저 「출애굽기」를 비성서적으로 해석한 저자는 대략 기원전 320년 이집트에 온 아브데라의 헤카타이오스이다.[24] 그의 설명에 의하면 이 이야기는 전염병이 이집트를 휩쓴 고난의 순간에 시작된다. 이집트인들은 이 역병이 이방인들을 들이고 이방인 예식과 관습을 도입한 것 때문에 신이 벌을 내렸다고 해석한다. 그래서 이방인들이 추방된다. 카드모스와 다나오스의 지도하에 몇몇은 그리스를 식민지로 개척하고,[25] 또 다른 몇몇은 모세의 지도 아래 팔레스티나를 개척한다. 헤카타이오스는 알렉산드리아에 살려고 온 첫 세대의 그리스 지식인들 중 한 사람이었고 이 신제국의 문화형성에 대단히 적극적인 역할을 했다. 이집트 역사에 대한 헤카타이오스의 보편적인 설명은 알렉산드리아에서 막 생성되고 있었던 새로운 세계질서에 아주 잘 부합되는 것이었다.[26]

모세는 "신은 인간의 형상을 지니지 않았다. 오히려, 지구를 둘러싼 천

---

24) Hecataeos of Abdera, *Aegyptiaka*를 Diodorus, *Bibliotheca Historica*, 40.3 = *Diodorus of Sicily*, ed. and trans. Francis R. Walton, Loeb Classical Library, Cambridge, Mass.: Harvard University Press, 1967, p.281; Redford, *King Lists*, p.281f.에서 발췌했다.
25) 이집트 문화가 그리스 문화에서 왔다는 자신의 이론을 디오도루스(Diodorus, *Bibliotheca Historica*, 1.28.1~1.29를 1.55.5 및 1.94.1ff.와 비교해 보라)나 이와 유사한 문구에 의거해서 세운 마틴 버낼은 이 전통의 전설적 성격을 의식하지 못했던 것 같다.
26) Hartog, *Mémoire d'Ulisse*, pp.72~75를 보라.

국만이 신이고 모든 것의 주인이시며 그러므로 우상으로 묘사될 수 없다"[27] 라고 말하며 신상을 만드는 것을 금했다고 헤카타이오스는 설명한다. 게다가 이 혁명적이고 반전통적인 신종교의 성격은 반우상적이고 우주적인 유일신교로 묘사되어 강조된다. 열두 개가 넘는 다른 설명들은 좀더 세속적이다. 때론 왕의 이름이 등장하기도 하는데, 어떤 이야기에서는 모세가 보코리스(Bocchoris)[28]로, 또 어떤 이야기에서는 아멘호테프(Amenhotep)[29]로

---

27) Stern, *Greek and Latin Authors*, vol.1, no.11, pp.20~44를 보라. 타키투스 역시 신에 대한 유대인들의 개념이 유일신교적이며 우상 반대적이라고 규정한다. "이집트인들은 많은 동물들과 모상들을 만들어 숭배하는 반면, 유대인들은 오로지 마음의 눈으로 파악하는 신성만이 유일하다고 생각한다. 사멸하는 재료를 이용해서 신들의 모상을 인간의 형상으로 빚는 일을 하는 자들은 불경스러운 자들이다. 저 최고이며, 영원하고, 모방할 수도 없고, 사멸하지도 않는 대상을 말이다"(Aegyptii pleraque animalia effigiesque compositas venerantur, Iudaei mente sola unumque numen intellegunt: profanos, qui deum imagines mortalibus materiis in species hominum effingant; summum illud et aternum neque imitabile neque interiturum). Tacitus, *Historiae*, 5.5.4; Stern, *Greek and Latin Authors*, vol.2, no.281, p.19, 26을 보라.

28) 예를 들면, Lysimachos, *Aegyptiaca*에서 그렇다. 여기서는 Josephus, *Contra Apionem*, 1.304~311 = Stern, *Greek and Latin Authors*, vol.1, no.158, pp.383~386, 그리고 타키투스에서 인용한다.

29) 마네톤과 카이레몬을 그 예로 들 수 있다. 보코리스는 24왕조에 속한다. 그리고 이디오피아 왕 사바카에 의해 처형되었으리라고 추측된다. 그는 아시리아 정복과 이디오피아의 지배 전 이집트의 마지막 합법한 파라오로 간주되었을 것이다. 그러나 아멘호테프는 아멘호테프 3세를 가리킨다. 그는 아케나톤의 종교혁명 전의 마지막 왕이다. 두 왕들은 집단적 기억의 심각한 위기와 관련되었을 수 있다. 나아가 그들은 어떤 '메시아적' 신탁과 연관된 공통적 연관관계를 가진다. 아멘호테프 3세는 이집트가 조노포리(zonophori), 즉 마케도니아인들을 언급하는 "허리띠를 맨 자들"의 지배를 받게 되는 고난의 시기를 예측한 "도공의 신탁"(Oracle of a Potter)이라 알려진 그리스 텍스트에 등장한다. 이 일이 있은 후 태양신이 선택하고 이시스에 의해 왕위를 부여받게 되는 한 왕이 등장한다. Laszlo Kakosy, *Acta Orientalia*, no.19, 1966, p.345; Ludwig Koenen, *Zeitschrift für Papyruskunde und Epigraphik*, no.2, 1968, p.178ff.; John W. B. Barns, *Orientalia*, no.46, 1977, p.31ff.; Redford, *King Lists*, pp.284~286을 보라. 보코리스는 "양의 신탁"(Oracle of the Lamb)이라 알려진 통속적 텍스트에 등장하는데, 그 내용은 이집트의 해방과 도난당한 신들의 성상을 900년의 억압 후에 되찾는다는 내용이다. Kakosy, *Acta Orientalia*, no.19, p.344f., 그리고 Redford, *King Lists*, p.286을 (참고문헌과 함께) 보라. 이 두 신탁 모두 외국의 지배를 경험할 때 퍼졌고, 이집트의 '출애굽'의 맥락을 형성했던 것과 같은 종류의 예수 탄생의 전통에 속한다.

불린다. 이 이야기들의 대부분은 반-유대적 경향을 아주 많이 표명하며 근대 반-유대주의가 시작될 때까지 계속 유럽인들의 집단 기억에 떠도는 많은 주제가 된다.[30]

리시마코스(Lysimachos)는 이 이야기가 보코리스 왕이 재위할 때 일어난 기근으로 시작되었다는 설명을 기원전 2세기에 써서 중요한 논쟁을 불러일으킨다. 그 이야기에 의하면, 당시에 문둥병이나 다른 질병들에 걸려서 그곳에 정착한 유대인들을 일컫는, 순결하지 못하고 불경한 사람들(anagnōn kai dyssebōn)을 신전에서 제거하라는 신탁이 왕에게 내려진다. 그래서 보코리스 왕은 문둥병 환자들은 익사시키고, 다른 병자들은 사막으로 내쫓으라고 명한다. 이렇게 쫓겨난 사람들은 모세 주변에 모여들었고, 모세는 그들을 이끌고 그 나라를 떠나면서 어느 누구도 호의적으로 생각하지 말 것이며(mēte anthrōpōn tini eunoēsein), 모든 신전들과 제단들을 파괴하라고(theōn te naous kai bōmous anatrepein) 명령했다. 이 두 요소는, 첫째는 "배타성"(amixia)이나 "인간 적대성"(misanthropeia)이라는 용어로, 둘째는 "불경함 혹은 무신론"(asebeia)이라는 용어로 계속해서 되풀이되었다.[31]

기원전 1세기 전반기 알렉산드리아에 살았던 제사장이자 교육가였고,

---

30) John G. Gager, *The Origins of Anti-Semitism*, New York: Oxford University Press, 1983; Jerry L. Daniel, "Anti-Semitism in the Hellenistic Period", *Journal of Biblical Literature*, no.98, 1979, pp.45~65; Arieh Kasher, *The Jews in Hellenistic and Roman Egypt: The Struggle for Equal Rights*, Tübingen: Mohr, 1985; Schäfer, *Judaeophobia*.
31) Josephus, *Contra Apionem*, 2.148(hōs atheous kai misanthrōpous)에서 아폴로니우스 몰론(Apollonius Molon)을 보라. 그리고 Diodorus, *Bibliotheca historica*, pp.34~35를 보라. 여기에서 그는 모세가 유대인들에게 그들의 "인간 혐오적이고 법적 근거가 없는 규범들(ta misanthrōpa kai paranoma ēthē)을 주었다"라고 말하고 있다. Stern, *Greek and Latin Authors*, vol.1, no.63, p.182.

49세 이후에는 로마에서 네로 왕의 개인교사였던 이집트인 카이레몬은 다소 다른 해석을 한다.[32] 그의 이야기는 다음과 같다. 여신 이시스가 아멘호테프 왕의 꿈에 나타나 전쟁 중에 그녀의 신전을 파괴한 것에 대해 꾸짖는다. ("그 신전의 수장이었던") 제사장이자 필경사 피리티반테스는 왕에게 문둥병자들을 이집트에서 "추방하여" 여신을 달래라고 충고한다. 그래서 왕은 25만 명의 문둥병 환자들을 모아 이집트에서 내쫓는다. 그들의 지도자가 모세와 요셉이었고, 이집트 이름은 티시텐이고 페테세프였다. 그들은 펠레시움이라는 도시에서 이집트를 떠나려는 허락을 받지 못했던, 38만 명의 이민을 원했던 자들과 함께 결집했다. 이 부분에서 성서적 요소가 이 이야기 안에 최초로 분명하게 침투해 있음을 목격하게 된다. 문둥병 환자들과 이민자들의 연합세력이 이집트를 정복하여 왕을 누비아로 망명하게 한다. 그리고 나중에 그의 독자이자 계승자였던 람세스가 이집트를 다시 정복하는 데 성공해 그 '유대인들'을 시리아로 몰아낸다는 것이다.

모세 이야기의 전통은 폼페이우스 트로구스(Pompeius Trogus)의 『필리포스 역사』(Historiae Philippicae)에서 아주 흥미롭게 변형된다. 이 이야기에서 모세는 이집트인이 아니라 요셉의 아들로 나온다. 그가 예루살렘에서 만들었던 열광적 신흥종교는 '이집트 성물'(sacra Aegyptia)의 특징을 지닌다. 이집트를 떠날 때 모세는 "몰래 이집트인들의 성물들을 가져갔다. 그리고 이집트인들은 이 성물들을 강제로 되찾으려다가 폭풍에 휩쓸려 쫓겨 간다". 그래서 모세가 예루살렘에 세운 이교는 이런 '성물'(sacra)을 숭

---

32) Chaeremon, *Aegyptiaca Historia*. 이에 대해서는 Josephus, *Contra Apionem*, 1.288~292를 보라. Stern, *Greek and Latin Authors*, vol.1, no.178, pp.419~421; Redford, *King Lists*, p.287f. 카이레몬에 대해서는 Pieter Willem van der Horst, *Chaeremon. Egyptian Priest and Stoic Philosopher*, Leiden: Brill, 1984, 특히 p.8f., 49f.를 보라.

배하는 "변형 종교"(translatio religionis)였음이 틀림없다. 이 이야기에서도 출애굽의 이유는 다른 이야기와 마찬가지로 전염병 때문이었다. "하지만 이집트인들이 피부병과 전염병에 걸리고 신탁에 의한 경고를 받았을 때 그들은 그 병에 다른 많은 사람들이 감염되지 않도록 병자들과 [모세를] 함께 이집트 구역 저 멀리로 추방한다." 또한 이 같은 추방의 '위생상' 이유는 모세율법의 배타적 성격을 뒷받침해 준다. 그리고 모세는 "자신들이 병의 전염 때문에 이집트에서 쫓겨났다는 것을 기억하고 있으므로 같은 이유 때문에(다시 말해 전염병에 대한 두려움 때문에) 이주지의 원주민들로부터 미움을 받게 될까봐 이방인들과 살지 않도록 애쓴다. 특정한 원인에서 생기는 이런 규제를 모세는 점차적으로 고정된 관습과 종교로 바꾼다".[33] 모세율법에 관한 이런 위생적 관점의 해석은 대단히 중요해져 그 예로 프리드리히 실러는 추방의 상황과 그 율법이 문둥병자와 그 초기 진단과 치료에 대해 부여한 중요성 간의 비슷한 연관관계를 지적하고자 했다.

『유대인에 대하여』(On the Jews)라는 지금은 소실된 책에서 유대 저자인 아르타파노스(Artapanos)는 이집트인 모세에 대해 아주 극단적인 설명을 했다. 그는 모세를 인종적으로는 유대인으로, 문화적으로는 이집트 종교와 문명의 창시자로 설명한다. 마르실리오 피치노와 르네상스 신비주의 사상의 다른 저자들이 후에 그랬던 것처럼 아르타파노스는 모세를 헤르메스 트리스메기스투스와 비교하지는 않지만, 신성문자의 발명가이자 성스러운 문서들의 저자이며 스트라본과 성서의 모세가 그토록 반대했던 바로 그 종교의 창시자인 헤르메스와는 사실상 동일시하였다. 모세는 이집트를 서른여섯 개의 행정구역 놈(nomes)으로 나누어서 각각의 놈에서 숭배해야 할

---

33) Gager, *Moses*, p.49에서 재인용.

신성, 성물, 우상, 동물을 부여했다. 아르타파노스가 말하는 모세는 이집트와 동화하고자 하는 꿈을 구체화했다. 이집트와의 동화뿐만 아니라 이국 문화의 형성에 기여했다.[34] 아르타파노스는 모세가 이집트를 본받아 모든 제도를 만든 이집트 사제라는 생각을 바꿔 처음으로 이집트의 시민적·종교적 제도를 만든 유대인이라고 설명한다. 하지만 그렇게 함으로써 그는 모세와 이집트 간의 종교의 연관관계를 강화시킬 뿐이다. 모세는 그 종교를 바꾼 사람이 아니라 창시한 사람이다. 모세에 대한 아르타파노스의 설명은 푼켄슈타인 식으로 볼 때는 순수한 반-역사이고, 헤카타이오스와 마네톤의 설명과는 완전히 반대이며,[35] 성서나 다른 유대전통을 거의 따르지 않았다.

타키투스는 출애굽에 대한 전통적 이야기들을 합친 요약을 제시한다.[36] 이집트에 신체기형을 야기하는 전염병이 돌자 보코리스 왕은 신탁을 구하게 되고 신들이 싫어하는(ut invisum deis) 이 인종들(genus)을 이집트에서 추방해야 한다는 걸 알게 된다. 유대인들은 사막으로 쫓겨가게 되지만 그들을 팔레스티나로 이끌어 주고 예루살렘을 찾게 해준 모세를 지도자로 삼는다. 모세는 권위를 공고히 하기 위해 다른 모든 종교들과 완전히 반대인 새로운 종교를 창시하게 된다(novos ritus contrariosque ceteris mortalibus indidit). 타키투스는 헤카타이오스나 스트라본과 마찬가지로 유대인들의 신에 대한 개념은 유일신교적이고 반우상주의의 특징을 다음과 같이 보인

---

34) Arthur J. Droge, *Homer or Moses? Early Christian Interpretations of the History of Culture*, Tübingen: Mohr, 1989, pp.25~35를 보라.
35) Peter Marshall Fraser, *Ptolemaic Alexandria*, 3 vols., Oxford: Clarendon, 1972, vol.1, pp.704~706을 보라.
36) Stern, *Greek and Latin Authors*, vol.2, no.281, pp.17~63; A. M. A. Hospers-Jansen, *Tacitus over de Joden*, Groningen: J. B. Wolter, 1949; Redford, *King Lists*, p.289.

다고 했다. "이집트 사람들은 많은 동물과 괴기한 우상들을 숭배하지만 유대인들은 유일신만을 섬기고 그것도 영(靈)으로만 섬긴다. 또한 유대인들은 곧 소멸할 질료를 가지고 신을 인간의 모습으로 재현하는 사람들을 불경한 것으로 여겼다. 그들에게 지고하고 영원한 존재는 재현할 수 없는 것이고 무한하다."[37] 자신의 전형적인 명징함으로 타키투스는 이 새로운 종교의 기본 원칙을 "규범전도"란 용어로 정의했다. 즉, 유대인들은 우리에게 성스러운 것을 세속적인 것으로 여기는 반면, 우리에게 금기시되는 모든 것을 허용한다는 것이다(profana illic omnia quae apud nos sacra, rursum concessa apud illos quae nobis incesta). 신전에서는 당나귀 상을 만들어 봉헌했으며 "암몬이라는 신을 조롱하기 위해"(in contumeliam Ammonis) 양을 바쳤다. 그리고 같은 이유로 이집트인들이 아피스 신을 숭배하므로 수소를 잡아 바쳤다. 유대 종교는 이집트 종교의 반대이고, 그래서 결국 유대 종교는 이집트 종교에 종속되어 있다고 보는 타키투스에게서 반-종교로서의 유대 종교에 대한 특성 묘사가 고조에 달하게 된다.

유대인의 신이 당나귀로 묘사된, 이상하고 아주 비합리적인 모티브는 역사를 완전히 신화의 형식으로 이야기한 플루타르코스의 설명에 잘 나타나 있다. 오시리스를 살해한 세트 신은 이집트에서 쫓겨나 7일에 걸쳐 도망가 팔레스티나에 이른다. 그곳에서 두 아들, 히에로솔리마와 유다의 아버지가 된다.[38] 세트 신은 보통 이집트 신화에서 당나귀와 동일시된다. 그

---

[37] "Aegyptii Pleraque animalia effigiesque compositas venerantur, Iudaei mente sola unumque numen intellegunt: profanos, qui deum imagines mortalibus materiis in species hominum effingant; summum illud et aternum neque imlitabile neque interiturum." Tacitus, *Historiae*, 5.5.4 = Stern, *Greek and Latin Authors*, vol.2, no.281, p.19, 26.

리스-이집트 문헌들에서——유대 신 이름의 그리스적 표현인[39]——이아오 신은 세트 신, 즉 당나귀와 같이 취급된다. 왜냐하면——분명히 의성어적인——이름이 당나귀를 표현하는 이집트 말처럼 들리기 때문이다.[40]

요세푸스 플라비우스가 쟁점으로 삼고 있는 대상이 된 아피온은 출애굽이란 주제를 사라진 이집트 역사의 맥락에서 다룬 것 같다. 그에게는 출애굽이 유대인의 역사라기보다 이집트의 한 사건이다. 모세는 헬리오폴리스 출신의 이집트 제사장이고 유대인들을 이집트에서 이끌고 나와 그들에게 이집트 전통에 충실한 종교를 가르쳤다. 도시의 여러 구역에 지붕이 없는 개방형 사원을 지었는데, 그 사원들은 전부 헬리오폴리스에서 사원이 지어지는 방식대로 모두 동쪽을 향하게 되어 있었다. 오벨리스크 대신에 하부에 배 모형의 기둥을 세웠고, 배를 담고 있는 움푹한 곳에 떨어지는 그 기둥의 그림자는 태양의 일주와 비슷한 원을 그리도록 설계되었다.[41] 아피온은 모세가 만든 종교는 혁명적인 것이 아니라 오히려 이집트 전통과 많은 부분 일치한다고 말한다. 하지만 아피온이 모세에게 적용하여 말하는 이집트 전통은 아주 특별한 것이다. 왜냐하면 헬리오폴리스의 태양숭배는 아케나톤이 가르친 유일신교적 빛의 숭배와 가장 비슷한 전통이기 때문이다. 그것은 반-종교가 아니라 다른 이집트의 우상숭배와는 아주 다른 대체 종교다.

---

38) Plutarch, *De Iside et Osiride*, 31.9.363C~D = Plutarch, *Moralia*, 5, ed. and trans. Frank Cole Babbitt, Loeb Classical Library, Cambridge, Mass.: Harvard University Press, 1962, p.76f.; John G. Griffiths, *Plutarch's "De Iside et Osiride"*, Cardiff: University of Wales Press, 1970, p.418f.
39) Gager, *Moses*, pp.30~31을 보라.
40) Stern, *Greek and Latin Authors*, vol.1, pp.97~98을 보라.
41) Ibid., vol.1, no.164, pp.392~395.

모세의 종교를 유일신교적이고 가장 두드러진 반-종교로 확실히 구성한 역사가는 스트라본이다. 그는 이집트인 모세를 가장 의기양양하고, 기억사적 관점에서 볼 때, 그 결과로서 가장 당당한 모습을 보이게 만든다. 이렇게 스트라본을 통해 모세가 "범신론자, 좀더 최근 표현으로는 스피노자주의자"[42]로 인정받게 된 것은 18세기였다. 그리고 프로이트가 모세의 정체성과 유일신교 기원의 재구성과 가장 근접한 것도 바로 스트라본의 문헌이다.

스트라본에 의하면 모세라 불리는 이집트인 제사장이 당시 이집트 종교에 불만족하여 새로운 종교를 찾아가기로 결심한 후 그의 추종자들과 함께 팔레스티나로 이주했다. 모세는 "땅과 바다, 하늘, 세계 그리고 사물의 본질을 포함한 우리 모두를 다 아우를 수 있는 유일한 존재는 하느님이다"[43]라고 말하며 동물형상의 우상을 재현한 이집트 신들을 거부하고 어떤 형상으로도 표현할 수 없는 단 하나의 신만을 인정하는 종교를 만들어 이런 신에 도달할 수 있는 유일한 방법은 선하고 정의롭게 사는 것이라 했다. 나중에 유대인들은 이런 순수한 원칙을 벗어나 식사에서의 금지규정이나 남성의 할례 규정 같은 미신적 규약들을 만들어 냈다.[44]

두 가지 면에서 이 구절은 중요하다.

---

42) John Toland, *Origines Judaicae*, London, 1709, pp.118~119; Rossi, *The Dark Abyss of Time*, p.128을 보라. William Warburton, *The Divine Legation of Moses Demonstrated on the Principles of a Religious Deist, from the Omission of the Doctrine of a Future State of Reward and Punishment in the Jewish Dispensation*, 1738~1741, 2nd ed. London, 1778, p.117.
43) 스트라본은 우주가 신(의 진실하고 유일한 신전)이라는 스토아 신학의 계보를 따라 논거를 펼치고 있다. Yehoshua Amir, "Die Begegnung des biblischen und des philosophischen Monotheismus als Grundthema des jüdischen Hellenismus", *Evangelische Theologie*, no.38, 1978, pp.2~19, 특히 p.7. 그리고 Gager, *Moses*, pp.40~41을 보라.
44) Strabo, *Geographica*, 16.2.35; Stern, *Greek and Latin Authors*, vol.1, no.11, pp.261~351, 특히 p.294f.

1. 우선 이 구절은 유일신교를 반-종교로 정의하고 있다. 이 정의의 특징은 다신 신앙과는 구별되는 유일신 신앙에 있는 것이 아니라 전통적인 종교에 대한 급진적이고 완전한 단절에 있다. 이 구절은 미신과 우상숭배로서의, 그리고 제의적 주술과 물신주의로서의 전통을 전형적으로 관찰하며 혐오하고 있다. 여러 가지 면에서 이것은 유일신과 다신에 대한 순수한 신학적 질문에 중심을 두는 현대적 정의보다는 유일신에 대한 정의에 좀더 적합하다. 고대인들은 신성의 개념화 같은 신학적 문제보다는 제의와 번제(燔祭), 성상과 사원, 규례와 금기 같은 좀더 실제적인 종교문제에 관심이 많았다.[45] 유일신 운동의 가장 큰 특징은 그 혁명적인 '우상숭배적' 혹은 우상타파적 성격에 있다. 그래서 이는 전통에 대한 '불만족'에서 생겨난 반-종교라 할 수 있다.
2. 이 구절은 모세가 이집트 제사장이며 그의 새로운 종교는 이집트의 반-종교라고 아주 노골적이고 명쾌하게 선언한다.

이렇게 문둥병 환자들의 이야기는 왜곡되고 제거된 기억의 분명한 경우로 설명될 수 있다. 이러한 전통 속에서 아케나톤의 유일신 혁명에 대한 이집트인들의 기억이 되살아났다. 하지만 문화적 기억 속에서 아케나톤이란 이름과 기념비가 추방되었기 때문에 이런 기억들은 왜곡되어 아주 많이 변형되고 증식될 수밖에 없었다. 정신분석학의 용어를 빌려 설명하면 그 회상들

---

45) Gregor Ahn, "'Monotheismus'-'Polytheismus.' Grenzen und Möglichkeiten einer Klassifikation von Gottesvorstellungen", eds. Manfried Dietrich and Oswald Loretz, *Mesopotamica-Ugaritica-Biblica: Festschrift für Kurt Bergerhof*, Kevelaer-Neukirchen: Neukirchner Verlag, 1993, pp.1~24, 특히 pp.5~12를 보라.

은 '암호화'되어 의식적으로 성찰하거나 처리할 수 없게 되었다.[46] 집단 기억의 '암호' 형성은 강한 외상적 경험을 통해 발생될 수 있다. 몇몇 사람들은 '암호화'된 기억이 의식적 기억보다는 훨씬 더 충직하게 외상적 기억을 보존하고 있다고 본다.[47] 하지만 아마르나 사건은 그런 억압이나 암호화가 원래 경험을 순수한 형태로 보존하기보다 오히려 많은 왜곡과 변형을 받기 쉽게 만든다는 걸 보여 준다. 이런 변형과 모든 확산과정을 일일이 추적하기보다 나는 출애굽에 대한 세번째 해석인 성서적 설명에 초점을 맞추고자 한다. 성서는 현재 논의와 관련된 자료가 훨씬 더 풍부한 자료들이 담긴 대단히 복합적이고 다층적인 구조로 되어 있다. 하지만 몇 가지 주제나 내용들은 내가 다루고 있는 전통과 직접적으로 관련되어 있고, 같은 사건에 대해서 단지 다르게 해석할 뿐이다. 그 내용들은 다음과 같다.

1. 마네톤의 설명에서처럼 사람들을 모아 노예로 만들고, 강제노역과 박해를 한 것은 신의 분노를 유발한다.
2. 헤카타이오스의 설명에서처럼 전염병이 발생해 이집트는 이방인들로부터 분리된다. 이 소재는 열 가지 병으로 열 번 나타난다.
3. 여기서 분리는 추방이라기보다 오히려 최종적이고 어쩔 수 없이 용인된, 모세의 지도 아래 이루어진 이주였다.
4. 모세율법은 다른 신들의 숭배를 금지하는 것을 가장 두드러진 계명으로 동반한다.

---

46) Nicolas Abraham and Maria Torok, *L'écorce et le noyau*, Paris: Aubier, 1978.
47) Aleida Assmann, "Affect, Symbol, Trauma"에서 리오타르(Jean-François Lyotard)에 대한 언급을 보라.

마네톤식 설명과 성서의 설명 사이의 가장 눈에 띄는 공통점은 두 이야기 모두 출애굽에 대해 암울함의 색채로 덧입혀졌다는 것이다. 둘 다 상호 간의 증오와 혐오로 가득하다. 또한 반-종교에 대한 경험을 옮겨 놓았다. 성서에서는 이집트인들을 고문자, 압제자, 우상숭배자, 마술사로 묘사하고, 이집트인들은 유대인들을 문둥병자, 불순한 종족, 무신론자, 염세주의자, 우상파괴자, 문화파괴자, 무엄한 범죄자로 그려낸다. 하지만 놀라운 것은 또한 이 두 이야기가 보여 주는 차이들이 서로 완전히 정반대의 형식으로 관련을 맺는다는 것이다. 모든 성서 외적 설명들은 이방인들, 다시 말해 불순한 종족이 이집트에서 추방되었다는 것에 동의한다. 성서에서 유대인들은 그들의 의지와는 달리 이집트에 남게 되고 오직 전염병이라는 형식을 빌려 신이 개입한 직후에야 이주를 허락받는다. 하지만 이 이주에 대한 성서적 설명에서조차도 추방이라는 요소들이 담겨 있다.

물론 이 다양한 설명들 중 역사적 증거를 보여 줄 수 있는 설명이 가장 유익하겠지만 그런 증거는 거의 존재하지 않는다. 오직 고고학적으로 증명 가능하고 이런 추방/이주에 대한 다양한 설명의 내용과 의미론적으로 비교 가능한 유일한 역사적 사건은 힉소스 왕족의 이집트 지배다.

만일 아마르나 경험에 대해 이전에 했던 똑같은 질문을 힉소스 왕족의 이야기에 적용해 보고 추방당한 종족의 이집트 체류와 지배, 그리고 함께 공유했음에 틀림없는 기억에 대해 조심스레 살펴본다면 우리는 다시 출애굽 전통에 대해 이야기하게 된다. 나는 요세푸스 플라비우스의 말과 힉소스 왕족의 이집트 지배와 퇴각은 모두 역사적 사실이라고 많은 책에서 주장한 도널드 B. 레드포드의 말에 전적으로 동의한다. 게다가 그는 이 사건들에 대한 다양한 기억들이 가나안과 이집트 전통에 계속 살아 있다고 주장했다. 유대인들은 단지 가나안 지역에서의 이런 기억들을 전승했을 뿐이다. 만일

이 이론을 수용한다면 이제 그 변형의 단계를 평가하고 그 방향을 인식할 때다. 힉소스 왕족은 노예가 아닌 지배자로 이집트에 주둔했다. 그래서 그들은 마침내 석방된 노예가 아닌 추방당한 적으로 이집트에서 퇴각했다. 유대인들은 맹세와 선민 신학이라는 의미론 속에서 역사적 사실을 이용하여 완전히 반대로 설명한다. 이것은 미미한 시작과 위대한 약속이라는 의미론이다. 이런 틀 안에서 보면 이집트로부터의 퇴각은 무의미에서 정체성을 회복하거나 구속에서 자유로워지거나, 불순함에서 순수해지거나 버림받음에서 동맹으로 나아가는 것 이상의 것이 아니다. 구전의 맥락에서 보면 "상상을 방해하는 고정된 이야기나 왕의 계보가 없기 때문에"[48] 이런 이야기의 전도는 어떤 저항에도 부딪히지 않았다.

이집트에서는 힉소스 침략과 추방의 경험이 공식적인 왕의 계보 전통에 들어갔다. 그 때문에 그런 경험은 지나치게 급진적인 변화에서 어느 정도는 완화되었다. 왕의 계보 전통은 의미론적인 특수화나 서사적인 미화로부터 자유로웠다. 이런 기록들은 지배자들의 이름이나 재위기간을 나열했지만 왕에 대한 사후 평가는 이뤄지지 않았다. 나의 주장은 힉소스 전통이 주된 종교적 갈등으로서 그 의미론적 색채와 성격을 부여받은 것은 아마르나 시대 이후, 더 정확히 말하자면 당대의 세대가 모두 다 사라진 이후, 아마르나 기억이 힉소스 전통과 융합되는 경향을 띠게 되면서부터였다는 것이다. 그때에서야 힉소스 왕족이 이방의 적대적 종교와 동일시되기 시작했다. 아마르나 경험이 힉소스 전통을 형성하여 '종교적 적'이라는 의미론적 틀을 만들었고, 후에 그 틀은 아시리아인, 페르시아인, 그리스인, 그리고 마지

---

[48] Donald B. Redford, *Egypt, Canaan, and Israel in Ancient Times*, Princeton: Princeton University Press, 1992, p.419.

막으로 유대인으로 채워졌다.

    요약하자면 내 질문은 힉소스 왕족이 주둔했던 이집트의 가나안과 아마르나 혁명 시의 이집트에 "정말 무슨 일이 일어났는가"(wie es eigentlich gewesen)[실증주의 역사학자 랑케Leopold von Ranke의 문구—옮긴이]가 아니라 개인적 기억과 집단적 전통이라는 형식으로 존재했음에 틀림없는 기억이 어떻게 진행되었는가 하는 것이다. 헬레니즘 시기까지 이런 기억이 잔존하는 것을 설명하는 것이 기억이 완전히 사라진 것을 설명하기보다 훨씬 쉽다는 것이 내 생각이다. 헤로도토스와 통속문학은 수 세기 혹은 수천 년간 구전되었음에 틀림없는 이야기와 일화, 우화들로 가득 차 있다.[49]

문둥병자들에 관한 이야기는 순수함과 신성모독에 관한 이야기다. 결핍의 상황(신들을 볼 수 없음)이나 고난(기근이나 역병)은 신탁이나 영감을 받은 현자들의 신성모독 때문에 일어난 것이라는 결론으로 몰아간다. 그리하여 온 나라에서 '이방인들'의 존재는 신성모독을 하는 것이고 그들을 추방해야만 상황을 호전시킬 수 있다는 분위기가 조성된다. 성서 「민수기」에 관한 아주 대단하고 설득력 있는 분석에서 메리 더글러스는 문둥병자들을 몰아내고(「민수기」 5장 1~4절), 우상숭배자를 추방하기 위한(「민수기」 33장 50~56절) 법들과 아주 밀접한 관련이 있는 순환적 구조를 발견해 낸다.[50] 문둥병과 우상숭배는 신이 '사람들 가운데 머물지' 못하게 하기 때문에 가장 위험한 형태의 신성모독이라는 것이다. 이집트 이야기는 '우상숭배자들'

---

49) Emma Brunner-Traut, *Altägyptische Tiergeschichte und Fabel, Gestalt und Strahlkraft*, Darmstadt: Wissenschaftliche Buchgesellschaft, 1984.
50) Douglas, *In the Wilderness*, p.148.

측에서 볼 때 같은 종류의 두려움과 혐오가 어떠했는지도 알 수 있게 한다. 그것은 우상숭배의 반대적 관점을 해명해 주는 것이다. 우상숭배란 단순히 '우상'이나 '성상'을 숭배하는 것을 기본으로 하는 어떤 종교적 태도를 말하는 것이 아니다. 그런 의미로 볼 때 우상숭배의 반대말은 '반(反)성상주의'가 될 것이다. 하지만 우상숭배란 성상주의를 넘어서는 그 어떤 것을 의미한다. 그것은 강한 문화적·종교적 혐오나 염려를 표현하는 논쟁의 소지가 많은 용어다. '우상숭배'란 용어로 '반성상주의자들'은 '성상주의자'들을 가장 위험한 무리라고 불렀다. 이렇게 우상숭배란 무슨 일이 있어도 피해야만 하는 것을 총칭하는 단어였다. 우상숭배에 관해 다루는 문헌들에는 주목해야 할 극적인 내용이 있다. 이미 진술했듯이 우상숭배라는 개념과 우상숭배의 거부는 유대교 역사 내내 점점 더 강해졌다. 하지만 전반에 걸쳐 지배적인 은유는 문둥병이 아니라 광기였다. 그리고 우상숭배는 신체적 질병이 아닌 정신이상으로 여겨졌다. 문둥병은 반대편의 사람들, 즉 성상주의자들이 '성상파괴자'를 묘사하기 위해 사용한 은유였다.

이것이 바로 문둥병자들에 대한 이야기다. 어떤 위험한 상황에서는 '성상주의자들'도 유사한 두려움과 혐오를 드러낸다. 반성상주의처럼 성상주의도 아주 순수한 조건에서 신적 존재를 확신하는 것이다. '성상주의자들'에게 있어 우상을 파괴하고 성스러운 짐승을 죽인다는 것의 의미는 '반성상주의자들'에게 우상숭배가 뜻하는 것과 같은 종류의 위험이다. 이 같은 행위는 나라를 모독하고 신들이 머물 수 없게 한다. 성상타파주의는 치명적 신성모독이라는 파괴적 힘을 지녔기에 오직 문둥병이나 역병 같은 대단히 전염성 있고 불결한 질병에만 비교될 수 있다. '우상들'이 이스라엘과 그 보이지 않는 신과의 접촉을 불가능하게 한 것처럼 신성모독이나 성상들의 파괴는 이집트와 그 신들의 접촉을 불가능하게 한다. 이렇게 성상주의나 반성

상주의는 신적 존재를 확인하는 상호 배타적인 수단들이다.[51]

이집트적 형식의 종교적 상징주의는 인격화를 통해 그런 두려움과 불신들을 통제할 수 있게 했다. 후기 시대에 세트 신은 성상주의로 보증되는 신적 존재에 직접적으로 대항하는 모든 위협을 체화했다. 오시리스 신의 신화적 살해자인 세트 신은 전형적인 성상파괴자가 되었다. 세트 신은 처음에는 페르시아인으로, 다음에는 유대인으로 연상되었다. 나는 이미 플루타르코스를 인용하면서 세트 신이 유대인의 원조가 된 것을 이야기하였다. 로마 시대의 민중 파피루스에는 유대인이 "이시스 신의 노여움으로 언젠가 이집트에서 추방당한" 율법파괴자(paranomoi)로 묘사되고 있다. 이 텍스트는 하나의 예언으로서 미래의 재앙을 예언하고 구원의 길을 보여 준다. "유대인을 공격하라. 이유는 신을 섬기지 않는 자들이 너희 신전을 약탈할 것이기 때문이다"라든가 "너희들의 중한 신전이 말발굽에 밟히는 먼지가 되리라" 같은 말들이 그런 경우다. 유대인들은 심지어 "헬리오폴리스의 신전에 그들의 집을 짓게 될 것이다."[52]

전형적인 종교적 적(敵) — 무신론자이고, 성상파괴자이며, 성물을 훔치는 범죄자 — 인 유대인의 이미지는 경험이 아닌 기억의 문제, 다시 말해 아케나톤의 억압된 기억의 회귀임이 밝혀졌다. 유대인들과 이집트인들의 충돌은 이미 종교적 적, 성물도둑 아시아인이라는 날조된 의미론 속에 자리 잡았다. 다른 모든 사람들, 특히 요세푸스 플라비우스는 유대인이 아닌 이집트 문둥병자들에 대해 쓴 마네톤의 가능성 있는 이야기와 문둥병자들의

---

51) 성상과 신성의 현전에 관해서는 Moshe Barasch, *Icon: Studies in the History of an Idea*, New York: New York University Press, 1992, pp.23~48을 보라.
52) Papyrus CPJ 520. David Frankfurter, *Elijah in Upper Egypt: The Apocalypse of Elijah and Early Christianity*, Minneapolis: Fortress Press, 1993, pp.189~191에서 재인용.

이야기를 혼합하여 유대인들의 출애굽을 설명했다. 타키투스[53]와 오로시우스(Orosius)는 이 날조된 역사적 전통을 서구에 전달했다. 역사가로서의 타키투스의 권위는 이 상상·투사·왜곡된 기억의 산물에 진정한 역사적 연구의 산물이라는 가치를 부여했다.

문둥병자들 이야기는 항상 유럽의 반-유대주의에 대한 이집트적 서곡으로 해석되었다.[54] 그 이야기는 바빌로니아인들이 예루살렘을 정복한 후 이집트에 정착한 유대인들에 대한 이집트인들의 반감을 표현하는 것이었다. 나는 그 이야기를 기억사적으로 해석하여 아마르나 경험에 연결된 그 외상적 차원을 밝혀냈다. 하지만 그 출처에 대한 이와 같은 다른 가능성에도 불구하고 이 이야기는 유대인들에게 초점이 맞춰져 유럽의 반-유대주의를 구성하게 된 것이 사실이다. 수용에 대한 이러한 일반적 역사와는 별도로 문둥병자들에 대한 이야기는 카를로 진즈부르그가 지적한 것처럼, 14세기에 특정한 영향을 끼친다.[55] 1321년에 유대인들과 문둥병자들은 기독교에 대항해 음모를 꾸몄다는 누명을 쓰고 처형, 몰살, 감금당한다. 문둥병자들은 문둥병을 퍼뜨리기 위해 분수, 우물, 강 등에 독가루를 뿌렸다는 의심을 받았다. 그리고 사람들은 유대인들이 이 범죄를 공모했다고 여겼다. 어떤 경우는 유대인들에게 엄청난 돈을 주어 기독교를 파괴하라고 했다는 그라나다의 이슬람 왕을 중심으로 한 전체 틀이 형성된 이야기도 있다. 반대로 유대인들이 문둥병자들을 부추겨서 그 병을 퍼뜨렸다는 설도 있다. 문

---

53) Heinz Heinen, "Ägyptische Grundlagen des antiken Antijudaismus", *Trierer Theologische Zeitschrift*, no.101, 1992, pp.124~149, 특히 pp.128~132를 보라.
54) Gager, *Origins of Anti-Semitism*, 그리고 특히 Schäfer, *Judaeopbobia*.
55) Carlo Ginzburg, "Lepers, Jews, Muslims", *Ecstasies: Deciphering the Witches' Sabbath*, trans. Raymond Rosenthal, New York: Pantheon Books, 1991, chap.1, pp.33~62.

둥병자들이 혼자서 그랬다든지, 유대인과 함께 그랬다든지, 이슬람교도들이 그랬다든지, 시대마다 다양한 설이 있었다. 또한 원래 문둥병자들이 살았는데 이방인 거주민들이 몰려왔고 아주 멀리서 왕국을 건설하게 된다는 이집트적 시각의 시나리오도 다시 목격하게 된다. 이런 이야기들도 아주 강한 전염력을 가지고 신체 기형을 야기하는 병과 반-종교의 공격 및 정치적 음모라는 동일한 패턴을 보인다.[56]

30년도 채 못 되어 페스트가 유럽 전역을 강타하기 시작했을 때 그 책임을 유대인들에게 돌리려는 시도가 곳곳에 있었다.[57] 종교적 타자라는 환상과, 전염병과 음모에 대한 공포는 유럽 전체를 끊임없이 사로잡았다. 19세기 독일에서 일어난, 특히 아돌프 히틀러에게 강한 영향을 미쳤던 리하르트 바그너와 빌헬름 2세의 반-유대주의 담론도 정확히 똑같은 음모나 전염병의 내용이었다. 우리 시대는 가장 심한 집단적 정신병을 목격했다. 그러므로 이런 외상기억(anamnesis)과 그것을 밝히는 작업이 문화적·종교적 혐오감의 발달 뒤에 숨은 역동을 더 잘 이해하고 극복하는 데 기여하길 희망하면서, 이러한 역사를 다시 그 기원으로 거슬러 올라가는 것은 매우 중요한 일이다.

---

56) 중세에 요세푸스 플라비우스의 저작에 대한 관심의 부흥은 이런 연상의 부흥에 기여했을지도 모른다. 긴즈부르그는 Heinz Schreckenberg, *Die Flavius-Josephus-Tradition in Antike und Mittelalter*, Leiden: Brill, 1972에 대해 언급한다. 그러나 중세의 텍스트들은 요세푸스의 『유대 전쟁사』(*Bellum Judaicum*)와 『유대 고대사』(*Antiquitates Judaicae*)만 인용할 뿐, 유대인과 문둥병자들에 관한 고대 전통이 기록되어 있는 『아피온 반박문』은 인용하지 않는다. 그러나 그 이야기는 예컨대 타키투스와 오로시우스가 쓴 책처럼, 중세에 읽혔던 다른 텍스트에서도 등장한다.
57) Ginzburg, *Ecstasies*, pp.63~86.

고대 세계의 반-종교와 종교적 번역 가능성

우리가 반-전통적(counter-traditional) 종교의 역동을 적절히 이해할 수 있는 것은 고대 세계의 다양한 문명화와 다신교가 기원전 2천 년경 이룩한 상호 문화적 번역 가능성의 수준의 배경을 알 때이다. 유일신이나 다신들이 상호 민족적이라는 확신은 고대 근동에 있었던 다신교들의 특성이었다. 그래서 우리는 다신주의를 어떤 원시적인 것이나 부족적인 것으로 생각해서는 안 된다. 고대 근동과 이집트의 다신교들은 고대 국가의 정치구조와 불가분의 관계를 맺으며 부족사회에서는 발견될 수 없는 고도로 발전된 문화적 성취를 보여 준다. 부족종교는 거의 인성이 부여되지 않고 아주 미미하게 표현되거나 차별화된 신적 개념이 그 특징인데, 그래서 조상신의 형식으로만 숭배되거나 매우 거리가 먼 신, 다시 말해 무위의 신(deus otiosus)으로 제례의식 없이 숭배되었다. 대조적으로 '문화적으로 발전된' 다신주의의 맥락에서 볼 때 신들은 이름, 모습, 기능 등이 서로 뚜렷이 차별화되어 인격화된다. 이렇게 평범한 의미를 가진 우주에 아주 분명한 의미를 부여한 것이 다신주의의 위대한 업적이다. 신들은 신화적 이야기와 신학적-우주론적(theocosmological) 고찰을 통해 의미적 차원을 부여받는다. 바로 이 의미적 차원 때문에 신들의 이름이 번역 가능하다.

    부족종교는 자문화중심주의다. 어떤 부족이 숭배하는 신은 다른 부족이 숭배하는 신과는 다르다. 이와는 반대로 대단히 차별화된 다신주의적 만신들은 서로 쉽게 상호 문화적으로 번역, 혹은 해석될 수 있다. 그리스 신들의 라틴적 해석(interpretatio Latina)과 이집트 신들의 그리스적 해석(interpretatio Graeca)이 그 대표적 예다. 이 같은 번역이 가능한 것은 이름들이 호칭뿐 아니라 의미를 가지고 있기 때문이다. 어떤 신은 신화, 찬가, 제례 등에 등장하면서 그 특정한 성격의 의미를 부여받는다. 이런 성격이 비슷한 성격을 지닌 다른 신들과 비교 가능하게 만든다. 또한 신들의 이 같은 유사성이 그들의 이름을 서로 번역 가능하게 만든다. 하지만 역사적 현실에서는 이 관계가 반대로 이루어져야 한다. 신들의 이름을 번역하는 행위가 오히려 유사성의 개념을 만들어 냈고, 신들이 상호 민족적이라는 생각이나 신념을 만들어 냈다.

이방신의 이름을 번역 혹은 해석하는 전통은 기원전 3천 년에 메소포타미아의 목록학(Listenwissenschaft)에서 시작되었다. 수메르와 아카드(Akkad) 말을 똑같이 다루는 수많은 어휘사전의 문맥에는 같은 신의 이름을 두세 개의 언어로 나타내는데, 예를 들면 에메설(Emesal, 여성이 사용하는 문학적인 방언), 수메르어, 아카드어로 신들 이름의 목록이 나타난다.[58] 이런 자료 중 가장 흥미를 끄는 것은 세 단으로 구성된 설명 목록, 아누 사 아멜리(Anu ša Ameli)를 들 수 있다. 이 목록의 첫번째는 수메르 이름이고, 두번째는 아카드 이름이며, 세번째는 비교의 영역인 신성의 기능적 이름이다.[59] 이 설명 목록은 신의 이름들의 의미를 어떻게 부를 수 있는지를 보여주며, 신들의 이름을 동치하거나 번역하는 원칙을 상술하고 있다. 신학적인 동질성이나 동류성에 대한 이런 탐구가 수메르어와 아카드어, 두 언어로 제한되는 한 우리는 그들이 공통적인 종교문화의 틀 안에 머물러 있었다고 할

---

[58] Benno Landsberger, Richard Hallock, Thorkild Jacobsen, and Adam Falkenstein, *Materialien zum Sumerischen Lexikon(MSL) IV: Introduction. Part I: Emesal Vocabulary*, Rome: Pontificate Institute Press, 1956, pp.4~10.
[59] Robert L. Litke, "A Reconstruction of the Assyro-Babylonian God Lists An: Anum, Anu ša Ameli", diss. of Yale University, 1958. 나는 이 부분과 다른 적절한 정보를 준 하이델베르크 대학교의 카를하인츠 델러에게 심심한 감사를 표한다. 샌타모니카에서 나의 연구조교였던 루이스A. 히치콕에게도 감사한다. 그녀는 메소포타미아에 관한 많은 정보를 주었다.

수 있다. 여기에서의 번역은 두 문화 사이의 번역이 아니라 두 언어 사이의 번역으로 작용하고 있다. 그러나 후기 청동기 시대의 카시트 왕조에서 이들 목록들은 신과는 거리가 먼 낯선 민족들이 말한 언어를 포함하는 데까지 확장된다. 그런 '신들의 설명 목록'에는 수메르어와 아카드어 이외에 아모리어, 후리어, 엘람어, 그리고 카시트어의 신들 이름도 들어 있다.[60]

이런 경우에 신들의 이름을 번역하는 일이 아주 다양한 문화와 종교에도 적용되었다는 것은 의심의 여지가 없다. 이 이방민족들이 근본적으로 같은 신들을 다른 이름으로 섬겼다는 확신은 절대로 사소하거나 자명하지 않다. 오히려 그와는 반대로 이런 통찰은 고대 세계의 주요한 문화적 성취임에 틀림없다. 이런 통찰의 강한 영향력은 상호 민족 간의 법 영역이나 다른 나라나 민족들이 맺은 계약의 관행에서 찾아볼 수 있다. 이것 또한 메소포타미아 문화의 특성인 것 같다. 계약들에는 엄숙한 서원(誓願)과 함께 봉인을 찍었는데, 이름을 불러 서원한 신들이 양쪽 당사자들 모두에 의해 인정되었다. 이런 신들의 목록은 의례적으로 그 조약을 마무리하게 된다. 신들은 반드시 그 기능과 특히 서열에 걸맞아야 했다. 그래서 상호 문화적 신학은 국제법의 관심이 되었다.

다양한 종교들의 신들을 번역하거나 일치시키는 데 보인 관심은 수메르 신전들을 아카드적으로 동화함에서 생성되었고 외교정책의 맥락에서 발전되었던 듯하다. 공통의 세계에서 살며 공통의 신들을 섬긴다는 확신이 먼저 생기고, 이런 정치적인 행위의 기초를 형성했다고 생각하진 않는

---

60) British Museum tablet K 2100 = British Museum Department of Egyptian and Assyrian Antiquities, *Cuneiform Texts from Babylonian tablets, &c., in the British Museum*, vol.25, London: British Museum, 1909, p.18.

다. 나는 오히려 거꾸로 본다. 고대 세계의 정치적·경제적 교류와 신들의 이름을 포함한 모든 상호 문화적 사안의 번역 작업이 점차로 공통의 종교 개념을 만들어 냈다. 좀더 상세히 살펴보면 다음과 같다. 민족, 문화 그리고 정치적 체계는 다를 수 있다. 그러나 그들에게 종교가 있고, 명확하고 확인할 수 있는 신들을 숭배하는 한 다른 국가에서 숭배되는 다른 신들과 이런 신들은 비록 이름이 다를지라도 필연적으로 같은 신들이기 때문에 그들은 비교될 수 있고 접촉될 수 있다. 이름들, 초상들, 의식들은——간단히 말해 문화는——이질적이지만 신들은 동질적이다. 문화적 다양성의 공통적 배경과 문화적 번역 가능성으로서의 종교의 개념은 결국 후기 헬레니즘적 기질로 이어지는데, 기실 신들의 이름들은 그들 존재의 압도적인 자연적 증거라는 관점에서는 큰 의미가 없었다. 그것이 곧 17세기와 18세기의 이신론이 돌아가고자 했던 후기 고대의 성향이었다.

이러한 우주론적 개념에 가장 강력하게 각인된 신학을 가진 신은 이시스(Isis)였는데, 전통적인 이집트 형식으로서가 아니라 그리스-이집트적 융합으로 만들어진 형식으로서 상상된 것이었다. 마다우로스의 아풀레이우스(Apuleius of Madaurus)의 열한번째이자 마지막 책인 『변신』(Metamorphoses)은 마르쿠스 아우렐리우스 시대에 쓰였는데, 이 책은 이 우주신적 확신을 아주 상세하고 분명한 형식으로 표현하고 있을 뿐만 아니라 어떤 면에서는 그것을 넘어선다. 이 책은 아름답고도 아주 의미심장한 장면으로 시작하고 있다. 마법을 아주 잘 다루어 당나귀로 변신하여 수많은 모험을 한 루키우스라는 젊은 청년이 지중해의 어느 해안에서 바다에 떠오르는 달빛에 잠을 깬다. 1권에서 10권까지는 그의 시련과 불행에 대해 쓰면서 아풀레이우스의 라틴어 원문은 그리스 원본을 세세하게 따르고 있는 것 같다.

하지만 11권에서는 예전의 화려하고 때로는 그림 같은 소설의 해학적 양식의 어조에서 녹(Arthur Darby Nock)이 말한 것 같이 "비밀종교에서 유래한 최고조의 경건한 어조"[61]로 변한다. 새 장이 열리고 새 희망이 달과 함께 떠오르는 가운데 루키우스는 다음처럼 말한다.

> 오 하늘의 여왕이시여— 당신은 풍요로운 과실들의 어머니인 케레스 신인가요,…… 아니면…… 파포스의 신전에서 숭배하는 하늘의 비너스인가요, 아니면…… 에페수스 신전에서 사람들이 기도하는 포에부스의 자매인가요. 다양한 제례에서 노여움을 거둬 달라고 기도받는 프로세르피나인가요— 당신이 누구든지, 어떤 이름으로, 혹은 어떤 제례의식으로, 어떤 형상으로 사람들이 당신을 부를지라도 이 극심한 고통 속에 있는 나를 건지소서.[62]

루키우스는 자신 안에 내재하고 있다가 달이 뜨면 네 개의 이름 — 케레스(데메테르), 비너스(아프로디테), 디아나(아르테미스), 프로세르피나(페르세포네) — 과 더불어 드러나는 알 수 없는 힘을 보여 준다. 이것이 바로 내가 곧 다루게 될 '민족의 이름'으로 신을 불러 내는 전통이다. 특정한 이름, 제례, 형상들은 분명히 보이는 우주적 힘보다는 훨씬 덜 중요하다. 그 여신은 꿈에서 이와 비슷한 방식으로 모습을 나타내며 그에게 대답한다. 또한 이름을 대며 사라진다.

---

61) Nock, *Conversion*, p.138.
62) John Gwyn Griffiths, *Apuleius of Madauros: The Isis-Book (Metamorphoses, Book XI)*, Etudes Préliminaires des Religions Orientates 39, Leiden: Brill, 1975, p.70f., 114ff.

자, 루키우스야, 여기 내가 너와 함께 있도다. 너의 기도에 감동을 받아 나 우주의 어머니, 모든 원소들의 주인이며, 시간이 낳은 맏딸이자 지고한 신성이며, 죽은 자들의 여왕이고 천상의 지존한 존재이고, 모든 신들과 여신들을 녹여서 만든 단 하나의 형상인 나는 내 의지로 빛나는 창공과 건강을 지켜 주는 바다의 바람과 지하 세계의 눈물로 뒤덮인 고요를 명령하도다. 나의 유일한 신의 두상은 온 세상이 온갖 형식으로 온갖 제례법으로 온갖 이름을 붙여 숭배를 받을지어다.

그래서 프리지아 사람들은…… 나를 페시눈티아라 불렀고…… 아테나 사람들은 케크로피아의 미네르바라고 불렀다. 키프로스 사람들은…… 나를 파피아의 비너스라 부르고, 크레타 사람들은 딕틴나라고 부르고, 시칠리아 사람들은 오르티기아의 프로세르피나라 부르고, 엘레우시스 사람들에게 나는 케레스로, 어떤 다른 이들에게는 또 유노로 불리며, 또 다른 이들에게는 벨로나, 헤카테, 그리고 람누지아였다. 그러나 이디오피아 사람들과…… 아프리카 사람들과 이집트 사람들은 원본의 가르침을 가지고 있어 남달랐는데, 특별한 의식으로 나를 영화롭게 하고 나의 진정한 이름인 여왕 이시스라고 불렀다.

여신은 이름과 국가들을 함께 관련짓는다. 그 이름은 중요하지만 오직 그 여신을 특정 형식과 제례의식으로 숭배하는 집단에게만 그러하다. 그러나 이런 민족 특유의 이름 이외에도 여신은 이집트와 그 남쪽의 이웃 민족들처럼 가장 오래되고 진정한 전통을 지닌 민족들에서만 여전히 사용되고 있는 '진실한 이름'(verum nomen)을 가진다.

아풀레이우스는 경계선에 놓여 있는 경우다. 그는 한편으로는 신들 이름의 전통과 신적 존재의 자연 증거에 대한 견해를 따른다. 하지만 또 다른 한편으로는 어떤 자연 증거의 틀을 넘어서서 신의 계시에 속하는 진실한 이름을 따르기도 한다. 다양한 민족에서 신성을 부여받은 이름들은 계시되지는 않지만 문화마다 전반적인 본성에 따른 특정한 이름을 취한다. 하지만 진실한 이름은 이집트인들과 이디오피아인들에게만 배타적으로 계시된다. 우리는 지금 자연과 계시 간의 과도기로서의 신비를 다루고 있다.[63] 계시는 자연의 반대다. 계시된 이름은 번역될 수 없다. 하지만 '진실한 이름'에 근거하여 이시스를 숭배하는 이집트와 전통적 이름에 근거하여 같은 여신을 숭배하는 다양한 국가들 사이에는 반-종교적 적대주의는 물론이고 어떠한 대립도 없다. 왜냐하면 '진실한 이름'의 개념은 다른 민족들을 이교도로 보는 것이 아니라 단지 좀더 낮은 수준의 신자로 볼 뿐이기 때문이다. 모두가 같은 신을 숭배한다는 데서 중요한 것은 모든 문화적 차이를 초월하는 이 자연적 동질성이다.

다양한 종족들이 부르는 그 이름으로 이시스 여신을 부르는 전통(이 전통을 앞으로는 간단히 '종족들의 이름들'이라 하겠다)은 그리스-로마의 이시스 종교에 널리 퍼졌다. 이 여신을 이런 식으로 부르는 이집트 출처의 몇몇 이시스 텍스트가 있다. 가장 최초의 것이 (기원전 1세기의) 메디네트 마디(Medinet Madi)의 테르무티스 사원 기둥에 나르무티스의 이시도루스가 새긴 한 찬가이다.[64]

---

63) 아풀레이우스가 하나가 아니라 두 선민, 즉 이집트인들과 이디오피아인들을 고려했다는 사실은 이시스의 가장 중요한 사원이 이집트와 저지 누비아(이디오피아)의 국경에 있는 필레 섬에 있었다는 사실로 쉽게 설명된다.
64) 이집트의 추수의 여신에 대한 고대 숭배 장소에 레네누테트, 또는 테르무티스와 프톨레마이오스 소테르 2세 왕은 이시스-테르무티스 사원을 건립했다.

끝없는 땅 위에 살고 있는 모든 사람들
트라키아인들, 그리스인들, 그리고 이방인들은
당신의 정당한 이름을 부른다, 모든 이름들 중 가장 추앙받는 이름을
[그러나] 각자는 자기 언어로 말하니 자기 나라 말로 하도다.
시리아인들은 당신을 아스타르트, 아르테미스, 나나이아로
리키아 부족들은 당신을 레토, 즉 귀부인이라 부른다.
트라키아인들 역시 당신을 신들의 어머니로
그리고 그리스인들은 위대한 왕관을 쓴 헤라로, 아프로디테로
헤스티아인들은 매력적인 신, 즉 레아와 데메테르로 부른다.
그러나 이집트인들은 당신을 티우이스(Thiouis)[65]라 부르는데 [이유인즉]
당신은 오직 한 분으로 남자의 종족들이 의지하는 모든 여신들이라는 것을
[그들이 알기 때문이라].[66]

---

[65] 이집트어로는 t3 w^{c}t, 콥트어로는 TIOYI로서 유일자("the one")란 뜻이다. Achille Vogliano, *Primo rapporto degli scavi condotti dalla missione archeologica d'Egitto della R. universita di Milano nella zona di Madinet Madi*, Milan, 1936, pp.27~51, 특히 p.34를 보라. 신성한 이름으로서의 히브리어 æchad와 비교하고, Cyrus H. Gordon, "His Name Is 'One'", *Journal of Near Eastern Studies*, no.29, 1970, p.198ff.를 보라.

[66] Vera F. Vanderlip, *The Four Greek Hymns of Isidorus and the Cult of Isis*, American Studies in Papyrology 12, Toronto: A. M. Hakkert, 1972, p.18f.; Etienne Bernand, *Inscriptions métriques de l'Egypte gréco-romaine*, Paris: Belles Lettres, 1969, no.171, p.632ff.; Maria Totti, *Ausgewählte Texte der Isis-Serapis-Religion*, Subsidia Epigrapha 12, Hildesheim and New York: G. Olms, 1985, pp.76~82; Françoise Dunand, "Le syncrétisme isiaque à la fin de l'époque hellénistique", eds. Françoise Dunand and Pierre Levêque, *Les syncrétismes dans les religions grecque et romaine*, Colloque de Strasbourg Bibliothèque des Centres d'Études Supérieures spécialisés, Paris: Presses Universitaires de France, 1973, pp.79~93, 이시도루스에 대해서는 Han J. W. Drijvers, *Vox Theologica*, no.32, 1962, pp.139~150을 보라.

또 다른 텍스트는 옥시린쿠스에서 발견된 파피루스다. 거기에는 오래되어 아주 산산조각으로 부서지긴 했지만 매우 길게 이름과 장소들을 나열하는 이시스에 대한 찬가가 담겨 있다.[67] 내용은 다음과 같다.

> 아프로디토폴리스에 있는 [……], 헤파이스토스의 집에 있는 한 사람 [……] 크무에니스, 오피스에서[……] 부바스티스라 불리는 사람, [……]레토폴리스에서 마그나[……]라 불리는 사람, 프로소피테 놈(nome)의 아프로디토폴리스에 있는 함대를 명령하는 다양한 형상의 아프로디테, 델타에 있는 은총을 주는 신……, 기네코폴리테 놈의 니티네에 있는 아프로디테, 파프레미스에 있는 이시스 여왕, 모든 나라의 여왕 헤스티아…… 사이스(Saite) 놈에 있는 승리의 여신 아테나…… 사이스(Sais)에 있는 완숙미의 헤라 여왕, 이세움의 이시스, 세베니토스에 있는 지성의 여신 헤라, 헤르모폴리스에 있는 신성한 여왕 아프로디테…… 아피스에 있는 소피아, 레우케 악테에 있는 아프로디테, 무키스, 에세렘피스, 부시리테 놈의 키노폴리스에 있는 프락시디케, 부시리스에 있는 행운의 여신[Tukhe agathe]…… 타니스에 있는 우아한 모습의 헤라 [……] 등등.

이집트 마을과 이시스의 이름을 연관 지은 후 그 텍스트는 이집트 밖의 나라들의 이름을 거론하며 계속된다. 아라비아에서는 이시스가 '위대한 여신'으로, 리키아에서는 '레토'로, 미라에서는 '현자, 자유인'으로, 크니

---

67) Bernard P. Grenfell and Arthur S. Hunt, *The Oxyrhynchus Papyri*, vol.11, London, 1915, pp.196~202, no.1380; Bernhard Abraham van Groningen, "De papyro Oxyrhynchita 1380", diss. of University of Groningen, 1921; Nock, *Conversion*, p.150ff.를 보라.

도스에서는 '공격의 방어자, 발견자'로, 키레네에서는 '이시스'로, 크레타에서는 '딕티니스'로, 칼케돈에서는 '테미스'로, 로마에서는 '호전적인 자'로, 키클라데스 제도에서는 '삼위(三位)의 본성을 가진 자'로, 파트모스 섬에서는 '젊은이'로, 파포스에서는 '텅 빈, 신성한, 상냥한 자'로, 키오스에서는 '행진하는 자'로, 살라미스에서는 '관찰자'로, 키프로스에서는 '아주 풍요로운 자' 등으로, 그리고 바미케에서는 '아타르가티스'로, 인도인들에게는 '마이아'로, 시돈에서는 '아스타르테' 등의 외국이름으로도 불린다. 그리고 이 이름 목록은 놀랍게도 상투적인 문구, "모든 신들의 아름다움의 정수"(theôn hapánton tò kalòn zôon)로 끝을 맺는다.

하지만 공통된 보편종교의 배경에 대해 모든 문화적·인종적 차이를 단순히 외부 현상으로 상대화하는 '종족이름'의 모티브가 전적으로 이시스와 관련된 것만은 아니다. 그것은 '최상의 존재'(그리스어 표현으로는 히프시스토스Hypsistos, 즉 "가장 높은 것")에 대한 전형적인 생각이다.

그것은 최상의 존재가 알려지거나 알려지지 않은 수많은 신들뿐만 아니라 다양한 종교들의 맥락 속에서 최상의 신의 역할을 하는 위의 서넛의 신(보통 제우스, 사라피스, 헬리오스, 그리고 이아오=야훼) 모두가 그 본질을 구성한다는 것에 대한 믿음이다. 이 최상의 신은 히프시스토스("최고의")[68]

---

[68] 히프시스토스에 관해서는 Martin Nilsson, *Harvard Theological Review*, no.56, 1963, pp.101~120을 보라. 히브리어로 El Elyon이라 번역된 유대인의 신의 이름으로서의 히프시스토스에 대해서는 다음을 보라. Elias Bickerman, *The Jews in the Greek Age*, Cambridge, Mass.: Harvard University Press, 1988, p.263f.; Martin Hengel, *Judentum und Hellenismus*, 3rd ed., Tübingen: Mohr, 1988, p.545f.; Carsten Colpe, "Hypsistos", *Der Kleine Pauly*, vol.2, Munich, 1979, p.1292f.

나 널리 알려진 유일신 헤이스 테오스(Heîs Theós)[69] 같은 명칭으로 전해지고 있다. 신탁은 전형적으로 특정한 신이 다른 신과 동일하다고 증명했다. 이에 관해서는 사라피스에 관한 신탁이 잘 알려져 있다.

하나의 제우스, 하나의 하데스, 하나의 헬리오스가 사라피스다.[70]

하나의 제우스, 하나의 하데스, 하나의 헬리오스, 하나의 디오니소스, 하나의 신이 모든 신들 속에 존재한다.[71]

유대인들의 신 이아오[야훼]가 단 하나이자 최상의 존재의 서열로 승격되었을 때, 내재하는 우주적 신이 되기 위해서는 다른 초월적인 세속적 가치들을 포기해야 한다. 이런 신탁들 중에서 이아오가 겨울에는 하데스, 봄에는 제우스, 여름에는 헬리오스, 가을에는 아브로스 이아오로 등장하며 시간의 신(Olam-Aion)으로 나타난다.[72] 이런 신탁과 선언 속에는 셀 수 없을 정도로 무수히 많은 특정한 신성을 초월한 단 하나의 최상의 신적 원칙

---

[69] Erik Peterson, *Heîs Theós: Epigraphische, formgeschichtliche und religionsgeschichtliche Untersuchungen*, Forschungen zur Religion und Literatur des Alten und Neuen Testaments NF 24, Göttingen: Vandenhoeck & Ruprecht, 1926; Otto Weinreich, *Neue Urkunden zur Sarapis-Religion*, Tübingen: Mohr, 1928.

[70] Martin Nilsson, *Grundriss der Griechischen Religionsgeschichte*, 2nd ed., Munich: C. H. Beck, 1974, vol.II, p.573f.

[71] Pseudo-Justinian, *Cohortatio ad Graecos*, 15 = *Orphicorum Fragmenta*, 239. Macrobius, *Saturnalia*, 1.18.17에서 이 글의 첫 행을 인용했다.

[72] Macrobius, *Saturnalia*, 1.18, 1.20; Peterson, *Heîs Theós*, p.243f.; Hengel, *Judentum*, p.476f.를 보라. 또한 *CIL*, 2, suppl. 5665 = Françoise Dunand, "Les syncrétismes dans la religion de l'Egypte gréco-romaine", eds. Françoise Dunand and Pierre Leveque, *Les syncrétismes dans les religions de l'antiquité*, Etudes Préliminaires des Religions Orientales 46, Leiden: Brill, 1975, p.170의 "Heîs Zeùs Sérapis Iaó"를 보라.

에 대한 단호한 추구가 보인다. 이런 추구는 '보편시대'(ecumenic age, 그리스도교 통일시대)의 전형적 요소이며 정치적 통일을 추구하려는 노력과 일치하는 것 같다.[73] "최상의 존재"(히프시스토스)에 대한 믿음은 특히 세계주의적인 성격을 지닌다. 그래서 다양한 언어와 종교의 이름들을 결합시키는 것이 이 개념에 전형적인 요소이다.

이런 세계주의적 신앙심의 특징은 '민족들의 이름'으로 최상의 존재를 기원하는 전통이다. 파피루스 라이덴 1권 384의 축성식 문헌은 최상의 신 이아오(야훼)-사바오트-아브라삭스를 다음과 같은 말로 전한다.

나는 이집트 사람들이 한 것처럼 너를 부르노라: "프노 에아이 이아복",
유대인들이 한 것처럼: 아도나이 사바오트,
그리스 사람들이 한 것처럼: 온 세상을 다스리는 왕,
높은 성직자처럼: 모든 것을 굽어보는 감춰진 자, 볼 수 없는 자,
파르티아 사람들처럼: 오이에르토(땅 위의 위대한 자) 전능한 주.[74]

---

73) Erich Peterson, *Monotheismus als politisches Problem*, Leipzig: Hegner, 1935; *Theologische Traktate*, Munich: Kösel, 1951, pp.45~147; Alfred Schindler (ed.), *Monotheismus als politisches Problem: Erik Peterson und die Kritik der politischen Theologie*, Studien zur evangelischen Ethik 14, Gütersloh: Gütersloher Verlagshaus, 1978. 또한 Arnaldo Momigliano, "The Disadvantages of Monotheism for a Universal State", *On Pagans, Jews, and Christians*, Middletown, Conn.: Weselyan University Press, 1987, pp.142~158을 보라. 그리고 Dunand, "Les syncrétismes", pp.152~185, p.173ff.의 혼합주의(syncretism)의 정치적 차원에 대해서도 보라. 후기 고대에 대해서는 Garth Fowden, *Empire to Commonwealth: Consequences of Monotheism in Late Antiquity*, Princeton: Princeton University Press, 1993을 보라.
74) Reinhold Merkelbach and Maria Totti, *Abrasax: Ausgewählte Papyri religiösen und magischen Inhalts 1: Gebete*, Abhandlungen der rheinisch-westfälischen Akademie der Wissenschaften, Sonderreihe Papyrologica Colonensia, vol.17.1, Opladen: Westfälischer Verlag, 1990, p.166f.를 보라. 유사한 더 많은 자료는 Peterson, *Heîs Theós*, p.254를 보라.

주술적 부름은 다음과 같다.

우주를 포괄하는 당신을 부른다,
각양각색의 목소리와 각양각색의 방언으로(pasē phonē kai pasē dialektō).[75]

히폴리투스(Hippolytus)는 나아세네파(Naassenians, 그노시스의 한 학파)의 설교에 대한 보고서에 다양한 민족의 신들의 이름으로 아티스를 불러내는 아티스 숭배파의 성가를 포함시켰다.

당신은 크로노스의 새싹인가 아니면 제우스의 축복받은 아들인가, 그것도 아니면 위대한 레아의 아들인가,
레아의 슬픈 소식, 아티스, 당신에게 구원이 있으라
아시리아 사람들은 당신을 그리워하는 아도니스라 몇 번이나 부르고, 전 이집트가 당신을 오시리스라 부르고
그리스인들의 지혜가 달의 천국 같은 뿔이라고 하고
사모트라키아인들은 "명예로운 아담나"라 부르고
하이모니아인들은 코리바스라 부르고,
프리기아인들은 때론 파파스라 부르고, 때론 토트나 하느님이라 부른다.
아니면 "두려움-없는 자", 염소 목동, 베어진 이삭,
아니면 많은 과실을 맺는 아몬드에 의해 태어난 사람, 피리 연주자.[76]

아우소니우스(Ausonius)가 쓴 경구가 이 연구의 특별한 관심 영역인데 그것은 이집트인 모세 담론에 중요한 역할을 하게 되기 때문이다.[77] 그

것은 "내 고향집에 있는 리베르 파테르(Liber Pater)의 대리석상에 새겨진 낯선 글들은 모든 신의 속성을 가지고 있다"[78]라 명명된 경구 48이다. 여기 휴 G. 에블린 화이트[79]가 번역한 판본에 있는 텍스트가 있다.

오기게[80]의 아들들이 나를 바쿠스로 부르고(Ogygiadae me Bacchum vocant),

이집트 사람들은 나를 오시리스라 믿는다(Osiris Aegypti putant),

미시아인들은 나를 파나체스라 부르고(Mysi Phanacen nominant),

인도인들은 나를 디오니소스라 여긴다(Dionyson Indi existimant),

로마 의식에서는 나를 리버라고 하고(Romana sacra Liberum),

아랍인들은 나를 아도니스라 부른다(Arabica gens Adoneum),

루카니아쿠스[81]는 나를 우주신이라 부른다(Lucaniacus Pantheum).

이렇게 최상의 신을 다양한 민족의 이름으로 불러내는 전통은 종교적 진실의 보편성과 종교적 제도와 교파에 대한 후기 고대의 일반적 확신을 표

---

75) Karl Preisendanz et al.(eds.), *Papyri Graeca Magicae: Die Griechischen Zauberpapyri*, 2nd ed., Stuttgart: Teubner, 1973, vol.2, p.109, 119.
76) Hippolytus, *Refutatio Omnium Haeresium*, 5.9.7~11. Werner Foerster, *Die Gnosis*, vol.1, *Zeugnisse der Kirchenväter*, Zurich: Artemis, 1969, p.358f.에서 재인용.
77) Karl Leonhard Reinhold, *Die Hebräischen Mysterien oder die älteste religiöse Freymaurerey*, Leipzig: Göschen, 1788, p.35; Warburton, *Divine Legation*, vol.2, p.524.
78) "Mixobarbaron Liberi Patris Signo Marmoreo in Villa Nostra Omnium Deorum Argumenta Habenti."
79) Hugh G. Evelyn-White(ed. and trans.), *Ausonius*, 2 vols., Cambridge, Mass.: Harvard University Press, 1985, p.186f.를 보라.
80) 화이트에 따르면 이것은 신화적 도시의 설립자, 오기게의 아들들인 테베인들을 말한다.
81) 이 표현은 아우소니우스의 신분을 가리킨다.

현한다. 모차르트의 프리메이슨 칸타타 쾨헬 번호 619와 괴테의 『파우스트』에서 파우스트의 독백 "누가 그[하느님]에게 이름을 붙일까"(Wer darf ihn nennen)는 아주 비슷한 용어로 그런 확신을 나타낸다.

관습, 다시 말해 신의 이름이 번역 가능하다는 개념은 자연 증거, 다시 말해 모든 인간에게 적용 가능한 경험에 근거한다는 뜻이다. 세네카는 가시적 증거를 정확히 이런 식으로 표현한다. "당신이 보고 있는 신과 인간을 둘러싼 모든 것은 하나다. 그리고 우리는 오직 큰 몸의 지체들일 뿐이다."[82] 세르비우스의 가르침에 따라 스토아학파는 신은 오직 하나인데 그 이름은 행위와 소임에 따라 다를 뿐이라고 가르쳤다.[83] 포세이도노스로부터 유대인에 대해 알게 된 바로(Varro)는 "똑같은 것을 뜻하는 것이라면 무엇으로 불리는가는 중요한 것이 아니다(nihil interesse censens quo nomine nuncupetur, dum eadem res intelligatur)"라고 믿었기 때문에 유피테르와 야훼의 어떤 차이도 인정하려고 하지 않았다.[84] 3세기 신플라톤학파의 철학자 포르피리오스(Porphyrios)는 신들의 이름은 순전히 관례적인 것이라는 의견을 주장했다.[85] 「참된 교리」(Alethes Logos)라 불리는 기독교인들을 반대하는 팸플릿에서 켈수스는 "이집트인들이 사바오트나 아문이라 부르고 스키타이인들이 파파이오스라 부르듯, 사람들이 신을 히프시스토스라

---

82) "Omne hoc quod vides, quo divina atque humana conclusa sunt, unum est: membra sumus corporis magni." Seneca, *Ad Lucilium Epistulae Morales*, ed. and trans. Manfred Rosenbach, *Seneca: Philosophische Schriften*, vol.4, Darmstadt: Wissenschaftliche Buchgesellschaft, 1995, pp.492~495.
83) Eduard Norden, *Agnostos Theos*, Leipzig: Teubner, 1912, p.61.
84) Augustine, *De Consensu Evangelist*, 1.22.30, 1.23.31, *PL*, 34, 1005f. = Varro, fr.1, 58b. 그리고 Hengel, *Judentum und Hellenismus*, p.472를 보라.
85) Iamblichus, "Letter of Porphyry to Anebo", *De Mysteriis Aegyptiorum*, 7.5, ed. and trans. Edouard Des Places, 2nd ed., Paris: Les Belles Lettres, 1989, p.193.

부르든 제우스라 부르든 아도나이라 부르든 그것은 중요하지 않다"[86)]라고 주장했다. 누구를 지명하는지가 분명하다면 그 이름이 무엇이든 문제가 되지 않는다는 것이다.

플루타르코스는 이시스와 오시리스에 대한 글에서 다른 신들의 이름 뒤에는 항상 공통된 우주적 현상들인 태양, 달, 천체, 지구, 바다 등이 있다고 술회하면서 이런 일반적 확신을 간결하게 전달한다. 모든 사람들이 같은 세상에 사는 것처럼 이 세상의 주인인 똑같은 신을 사람들은 숭배한다. 또한 "이방인들이나 그리스인들 그리고 남쪽과 북쪽의 사람들과 마찬가지로 다양한 국가들에서 신들을 다르게 여기지 않는다. 그러나 바로 태양과 달과 천체와 지구와 바다가 비록 다양한 국가마다 그 부르는 이름은 다를지라도 모두에게 공통적인 것처럼 이런 사물들에게 명령을 내리는 하나의 이성[logos], 그들을 책임지는 하나의 섭리, 그리고 모든 것에 할당된 보조적인 힘, 이 모든 것들은 관습에 따라 다양한 민족들마다 다양한 송덕과 그 전달방식이 다르고 신성한 상징을 사용한다."[87)] 신들의 이름은 이렇게 비교의 제3영역(tertium comparationis)의 역할을 하는 대상물이 항상 존재하기 때문에 번역 가능하다. 이 대상물이란 인간이 찾아내서 그 유력한 힘을 인식하고 숭배함으로써, 그리고 그 힘에 이름을 붙이고 조상과 사원을 만들고 제례를 치름으로써 계속 유지되는, 기능적으로는 나누어졌지만 신성으로 살아 있고 영혼이 있는 우주라는 개념이다.

우주신(내가 나중에 살펴보게 될 F. H. 야코비의 용어)이라 불리는 이 일

---

86) Origen, *Contra Celsum*, 1.24, 5.41(45). 그리고 Hengel, *Judentum*, p.476을 보라.
87) Plutarch, *De Iside et Osiride*, chap.67, p.377ff., trans. Griffiths, *Plutarch's "De Iside and Osiride"*, p.223f.

반종교적 확신의 영역에는 적대적 종교가 들어설 여지가 없다. 유대교나 기독교와 같은 반-종교들의 적대적인 힘은 이교도 지식인들에 의해 너무 많이 비난받았기 때문이다. 우주신교와 유일신교 사이의, 혹은 자연종교와 계시종교 간의 대치는 결코 해결되지 않았고 그저 기독교회의 의기양양한 확산과 더불어 억눌려 왔다. 르네상스의 부활과 유럽 근대의 형성에 있어서 그 논쟁적 역사는 다음 장에서 이야기할 내용과 더불어 이집트인 모세에 대한 담론의 서브텍스트를 형성한다.

3장

법 앞에서: 이집트학자 존 스펜서

3장 _ 법 앞에서: 이집트학자 존 스펜서

유대교, 기독교, 그리고 나중의 이슬람 유일신교가 계시라는 이름으로 세운 상호 번역 불가능성의 경계는 자연이라는 이름으로 번역 가능하다는 확고한 우주신적 믿음의 배경에서 조명되어야 한다. 로마제국의 쇠퇴, 몰락과 함께 우주신적 믿음은 사라졌다. 중세에는 성서적 유일신교의 성격이 아주 분명했다. 반-종교라는 경계를 얼룩지게 할 이집트인 모세라는 인물이 설 자리가 없었다. 이집트는 종교적 '타자'이지 원류로 여겨질 수 없었던 것이다.

그러다가 이집트가 성서나 교회 교부들 이외의 출처를 통해 발견되기 시작한 르네상스와 함께 그 상황은 돌변했다. 이집트의 재발견 혹은 재창안을 보여 주는 두 권의 획기적인 책이 바로 『헤르메스 전집』과 호라폴론이 쓴 『신성문자』(Hieroglyphica)이다. 모세가 이집트에서 받은 교육을 다루고 있는 성경 속의 한 구절(「사도행전」 7장 22절)에서 모세가 "뛰어났다"고 전해지는 "이집트 사람의 모든 학문"이 무엇을 의미하는지가 이 책들을 통해 분명해진다.[1] 이렇게 근원적이고도 새로운 문화적·종교적·역사적 방향 설정의 과정이 시작되었다. 성서와 신비주의적 문서들 간의 강한 대비적 관점에서 볼 때 이집트가 성서적 유일신교의 '타자'라기보다는 오히려 그것의 원류로 보이기 시작하면서 상호 번역 불가능성의 벽은 무너졌다.

존 스펜서는 이집트학의 이런 첫 단계에서 뒤늦게 나타났다. 마르실리오 피치노, 조르다노 브루노, 로버트 플루드, 아타나시우스 키르허, 그리고 이집트와 이집트의 신성문자 및 이집트 신비학 교리에 대해 쓴 다른 사람들보다 오히려 스펜서를 출발점으로 선택한 이유는 1장에서 이미 설명했기에 여기서 다시 언급할 필요는 없는 것 같다. 스펜서와 그의 동시대인들인 마셤과 커드워스는 이집트 담론에 대해 비의적 종교나 신화적·주술적 관심 영역에서 벗어나 계몽의 언어로 말하기 시작했다. 계몽의 관점에서 보면 스펜서가 후발주자가 아니라 개척자가 될 것이다. 조르다노 브루노나 아타나시우스 키르허와 더불어가 아니라, 스펜서와 더불어 논쟁이 시작되고 그것이 실러로, 그리고 실러를 경유하여 프로이트에 이른다.

존 스펜서(1630~1693)는 영국의 히브리학자로서[2] 1667년 이후 케임브리지의 기독교문헌대학(Corpus Christi College)의 학장에 임명되었다. 그는 박사학위 논문 『우림과 둠밈』(*Urim et Thummin*)을 1670년에 출간하였고, 1685년에 그의 기념비적인 작품 『히브리 제의에 관하여』를 출간하

---

1) 다른 흔적을 우리는 「출애굽기」 11장 3절에서 찾아볼 수 있다. "또 그 사람 모세는 애굽 땅에서 아주 위대하게 보였더라." 이 구절에서 우리는 이상한 표현을 찾아볼 수 있는데, 그것은 바로 독자가 이미 잘 알고 있는 사람 모세를 마치 이야기에 처음 나오는 사람처럼 "그 사람 모세는"이라고 묘사하고 있다는 점이다. 프로이트가 '이집트인' 모세의 이 정황상 낯선 표현을 자신의 책 제목으로 취하고 있다는 사실을 주목하라. Knauf, *Midian*, p.129를 보라.
2) 여기서 히브리학자들이란 16~17세기의 학자들로서 히브리어를 말하고 히브리어로 성서를 읽을 수 있을 뿐만 아니라, 자신들에게 필요한 자료들에서 랍비와 카발라적 전통들까지도 공부한 학자들을 말한다. 이런 문헌에 대한 나의 개인적 지식은 분명 제한되어 있다. 그러나 스펜서와 히브리학자들에 대한 그의 언급으로 판단하건대 이런 학문의 수준은 오늘날 구약성서에 대한 학문보다 어느 정도 높았을 것 같다. 기독교 히브리학자들, 특히 17세기의 학자들에 대해서는 다음을 보라. Frank E. Manuel, *The Broken Staff: Judaism through Christian Eyes*, Cambridge, Mass.: Harvard University Press, 1992; Aaron L. Katchen, *Christian Hebraists and Dutch Rabbis: Seventeenth Century Apologetics and the Study Of Maimonides' "Mishneh Torah"*, Cambridge, Mass.: Harvard University Press, 1984.

였다.[3] 스펜서에게 모세는 이집트인이 아니라 '이집트화된' 히브리인이다. 그러나 모세는 이집트 신비를 히브리의 율법으로 '번역'할 수 있기 위해 이집트인이 될 필요가 없었다. 그가 이집트의 지혜에 근본적으로 익숙했다는 것으로 충분하다. 이는 성 스데파노가 성사(聖事)를 간단히 설명한 데서 분명히 확인할 수 있다. 그는 돌에 맞아 죽기 전의 변론이자 고별 연설에서 다음처럼 말한다. "모세는 이집트의 모든 지혜와 학술을 다 배웠다." 스펜서에게 이 짧은 문장은 대단히 중요했다. 이것은 그가 자신의 지식 전체를 세운 토대이자 그를 이단이라는 비난으로부터 구하는 증언이기 때문이다. 스펜서에서 시작되어 프로이트에게서 끝나는 모세 논쟁 전체의 중심테마 역할을 하는 것은 바로, "모세는 고대 이집트 사람들의 상징적 철학을 배웠다"라고 말하는 필론의 『모세의 생애』(De Vita Mosis) 속의 이 문장이다.[4]

스펜서는 유대인들의 제례법이 이집트에서 기원되었다는 것을 보여주고자 했다. 이런 새롭고 대담한 시도를 이해하려면 스펜서가 기독교 신학의 중요한 두 가지 기본 가정을 어떻게 세웠는가를 간단히 살펴볼 필요가 있다. 첫째는 토라에 담긴 613개의 규례와 금기 속에서 도덕율법, 정치율법, 제례율법을 구별하는 전통적인 기독교다. 도덕율법은 모세의 십계명이고, 정치·제례 율법이 그 나머지다. 도덕율법은 영원하고, 정치·제례 율법은 일시적이다.[5] 제례율법은 모세와 예수의 시간에 한해서만 유효하다는 것이다. 두번째는 성서의 율법과 이교도 의식이 모두 일치하는 것은 신의 모습

---

3) John Spencer, *De Legibus Hebraeorum Ritualibus et Earum Rationibus Libri Tres*, Cambridge, 1685. 이 책은 자주 재출간되었다. 예를 들면 The Hague, 1686; Leipzlg: Zeitler, 1705; Cambridge, 1727; Tübingen: Cotta, 1732. 나는 1686년 판본에서 인용했다. 이 책의 마이크로필름과 복사본을 마련해 준 나의 학생 플로리안 에벨링에게 깊이 감사한다.
4) Philo Judaeus, *Vita Mosis*, 1.5.23.

을 한 악마, 즉 하느님의 원숭이가 하는 일이라는 전통적 견해다. 유대교 율법이 근원이고 이교도들은 이것을 극악무도하게 모방하였다는 것이다.[6] 스펜서는 이집트가 그 제례의식의 근원이자 원형임을 보여 주면서 두번째 교의를 반박했다. 또한 첫번째 교의에 대한 스펜서의 반박은 대단히 혁명적이었는데, 그는 시간을 초월한 도덕율법에서 오래전에 폐지된 제례율법으로 관심을 옮겨 이 규정과 금지령을 오래전에 잊힌 이집트 우상숭배의 '잔악한 행위들'을 재구성하는 데 사용했다. 스펜서가 전략적으로 이집트 혐오를 언명했음에도 이집트 종교의식을 부지런하게 글로 재현한 것은 18세기 이집트 애호가들의 가장 중요한 참고서 중 하나가 되었다.

망각술로서의 규범전도: 마이모니데스

스펜서는 모세율법을 이성적으로 설명하고자 했다. 이는 랍비 모세 벤 마이몬(마이모니데스, 1135~1204)이 유명한 저서 『혼란에 빠진 자들을 위한 지

---

5) 셀던의 자연법(ius naturale, the Noahidic laws)과 히브리 규범(disciplina Hebraeorum) 사이의 구별은 John Selden, *De Iure Naturali et Gentium Iuxta Disciplinam Hebraeorum Libri Septem*, London, 1640; Friedrich Niewöhner, *Veritas sive Varietas: Lessings Toleranzparabel und das Buch von den drei Betrügern*, Heidelberg: Lambert Schneider, 1988, pp.333~336도 참조하라. 민족의 '자연법'의 발견은 비코의 '새로운 학문'의 대상이기도 하다. 비코는 휘호 흐로티위스, 존 셀던, 그리고 사무엘 푸펜도르프를 자연법의 선구적 학자로 인정한다. Leon Pompa(ed. and trans.), *Vico: Selected Writings*, Cambridge: Cambridge University Press, 1982, pp.81~89.

6) 스펜서 전 시대와 동시대의 여러 학자들, 예컨대 사뮈엘 보샤르(Samuel Bochart, 1599~1667), 피에르 다니엘 위에(Pierre-Daniel Huet, 1630~1721), 에드워드 스틸링플리트(Edward Stilingfleet, 1635~1699)와 테오필 게일(Theophile Gale, 1628~1678)은 헤르메스 트리스메기스투스와 조로아스터 같은 인물들에 최고의 권위를 부여했던 '고대 신학'(prisca theologia)이란 르네상스 개념보다 성서의 지혜와 신학을 우선시하는 것을 재정립하기 위한 기획을 했다. 그들이 번역, 파생, 차용이라는 말들을 사용할 때 변함없이 그들은 성서적 전통은 주는 자로, 이교도 전통은 받는 자로 만든다. 게다가 그들은 수용을 퇴보나, 심지어 타락으로 해석한다.

침서』(*Dalalat al-ha'irin*, 히브리어로는 *Moreh Nebukhim*)에서 추구한 것과 같다.[7] 스펜서도 이 점을 완전히 인정하고 있다. 하지만 스펜서의 이성적 설명 방식은 주로 역사적 사실에 근거를 두고 진행한다는 점에서 마이모니데스와는 많이 다르다. 다시 말해 스펜서는 역사적 맥락을 재구성하면서 모세율법을 설명한다. 하지만 이런 역사적 설명 방식도 "변론적 목적으로 역사적 작업을 하게 되어 불가피하게 고대 근동의 이교도에 대해 설명하는"[8] 마이모니데스를 따르는 것이다. 하지만 근동의 이교도에 대한 마이모니데스의 해석은 진정한 역사적 관심과 이해가 부족할 뿐만 아니라 또한 잘못되었다. 마이모니데스는 모세율법을 대비적으로 돋보이게 하기 위한 적절한 배경으로 고대 이집트를 언급하는 대신 '자비이'(Zabii)나 '사비아교도들'(Sabians)에 대해 이야기한다. 사비아교도는 유대인들 및 기독교인들과 함께 신을 믿는, 그래서 율법으로 보호받는 민족으로 코란에서 두 번 언급된다.[9] 코란이 어떤 종교와 종파를 의미했는가는 여전히 해결되지 않은 의문이다. 스펜서 시대에 사비아교도들은 주로 페르시아인들이나 조로아스터교도들 혹은 "동쪽의 칼데아인들"(Eastern Chaldaens)을 연상시키거나 동일시되고 그들의 종교는 점성술로, 그리고 천체를 맹신적으로 숭배하는 것으로 묘사된다.[10] 더욱 최근에 몇몇 사람들은 만다교도들 혹은 비슷한 활동들에 대해 떠올리는데,[11] 그 중 푼켄슈타인은 그들을 "2세기나 3세기 무렵의 그노시스파의 소수 유민들"[12]이라 본다. 830년부터 계속 그 용어는 간신

---

[7] Moses Maimonides, *The Guide of the Perplexed* (*Dalalat al-ha'irin*), trans. Shlomo Pines, Chicago: University of Chicago Press, 1963. 스펜서는 마이모니데스를 주로 히브리어로 인용하며, 드물게 원전인 아랍어로 인용하기도 한다.
[8] Pines, "introduction", *Guide*, p.cxxiii.
[9] 『코란』 2장 9절, 5장 73절, 22장 17절을 참조하라.

히 이교도로 남아 여전히 메소포타미아의 달의 신, 신(Sin)을 숭배하길 고수하는 하란의 종족을 가리키기 위해 사용되었다. 처형의 위협을 받은 그들은 자신들이 사비아교도라 하면서 신비주의 저술들을 자신의 성전이라 주

---

10) 1662년에 에드워드 스틸링플리트는 사비아인들을 "동쪽 칼데아인들"과 같은 사람들로 보았다. 이 용어로 그는 조로아스터교도들을 의미했다. "이 사비아인들과 관련하여 마이모니데스는 그들의 제의에 대한 이해가 우리에게 모호한 채 남아 있는 성서의 여러 구절들을 밝혀 줄 것이라고 말하고 있다. 하지만 아직까지 그들이 칼데아보다 더 동쪽에 있는 사람들이었다는 스칼리거의 말보다 더 알려진 사실은 거의 없다." 스틸링플리트의 말에 의하면 조로아스터는 "사비아의 저자"이자 "페르시아 숭배의 창시자, 또는 오히려 페르시아인들 중 그 숭배의 촉진자" 둘 모두였다. 그는 사비아교와 페르시아 숭배를 공통적으로 나타내는 표시를 "태양신 숭배인 우상숭배의 주된 골자에 동의하는 것으로" 보았다. Edward Stillingfleet, *Origines sacrae, or a Rational Account of the Grounds of Christian Faith, as to the Truth and Divine Authority of the Scriptures, and the Matters Therein Contained*, London, 1662; 3rd ed., London, 1666; 4th ed., Oxford, 1797, vol.1, pp.49~51. 테오필 게일은 "사비아인들의 제의는 칼데아인들과 페르시아인들의 제의와 같았고, 그들은 모두 태양과 불을 숭배한다는 데 동의하였다"라고 주장했다. Theophile Gale, *The Court of the Gentiles*, 2 vols., Oxford, 1669~1671, vol.2, p.73을 보라. 게일에 따르면, 아브라함이 원초 지식을 칼데아인들에게 전하고 그들의 손에서 그 전통은 곧 "비판적 점성술 혹은 점(占)의 암흑의 예술(지옥 때문에 응당히 그렇게 불렸다)"로 타락하였다. 나중에 이 암흑의 예술은 "사비아교"로 부상한다. 그리고 더 나중의 발전된 형태가 조로아스터교이고 "조로아스터라는 말은 페르시아 철학과 숭배의 창시자로 일컬어졌다. 그러나 사실은 그것의 촉진자였다. 페르시아의 주술에 대한 규정이 포함된 제의와 지혜의 주된 내용은 사비아 혹은 칼데아의 철학자들에 의해 왜곡되었기 때문이다. 사비아인들에 대해서는 Theophile Gale, *Philosophia Generalis in Duas Partes Determinata*, London, 1676, pp.139~140도 보라. Thomas Hyde, *Historia Religionis Veterum Persarum, Eorumque Magorum*, 1700; 2nd ed., Oxford, 1760, pp.122~138은 순서를 전도시켜 사비아교에서 조로아스터교의 후기 쇠락을 보고 있다. 토머스 스탠리는 그의 기념비적인 저작 Thomas Stanley, *History of Philosophy*, 3 vols., London, 1665~1672; London, 1687; New York and London, 1978의 마지막 권에서 '사비아인들'과 관련된 "칼데아 철학사"를 다루고 있다(pp.1062~1067). 이 자료에 대해 많은 정보를 준 미하엘 슈타우스베르크에게 감사한다. 그의 저서 Michael Stausberg, *Faszination Zarathustra: Zoroaster und die Europäische Religionsgeschichte der Fruihen Neuzeit*, Berlin: Walter de Gruyter, 1998을 보라.

11) Daniel Chwolsohn, *Die Ssabier und der Ssabismus*, 2 vols., St. Petersburg: Buchdruckerei der Kaiserlichen Akademie der Wissenschaften, 1856을 보라.

12) Funkenstein, *Perceptions*, p.144.

장한다.[13] 그러나 1050년 무렵, 이들은 이슬람 혹은 용인되는 종교 중 하나로 강제 개종되어 이교도의 역사에서 사라진다. 1세기 후에 글을 썼던 마이모니데스는 자신들의 저술로 인해 잘 알려진 하란의 점성술사들과 신비주의자들에 대해 언급할 수 있다.[14] 그러나 그는 또한 그노시스파일 수 있다고 언급하는데, 이는 이븐 와쉬이야(Ibn Wahshiyya)가 10세기에 쓴 『나바테아 농업』(Kitab al-falaha al-nabatiya)에서 알게 된 것일 수 있다.[15] 하지만 실제로는 역사의 어디에도 마이모니데스가 사용했던 이름의 다신교적 보편종교는 없다.

마이모니데스가 말하는 사비아교도들은 마네톤의 규범전도의 원칙을 반대로 적용하여 만든 상상의 집단이다. 마네톤은 이집트 전통을 잘 알고 있었기에 이집트 사회관행의 반대되는 이미지를 근거로 반-공동체(counter-community)를 상상해 냈다. 그리고 마이모니데스는 규범적인 유대교를 잘 알고 있었기에 유대율법의 반대로서의 반-이교도 공동체, '움마 사바'(ummat Ṣa'aba)를 상상해 냈다. 만약 율법이 x라는 활동을 금지한다면 그 x라는 활동을 시행하는 숭배집단이 틀림없이 존재했을 것이다. 반-구성(counter-construction)의 진리는 계시 혹은 반-종교의 부정적인 잠재성과 적대적인 힘에 있다.

마이모니데스가 모세율법의 역사적 맥락을 재구성하기 위해 역사적

---

13) Walter Scott (ed. and trans.), *Hermetica: The Ancient Greek and Latin Writings Which Contain Religious or Philosophic Teachings Ascribed to Hermes Trismegistus*, 1929; repr. Boston: Shambhala, 1993, pp.97~108.
14) 그들 가운데 가장 중요한 사람은 타비트 이븐 쿠라(Thabit ibn Qurra, 835~901)였는데 그는 많은 책들, 특히 『사비아 종교에 관하여』(*De Religione Sabiorum*)를 쓴 사람이다. Scott, *Hermetica*, pp.103~105를 보라.
15) Pines, *Guide*, pp.cxxiii~cxxiv.

으로 더 적합한 고대 이집트인들이 아닌 사비아교도들을 선택한 데에는 그만한 이유가 있다. 그들은 그의 목적에 아주 잘 부합하는, 그다지 중요하지 않은 존재들이었다. 마이모니데스는 사비아교도들을 한때 세력이 아주 막강했던 공동체로 묘사한다. 그러나 그 기억의 흔적이 아주 전문적인 학술 서적에서만 살아남았다는 사실은 모세율법에 대한 그의 설명이 진실하다는 것을 가장 잘 증거해 준다. 그는 모세율법의 기능을 일종의 "망각술"(ars oblivionalis)이자 사비아교 우상숭배의 금기 치료법이라고 설명한다. 개인 기억의 영역에서 망각술이 가능하지 않다는 움베르토 에코의 가설이 옳을지도 모른다.16) 그러나 에코의 주장은 집단 기억의 영역에서는 적용되지 않는다. 기억을 지우는 가장 효과적인 방법은 그것을 반-기억으로 덮어씌우는 것이다. 이것은 '기술'이라기보다 개인과 집단 모두에게 효과가 있는 전술이다. 그러므로 사람들이 우상숭배의 제례를 잊게 만드는 가장 효과적인 방법은 그 자리에 또 다른 제례를 만들어 넣는 것이다. 기독교인들은 이 같은 원칙에 따라 이교도 사원 위에 그들의 교회를 짓고 이교도 축제날에 그들의 축제를 열었다. 똑같은 이유로 모세(혹은 모세라는 중개자를 통해 모습을 드러낸 신성한 '지식 혹은 지혜')17)는 사비아교도들과 그들의 우상숭배 방

---

16) Umberto Eco, "An Ars Oblivionalis? Forget It!", *PMLA*, no.103, 1988, pp.254~261.
17) *Talattuf alallah wah akhmatah*, "하느님의 꾀(또는 '실천 이성')와 그의 지혜"는 푼켄슈타인이 헤겔의 개념 "이성의 꾀"와 매우 흥미 있게 연결하는 표현이다. Funkenstein, *Perceptions*, pp.141~144를 보라. p.143의 중요한 각주 38은 Maimonides, *Moreh Nebuhkim*, 3.32, 그리고 G. W. F. Hegel, *Philosophie der Geschichte*, Stuttgart: Reclam, 1961, p.78ff.를 언급하고 있다. 스펜서는 하느님의 "정직한 오류와 완곡한 발걸음"(methodis honeste fallacibus et sinuosis gradibus)의 사용에 대해 말한다. Gotthard Victor Lechler, *Geschichte des englischen Deismus*, Tübingen, 1841; repr. Hildesheim: Olms, 1965, p.138에서 재인용. Stephen D. Benin, "The Cunning of God and Divine Accommodation", *Journal of the History of Ideas*, no.45, 1984, pp.179~191도 보라.

식에 점유된 영역을 차지하기 위해 많은 음식과 관련된 제사 규정을 만들었고, 그리하여 "우상을 위해 행해진 제례와 의식이 이제는 신을 예찬하기 위해 치러졌다".[18] 그 신성한 전략은 아주 성공적이어서 사비아교도들과 한때 강력했던 그 공동체는 잊혀졌다.

스펜서는 마이모니데스를 너무나 존경하여 '이교도'라는 가장 있음 직한 의미로 '사비아교도들'이라는 용어를 해석하는 독창적인 해결책을 통해 사바(Ṣa'aba)의 정체성을 밝혀 내는 수고를 감수한다.[19] 그후 그는 "사비아주의"(Sabiism)라는 개념을 자신이 고전문헌에서 추출할 수 있었던 모든 고대 이집트 지식에 마음껏 도입하는데, 그것은 마이모니데스의 역사적 맥락화 시도에는 전혀 없는 것이었다. 바로 이 역사적 지식이 스펜서의 책을 이집트학과 종교사라 불리는 분야의 선구자로 만들었던 것이다.[20] 마이모니데스와 스펜서는 모세율법의 대조적 의미와 반-종교의 부정적 잠재력에 대해 의견이 일치했다. 모세율법의 정당성은 우상숭배(idololatria)라 불리는 폐기된 전통을 배경으로 놓고 보아야 더욱 빛나 보인다.[21] 그러나 마이모니데스가 사바(Ṣa'aba) 공동체를 발견할 수 있다는 데 만족한 반면, 스펜서는 본격적인 역사적 조사에 착수한다.

---

18) "Ut omnes isti cultus aut ritus, qui fiebant in gratiam imaginum, fierent in honorem Dei." 마이모니데스의 『혼란에 빠진 자들을 위한 지침서』에 대한 랍비 셈 토브 요세프(Shem Tov ben Joseph)의 기록을 스펜서가 번역한 것이다.
19) Spencer, *De Legibus*, vol.2, p.213. 파인스가 그의 서문에서 지적한 것처럼 이는 이 용어의 아랍어 사용과 일치했다. 거기서는 "사비아인들이라는 호칭은 모든 이방인들에게 적용되었다". 그러나 그는 "나는 『혼란에 빠진 자들을 위한 지침서』에서 이러한 언어적 용법을 사용하지 않을 것이다"라고 덧붙인다. Pines, *Guide*, p.cxxiv.
20) Francis Schmidt, "Des inepties tolérables: La raison des rites de John Spencer(1685) à W. Robertson Smith(1889)", *Archive de Science Sociale des Religions*, no.85, 1994, pp.121~136을 보라.

스펜서와 마이모니데스의 역사추론 방법론 사이에는 여전히 또 다른 범주적 차이가 있다. 마이모니데스는 자신의 역사적 설명 방법이 율법의 무한한 타당성에 파괴적 영향을 끼칠 수도 있다는 생각을 전혀 하지 못했다. 보통 역사적 설명은 법률적 용어로 생각하는 것과는 엄격히 반대다. 어떤 법이 타당하기만 하다면 그것의 시간적 제한은 없다. 법정에서는 어떤 법이 50년 전의 법인지 최근의 법인지가 중요한 것이 아니라, 지금 효력이 있는지 없는지가 중요하다. 법 해석은 그 의미를 명료하게 하기 위해 법 제정 시의 역사적 상황을 다룰 수 있다. 하지만 이 말은 다른 담론이다. 법정에서는 이런 종류의 역사적·상황적 법 해석은 그 법이 근거한 판단의 시시비비를 가릴 목적으로 거의 사용되지 않기 때문이다. 로마인들이 어떤 법의 (축자적 표현보다는) 역사적 상황과 원래의 의도에 상당한 관심을 둔 것은 사실이다.[22] 하지만 이런 종류의 역사적 사고방식의 의도는 기본적으로 보수적

---

21) 우상숭배에 관한 마이모니데스의 주저는 그의 『토라 평전』(Mishneh Torah)의 1권인 『미쉬나 탐구』(Hilkhot Avodah Zarah)에 대한 주석이다. 이 주석은 자주 라틴어로 번역되어 17세기 기독교 변론 문학의 기본 텍스트 중 하나가 되었다. 이에 관해서는 Katchen, *Christian Hebraists*를 보라. 헤라르트 포시우스는 자주 인용되는 그의 『이방종교』(Theologia Gentili)에 대한 부록으로 자신의 아들 디오니시우스 포스(Dionysius Voss, 1612~1633)가 쓴 작품 『마이모니데스, 「우상숭배에 관하여」, 라틴어 번역과 주석』(*Maimonides, "De Idolatria," cum Interpretatione Latina et Notis*)을 출판했다. Gerardus Joannis Vossius, *De Theologia Gentili et Physiologia Christiana: sive de Origine ac Progressu Idololatriae, ad Veterum Gesta, ac Rerum Naturam, Reductae; deque Naturae Mirandis, Quibus Homo Adducitur ad Deum*, Amsterdam, 1641; 2nd ed., Frankfurt, 1668; repr. New York and London, 1976.
22) Funkenstein, *Perceptions*, p.17. 나는 이 부분에 관한 게지네 팔머(Gesine Palmer)의 중요한 해석에 감사한다. 1995년 5월 5일자 편지에서 그녀는 나에게 할라카적(halakhic) 사고가 역사적 법률을 그 원래 역사적 상황들과 구별되는 조건 아래에서 유효하도록 유지하려는 시도라는 것을 지적해 주었다. 이런 식으로 본다면 역사적 해석은 폐지에 대한 시도가 아니라 보존의 시도다. 역사적 경우 A와 현재의 경우 B 사이의 구별은 은유적 공통분모 C를 발견하기 위해 만들어졌다. 이것은 나중에 법의 의미로 정착하게 된다.

이다. 역사란 법을 보존하기 위해 연구되어야 하지 폐지하기 위해 연구되는 것은 아니다. 법은 근원적 의도 혹은 법이 근원적으로 적용되는 일련의 사실들을 일반화하거나 그 시간을 초월한 관련성을 수립함으로써 보존된다. 이는 또한 마이모니데스의 방법론이기도 하다. 마이모니데스는 모세율법의 원래 의도가 우상숭배를 파괴하는 것이라 주장하고, 사비아교도들과 관련된 역사적 상황(circumstantiae)의 재구성을 통해 이것을 보여 준다. 그러나 그의 의도는 보수적인 것으로서 그는 모세율법을 보존하길 원한 것이다. 그래서 그는 우상숭배라는 범죄를 일반화하여 역사 초월적 문제를 적용시켜 그의 잘 알려진 순수 철학적·비역사적 우상숭배라는 개념에 이른다. 마이모니데스에게 모세율법은 우상숭배라는 위험성의 시간 초월성 때문에 역사적 상황에도 불구하고 여전히 유효하다. 법적 사고의 맥락에서 볼 때, 역사 추론은 본질적으로 발생 시기를 비가시화하고 비시간적 타당성을 지니면서 '날짜가 기명되지 않는' 모세율법의 비역사적 목적에 맞게 쓰인다.

정의상 역사적 법은 더 이상 효력을 발휘하지 못하는 과거의 법이다. 그것은 법률가가 아닌 역사가의 관심을 끈다. 모세율법이 역사적이지 못하도록 한다는 점에서——좀더 현재적 맥락에 적합한 용어를 사용하자면——법률적 혹은 과거의 할라카[율법—옮긴이]적 사용은 필연적으로 비역사적이다.[23] 마이모니데스는 법률적·할라카적 사고의 틀 안에서 주장을 펴 나갔다. 그는 모세율법이 사비아교도들이 사라진 후 그 기능이나 '타당성'을 상실했다는 것을 인정하려 하질 않았다. 그가 모세율법을 역사화한 것은 결코 그 법을 '역사적'인 것으로 제시하는 정도까지 이르지 못한다. 반

---

23) 그러나 Funkenstein, *Perceptions*, pp.16~18을 보라. 그는 역사적 의식의 근원을 법적 이성에 두고 있다.

면 스펜서는 '할라카적' 해석을 넘어섰고 역사적 사고의 틀 안에서 주장했다. 이것이 바로 역사적 설명에 대한 그 두 사람의 결정적인 차이다. 스펜서의 역사 맥락화의 방법론은 모세율법의 근원뿐 아니라 종말도 알고 있는 기독교 진화주의에 기초한다. 스펜서는 마이모니데스가 모세율법을 합리화하고 역사 맥락화한 데 감탄하지만 왜 마이모니데스의 유대인 독자들이 다음과 같은 명백한 결론을 내리지 못하는지 이상하게 여겼다. "당시 그 훌륭한 모세를 떠받들던 존경심으로 오늘날 유대인들이 그의 말에 귀 기울인다면 좋을 텐데. 그러면 이런 제사에 보여 주던 정신적 열정은 즉각 냉정해져서, 모세율법의 근거가 사라졌다는 이유로 메시아가 그 율법을 폐하였다 하여 그토록 많은 비난과 모욕으로 메시아를 박해하지는 않았을 텐데."[24]

유월절 양의 희생

이상하게 들리겠지만 마이모니데스는 역사적 설명을 할 때 마네톤, 타키투스와 같은 이교도 저자들이 사용한 '규범전도'의 원칙을 사용하여 유대인들이 표절을 행했다고 비난했다. 이유인즉슨 유대인들은 자기 자신의 법을 만든 것이 아니라 이집트 법을 뒤집어 사용했을 뿐이라는 것이다. 마이모니데스의 주장이 어떤 반유대주의적 성향을 보이는 것 같지는 않다. 만약 타키투스가 유대인들이 암몬 신을 저주하기 위하여(in contumeliam Ammonis) 속죄양을 바쳤다고 기술하였다면 유월절 양에 대한 마이모니데

---

[24] "Utinam Judaei hodierni, qui tot laureis Mosis huiusce tempora redimire solent, ad haec verba mentes adverterent! Tunc enim fervor illi anmi quo in ritus Mosaicos feruntur, statim refrigesceret; nec Messiam nostrum (cuius nomen unguentum effusum est) tot maledictis & convitiis proscindere vellent, quod Mosis Leges, earum ratione iam cessante, penitus abrogaverit." Spencer, *De Legibus*, vol.3, p.12.

스의 설명과 아주 흡사하다.[25] 이것은 마이모니데스가 사비아교도들 대신 이집트인들을 언급한 아주 드문 예다. 그의 설명은 「출애굽기」 8장 22절과 온켈로스(Onqelos)의 출애굽에 대한 해석에 근거하고 있다. 모세는 사막에서 연례축제를 열기 위하여 파라오에게 3일간의 휴가를 요청한다. 모세는 사막 대신 이집트에서 축제를 열어야 한다는 파라오의 요구를 다음과 같은 말로 거절한다. "보시오, 만약 우리가 이집트인들의 금기를 제물로 바친다면 그들이 우리를 돌로 쳐 죽이지 않겠소이까?" 온켈로스는 "이집트인들의 금기"란 말을 이집트인들의 최고의 신인 "아리에스(숫양) 자리"의 숭배를 암시한다고 설명했다. 온켈로스는 명백히 그 별자리를 언급했고, 스펜서가 집요하게 찾아내어 언급한 다른 주석자들은 이런 식으로 그를 이해했다. 하지만 숫양은 천문학적인 이유가 아니라 다른 이유에 의해 신성시된다. 그것은 이집트인들의 최고의 신인 아문의 동물이고, 엘레판티네 도시의 신인 크눔의 동물이다. 뒤에 말한 신은 여기서 매우 큰 관심을 불러일으키는데, 그 이유는 그 신전 부근에서 모세가 피하고자 했던 바로 그 사건이 일어났기 때문이다. 이 사건은 장관이어서 실제 역사로 들어가기 위해 간단하게 외론으로 다룰 만하다.

  이 사건은 기원전 5세기경 이집트의 남쪽 경계 근처에 있는 엘레판티네 섬에서 발생했다.[26] 이 섬은 작고 사람으로 가득 찬 도시였을 뿐 아니라 유대인의 군사적 식민지였다. 그들의 유대주의의 형식이 정통파가 아니었다는 사실로 미루어 그들은 요시야(Josiah) 왕의 개혁 이전에 여기 정

---

25) Maimonides, *Moreh Nebukhim*, 3.46, Pines, *Guide*, vol.2, pp.581~582.
26) 그 이후의 역사에 대해서는 특히 Bezalel Porten, *Archives from Elephantine: The Life of an Ancient Jewish Military Colony*, Los Angeles: University of California Press, 1968 을 보라.

착했던 것 같다. 이들은 신 야후(YHW)에게(야훼YHWH 대신으로 쓰인 이 말은 아람어로 쓰인 파피루스들에 등장하는 신의 이름과 같다)[27] 시나고그(synagogue, 유대교 회당) 대신 신전을 지어 주었는데, 이것이 예루살렘의 신전에 대한 권한을 심히 훼손했다. 거기다가 그들은 야후라는 신 이외에 그의 짝인 여신을 숭배했다. 망명 이후 규범적 유대주의 정통파로부터의 일탈을 차치한다면, 이들은 야후의 열렬한 추종자들이었다. 그들 대부분의 이름은 이 신의 이름을 포함하고 있었으며,[28] 스스로를 유대인이라 자처하였다.[29] 아람어로 쓰인 가족 문서의 유물과 이 집단의 다른 기록물들 속에서 이들 사이에 이루어진 교신의 흔적들을 읽을 수 있는데, 아주 예기치 못한 끔찍한 일련의 사건을 들여다볼 수 있게 한다. 그 중 하나가 이 공동체의 지도자 예다냐(Jedaniah)가 주(駐)유다 페르시아 대표인 바고히(바고아스)에게 쓴 편지인데, 그 편지에서 그는 야후의 신전을 재건하도록 공식적인 허가를 요청하였다. 이 신전은 3년 전에 네파얀 대장의 휘하에 있는 이집트의 군인들과 페르시아가 임명한 지방장관(frataraka)이자 네파얀의 아버지인 비드랑가(오그다네스)에 의해 파괴되었다. 글쓴이는 크눔의 제사장들이 잠시 총독 아르샴(아르사메스)이 자리를 비우는 동안 비드랑가에게 뇌물을 주었다고 폭로했다. 이 편지는 이 사건에 개입한 비드랑가, 네파얀 그리고 다른 많은 이들이 그 후 처형되었으며 그에 유대인들이 매우 만족하였다고 쓰고 있다. 그러나 그들의 신전이 아직 재건되지 않았고 공동체는 3년 동안이나 금식과 통곡으로 기도하고 있었다. 예다냐는 매우 재미있는 역사적 사건

---

27) Ibid., pp.105~150.
28) Ibid., pp.133~150.
29) Ibid., pp.173~179.

을 들어 자기의 청원을 정당화하고 있다. 즉 기원전 525년 캄비세스가 이집트를 정복했을 때 모든 이집트 사원을 부수었으나 자신들의 사원은 그냥 두었다는 이야기다.[30] 이집트의 신전과 숭배의식에 대한 캄비세스의 적대적 태도는 그리스와 이집트의 문학에서 공통된 주제다. 그는 아피스 수소를 죽였다는 의심까지 받았다.[31] 이 모든 것이 보통 신화나 그리스 자랑으로 끝나고 말았던 것은 이집트의 어떤 문서도 그 사건의 흔적이라곤 조금도 포함하고 있지 않기 때문이다.[32] 게다가 캄비세스의 후계자인 다리우스 1세는 엘-카르가의 오아시스에 아문 신전까지 지었다. 디오도루스(또는 헤카타이오스)는 다리우스를 이집트의 위대한 입법자 중의 하나로 여겼고, 이집트인들이 이 페르시아 왕을 사후에 즉각 신성시했다고 전한다.[33] 하지만 다리우스의 특별한 경건함은 회복과 화해의 행위로 여길 수 있었다. 분명 예다냐는 이 사건들이 일어난 지 적어도 100년 후에 그것을 기록했다. 하지만 만약 그가 이러한 명분으로 바고히(바고아스)의 도움을 청하기 위해 반페르시아적 선전에 기댔다고 보기는 힘들다. 아케메네스의 조로아스터교와 유대의 야훼 종교 사이에는 예다냐가 호소하는 반(反)이집트적, (반-)종교적 연대 같은 것이 있었음에 틀림없다.

다른 문헌에는 바고히(바고아스)의 답신이 들어 있는데, 그는 이 편지에서 신전의 재건과 두 가지 종류의 제례, 즉 곡물을 바치는 것과 향을 바치

---

30) Porten, *Archives*, p.290f.
31) Herodotus, *Histories*, 3.27~29.
32) Georges Posener, *La première domination perse en Egypte: Recueil d'inscriptions hiéroglyphiques*, Cairo: Imprimerie de l'Institut Français d'Archéologie Orientale, 1936; Friedrich Karl Kienitz, *Die politische Geschichte Ägyptens vom 7. bis zum 4. Jahrhundert vor der Zeitwende*, Berlin: Akademie Verlag, 1953, pp.55~60.
33) Diodorus, *Bibliotheca Historica*, 1.94f.; Kienitz, *Politische Geschichte Ägyptens*, pp.61~66.

는 것을 권하고 있다. 예다냐가 요청했지만 언급되지도, 그래서 허용되지도 않은 세번째 종류는 번제물(燔祭物)로서 이는 제단에서 짐승 제물을 완전히 불태워 바치는 것이다. 세번째 문헌은 "양, 소, 염소를 번제물로 바쳐서는 안 되고 오직 향과 곡물만 바쳐야 한다"[34]라고 명시적으로 규정하고 있다. 결론은 명백하다. 즉 그러한 번제물, 특히 양은 갈등의 소지가 있었다. 숫양을 신성한 짐승으로 여기고 그 신전과 숫양 묘지를 야호 신전의 바로 옆에 두었던 크눔 신의 제사장들은 유대인들의 유월절 양의 희생에 충격을 받았음에 틀림없다. 그래서 엘레판티네에서 모세가 「출애굽기」 8장 22절처럼 두려워했던 일이 발생했다.[35]

이 사건은 텍스트 밖에 또 다른 현실이 있고 우리가 상상이나 구성의 세계만을 다루는 것이 아니라 사실적 경험의 세계를 다룬다는 것을 잘 보여준다. 규범전도의 맥락에서 볼 때 경험과 상상은 악순환의 고리를 만든다. 상상은 경험에 의해 만들어지고, 경험은 상상에 의해 틀이 잡히고 미리 규정된다. 이집트인들이 처음 아마르나 시대에 겪었고, 그때부터 아시아인들로부터 기대한 반-종교의 적대적 성격 속에 그 진실이 숨어 있다. 유대인들이 이집트에 정착했을 때 그들은 기존의 인식틀을 채우고 공고히 했다. 하지만 우리는 후대와 그리스-로마 시대의 이집트 역사는 각각의 금기를 어긴 것 때문에 이웃 지역들 간에 서로를 비난하는 이런 종류의 갈등에 관한 이야기들로 넘친다는 사실을 잊어서는 안 된다. 외국이 지배하고 점령한 이

---

34) Porten, *Archives*, p.292f.
35) 나의 생각은 Porten, *Archives*와 아직도 상당한 영향력을 갖고 있는 책 Eduard Meyer, *Der Papyrusfund von Elephantine: Dokumente einer jüdischen Gemeinde aus der Perserzeit und das älteste erhaltene Buch der Weltliteratur*, 3rd ed., Leipzig: Hinrichs, 1912에서 출발한 것이다.

시기의 모든 신전들은 각자의 제물과 희생양 규정에 관한 체계를 발전시켰다. 이집트에는 '민족'과 '인민'이라는 포괄적 개념이 없었기 때문에 규범적 자기규정과 (반)특성적 정체성에 대한 추구는 더 작은 단위에 집중되었다. 그리하여 놈(nome, 행정구역)과, 그 수도와 그 수도의 수호신의 신전이 토착문화 운동의 핵심이 되었다. 하지만 우리가 알고 있는 이런 갈등들은 결코 신전을 파괴하는 정도까지 가지는 않았다. 이것이 '문둥병자들의 추방'에 대한 구전의 역사적 배경인데, 이 구전은 규범전도의 원칙에 부정적이고 도전적인 전환점을 마련했다.

유월절 양에 대한 스펜서의 해석은 마이모니데스의 규범전도의 적용을 따르고 있다. 양을 바치는 것은 그것이 이집트의 가장 신성한 동물, 즉 최고의 신인 아문을 상징하는 짐승이기 때문이다. 스펜서는 이집트의 조상들의 유대식 이름, 함(Ham)과 미스라임(Misraim)을 "(하)암몬(H)ammon과 미소리 벨 오시리스(Misori vel Osiris)"와 연관 짓는다. 이런 방식으로 그는 왜 양과 아문, 수소와 오시리스가 이집트인들에게 최고의 신이고 가장 성스러운 상징이었는지를 설명한다.[36] 하느님(God)이 양과 수소를 번제물로 바치라고 명령하였을 때, 그는 직접 그의 강한 적대자들인 아문과 오시리스 신에 맞선다. 그 때문에 스펜서는 그 번제를 드릴 짐승들의 종과 성을 명확히 해야 할 이유가 충분했다.[37] 스펜서에게서 분명히 드러나는 것은, 이집트인들에게 가장 중요한 의미를 지녔던 그 짐승들을 신이 자신의 법 앞에서는 경멸하고 있다는 사실이다. 그리고 또한 타키투스의 말(in contumeliam Ammonis)에 전적으로 공감하고 그의 말을 인용한다.[38] 유대인에 대해 쓴

---

36) Spencer, *De Legibus*, vol.2, p.231.

고전 고대(Classical Antiquity)의 모든 역사가들 중에서 타키투스는 규범전도의 법칙을 가장 명확하고 가장 논쟁적으로 표현한 사람이다. 마이모니데스나 스펜서 같은 저자들이 똑같은 규범전도의 법칙을 외적 논쟁이 아닌 내적 긍정의 방법으로 사용한 것을 보는 일은 매우 흥미로운 일이다. 신이 유대인들에게 이집트 관습을 뒤바꾼 율법을 제시한 것은 옳은 일이었다. 왜냐하면 유대인들은 이집트적인 요소로부터 벗어나야 했기 때문이다. 스펜서를 단지 마네톤, 리시마코스(Lysimachus), 타키투스의 계열에 두고 반유대주의의 자세를 취한 것으로 보는 것은 천만부당한 일일 것이다.[39] 그는 내면적인 관점에서 규범전도 법칙을 파괴와 반란과 혁명의 인간적 전략이 아닌 신적 지혜와 우상숭배에 대한 치료로 보고 있다. 게다가 스펜서는 이런 논증의 상극적 성격을 잘 인식하고 그 위험한 양상과 뚜렷하게 거리를 둔다. 스펜서는 한 장 전체에서 이 문제, "왜 하느님은 사비아교도들의 관습과는 반대되는 그토록 많은 율법과 제식을 만들었는가?"(Cur Deus tot Leges & ritus eorum moribus oppositas instituerit)를 논하고 있다.[40] 그리고 이 질문에 대해 처음에는 부정적으로, 다음에는 긍정적으로 답을 한다. 그는 신이 분명히 단지 자신의 백성을 가능한 한 다른 민족과 다르게 만들려는

---

37) "따라서 경멸을 받은 신이 이집트의 신들을 경배하는 제사에서 양이나 소를 희생하는 것을 주장했다는 점이 이유 없이 믿어지는 것은 아니다"(Non itaque sine causa creditur, Deum, in Deorum Aegyptiacorum, comtemptum, arietem et bovem, in solemni Paschatis festo, immolari voluisse).
38) "신은 고대 이집트의 대제사장들이 희생했던 동물들을 그 자신의 법률에 입각해서 철저히 무시하고 아주 큰 모욕과 함께 다루는 것으로 보여지게 마련이다"(Deus ea animalia quae Veteres Aegyptii maximi fecerunt, in Lege sua studiose vilificare et maxima cum contumelia tractare videatur).
39) Funkenstein, *Perceptions*, p.37.
40) Spencer, *De Legibus*, vol.2, chap.3, pp.223~229.

단순한 이유만으로, 혹은 단지 이집트인들을 반박하기 위해서만으로 이런 율법을 명하지는 않았다고 말하면서 마이모니데스를 반박한다. 스펜서는 디오도루스, 리시마코스, 타키투스를 노골적으로 논박하면서 고전적 전통과는 거리를 두고 모세가 다른 민족의 관습을 단순히 싫어해서 그 율법을 만들 수는 없었다고 주장한다. 그가 논박하는 또 하나의 주장은 "그것은 모순된다"(quia absurdum)의 원칙이다. 다시 말해 신은 이 겉보기에 '불합리하고 쓸모없는' 율법을 결국 자신의 절대의지와 명령권을 분명히 하기 위해 강요하였다는 것이다. 스펜서는 이 주장에 대해 "논쟁보다는 야유를 받아 마땅하다"(Haec opinio dinga est, quae Satyris potius quam argumentis explodatur)라고 반박한다.

스펜서의 설명은 순전히 역사적이다. 양을 제물로 바치는 것은 상징적 금욕과 자기 거리두기이다. 전체적으로 볼 때, 유월절 양을 바치는 것은 이집트와 우상숭배로부터의 결별을 다시 법으로 제정하여 강화하는 것이다. 이렇게 그의 논증의 주요 현안은——그리고 아주 잘 구조화되고 많은 자료로 보강된 텍스트의 주된 관심은——신학적이라기보다 오히려 역사적이다. 그의 저술은 연대기와 역사의 근본 원칙이 어떠해야 하는지에 대한 논쟁이 많던 시기에 나왔다. 그래서 고대 이집트 "동물숭배"(zoolotria)[41]는 모세 시대보다 훨씬 더 앞선다는 것을 입증하기 위해 성서, 고전, 교회법과 랍비로부터 아주 많은 자료들을 인용한다. 그러나 이 자료들조차 아직 입증되어야 할 것이 많다. 마이모니데스와 스펜서의 차이가 바로 이 역사적 관점이고, 말할 것도 없이 그의 저술이 최초의 현대적인 역사-비교 종교학의 선구자로 여겨지는 것은 바로 이러한 차이 때문이다.[42]

---

41) 스펜서는 "동물숭배"라는 용어를 그리스 표기로 사용한다.

이런 역사적 접근법을 훨씬 더 명백히 보여 주는 많은 다른 뛰어난 예가 있지만 나는 오직 두 가지에만 한정시키고자 한다. 첫째가 "새끼 양을 어미 젖에 삶지 말도록(lex hoedi coctionem in lacte matris prophibens)"[43] 하는 금지규정과 첫 열매를 바칠 경우 다음처럼 곡(哭)을 금지하는(non comedi ex eo in dolore meo[be-'oni]) 규정이다. "나는 애도 중에 그것을 먹지 않았다."[44]

금지, "새끼 양을 어미 젖에 삶지 말라"

이 금지규정에 대한 설명을 하기 전에 스펜서는 네 개의 범주로 전통적 설명을 분류한다. ① 연민, ② 어떤 우상숭배의식에 대한 '규범전도', ③ 다산주술의 금지, ④ 위생: 탐욕적 과식의 금지(quod cibus crassissimus sit, nimiamque repletionem generet)의 이유이다.

스펜서는 필론, 『불신으로 인해 심판받은 자에 관하여』(De Misericordia), 이븐 에스라(Ibn Ezra), 이사크 아라마(Isaac Arama), 시므온 드 뮈(Simeon de Muis) 등을 인용하며 이와 비슷한 다른 율법들은 모두 잔인한 행동을 예방하는 교육적 목적과 관대함, 동정심, 문명인다운 태도를 고무하기 위한 것이었다고 보는 ①의 전통적 설명을 배제한다. 이 해석은 논문 한 편 전체를 이 특정한 법에 대한 연구로 채운 오트마르 켈(Othmar Keel) 같

---

42) Funkenstein, *Perceptions*, p.37. 그는 이것을 반어적으로 사용한다. 종교학자 윌리엄 로버트슨 스미스(William Robertson Smith)는 스펜서를 자기보다 200년 전에 이 학문을 설립한 사람으로 추앙한다. Francis Schmidt, "Des inepties tolérables"를 보라. 나는 프랜시스 슈미트와 대화해 보라고 한 가이 스트룸사(Guy Stroumsa)에게 감사한다. 그리고 위에서 언급한 논문을 내게 보내 준 슈미트에게도 감사한다.
43) 「출애굽기」 23장 19절, 34장 26절; 「신명기」 14장 21절; Spencer, *De Legibus*, vol.2, chap.8, sect.1, pp.270~279를 보라.
44) 「신명기」 26장 13~14절; Spencer, *De Legibus*, vol.2, chap.24, sect.1, pp.420~424를 보라.

은 학자들에 의해 받아들여진다.[45] 스펜서의 주장에 의하면 죽은 짐승은 자신이 어미 젖에 요리되고 있는 것을 모르지 않느냐는 것이다. 또한 그는 마이모니데스를 인용하며 네번째 설명을 부인한다. 이것은 19세기 후반 유대 변론학이 선호하는 설명이다. 스펜서의 반박은 참으로 이성적이다. 미식을 위해서라면 어떠한 젖이어도 되지 않느냐는 것이다. 위생학적 이론은 금지되는 것이 왜 모유뿐인지에 대한 설명이 부족하다는 것이다.[46]

이리하여 스펜서는 서로 관련이 있는 ②와 ③의 설명을 옹호하며, 충직한 종교사가답게 모유에 담가 새끼 양을 요리하는 것과 관련된 이교도의 다산 의식을 조사한다. 그러던 중 발견한 것이 출애굽에 대한 이사크 아브라바넬의 주석에서 새끼 양과 젖으로 일 년에 두 번 양치기들이 벌이는 메스타(mesta)라 불리는 스페인 축제였다. 신은 분명 이스라엘인들이 그런 이교도 의식에 참여하는 것을 막고 싶었던 것이다. 그러나 그런 이유 때문이라면 신은 새끼 양을 '요리하는'(coctio) 것이 아니라 '먹는'(comestio) 것을 금지했을 것이다. 또한 스펜서는 "고대 이방인들 중에는 모든 곡식을 수확한 후에 새끼 양을 어미젖에 담가 주술을 하며(drk ksph), 이 젖을 나무, 들판, 뜰, 과수원에 뿌리고 다음 해의 풍년을 기원하는 풍습을 지켰다"고 말하는 "익명의 고대 카라이트 사람"[47]의 인용문을 찾아낸다. 스펜서는 이 따

---

45) Othmar Keel, *Das Böcklein in der Milch seiner Mutter und Verwandtes: im Lichte eines altorientalischen Bildmotivs*, Orbis Biblicus et Orientalis 33, Fribourg: Presses Universitaires, 1980. 켈은 사변적이고 비연대기적인 '규범전도'를 거부하면서 해석의 다양한 전통들에 관한 뛰어난 논문을 선보인다.
46) 그러나 이 법에 대한 유대식 적용은 '새끼'의 개념을 모든 종류의 고기까지, 그리고 우유의 개념을 모든 종류의 유제품까지 확장한다. 우유에 고기를 조리하는 것은 전형적인 아랍식 요리다. 심지어 레바논의 유명한 양고기 요리는 오늘날까지 라반 움무(laban 'ummu), 즉 '어미의 우유'라 불린다. Henry G. Fischer, "'Milk in Everything Cooked'(Sinuhe B 91~92)", *Egyptian Studies, I: Varia*, New York: The Metropolitan Museum of Art, 1976, pp.97~99를 보라.

로 떨어진 증거를 다른 외경(外經)에 나온 랍비 메나헴의 인용으로 확인하고 있다. 이 랍비는 거기서 "나는 이방인들 사이에는 고기, 특히 염소나 양을 우유에 끓이고, 그들이 나무를 심을 때면 그 나무의 씨들을 연기에 훈증하고 우유를 거기 부어 과일이 더 많고 더 빠르게 익게 하는 등등"[48]의 관습이 있다는 말을 들었다고 말한다. 스펜서는 익명의 고대 카라이트 사람과 랍비 메나헴이 이교도들의 과실풍작 주술을 마이모니데스가 그의 사비아 교도들에게 적용했던 원칙, 즉 역방향의 규범전도를 적용해서 꾸며 낼 수도 있다는 생각을 전혀 하지 못했다. 새끼 양을 어미의 젖에 끓이는 것을 금하는 법이 있다면 바로 거기에 터전을 둔 이교도적 의식이 있었음에 틀림없다. 그리고 상상력을 발휘해 본다면 목동들이 새끼 양을 어미의 젖에 끓이고 그 젖을 나무, 들판, 과수원에 뿌리는 장면을 그려 볼 수 있을 것이다.

문화적 이질성의 규범 또는 구성전도의 원칙은 분명 반대 방향에서도 그 효과를 낸다. 그 원칙은 주어진 질서에서 출발하여 이런 질서를 반대로 비추는 거울상에 그 토대를 두는 어떤 문화를 상상하고 그를 통해 과거를 '낯선 나라'로 만들어 버린다.[49] 스펜서의 고유한 설명은 이 랍비의 증언에 기초하며, 그는 그것을 콘텍스트에 대한 괄목할 만한 관찰로 보완한다. 그가 예시하듯 하느님은 세 개의 큰 축제에 속하는 네 벌의 규례를 내린다. 세 개의 큰 축제란 유월절, 오순절(Schawuot), 초막절(Sukkot)을 말한다.

---

47) 이 발견의 명예는 보샤르에 있다. Bochart, *Hierozoicon*, 1, p.639f. 그리고 Keel, *Böcklein*, p.33을 보라.
48) Menachem, 'adah le-derekh, fol.83, col.2. Spencer, *De Legibus*, vol.2, p.276에는 히브리 텍스트와 스펜서의 라틴어 번역이 실려 있다.
49) 나는 David Lowenthal, *The Past Is a Foreign Country*, Cambridge: Cambridge University Press, 1985를 인용했지만 역사화에 의한 낯설게 하기의 기법은 Anthony Kemp, *The Estrangement of the Past: A Study in the Origins of Modern Historical Conciousness*, New York and Oxford: Oxford University Press, 1991에서 더욱 명확하게 다뤄지고 있다.

이 규례들은 ① 누룩이 든 빵은 바치지 말 것, ② 제사의 음식을 다음날 아침까지 남기지 말 것, ③ 하느님의 성소로 첫 열매를 갖다 바칠 것, ④ 새끼 양을 어미의 젖에 끓이지 말 것 등 네 가지이다. ①과 ②는 유월절에, ③은 수장절에 속하기 때문에 ④는 초막절에 해당되어야 한다. 그러므로 ④는 정확히 다산의식을 수행하는 경우에 해당한다. 스펜서는 과실 수확에 즈음하여 여는 축제[50]에서 고기와 우유를 바치는 다산축제 의식에 대한 호라티우스의 아름다운 묘사와 아불렌시스의 『출애굽기 해설서』(Commentary in Exodum)의 한 구절(question 37)을 인용하면서 자신의 결론을 마무리하는데, 이는 이미 호라티우스와 성서의 내용을 연결시켜 다음과 같이 묘사한 부분에서도 알 수 있다. "이방인들은 많은 열매를 수확하기 위해 실바누스 신에게 우유를, 케레스 신에게 돼지고기를 바쳤다. 실바누스 신에게 바칠 어린 양을 어미의 젖에 끓였는지 아닌지 하는 것은 그 시인에게서 명백히 드러나지 않지만 충분한 개연성이 있다." 프레이저는 이보다 더 잘할 수 없었다. 그러나 스펜서는 성서의 규례가 출발한 원류에 관심을 두었을 뿐 아니라 유대인들을 통해 그 실제적 적용이 어떠했는지에도 관심이 있었다. 그는 여러 쪽에 걸쳐 고기와 유제품 담는 그릇을 엄격히 따로 구분하는 유대 풍습에 관해 상세히 서술하고("하나는 고기를 요리하고, 다른 하나는 우유로 된 음식을 요리할 수 있도록 그들은 두 개의 그릇을 준비했다. 하나는 고기

---

50) "옛날의 농부들, 강건하고, 작은 것에도 행복했던 이들은/ 추수를 마친 후에 축제를 벌여 몸과 마음을 가볍게 한다./ 결실에 대한 길고 질긴 희망으로 견디어 온 그 마음 자체를 말이다./ 일을 함께 했던 동료들과 아이들과 신실한 아내와 함께,/ 대지의 여신(텔루스)에게는 돼지고기를, 숲의 신(실바누스)에게는 우유를 바치곤 했다"(Agricolae prisci, fortes, parvoque beati,/ Condita post frumenta, levantes tempore festo/ Corpus, & ipsum animum spe finis dura ferentem,/ Cum sociis operum, & pueris, & conjuge fida,/ Tellurem porco, Sylvanum lacte piabant). Horatius, *Epistle*, book 2, ep.1(스펜서의 정서).

를, 다른 하나는 치즈를 썰 수 있도록 두 개의 칼을 마련했다. 두 개의 소금 단지를 식탁 위에 놓곤 했다. 고기와 우유 음식을 하나의 같은 소금으로 양념을 맞추지 않도록 하기 위해서였다. 두 개의 식탁 수건도 양편의 사람들을 위해서 비치하였다. 문자나 표시를 새긴 수건이었는데, 부주의한 사람들에 의해서 혼동이 일어나지 않도록 하기 위해서였다"), 이 특정한 규례에 대해 현대 유대인들이 부여하는 특별한 중요성을 강조한다.[51]

첫 열매를 바칠 때의 애도 금지

"나를 애도할 때"(in luctu meo) "첫 열매"(be-'oni)를 먹지 말라는 규정에 대한 스펜서의 설명은 그가 종교사가일 뿐 아니라 이집트학자임을 보여 준다. "아주 이해하기 어려운 이 부분"(locus perobscurus)은 무슨 의미일까? 이 경우, 이 금지가 직접적으로 겨냥하는 사비아교도들은 바로 고대 이집트인들이라 볼 수 있다. 디오도루스는 첫 열매를 바치는 경우를 이집트인들이 이시스 신을 큰소리로 애도하며 불러내는 때라고 본다.[52] 스펜서는 율리우스 피르미쿠스 마테르누스가 쓴 다음 구절을 보여 주며 이 의식을 좀더 상세하게 묘사한다.

신전의 가장 안쪽에[in adytum] 그들은 오시리스 신의 우상을 묻었다. 그

---

51) "quod vasa duplicia, altera ad carnes, altera ad cibos lactarios, coquendos comparent: cultros duos unum ad carnem, alterum ad caseum, scindendum deferant. Duo etiam in mensa salina habere solent, ne carnes & lacticinia uno eodemque sale condiantur: duo etiam pro utrisque mantilia, notis aut literis distinctis inscripta, ne ab incautis permisceantur." Spencer, *De Legibus*, vol.2, pp.273~274.
52) Diodorus, *Bibliotheca historica*, 1.14.2 = Charles Henry Oldfather (trans.), *Diodorus of Sicily*, vol.1, Cambridge, Mass.: Harvard University Press, 1933, p.49.

리고 그들은 오시리스 왕의 비극적 운명을 애도하기 위해 매년 머리를 전부 밀고, 가슴을 두드리며, 자기 종족들을 찢어 죽여 버린다.…… 이 애도식과 장례식의 옹호자들은 다음과 같은 설명을 한다. 씨앗은 오시리스고, 땅은 이시스며, 뙤약볕은 튀폰이다. 열매는 뙤약볕 덕분에 존재하고 인간의 생존을 위해 수확되기 때문에 땅의 무리들과는 분리된다. 겨울이 되면 씨앗은 땅속에 뿌려지는데, 이는 오시리스의 죽음과 매장으로 여겨진다. 하지만 땅은 수태를 하게 되고 새로운 열매를 맺게 된다.[53]

이것은 이집트의 코이아크(khoiak) 의식, 특히 ḥbs t3, 즉 땅을 파고 씨앗을 묻는 의식에 대한 상세한 설명이다. 그런데 나는 스펜서가 얻을 수 없었던 몇몇 이집트 증거를 가지고 그의 말을 완성하고 싶은 유혹을 떨칠 수가 없다. 대영박물관에 있는 파피루스에는 오시리스의 죽음에 따라 일어난 재앙을 묘사한 구절이 있는데, 그것은 코이아크 의식의 기간 동안 아래와 같은 애도의 노래로 불려진다.

땅은 거칠어지고
해는 떠오르지 않는다.
달은 머뭇거리다가, 더 이상 눈에 보이지 않는다.
바다는 흉용(匈湧)하고 뭍은 뒤집어진다,
강은 배를 띄울 수 없도다.
세상은 애도와 통곡으로 가득 차고

---

53) Julius Firmicus Maternus, *De errore profanarum religionum*, 2, 3; Theodor Hopfner, *Fontes Historiae Religionis Aegyptiacae*, IV, Bonn: Markus and Weber, 1924, p.519를 보라.

신들과 여신들,

사람들과 정령들과 죽은 자들,

그리고 소떼와 가축들 모두 울부짖도다.[54]

씨앗을 묻는 것은 장례의 형태로 치러진다. 이런 땅 파는 축제는 밤에 치러지는 의식이다. 또 다른 파피루스에는 이렇게 쓰여 있다. "오 소카리스 오시리스여, 이 재앙[당신의 죽음—옮긴이]이 처음 발생했을 때 우리는 부시리스에 성스러운 장소를 세워 당신을 미라로 만들어 당신의 향을 보존하였나이다.…… 나와 내 자매 네프티스는 그 신성한 장소 입구에 횃불을 밝혔고 그 이후 당신을 위해 땅 파는 의식을 거행하였나이다."[55] 다음 날 '큰 애도'(mega penthos)가 열리고 온 나라가 오시리스의 죽음을 애도했다. 연속된 축제는 8일 후에 "제드(Djed) 기둥을 세움으로써" 막을 내렸다.

하지만 스펜서의 논거로 되돌아가 보자. 그는 이집트인들에서 출발하여 에우세비우스를 따라 "땅의 늙어 가는 씨들에게 동정, 애도, 슬픔, 비탄을 바쳤던"[56] 페니키아인들로 넘어갔다. 이 일은 스펜서가 아미아누스 마르첼리누스[57]와 루키아누스[58]에서 가져온 인용문에서 제시하는 아도니스에 대

---

54) Papyrus Salt 825, 1, 1~6 = Philippe Derchain, *Le Papyrus Salt 825: rituel pour la conservation de la vie en Egypte*, Brussels: Académie Royale de Belgique, 1965; F.-R. Herbin, "Les premieres pages du pap. Salt 825", *Bulletin de l'Institut Français d'Archéologie Orientale*, no.88, 1988, pp.95~112.
55) Papyrus Louvre I, 3079 = Jean Claude Goyon, "Le ceremonial de glorification d'Osiris du pap. Louvre I 3079", *Bulletin de l'Institut Français d'Archéologie Orientale*, no.65, 1967, p.96f.
56) Eusebius, *Praeparatio evangelica*, book 1, chap.9.
57) Ibid., book 21, p.m.221; book 19, p.m.134.
58) Lucianus Samosatensis, *De Dea Syria*, p.1058.

한 애도를 언급하는 것이다. 그래서 스펜서는 이집트와 시리아에 있는 고대 히브리인들의 전체 문화 콘텍스트 내에서 첫 열매의 수집과 제사가 매장의 식의 성격을 갖는 장례의식에 동반된다는 것을 보여 주고 있다. 그의 생각에 따르면 이것은 히브리어의 be-'oni, 즉 "나의 상중에"에 대한 가장 분명한 설명이다. 70인역 성서는 lupe("고통")나 pothos("그리움")라는 표현을 쓰지 않고 그 대신 en odunē mou("나의 괴로움 가운데")로 표현하고 있다. 이것은 슬픔에 대한 가장 강한 표현으로, 예컨대 라헬을 달라고 울부짖는 야곱의 용법에서 찾을 수 있는 표현이다. 히브리어 'on의 표현이 70인역 성서에서 odunē("괴로움")와 같이 쓰이는 곳은 이곳이 유일하다. 야훼는 오시리스나 아도니스가 죽었듯이 마치 자신이 죽기라도 한 것처럼 첫 열매가 애도와 함께 바쳐지는 것을 원하지 않았다. 오시리스나 아도니스와는 대조적으로 성서의 하느님은 살아 있는 신이다. 죽음은 그의 가장 큰 금기사항이었고, 시체를 두고 애도하는 것처럼 죽음이나 죽어 가는 것과 연관된 모든 것은 신성모독을 암시하므로 이는 제물로 받아들이기에 부적합하다.[59]

적용: 율법의 문화화

스펜서는 마이모니데스와 다른 고대 저자들로부터 받아들인 규범전도의 개념을 역사적 해석을 위한 하나의 좋은 범주로 여겼다. 그는 자신의 세 권의 책 중 두번째 책 전체를 이 개념을 설명하는 데 할애했다. 다른 두 개념은 문화화와 수용이다. 문화화란 여기서는 당대의 역사적 요소나 실용적 관습 같은 구체적 사회 속에서 사상체계가 역사적으로 구체화되는 것을 말한다.

---

59) Douglas, *In the Wildeness*, p.24를 보라.

그리고 수용이란 한 사회의 사상, 이미지, 관습과 같은 것들을 다른 사회가 받아들여 자신의 것으로 통합하는 것을 말한다. 이런 개념들을 그가 처음 만든 것은 아니지만 그는 그 구별을 명확히 했고, 나는 그의 책의 근간을 이루고 있는 그 구별들을 강조하기 위해서만 그 용어들을 사용한다. 스펜서는 그의 첫 책에서 내가 '문화화'라 부르길 제안하는 것에, 그리고 세번째 책에서는 '수용'이라 부르는 것에 몰두하여 구별하지만 적용(accommodatio), 번역(translatio), 변이(mutatio), 파생(derivatio) 같은 개념 아래 그 두 가지 역사 설명을 포함시킨다.

적용과 번역은 문화화와 수용 모두의 범주에 해당하는 용어다. '적용'이란 용어는 그 율법의 역사적 상황을 강조하기 위해, 다시 말해 시간적 지침으로 사용되며, '번역'이란 그 문화적 향방과 틀을 강조하기 위해, 말하자면 문화적 지침으로 사용된다. 하지만 변형은 다양한 방향으로 일어나기에 이곳에서 문화화란 어떤 신적인 것이 특정한 문화의 언어로, 다시 말해 문화적 '육화'(肉化) 같은 것으로 바뀌는 것을 뜻한다. 수용이란 사회적 형식과 생각이 한 문화에서 다른 문화로 바뀌는 것을 뜻한다.

스펜서가 그의 첫 책에서 분명히 하고자 한 가설은 하느님이 자신의 진리를 변형시켜야 했던 문화는 이집트 혹은 '이집트화한' 문화라는 가정이다. 율법을 받은 이스라엘 사람들은 문화적으로는 이집트인들이었기 때문이다. 이집트에 그토록 오래 머물러 있었기에 그들은 완전히 이집트 문화에 동화되어 있었다. 그들에게 야훼는 마치 이 신이 파라오에게는 알려지지 않은 것만큼이나 미지의 신이었다.[60] 우리가 오늘날 그들의 '민족성' 혹은 '문화적 정체성'이라고 부르는 것은 이스라엘인들과 이집트의 지배문화를 구

---

60) 스펜서는 '알려지지 않은 신'에 대한 고대 전통들을 일반적으로 다루고 있다.

별 짓는 것이지만 그때까지는 그런 것이 존재하지 않았다. 왜냐하면 이런 정체성의 형성은 엄밀히 말해 율법을 통해 이루어졌기 때문이다. 무한한 자비와 '겸손'을 가진 하느님은 이스라엘인들을 문화적 백지(tabula rasa) 상태로 여겨, 이미 존재하고 있던 문화적 근간 위에 자신의 율법을 과도하게 부과하지는 않았다. 대신 그는 그들의 문화적 근간 위에 자신의 율법 체계를 변형시키고, 자신의 진리를 역사·문화적으로 제한되고 미리 결정된 이집트적 이해의 형식으로 '적용'시켰다.

스펜서는 그가 좌우명으로 삼은 펠루시움의 이시도르(Isidore of Pelusium)가 쓴 아름다운 문장으로 시작하면서 자신의 적용 개념을 설명한다.[61]

> Hōsper tês mèn selénēs kalês oúsēs, toû dè Hēlíou kreíttonos, heîs estin ho demiourgòs; hoútō kaì palaiâs kaì kainês diathékēs heîs nomothétēs, ho sophôs, kai katallélōs toîs kairosîs nomothetésas.

> Quemadmodum et pulchrae Lunae, et pulchrioris Solis, unus idemque effector est; eodem modo et Veteris et Novi Testamenti unus atque idem est Legislator, qui sapienter, et ad tempora accommodate, leges tulit.

---

61) Isidor Pelusiota, book 2, ep.133 = *PC*, vol.78, pp.575~576. [이 글의 인용은 해당 부분의 그리스어판, 라틴어판, 영어판을 모두 인용한 원서의 구성을 따라 그리스어-라틴어-한국어 순으로 인용문을 배치했다―옮긴이]

아름다운 달과 그리고 더욱 아름다운 태양을 모두 유일한 신이 창조했듯이 구약과 신약 또한 단 한 분이 만들었고, 그분은 현명하게 그리고 시대적 정황에 맞게 율법을 주셨도다.

이 문장은 모세율법이 "시대적 정황"을 어떻게 재구성하였는가에 대한 스펜서의 역사적 관심을 가장 잘 보여 준다. 모세율법의 의미는 한 세기 후 헤르더가 시대정신(Zeitgeist)이라 부르게 된 개념 안에서만 재구성될 수 있다는 것이 그의 확신이었다. 스펜서는 거의 똑같이 이 용어를 "세기의 정신"(genius seculi)이라 부르면서 예견했다.[62] 이 역사적 맥락을 형성한 것이 바로 고대 이집트였다고 스펜서는 확신하고 있었기 때문에 그의 원형-이집트학적 연구를 이끌어 냈던 것은 바로 이 모세율법의 역사적 틀 혹은 배경의 재구성에 대한 그의 관심이었다.

스펜서 시대에는 이집트 시기가 역사적으로 조명받지 못했다.[63] 심지어 기본적인 연대기적 사실들조차 확립하지 못하고 있었다. 그래서 그는 이집트 문명이 모세율법보다 더 오래되었다는 것을 보여 주기 위해 애썼다. 모세 시대보다 선행한 신(diu ante Mosis tempora)이라는 말이 그의 논문의 중심테마였다. 스펜서는 연대기적 의문들에는 관심이 없었다. 그에게 중요한 것은 번역과 수용의 방향, 즉 누가 누구로부터 전달받았냐는 것이다.

---

62) Spencer, *De Legibus*, vol.1, p.14.
63) 역사상 이집트라는 시기에 관한 연대기적인 토론에 관해서는 Rossi, *The Dark Abyss of Time*을 참조하라. 논쟁이 가장 크게 달아오른 것은 '아담의 선조'에 대한 라 페이레르(Isaac la Peyrère)의 책이 출간된 이후다. 라 페이레르의 이 책을 스펜서는 인용하지 않고 있다. 그의 조용하고 신중한 해석의 방법은 그가 '발굴된 영역'에 대해 어떤 느낌을 가졌다는 인상을 주지 않는다. Rossi, *Abyss*, p.139. 영국에서 이 영역이 '발굴된 영역'이 된 것은 John Marsham, *Canon Chronicus Aegyptiacus, Hebraicus, Gaecus*, London: 1672가 나온 후였다.

유명했던 키르허를 포함한 많은 학자들이 옹호한, 그리고 추기경 피에르 다니엘 위에[64]——스펜서는 두 사람을 잘 알고 있었다——의 권위에 의해 선포된 당시의 우세한 이론은 이집트인들이 모세율법을 표절했다는 것이다.

스펜서는 동화(同化)라는 개념을 들며 이 이론에 반대했다.[65] 스펜서는 이집트 문명의 더 위대한 시대와 더 발전된 단계가 되자, 이스라엘인들은 이집트 관습과 의식에 너무 동화되어 "두 민족 사이에서 단 하나라도 다른 삶의 방식을 찾기란 불가능하게 되었다"[66]라고 말하며 다음과 같은 어떤 랍비의 말을 인용한다. "이스라엘 사람들은 사막 어느 곳에 정착하든지 간에 우상을 만들기 시작했다."[67] 그 우상들이란 바로 이집트 우상들이었다. 이것을 가장 잘 보여 주는 증거는 황금 송아지인데, 필론, 락탄티우스, 히에로니무스 같은 고대 학자들과 『히에로솔리미탄의 타르굼』(*Targum Hierosolymitanis*)은 이를 아피스 수소와 동일시하였다.[68] 이스라엘 사람들은 그들이 아는 신에게 기도했지 모세가 말한 '알려지지 않은 신'을 섬기

---

[64] Pierre-Daniel Huet, *Demonstratio Evangelica*, Paris, 1679; Schmidt, "Des inepties tolérables", p.127, 129; Alphonse Dupront, *Pierre-Daniel Huet et l'exegèse comparatiste au xviie siècle*, Paris, 1930을 보라.
[65] '동화된 유대인들'로서의 이집트의 이스라엘인들에 대한 매우 유사한 서술로는 Abraham S. Yahuda, *Die Sprache des Pentateuch in ihren Beziehungen zum Ägyptischen*, Berlin: Walter de Gruyter, 1929가 있다. 이 책은 프로이트가 자신의 모세에 관한 책에서 인용한 몇 안 되는 책이다. Sigmund Freud, *Der Mann Moses und die monotheistische Religion*, *Gesammelte Werke*, vol.16, ed. Anna Freud, 1939; Frankfurt: Fischer, 1968, p.51, n.30.
[66] Eusebius, *Praeparatio evangelica*, book 7, chap.8.
[67] Rabbi Juda, *In Pirq. Eliez.*, chap.7, p.47.
[68] 스펜서가 인용하고 추가한 자료들 중 근대의 것들은 다음과 같다. Samuel Bochart, *De Animalibus Sacris*(= *Hierozoicon*), London, 1663; Athanasius Kircher, *Oedipus Aegyptiacus*, 3 vols., Rome, 1652~1654; John Selden, *De Dis Syris Syntagmata II. Adversaria Nempe de Numinibus Commentijs in Veteri Instrumento Memoratis. Accedunt Fere Quae Sunt Reliqua Syrorum. Prisca Porro Arabum, Aegyptiorum, Persarum, Afrorum, Europaeorum Item Theologia, Subinde Illustratur*, London, 1617.

지 않았던 것이다.

에우세비우스는 모세율법을 "돌보는 여자와 다스리는 여자"(curatrix quaedam et gubernatrix)라 불렀다. 스펜서는 마찬가지로 자신의 은유를 의학과 교육 분야에서 따왔다. 이 두 가지 은유 모두 모세율법의 역사적 특징이나 역사성을 강조하는 진보의 이미지를 묘사한다. 모세율법은 의학의 발전과 교육의 발전에 비교될 만한 진보에 부합했다. 그의 책 『히브리 제의에 관하여』 1권에서 이집트는 하나의 역사적 맥락으로서, 진보적 과정의 한 시대 및 한 단계로서 기술된다. 하지만 초월되어야 할 단계 같은 다소 부정적인 관점으로 기술된다. 그리고 모세율법은 이집트화된 사람들에게 부드럽게 탈이집트화 과정을 개시할 목적으로 도입된다. 1권의 핵심용어는 "역사적 적용"이다. 신이 준 법이라도 역사적 상황은 용인해야 했다. 이 책은 그 율법이 왜 그토록 많은 이방인들을, 특히 이집트적 요소들을 받아들이고 '번역해야' 했는지를 설명한다.

비록 스펜서가 직접 사용한 용어는 아니지만 2권의 핵심개념은 규범 전도이다. 규범전도는 역사적 맥락화의 다른 형식, 즉 체계와 환경 간의 관계를 나타내는 다른 형식이다. 수용과 번역 대신 우리는 그 반대를 접한다. 여기서 역사적 맥락은 좀더 부정적인 관점에서 반대해야 할, 교체해야 할, 그리고 망각해야 할 반-문화로 보인다. 스펜서는 이 개념을 마이모니데스에게서 차용하여 이집트가 아닌 사비아 공동체, 즉 'ummat Ṣa'aba에 대한 반-문화를 이름 짓는 데 사용한다.

이집트가 비로소 좀더 우호적 관점으로 등장하는 것은 훨씬 방대한 3권에 이르러서다. 3권의 핵심 용어는 "번역"이다. 이 용어는 이방인들의 관습에서 모세율법으로 번역된 의식을 좀더 총체적 방식으로 다루고 있는 (qua generaliùs agitur de Ritibus è Gentium moribus in Legem translatis)

그의 '박사학위 논문'에서 처음 등장한다. 번역이란 긍정적 형태의 적용이다. 그것은 찬탈해 결국 극복하기 위해서가 아니라 가치 있는 것으로 보존하기 위해 이집트로부터 받아들인 의식과 관습이다. 이런 맥락에서 모세의 이집트 교육은 전면에 부상한다. 모세는 스펜서가 이집트 제사장들이 그들의 지혜를 전수하기 위해 사용한 비밀암호라고 부른 신성문자를 확실히 알고 있었다. 스펜서가 인용한 책에는 알렉산드리아의 필론의 『모세의 생애』가 있는데, 그곳에서 모세가 이집트 스승들로부터 다른 과목들 중 "상징을 통한 철학"(tēn dia symbolōn philosophian)을 배웠다는 것을 알 수 있다.

신성문자 문서의 본질을 설명하기 위해 스펜서는 포르피리오스와 알렉산드리아의 클레멘스의 글을 인용한다. 몇몇 법들은 사물에 대한 상징적 가치를 지녔기 때문에 사실 신성문자일 수밖에 없다는 클레멘스의 뛰어난 생각을 받아들인다.[69] 스펜서는 『히브리 제의에 관하여』의 3권을 구성하는 여덟 개의 논문에서 대부분의 이집트인들에게 있었던 산 제물 바치기, 정화의식, 달 축제, 방주와 케루빔, 신전, 희생양, 우림과 둠밈(대제사장이 입은 가슴받이) 같은 어떤 관례들의 근원을 증명하려 한다.[70] 마지막에 언급한 논문은 그의 1670년 박사학위 논문을 근거로 한다.

이런 형태의 적용에 대한 스펜서의 공식은 하느님이 자신의 민족이 이집트에 머무는 동안 신성한 것을 숭배하도록 배웠던 숭배의식에 아무것도 부족함이 있도록 두진 않았다는 것이다(nec quicqauam cultui suo deesse

---

69) Spencer, *De Legibus*, vol.3, p.255. 여기에 Clement of Alexandria, *Stromata*, book 1에 대한 언급이 있다. 같은 의미로 플루타르코스는 피타고라스의 "걸상 위에서 먹지 말라", "종려나무의 새순들을 자르지 말라" 같은 금지들을 신성문자로 해석했다. 이것을 피타고라스는 이집트 제사장들의 "상징주의와 신비의 가르침"에서 베꼈다. Plutarch, *De Iside*; Dieckmann, *Hieroglyphics*, p.8을 보라.

quod in ceremoniis Aegypti deperire solebant et venerari).[71] 이런 원칙에 대한 더 일반적인 설명은 하느님이 자신의 종교가 보이지 않는 것을 원하지 않았다는 것이다. 가시적인 종교는 주로 스펜서가 관심을 보인 영역이다. 그는 신학이나 신화학이 아니라 종교에서 표현되고 실천되는 가시적이고 구체적인 표현형식에 관심을 두었다.[72]

스펜서는 가시적 차원의 종교가 다소 보편적이고, 이런 관점에서 고대 유대교는 그 자체의 믿음보다는 그 문화적 환경, 특히 고대 이집트에 훨씬 더 가까웠다고 주장하였다. 이런 원칙에 따라 가시성을 성취하기 위해 하느님은 심지어 이론적·신학적 차원에서 볼 때 엄격히 금지된 우상들을 자신의 민족들에게 용인했던 것이다. 약속의 방주와 케루빔은 이 같은 신적 현현의 시각화로 이해되어야 한다(presentiae divinae symbolum, cultus divini medium, rerum sacrarum repositorium).[73] 스펜서는 방주를 성스러운 궤(cista mystica)와 이집트의 관을 합쳐 놓은 것으로 해석한다.

---

70) 「출애굽기」 28장 30~35절을 보라.
    30 시비를 가리는 이 가슴받이 속에는 우림과 둠밈을 넣어 두어라. 아론이 야훼 앞에 들어갈 때 이것을 가슴에 붙이고 들어가게 하여라. 아론은 야훼 앞에서 이스라엘 백성의 시비를 가릴 때 언제나 이것을 가슴에 붙이고 있어야 한다.
    31 에봇에 딸린 도포는 자줏빛 옷감으로 하여라.
    32 그 한가운데 머리를 넣을 구멍을 뚫고, 그 구멍 가장자리를 돌아가며 갑옷의 깃을 박듯이 박아서 찢어지지 않게 하여라.
    33 또 너는 자줏빛 털실과 붉은 털실, 진홍 털실, 가는 모시실을 엮어 석류 모양으로 술을 만들어 도포자락에 돌아가며 달고 금방울을 만들어 석류 술 사이사이에 달아라.
    34 금방울 하나, 석류 하나, 또 금방울 하나, 석류 하나, 이렇게 도포자락에 돌아가며 달아라.
    35 아론이 예배 드릴 때 이 옷을 입게 하여라. 아론이 야훼 앞으로 성소에 들어갈 때나, 거기에서 물러나올 때 방울 소리가 나면 그는 죽지 아니하리라.
71) Spencer, *De Legibus*, vol.3, p.220.
72) 그가 윌리엄 로버트슨 스미스에 의해 선구자로 칭송받은 것은 엄밀하게 '가시적 종교'에 대한 이 강조 때문이다. Schmidt, "Inepties tolérables"를 보라.
73) Spencer, *De Legibus*, vol.3, p.223.

케루빔과 관련한 문제는 그들이 엄격한 이스라엘 종교의식의 성상금지를 거의 신경 쓰지 않고 위반했다는 것이다. 그들은 그저 '신성문자' 혹은 상징으로서만 용인되었다. 그것들이 이집트에서 유래했다는 것은 그 외형을 보면 분명하다. 에제키엘(에스겔)은 그들을 인간, 사자, 황소, 그리고 독수리의 얼굴을 가진 '동물' 혹은 '짐승'으로 묘사했다. 이런 모습으로 그들은 요한계시록에 다시 등장한다(「요한계시록」 4장 6~7절). 그러므로 이들은 이집트 신과 신성문자와 똑같은 방식의 다형식(multiformis) 혹은 혼합이다. (스펜서가 지적한 대로) 설령 이집트 도상학에 아주 똑같은 것이 없을지라도 그들은 너무나 이집트적이어서 이집트 신성문자와 똑같은 기능, 다시 말해 성스런 진리를 전달하거나 감추는 비밀문자의 기능을 한다.

스펜서를 읽을 때 우리는 쉽게 그가 이집트적 기원을 모든 곳에서, 그리고 모든 것에 대해서 찾으려 한다는 인상을 받게 된다. 하지만 그것은 사실이 아니다. 우림과 둠밈에 대한 그의 박사학위 논문이 그가 진정으로 중요한 학문적 가치가 있는 출처를 다룬다는 것을 보여 주고 있다. 그의 해석에 따르면 우림과 둠밈은 고위 제사장이 신의 계시를 받을 때와 같은 다양한 경우에 입는 두 가지 다른 가슴받이 혹은 가슴장식이다. 우림은 전쟁에 필요한 것들과 관련되어 있고, 둠밈은 사법권과 관련되어 있다. 스펜서는 아타나시우스 키르허가 공표한 대로 우림이 이집트에서 유래했다는 주장을 단호히 거부한다.

스펜서처럼 키르허는 우림과 테라핌을 동일시한다. 하지만 키르허는 나아가 테라핌과 세라핌을 동일시하고, 세라핌은 세라피스에서 유래했다고 봤다. 스펜서는 이런 종류의 어원론을 비웃었다. 고대 이집트 의식과 제도가 훨씬 우월하다는 스펜서의 주장에도 불구하고 스펜서는 세라피스가 이집트 만신전에 처음 등장했고, 프톨레마이오스 3세 때에서야 비로소 숭배되었다는 것을 잘 알고 있었다. 스펜서가 이렇게 주장하는 것은 상당히 고무적이다. 왜냐하면 그렇게 함으로써 독자가 나름대로 해석해 볼 수 있기 때문이다.

우림은 이집트와는 아무런 관계도 없지만 둠밈은 이집트에서 온 것이다. 둠밈은 어원론적으로 히브리어다. 그것은 '완벽하다'라는 뜻을 가진 tam이란 말에서 생겨났고 완벽함, 고결함, 전체성과 같은 것을 의미한다. 하지만 70인역 성서에서 그것은 주로 '완전성'(teleia)이 아닌 '진리'(aletheia)로 바뀌었다. 이 이상한 번역에 대한 스펜서의 설명은 아주 설득력이 있다. 이집트에서 최고의 판사는 가슴장식에 진리(aletheia)의 형상을 새겨 입었고, 둠밈은 단지 이런 이집트 관습의 유대교적 변용이라는 걸 번역가들이 잘 알았다는 것이다. 이런 주장을 위해 스펜서는 이와 관련된 믿을 만한 자료로 아엘리안과 디오도루스를 인용한다.[74] 최고 판사의 역을 했던 베지르는 정말로 가슴에 진리의 여신인 마아트의 문양을 입었다. 그래서 스펜서는 이것을 진정한 이집트 관습이라고 말한 것이다.[75]

스펜서의 책은 두 가지 측면에서 획기적인 것으로 증명되었다. 첫째, 그가 모든 것에서 역사적 기원을 조사했다는 것은 정통파들이 계시라는 개념에

---

74) Claudius Aelianus, *Varia Historia*, 1.14, cap.34. 그리고 Hopfner, *Fontes*, vol.3, p.429; Diodorus, *Bibliotheca Historia*, 1.75.5; Hopfner, *Fontes*, vol.1, p.123을 보라. Spencer, *De Legibus*, vol.3, p.388f. 같은 책 p.389에서 스펜서는 흐로티위스와 J.셰퍼를 인용한다. 이들은 둠밈의 기능과 의미, 그리고 아엘리아누스와 디오도루스가 말한 이집트 전통 사이의 일치를 확인했다. 그러나 그들은 종속과 파생의 방향을 역으로 재구성해서 이집트가 히브리로부터 이 관습을 차용한 것이라고 말한다.
75) Reinhold, *Die Hebräischen Mysterien*. 스펜서의 박사학위 논문 해석에 대해서는 pp.175~180을 보라.

만 매달려 있었기 때문에 주목할 만한 것이다. 그는 각각의 특정한 법과 제도에 대한 이유를 질문하는 데 있어 마이모니데스를 따랐지만, 이성이나 설명의 개념을 대단히 역사적으로 이해했다는 점에서 마이모니데스와는 다르다. 스펜서에게 무언가를 설명한다는 것은 그 근원을 찾아내는 것을 뜻했다. 이런 면에서 스펜서는 역사주의와 비교종교학의 선구적 실천가였다. 둘째, 그의 책은 이집트를 대부분의 모세율법 제도들의 출처로 보았다는 점에서 획기적이었다. 그는 거의 모든 것을 이집트까지 거슬러 올라가 추적하는데, 확실히 정도가 지나친 면이 있긴 했지만 그렇게 함으로써 그 당시 이집트 종교와 문명에 관해 얻을 수 있는 거의 모든 정보를 수집했다. 그 출처에 대한 스펜서 이론의 핵심은 그것이 역사적 진실에 부합하느냐 아니냐이기보다 얼마나 많은 고대 이집트 문화를 그 이론들이 가시화하고 접근 가능하게 했느냐는 것이다. 스펜서가 거의 모든 것을 이집트에서 기원했다고 보는 성향은 그를 이집트광처럼 보이게 한다. 케루빔에 관해서 이집트보다는 아시리아와 훨씬 관련성 있어 보인다. 하지만 수수께끼 같은 '사비아교도들' 뒤에 숨어 있는 아시리아와 바빌로니아는 스펜서 시대에는 실종되고 잊혀진 문명이었던 반면, 이집트는 고전 저자들이 두드러지게 주목한 덕택에 어느 정도는 유럽의 문화 속에 보존되어 있었다. 그러므로 이집트는 스펜서가 그러한 기원을 찾을 때 참조할 수 있었던 거의 유일한 문명이었다.

    모세율법에 대한 스펜서의 역사적 설명은 마르실리오 피치노와 더불어 15세기 말에 시작된 신비학 전통에서 처음 발생한 이후 이집트를 두번째 재발견하게 한다. 스펜서의 책은 고대 이집트에 대한 새롭고 다른 창을 열어 보인다. 이집트를 신비학적 관점으로 보는 것은 이집트를 대단히 이집트애적으로 보는 것인 반면에, 스펜서는 이집트를 대단히 이집트 공포(Egyptophobia)적으로 보고 있다. 이는 이집트에 대한 모든 것에 아주 열렬한 관심을 보이고, 성서든 고전이든 기독교든 랍비든, 이집트에 대해서 얻을 수 있는 것이라면 출처를 가리지 않고 어떤 정보든지 얻기 위해 아주 애쓴 사람인 스펜서에게는 역설처럼 보일 수 있다. 하지만 스펜서는 자신의 의견을 대단히 명시적으로 보여 주었고, 이집트 종교에 관해서 다룰 때는 아주 강력한 언어를 사용했다. 그것은 출애굽에 관한 성서 외적인 전통을 우리가 들을 때처럼 질병과 오염이라는 단어였다. 스펜서의 텍스트는 예들로 가득하지만 나는 그 중 몇 가지만 들어 보겠다. 그것은 이집트 종교가 '이집트 미신의 오물'(faeces superstitionis Aegyptiacae), '우상광적 역병'(idolomaniae pestis), '이집트의 불경한 전염병'(impietatis Aegyptiacae lues), '이집트 역병'(pestis Aegyptiaca) 등으로 불리는 대목이다. 게다가 스펜서는 이집트에 잠시 머문 아브라함이 과연 그 '오물'(faeces)을 마시길 바랄 수 있었는지, 다시 말해 이집트적인 불경함이라는 이 "역병"(lues)에 영향을 받지 않고 순수하게 남아 있기보다 이 질병을 "아버지에 대한 믿음이 군건한 자들에게 구원을 가져다주는 집"(salutifera patris fidelium domus)으로 가져오길 바랄 수 있었는지 질문한다. 유대인들이 지금 우리가 '우상'(idolitis)이라 부르길 바라는 그 이집트적 역병에 '감염되고', '오염된' 것은 400년간이나 지속된 더 나중의 이집트 체재 동안이었다.[76]

똑같은 상황, 다시 말해 이집트와 이스라엘 간의 마찰 상황에서 질병이란 말이 다시 사용되는 것은 대단히 흥미로운 일이다. 문둥병, 역병, 혹은 옴

---

[76] 약 80년 후에 무신론자 홀바흐 남작 폴 앙리 티리가 Paul Henri Thiry, *La contagion sacrée, ou, Histoire naturelle de la superstition*, Amsterdam, 1768; Paris, 1797에서 일반적인 종교의 성격을 규정하며 같은 언어를 사용하려고 했다. Frank E. Manuel, "A Psychopathology of Enthusiasm", *The Eighteenth Century Confronts the Gods*, Cambridge, Mass.: Harvard University Press, 1959, chap.2, sect.3, pp.70~81을 보라.

(scabies) 같은 전염되고 기형을 일으키는 질병에 대한 이야기는 모세와 출애굽에 관한 전체 전통의 아주 중심적 테마여서, 유대인들의 규범적 텍스트와 이집트인들에 대한 인기 있는 전설에서뿐만 아니라 존 스펜서의 학문적 담론에서도 눈에 띄는 자리를 차지한다. 질병이라는 것은 종교적 타자에 대해 특권적으로 사용하는 은유인 것 같다. 이집트적 관점에서 볼 때, 유일신교적 우상숭배는 병으로 보이는 반면, 유대교와 기독교적 관점에서는 우상숭배가 질병이다.[77] 에우세비우스는 모세율법에 대해 "어떤 돌보는 여인과 다스리는 여인, 혹은 또한 의약과 비슷한 무엇으로 이집트의 무거운 병에 걸려 신음하는 유대인 전체에게 전해졌다"(curatrix quaedam et gubernatrix; aut etiam, instar medici, cuiusdam, universae Iudaeorum nationi, gravi Aegyptioque morbo laboranti, tradita est)라고 말한다. 독일계 유대인 시인 하인리히 하이네가 이 역병을 두고 "나일강 계곡을 따라 온 탄원, 즉 건강하지 못한 고대 이집트 신앙"이라고 말했고, 지그문트 프로이트가 이것을 모세에 대한 자신의 책에서 인용한 것을 주목하라.[78]

스펜서는 계속해서 이 논쟁적 종교 병리학을 거론하는데, 거기서 주된 차이는 세세한 형식에서의 참과 거짓의 대결이 아니라 건강함과 질병의 대결이다. 우상숭배는 끊임없이 역병(pestis)이라 불린다. 마이모니데스와 스펜서 둘 다 즐겨 사용하는 은유는 중독이다. 모세율법은 이스라엘 백성들에게 우상 퇴출 기획으로 사용되었고[79]——"그것은 우상숭배의 역병에 신

---

[77] 이런 식으로 '이방'종교를 재현하는 초기 유대 문헌에 대해서는 외경에 있는 솔로몬의 잠언을 보라. 최초의 중요한 기독교 문헌은 Tertullian, *De Idololatria*이다. 그리고 Barasch, *Icon*, pp.110~123을 보라.

[78] Yosef Hayim Yerushalmi, *Freud's Moses: Judaism Terminable and Interminable*, New Haven: Yale University Press, 1991, p.31f.

음하는 자신의 이스라엘 족속들에게 치료제를 제공하기 위함이었다"(ut Israelitis suis idololatriae pestae correptis medelam adhiberet)——마음에서 이교도주의[80]를 없애기 위해 사람들에게 처방되었다. 질병과 중독의 차이는 '내면적인 사람'의 강조와 심리적·정신적 능력의 강조에 있다. 중독으로 보이는 우상숭배는 내적 의지의 자유, 명상, 선택, 결정을 위협한다. 이런 면에서 중독이라는 은유는 성서의 선지자들, 특히 호세아에 의해 사용된 음란의 은유와 같은 방향을 가리킨다.[81] 음란은 잘못된 욕망이고 중독처럼 일종의 인지적 탈선이라기보다 감정적 충동에 관한 것이다. 질병, 중독, 음란은 금지된 것에 대한 접촉, 그리고 그 치명적 결과에 대한 은유다. '음란'은 다른 파트너와 접촉함으로써 모계적 충실성의 한계를 벗어나는 것이고, 질병은 오염된 사람과의 접촉을 통한 감염의 상태를 뜻하며, 중독은 습관과 필수품이 되어 버린 오염된 접촉을 말한다.

신성문자에서 율법으로: 법의 보호 아래(Sub Cortice Legis)

하지만 질병과 전염병에 대한 아주 강한 이집트 혐오적 이미지에도 불구하고 스펜서의 글 속에는 좀더 긍정적인 이집트에 대한 이해가 숨겨져 있다. 이것은 바로 그가 믿기에, 모세가 이집트에서 배워 법전에 변형시켜 숨겨 놓은 진리의 전승에 대한 비밀의 개념이다. 스펜서는 신성문자에 대한 호라

---

79) 퇴출 기획의 개념은 크리스토퍼 카스트로(Christopher Castro)의 글에서 더 분명히 표현된다. 그는 이것을 "이유(離乳)하다"(ablactare)로 표현한다. Reinhold, *Hebräische Mysterien*, p.175의 각주를 보라.
80) 스펜서의 용어로는 "민족 분리주의"(ethnocismus) 또는 두번째 책에서는 "자비이주의"다.
81) Moshe Halbertal and Avishai Margalit, *Idolatry*, Cambridge, Mass.: Harvard University Press, 1982, pp.9~36을 보라.

폴론의 두 권의 책[82]과 특히 아타나시우스 키르허의 '판독'[83]에 바탕을 두고 있는 신성문자에 대한 기존의 이론에 동의하였다. 이 이론에 따르면 신성문자는 개념을 지칭하는 성상적 상징이다. 이 상징은 오로지 일반 사람들에게 비밀로 지켜지는 '신비로운' 개념들을 전달할 때와 같은 종교적 목적으로만 사용되었다. 스펜서는 신이 모세를 통해 그의 백성들에게 준 아주 많은 율법과 의식, 제도들이 신성문자적 성격을 지녔다고 주장한다.

여기서 율법은 베일(velum), 덮개(involucrum) 또는 그릇(cortex)으로 나타나는데, 이것들은 진리를 감추면서 진리를 매개한다. 이 율법, 의식, 또는 제도의 '신성문자적' 기능은 스펜서의 체계 내에서 그 율법에 대한 '부차적' 이유를 구성한다. 스펜서는 그의 책 서두에서 일차적·이차적 원인 혹은 이유를 구별한다. 일차적 이유는 우상숭배를 극복하는 그 율법의 치유적·교육적 기능이고, 이차적 이유는 "어떤 신비로운 것"의 "암시" (adumbration)다.[84] 스펜서의 이 구별은 마이모니데스를 따르고 있는데, 마이모니데스의 이중표현(verba duplicata) 개념은 축자적 의미(sensus literalis)와 신비적 의미(sensus mysticus) 사이를 구별하는 것이었다.[85]

---

82) George Boas, *The Hieroglyphics of Horapollo*, Bollingen Series 23, New York: Pantheon Books, 1950; Iversen, *The Myth of Egypt*, pp.47~49.
83) 아타나시우스 키르허에 대해서는 Iversen, *Myth*, pp.92~100을 참조하라.
84) "일차적 이유는, 그 법은 중심에 자리한 규율인데 하느님이 우상을 제거하고 이스라엘 족속들이 그 자신의 신앙과 예배를 유지하도록 사용하고자 함이었다. 이차적 이유는, 그들이 저 법의 경배와 어떤 신비를 감싸며 희미하게 드러내는 어떤 제의를 섬기도록 하기 위함이었다" (Primaria erat, ut Lex ea medium esset Ordinarium, quo Deus, ad idololatriam abolendam, & Israelitas in Ipsius fide cultuque retinendos, uteretur; Secundaria erat, ut Legis illius ritus & instituta mysteriis quibusdam adumbrandis inservirent). Spencer, *De Legibus*, vol.1, p.153.
85) Spencer, *De Legibus*, vol.1, p.154f.에는 마이모니데스와 바빌로니아의 탈무드에 대한 언급이 있다. *Tractate Berakhot*, chap.5.

율법의 '신비적' 또는 '내적 의미'란 무엇인가? 이 질문과 관련하여 유대교와 기독교는 상당한 견해 차이를 보인다. 유대교 전통에서 율법의 신비적 의미란 '천상의 진리'와 관련되며, 이는 의심할 바 없이 믿는 자가 그것을 통해서만 신의 권좌에 이를 수 있는 하늘궁전(celestial palaces)의 신비적 표상이다. 기독교 전통에서 율법의 신비적 의미는 예수가 오리라는 사전 암시다. 하지만 스펜서는 매우 신중하고도 분명히 알레고리적 해석의 한계를 인정하지 않는 민족 알레고리(allegorizantium natio)와는 거리를 둔다.[86] 스펜서는 알레고리적 또는 신비적 해석의 통용 범위를 특정한 의식(儀式)과 제도에만 국한시키고, 특히 '복음적' 신비 이상의 것을 고려한다. 율법의 숨겨진 의미가 그에게는 ① 천상의 이미지(imagines rerum coelestium), ② 어떤 철학적 비밀들(arcana quaedam philosophica), ③ 복음적 신비의 모상(mysteriorum evangelicorum simulacra), ④ 도덕적 비밀들(arcana quaedam ethica), 또는 ⑤ 모세 의식의 베일에 숨겨져 있을지도 모르는 역사적 비밀들(mysteria quaedam historica in rituum Mosaicorum involucris occultata) 속에 있을 수 있다. 유월절 제례와 같은 의식들은 출애굽을 회상하는 기억을 위한 제도들이다. 플루타르코스가 이집트인들에 대해 말한 것으로 히브리 사람들에 대해 말하면서 스펜서는 이 부분을 끝맺는다. "그들의 신성한 제례는 이성에 위배되는 어떤 것으로도, 허구적인 이야기로도, 미신의 냄새가 나는 어떤 것으로도 이루어져 있지 않고, 그 제례의

---

86) 알레고리에 대한 스펜서의 혐오는 17세기 후반에 전형적이었던 "탈알레고리화를 위한 보편적 운동과, 이전의 세대가 초자연적인 의미를 찾았던 정상적인 것을 위한 이해하기 위한 보편적 운동"과 일치한다. 특히 1697년에 출판된 피에르 벨(Pierre Bayle)의 『역사와 비평 사전』(Dictionnaire historique et critique)이 그렇다. Manuel, *The Eighteenth Century Confronts the Gods*, pp.24~33을 보라. 인용은 p.26에서 나온 것이다.

깊숙한 곳에 어떤 윤리적으로 유용한 교리나 철학적이고 역사적인 통찰을 담고 있다."[87]

율법은 두 가지 기능을 수행해야 하므로 두 가지 의미를 갖고 있어야만 한다. 그 일차적 또는 "육(肉)적인"(carnal, 그리스어는 sarkikos) 기능은 우상숭배에 중독된 사람들을 치유하고 교육하는 것이다. 두번째 혹은 "영적인"(pneumatikos) 기능은 드높은 차원의 진리를 이해할 수 있는 사람들에게 전달하는 것이다. 에우세비우스는 이와 똑같은 구별을 했다. "모세는 유대 백성들에게 율법의 자구 속에 있는 모든 제례들을 지키라고 명령했다. 그러나 모세는 겉치레로부터 자유로워짐으로써 영과 덕이 높은 다른 사람들이 일반 사람들보다 더 신적이고 뛰어난 철학에 익숙해지고, 영의 눈으로 더 높은 율법의 의미를 꿰뚫어 보기를 바랐다."[88]

모세는 그의 이집트 스승들로부터 전해진 이 이중 암호화의 원리를 배웠다. 이것이 바로 하느님이 모세를 첫 선지자로 채택한 이유다. 이 사람은 바로 "이집트의 신성문자 문헌으로 양육된 사람이다". "하느님은 모세가 더 숭고한 것들에 대한 신비로운 의미를 기록하길 바랐다. 모세가 교육받은 신성문자 문헌은 이 목적을 수행하기에 상당히 편리한 것이었다."[89] 스

---

87) Plutarch, *De Iside et Osiride*, 8.353e.
88) "Judaeorum plebem quidem, ritibus omnibus quomodo Legum ipsarum verbis concepti erant, Moses obstrictam, teneri iussit. Caeteros autem, quorum mens esset virtusque firmior, cùm eo cortice liberatos esse, tum ad diviniorem aliquam et hominum vulgo superiorem Philosophiam assuescere, & in altiorem Legum earum sensum mentis oculo penetrare, voluit." Eusebius, *Praeparatio Evangelica*, book 7, chap.10, p.m.378. Spencer, *De Legibus*, vol.1, p.156.
89) "Deum voluisse ut Moses mystica rerum sublimiorum simulacra scriberet, eo quod huiusmodi scribendi ratio, literaturae, qua Moses institutus erat, hieroglyphicae non parum conveniret." Spencer, *De Legibus*, vol.1, p.157.

펜서는 계속해서 다음과 같이 말한다. 아마도 하느님은 어떠한 신성한 진리를 상징과 유형이라는 베일 속에 가린 채 율법으로 전달했을 것이다. 그것은 이교도의, 특히 이집트의 현자들이 실천한 것과 매우 흡사했을 것이다. 스펜서는 자신의 주장을 명확히 하기 위하여 호라폴론이 쓴 "고대인들"(Veteres)과 "신성문자에 대한 모든 책"을 언급했다. 그의 주장은 "신비로운, 말하자면 불명료한 방식으로" 좀더 숭고한 성격의 모든 사물을 지시하는 방법이 이집트인들에게 일반적인 관행이었다는 점이다. 그는 바로 그 '철학화의 이런 신비적 양식'이 페르시아 사람들로부터 온 것이라고 주장하는 오리게네스를 따르며,[90] 모든 신학자들[pantes theologēsantes], 이방인들, 그리스인들은 현실원칙들을 숨겼고[tas men archas tōn pragmatōn apekrupsanto], 오직 진리란 수수께끼, 상징, 알레고리, 은유, 그리고 그와 비슷한 문채(文彩), 도상으로 매개된다[tēn de alētheian ainigmasi, kai symbolois, allēgoriais te, au kai metaphorais, kai toioutoisi tisi tropois paradedōkasin]고 말한 알렉산드리아의 클레멘스를 따른다.[91] 나는 이 두 구절이 중심적인 역할을 하는 커드워스의 저작과 관련하여 그 두 구절을 다시 언급할 것이다.

　　스펜서는 하느님이 유대인들에게 그 시대의 기호(嗜好)와 관습에 그의 제도들이 적용되도록, 그렇게 하여 그의 율법과 숭배에 지혜의 이름으로 전승한 어떤 것이 부족하지 않도록 외적으로는 육적이지만 내면적으로는 신적이고 경이로운 종교를 주었다고 가정하는 것이 적절하다고 본다.[92] 이와

---

90) Origen, *Contra Celsum*, book 1, p.11 = *PG*, vol.11, pp.677~678.
91) Clement of Alexandria, *Stromata*, book 5, p.m.556, chap.4, 21.4.
92) "외면적으로 육적이지만 내적으로 경이롭고 놀라운 신성한 하느님이 유대인들에게 전승되었다고 보는 견해는 타당하다. 시대의 기호와 관습에 맞게 그 자신만의 제도들을 적용하고, 지혜

같은 맥락에서 스펜서는 라인홀트와 실러가 이집트를 해석하는 데 있어 초석이 되어 주었던 알렉산드리아의 클레멘스가 말한 다음의 몇 구절을 인용한다. "이집트인들은 진리라는 가장 깊숙한 성소에 보관된 정말 신성한 하느님의 말씀을 아디타(adyta)라 불러 나타내 보였고, 유대인들은 그것을 신전 속의 장막으로 나타냈다. 그래서 은닉에 관한 한 유대인들과 이집트인들의 비밀은 서로 아주 유사했다."[93] 이와 같은 문장들은 이집트와 이스라엘을 완전히 다르게 이해하는 새로운 길을 마련했다. 스펜서는 그 길에서 성공하지는 못했지만 18세기 동안 이런 새로운 생각들은 더욱더 중요해졌고 결국에는 새롭고 긍정적인 이집트 이미지를 구축하게 만든다. 그리고 이집트 종교는 모세의 유일신교와 똑같은 진리의 원천으로 인정되었다. 이집트가 신성문자라는 장막 속에 비밀을 유지했다면, 모세는 율법이라는——마찬가지로 베일 속에 있는——형식으로 보급했다.

헨 카이 판: 랠프 커드워스가 말하는 이집트의 불가해한 신학

모세의 이집트적 배경에 대한 스펜서의 연구는 주로 제례를 중심으로 이루어졌다. 그의 "번역"이라는 개념은 모세율법을 이집트 제례의 변형으로 해석하려는 데 있다. 하지만 그가 모세의 신학적 교육에 대한 의문점을 고려하지 않은 것은 이상한 일이다. 스펜서는 신성한 모세라는 개념이 이집트

의 이름으로 위임된 어떤 것들도 법이나 혹은 제의에서 부족하지 않도록 여기게 하였다" (aequum est opinari, Deum religionem, carnalem quidem in frontispicio, sed divinam et mirandam in penetrali, Judaeis tradidisse, ut instituta sua ad seculi gustum et usum accommodaret, nec quicquam sapientiae nomine commendatum, Legi vel cultui suo deesse videretur). Spencer, *De Legibus*, vol.1, p.157.

스승들로부터 교육받은 것일지도 모른다는 의문에는 관심이 없었던 것 같다. 스펜서는 1678년 랠프 커드워스가 『우주의 진정한 지적 체계』에서 아주 포괄적이고 인상적으로 이에 관한 주제를 다루었기 때문에 이 주제를 생략할 수 있었을 것이다.[94] 17세기 당시 케임브리지의 선도적인 히브리학자였고 대단히 다작을 하는 박학한 학자의 전형이었던 스펜서와 커드워스가 서로 잘 알고 있었으리라는 것은 쉽게 추측할 수 있다. 스펜서가 이집트의 '가시적 종교'를 재구성하고, 커드워스가 이집트의 '불가해한 신학'을 재구성한 것은 분업의 형식으로 서로를 보완한 것이었다. 유일한 차이가 있다면 스펜서와 달리 커드워스는 모세의 이집트 교육에 대한 탐구의 형식으로 그를 재구성한 것은 아니라는 사실이다.[95] 커드워스는 모세구별, 다시 말해 이집트 우상숭배와 이스라엘 유일신교 간의 적대관계를 보이는 성서적 형식으로서가 아니라 신과 세상 간의 구별로 전락하는 추상적이고 철학적인 형식으로서 종교 안의 참과 거짓 간 구별에 관심을 둔다. 커드워스는 이신론의 선두주자들 중 하나인 케임브리지의 플라톤학파에 속해 있었다. 그에게 신은 철학자들이 말하는 신이었고, 그에게 적은 우상숭배가 아닌 무신론이

---

93) "In adyto veritatis repositum sermonem revera sacrum Aegyptii quidam per ea, quae apud ipsos vocantur adyta, Hebraei autem per velum significarunt." 스펜서는 Clement of Alexandria, *Stromata,* book 5, chap.3, 19.3과 chap.6, 41.2에서 나온 두 상이한 구절들을 연결한다. Clemens Alexandrinus, *Stromata Buch 1-IV,* ed. Otto Stählin, 4th ed., Berlin: Akademie Verlag, 1985, p.338, 354를 보라. Reinhold, *Hebräische Mysterien,* p.83은 명백히 스펜서의 『히브리 제의에 관하여』와 똑같은 문장들을 인용한다.
94) Ralph Cudworth, *The True Intellectual System of the Universe: The First Part, Wherein All the Reason and Philosophy of Atheism Is Confuted and Its Impossibility Demonstrated,* 1st ed., London, 1678; 2nd ed., London, 1743.
95) 커드워스는 로버트 플러드(Robert Fludd)가 *Philosophia Mosaica*에서 모세철학을 야콥 뵈메(Jacob Boehme)의 신비주의적 범신론과 동일시하는 것을 "대단히 광신적"이라고 단호히 거부했다. 하지만 그럼에도 그는 "모세가 수학에서처럼 이집트인들의 신성문자적 학문과 형이상학적 신학을 아주 잘 배웠다"라고 주장한다. Cudworth, *True Intellectual System,* p.317.

나 유물론이었다. 그러므로 그의 책은 유일신교의 역사에 대해서는 모세구별의 관련성을 공공연하게 제시하지 않았다. 그것은 커드워스의 이집트 신학에 대한 견해와 스펜서의 이집트 제례에 대한 견해가 좀더 포괄적인 관점에서 이집트 종교로 통합되는 수용의 과정 중에 좀더 분명해졌다.

커드워스가 『우주의 진정한 지적 체계』에서 골몰하고 있는 문제는 무신론의 문제다. 스피노자의 이름을 언급하지 않고도 누가 이 '반박'의 대상이었는지 잘 알 수 있다. 커드워스는 논쟁을 시작하려 애썼지만 이는 한 세기가 지나서야 겨우 시작되었다. 나는 적당한 때에 이 '범신론 논쟁'을 다룰 것이다. 하지만 여기서는 커드워스가 이집트의 불가해한 신학의 특징을 기술하기 위해 선택한 문구, 그리고 야코비와 멘델스존 간의 그 유명한 갈등을 야기했고, 독일과 영국의 전기 낭만주의에 아주 큰 영향을 미친 바로 그 문구를 언급해야 한다. 그건 다름 아닌 헨 카이 판(Hen kai pan), 즉 하나이자 전체라는 문구다.[96]

커드워스가 그리스와 라틴 저자들이 쓴 방대한 양의 글을 인용하면서 실증하고자 했던 개념은 무신론을 포함한 모든 종교와 철학에 공통적으로 내재하는 원시적 유일신교다. 모든 것에 통용되는 것은 진실이어야 하고 또 진실된 것은 모든 것에 통용된다는 것, 이것이 17세기 인식론의 기본 전제였고 또한 '자연'과 '자연종교'라는 개념에 내재되어 있었던 것이다. 단 하나의 최상의 존재에 대한 인식이 '우주의 진정한 지적 체계'를 구성하는 이유는 ─처버리의 허버트 경이 이미 1624년에 보여 준 것처럼─ "최고의 신이 있다"는 주장이 모든 종교에 가장 공통된 개념이기 때문이다.[97] 무신론

---

96) '범신론'의 개념과 범신론 전통에 대해서는 Thomas McFarland, *Coleridge and the Pantheist Tradition*, Oxford: Clarendon Press, 1969, 특히 pp.53~106을 보라.

조차도 그것이 부정하는 신은 다신교의 하나 혹은 모든 신들이 아니라 바로 이 최고의 신이기 때문에 이 공통된 개념에 일치한다.[98] 유신론자나 무신론자 모두에게 이 용어는 공통적으로 "영원한 것으로부터 저절로 생겨나 완벽하게 의식적으로 이해하는 존재(혹은 정신), 그리고 모든 다른 것들의 원인자"[99]로 정의된다.

그리고 커드워스는 계속해서 무신론뿐만 아니라 다신교까지도 이 최고의 신이란 개념을 공유한다는 것을 입증한다. 그가 이어서 공격하는 "엄청난 선입견과 반대"라는 것은 모든 원시, 고대 종교들이 다신교였고, 오직 "아주 적은 소수의 유대인들"만이 그 유일신이라는 개념을 만들었다는 것이다. "진정한 것은 자연적이어야 하고", "자연적인 것은 모든 것에 공통이어야 한다"라는 원칙을 따르면서 어떤 이들은 유일신의 이념이 "자연에서 어떤 근거"도 찾을 수 없으며 "그저 그 기원이 유대인들이나 기독교인들, 무

---

97) Edward, Lord Herbert of Cherbury, *De Veritate*, Paris, 1624.
98) 커드워스의 재치있고 생생한 수사학을 잘 보여 주는 긴 단락을 인용해 보자. "그러나 이러한 무신론자들이 언어로 무엇을 부정하든지 간에 그럼에도 불구하고 그들조차 언어, 신에 대한 대답의 생각이나 개념을 그들이 그 존재를 부정할 때 마음에 두고 있다. 왜냐하면 그렇지 않을 경우 그들은 무(nothing)의 존재를 부정해야만 한다. 하지만 그들이 유신론자들과 같은 신의 개념을 가지고 있다는 것은 전혀 부정할 수 없다. 왜냐하면 그들은 그들이 주장하는 존재 이외의 다른 존재를 부정할 수 없기 때문이다. 사람들이 한쪽은 확신을 하고 다른 한쪽은 부정을 하면서 서로 논쟁을 할 때의 모든 다른 논쟁들에서처럼 양쪽 당사자들은 자신들이 논쟁하는 대상에 대해 똑같은 개념을 마음속에 가져야 하는데, 그렇지 않으면 그들의 전체 논쟁은 일종의 바벨탑의 언어이자 혼돈이 될 뿐이기 때문이다. 그러므로 유신론자와 무신론자 간의 현재의 논쟁에서도 마찬가지이다. 만일 신이라는 이름으로 단 하나의 똑같은 것을 의미하지 않는다면 그들 간에는 어떠한 논쟁도 전혀 있을 수 없다. 그리고 만일 유신론자들이 주장하는 바로 그 똑같은 것의 존재를 부정하지 않는다면 무신론자들은 더 이상 무신론자가 아니다"(Cudworth, *True Intellectual System*, p.194). 그러한 형태의 주장은 예루살미에 의해 되풀이된 일화에 그려져 있는데, 그것은 불멸의 문장 "오직 하나의 신이 있는데, 우리는 그를 믿지 않는다"라는 문장에서 그 정점에 다다른다(Yerushalmi, *Freud's Moses*, p.55).
99) Cudworth, *True Intellectual System*, p.195.

슬림들에 국한된 아주 개인적인 환상이나 상상 또는 드러난 법칙이나 제도에서 생겨났기 때문에 아주 인위적인 것"으로 간주되어야만 한다고 결론지었다.[100] 이는 심지어 다신교조차도 단 하나의 최상의 신이라는 생각을 함축하고 있다는 것을 증명함으로써 '신에 대한 개념의 자연성'을 증명하기 위한 계획을 착수한다는 이런 가정을 반박하려는 것이다. 이 계획은 스펜서로 하여금 고대 이집트 종교와 그 '불가해한 신학'에 대한 새로운 평가를 하게 한다.

그는 '신'이라는 개념 안에서 다음과 같은 매우 유용한 구별에 대해 설명한다. 그 하나는 "만들어지지 않고 스스로 존재하는 신들"과 또 다른 하나는 "토착적이고 현세적인 신들"[101]이다. 그리고 만들어지지 않고 스스로 존재하는 신을 고집한 다수의 이교도는 아직까지 없다고 진술한다. 그들은 언제나 다른 여러 신들(gods)에서 유래한 오직 단 하나의 신(deity)만 믿었다. 스펜서는 먼저 그리스 다신교(헤시오도스에서부터 배교자 율리아누스에 이르기까지), 그 다음으로는 시빌의 신탁집(集), 조로아스터교, 칼데아교와 오르페우스교까지의 예를 들어 이를 아주 상세하게 설명한다. 그는 스스로 존재하는 두 가지 형태의, 하나는 선한 원칙의, 다른 하나는 사악한 원칙의 신을 인정하는 몇 가지 형태의 '이신교'(이원론)라 불릴 만한 것을 인정한다. 그 '이신교'들 중에 플루타르코스, 마르시온주의, 마니교는 중요하게 다루지만 플라톤이나, 아주 놀랍게도 조로아스터교는 중요하게 다루지 않는다(그 이유는 "이 페르시아의 동방박사들이 그들의 아리마니우스Arimanius를, 이집트인들이 티폰을 이해했던 것처럼 사악한 것의 인격화로서 또는 사탄

---

100) Cudworth, *True Intellectual System*, pp.208~209.
101) Ibid., p.209.

의 힘으로서 이해했기 때문이다").[102] 커드워스는 "오르픽 카발라"와 "위대한 비밀, 그 신이 전부다"라는 말로 이 부분을 끝맺는다.[103] 여기서 커드워스는 "대부분의 그리스 이교도들과 오르페우스가 보편적이고 모든 것을 파악하는 유일신이 곧 전부인 것을 인정한 것은 대단히 타당하다"[104]라고 결론짓는다. 하나이자 전체에 대한 이런 첫 소개와 함께 4장 18절, 50여 쪽으로 된 이집트학의 토대가 마련되었다.[105]

커드워스는 이집트를 지식의 고향으로 묘사한다. 그는 이집트의 학문을 역사와 철학, 신학으로 분류하였다. 이집트의 기록물들은 세계의 탄생에까지 거슬러 올라가고 "추정할 수 있는 것보다 훨씬 더 세계가 오래되었다고 결론지었다".[106] 이집트 사람들은 "그후에 아낙시만드로스, 데모크리토스, 에피쿠로스가 생각한 것처럼 세계의 기원을 신 없이 우연히 이루어지는" 진화로서 이해한 것이 아니라 창조로서 이해했다. 그 이유는 심플리키우스가 강하게 증명하듯 모세가 쓴 창조사가 "결국 이집트 우화일 뿐이기" 때문이다. 이집트의 철학은 순수와 혼합 수학(대수, 기하, 그리고 천문)과 영혼의 불멸성에 대한 가르침을 포괄하고 있다. 그들의 신학은 "세속적이고 전설적인 신학과 아포레토스 테올로기아(aporrhetos theologia), 즉 불가해하고 난해한 신학으로 나누어지는데, 후자는 일반 평민들에게는 감추어져 오직 왕과 제사장 그리고 그것을 볼 수 있는 사람들에게만 전달되었다."[107] 아래의 세 구절이 이집트의 '두 종류' 신학, 다시 말해 '이중 교리' 신

---

102) Ibid., p.223.
103) Ibid., sect.17, pp.294~308.
104) Ibid., p.308.
105) Ibid., pp.308~355.
106) Ibid., p.312.
107) Ibid., p.314.

학에 대한 대단히 중요한 재해석을 다루고 있으며, 이 이중 교리 신학은 18세기 이집트 종교에 대한 토론의 핵심을 이루었고, 토마스 만의 "비의적 유일신교" 개념을 비롯한 오늘날의 몇몇 이집트 이론에도 등장한다.[108] 이 구절들을 스펜서에 대해 설명할 때 짧게 언급했기 때문에 여기서는 커드워스의 번역으로 대신하고자 한다.

첫 구절은 다음과 같다. "오리게네스, 그의 이름은 이집트 이름인데 영웅으로 태어나서(Horo-genitus)라 번역될 수 있으며……켈수스가 자랑하는 경우를 들어 보면 그는 기독교적인 모든 것을 완전히 이해했다고 한다. (오리게네스가 말하길) 켈수스를 공정하게 말해 보자면 그는 내게 마치 이집트를 여행하는 어떤 사람 같아 보이는데, 그곳은 현명한 이집트인들이 자기네 나라의 배움에 따라 그들이 신성하다고 여기는 것들에 대해서 자주 철학적으로 설명하는 곳이며, 반면 바보 이집트인들은 뜻도 모르는 어떤 우화들을 들으면서 그것을 대단히 기뻐한다. 말하자면 켈수스는 그런 바보들하고만 대화를 나누었고, 불가해하고 난해한 신비에 대해서 어떤 제사장들에게도 배워 보지도 못했으면서 자신이 이집트 신학의 모든 것을 안다고 떠벌리고 있다. 이제 이집트인들 중 현명한 사람들과 바보들 간의 차이에 대해서 우리가 확인한 것이 (그가 말하길) 페르시아인들에게도 똑같이 적용될 수 있는데, 페르시아인들 사이에서도 종교 제례는 똑똑한 사람들이 치르고 천박한 평민들은 그 제례를 지켜볼 때도 겉으로 드러난 상징이나 의식 이외의 것은 보지를 못한다. 그리고 이는 시리아인들이나 인도인들, 그리고 다른 나라들에서도 마찬가지이며, 그들에게는 종교적 우화 이외에도 학문과

---

108) Thomas Mann, "Die Einheit des Menschengeistes", *Gesammelte Werke*, 16 vols., Frankfurt: Fischer, 1974, vol.10, pp.751~756, 특히 p.712.

교리가 있었다."[109]

다음의 두번째 구절은 알렉산드리아의 클레멘스가 쓴 것이다. "이집트인들은 그들의 종교적 신비를 아무에게나 밝히지 않았을 뿐만 아니라 신성한 지식을 속인(俗人)들에게는 전하지 않았다. 오직 왕위 계승자들이나 그와 같은 정도의 자격을 잘 갖추었다고 판단되는 제사장들에게 혈통이나 교육을 통해 전달하였다."[110]

불가해한 이집트 신학에 대한 세번째 증언은 플루타르코스가 쓴 이시스와 오시리스에 대한 논문의 유명한 두 구절이다. 하나는 스핑크스에 대한 것이다. "이집트인들 중에 군대 서열에 의해 뽑힌 어떠한 왕이라도 곧 제사장에게 불려 가서 불명료한 우화와 알레고리 뒤에 신비로운 진실을 감추고 있는 이 불가해한 신학을 교육받는다. 그래서 그 왕은 스핑크스를 그 신전 앞에 세워 그들의 신학에 어떤 난해하고 수수께끼 같은 지혜가 담겨 있음을 표시한다."[111] 다른 하나는 신비적 침묵의 상징인 하르포크라테스에 관한 것이다. "이집트인들의 하르포크라테스는 불완전하고 미숙한 신이 아니라 신들과 관련을 맺을 때 불완전하고 더듬거리고 분명하지 않은 인간들의 말을 해주는 자로 여겨야 하며, 또한 그들을 다스리고 교정을 해주는 자로 여

---

109) Origen, *Contra Celsum*, book 1, chap.12 = *PG*, vol.11, pp.611~678; Cudworth, *True Intellectual System*, pp.314~315.
110) Clement of Alexandria, *Stromata*, book 5, p.508, chap.7, 41.1. 이는 Cudworth, *True Intellectual System*, p.314에서 인용했다.
111) Plutarch, *De Iside et Osiride*, p.354, chap.8. 커드워스는 Clement of Alexandria, *Stromata*, book 1, chap.5를 추가한다. "그리하여 이집트인들은 그들의 신전 앞에 스핑크스를 세워 신에 대한 교리가 수수께끼 같고 모호하다고 선언한다. 하지만 또한 그런 이집트 스핑크스는 그 신이 사랑과 경외 모두를 받아야 함을 의미할지도 모른다. 다시 말해 그것이 성자들에게는 자비롭고 상서로운 신으로서 사랑받는 존재로, 불경한 자들에게는 아주 정의롭게 심판하는 신으로서 두려운 존재로 여겨짐으로써 인간과 사자 둘 다의 이미지를 가진다."

겨야 한다. 그래서 그가 손가락을 입에 대고 있는 형상이 침묵과 묵언에 대한 상징이다."[112]

이집트인들은 이렇게 알레고리와 신성문자라는 두 가지 수단을 통해 그들의 비밀을 대중에게는 감추면서 지식인들에게 전달했다. 커드워스는 이집트 신성문자가 "소리나 말에 대응하는 형상이 아니라 마음에 떠오르는 물체나 개념을 즉각 재현하는 형상"[113]이며 주로 "속인들은 알 수 없으면서 이집트 종교와 신학의 신비를 설명하도록" 사용되었다는 일반적 생각을 수용한다. 이것이 모세가 배운 "신성문자적 지식이고 형이상학적 신학"이었다. 커드워스는 이것이 "유일한 최상의 보편적인 신이자 전 세상의 창조자라는 교리"를 이루고 있다고 확신한다.[114] 그는 두 가지 다른 해석에 맞서 고대 이집트 신학에 대한 이런 해석을 옹호한다.

첫째 해석은 이집트인들이 무신론자이고 유물론자라는 주장이다. 이 견해는 「아네보에게 보내는 편지」에서 포르피리오스가 옹호했다. 그는 "이집트인들은 12궁도를 구성하는 행성들과 별들……, 그리고 강건한 왕자들 이외의 어떤 신도 알지 못했다"라고 말한다. 그리고 이는 "이집트인들의 불가해한 신학이 오직 별들과 행성들만 섬겼고 눈에 보이는 태양을 제외하고 어떤 무형의 원칙이나 조물주의 이성을 이 우주의 원인으로 인정하지 않았다.…… 보라 무엇이 이집트인들의 이 불가해한 신학을 구성하고 있는지, 그것은 오직 감각이 없는 물질이나 죽어서 활기 없는 육체만 신성시할 뿐이다"[115]라고 에우세비우스가 강조한 구절이기도 하다. 커드워스가 실수라

---

112) Cudworth, *True Intellectual System*, p.316. Plutarch, *De Iside*, chap.68을 참조하라.
113) Cudworth, *True Intellectual System*, p.316.
114) Ibid., p.317.
115) Ibid.

고 생각한 이집트 신학에 대한 이런 묘사들은 그의 '절대적 무신론'과 정확하게 일치하는 것이다. 이것들은 이미 이암블리코스(Iamblichus)가 반박한 것이므로 커드워스는 『신비에 관하여』의 긴 인용만 한정해서 주장을 편다.

커드워스의 해석에 대한 두번째 반박은 커드워스 스스로 제기한 것으로서, 이집트인들은 많은 신들이 스스로 존재하거나 만들어지지 않았다고 주장하는 다신주의자들이었는지 아닌지 하는 것이다. 이 질문으로 그는 '트리스메기스투스 문서들'로 방향을 바꾼다. 마치 마르실리오 피치노와 조르다노 브루노 시대 이후로 어떤 일도 발생하지 않은 것처럼 헤르메스 트리스메기스투스를 고대 신학(prisca theologia)의 구현으로 보는 아타나시우스 키르허와 몇몇 다른 사람들과는 달리 커드워스는 아주 양심적인 학자여서 이러한 텍스트들이 이집트의 불가해한 신학에 대해 가치가 없는 출처라고 폄하하기 전에 카소봉의 『헤르메스 전집』 연대 결정을 참작한다. 이사크 카소봉(1559~1614)은 『헤르메스 전집』이 후기 고대 때 만들어졌고, 그것은 아마도 기독교적 조작 문서였을지도 모른다는 타당한 의심을 넘어 입증했다.[116] 프랜시스 예이츠는 카소봉의 책이 발행되었던 1614년이 "르네상스와 현대를 구별하는 기준점"[117]으로 인식되어야 한다고 주장한다. 헤르메스 텍스트에 대한 연대 결정이 헤르메스주의 속에 자연신학을 세우려는 모든 시도의 근원을 소멸시켰다. 그러한 엄청난 혹평에 대항해 『헤르메스 전집』의 정당성을 유지하는 것이 쉬운 일은 아니었다. 하지만 커드워스는 전적으

---

[116] Isaac Casaubon, *De Rebus Sacris et Ecclesiasticis Exercitationes XVI. Ad Cardinalis Baronii Prolegomena in Annales*, London, 1614, p.70ff. 그리고 Yates, *Giordano Bruno*, pp.398~403; Anthony Grafton, "Protestant versus Prophet: Isaac Casaubon on Hermes Trismegistos", *Journal of the Warburg and Courtauld Institutes*, no.46, 1983, pp.78~93을 보라.

[117] Yates, *Giordano Bruno*, p.398.

로 탁월한 주장은 아니었지만 그럼에도 불구하고 빛나는 성공을 거두며 이 정당성을 유지해 냈다. 이것이 '분수령' 효과가 성공하지 못했고, 자연신학들이 계속해서 '헤르메스주의 안에서 성장할' 수 있었던 이유이다. 예이츠는 헤르메스 전통에 대한 내용을 조속히 종결하였다. 그 이유는 커드워스의 개입과 해석이 18세기에 계속해서 영향력을 행사했기 때문이다.

커드워스는 카소봉이 『헤르메스 전집』을 이루는 16개의 문서를 단 하나의 텍스트처럼 다룬 것에 대해 비판한다. 그렇게 함으로써 카소봉은 오직 하나의 텍스트에 적용할 만한 사실들을 그 전집 전체에 적용하는 실수를 범했다는 것이다.[118] 『헤르메스 전집』이 모두 기독교적 조작문서였다는 카소봉의 결론은 16개 중 오직 3개(첫번째 문서 '포이만드레스'와 네번째 문서 '크레이터', 여덟번째 문서 '산상 설교')의 문서에만 사실로 적용된다는 것이 커드워스의 견해다. 현대 언어학자들은 그렇지 않다고 하지만 커드워스는 이 문서들이 정말로 기독교적 조작문서라는 것은 사실이라고 말한다. 커드워스가 선호하는 '아스클레피오스'를 포함한 나머지 문서들은 참된 이집트 신학을 담고 있다. 이 문서들은 더 나중의 것일 수도 있지만 "이집트 이교도와 그 계승자들인 제사장이 여전히 건재할 때"[119]에 쓰였다. 설령 몇 가지가 기독교 조작문서라 할지라도 "그 문서들이 존재할 근거를 뒷받침하는 어떤

---

118) "그리하여 학자 카소봉은 올바른 인식과 결론에 이르지 못한 것으로 보인다. 그는 트리스메기스투스 책들 중 기껏해야 두세 권에서 왜곡을 간파하여 그 책들이 모두 다 단지 기독교적 속임수나 사기일 뿐이라고 말하게 된다. 그가 아마도 이 같은 실수를 한 것은 헤르메스 트리스메기스투스의 이름으로 피치노가 발표한 모든 것이 단지 여러 장으로 구성된 한 권의 책이자 같은 책 『포이만드레스』라는 통속적 잘못(그것은 이미 파트리치우스에 의해 반박되었다)을 그가 너무 안이하게 따라갔던 탓이며 오히려 그것들은 모두 너무 분명하고 독립된 책들이고 『포이만드레스』는 단지 처음에 위치했을 뿐이다." Cudworth, *True Intellectual System*, pp.320~321.
119) Ibid., p.320.

진실이 그 밑에 깔려 있었음에 틀림없다. 헤르메스 트리스메기스투스나 혹은 다른 이집트 제사장들은 그들의 불가해하고 참된 신학 속에서 적어도 이것, 하나의 최고의 보편적 신을 인정했다".[120]

하지만 커드워스는 『헤르메스 전집』만을 인용하여 자신의 논지를 펴지는 않았다. 그 문서들을 다루기 전에 그는 자신이 생각하기에 "이집트인들이 많은 신들 이외에도 모든 것을 포함하는 단 하나의 최고의 신을 인정했다는"[121] 것을 입증하기에 덜 의심이 갈 만한 증거들을 나열한다. 당시 이집트 종교에 관한 가장 훌륭한 자료로 여겨졌던 플루타르코스의 『이시스와 오시리스에 관하여』라는 글이 있는데, 여기서 이집트인들은 그들의 최고의 신을 "제일신"이라 불렀고, 그 신은 "이해하기 어렵고 감춰진 신성을 갖추었다"라고 여겼으며 (다양한 이유 때문에) 악어로 상징되었다고 반복하여 기술한다.[122] 호라폴론은 "전지전능한 우주의 지배자(pantokrator and kosmokrator)를 인정하는 이집트인들은 그 신을 뱀으로 상징하여 표현했다"라고 말한다. 에우세비우스는 "이 제일의 가장 신성한 존재는 매의 머리를 가진 뱀으로 상징되었다"라고 전한다.

커드워스는 나중에 다시 에우세비우스가 말한 구절로 돌아가 "하나의 지적인 창조주"를 "크네프"(Kneph)라 부르고, "세상을 구성하는 원리인 이성과 지혜는 찾기 쉽지 않고 오직 감춰지고 이해하기 어려울 뿐이다.…… 이것으로 크네프가 만들어졌고, 이집트인들이 파타, 그리스인들이 불칸이라 부르는 또 다른 신이 만들어졌다"[123]라는 구절을 인용한다. "크네프"는

---

120) Ibid., p.320.
121) Ibid., p.334.
122) Ibid., p.334f.
123) Eusebius, *Praeparatio Evangelica*, book 3, chap.11, p.115.

이집트의 신 이름인 Km-3t=f의 정확한 재현이며 "자신의 시대를 완성한" 아문의 태고 형식의 이름이다.

그러고 나서 커드워스는 자신의 이론을 뒷받침하기에 아주 풍부한 자료를 제공하는 "신성한 이암블리코스"로 돌아가 다마스키오스(Damaskios)에서 나온 매우 재미있는 인용문으로 결론짓는다. "우리 시대에 있었던 이집트 철학자들은 이집트 문서에서 발견한, 이집트 신학의 숨겨진 진리를 언명했다. 그들에 따르면 모든 것 중 단 하나의 원칙이 있는데 '볼 수 없는 미망'(Unknown Darkness)의 이름으로 몇 번이고 반복해서 칭송되는 것이다."[124] 세속적 종교와 신학에서는 이 최고의 숨겨진 신은 '함몬'(Hammon) 또는 '암몬'(Ammon)이라 불렸다. "마네톤 세베니토스는 아문(Amoun)이라는 단어를 숨겨진 어떤 것을 의미하는 것으로 이해했다"(그것은 대단히 옳은 견해다). 이암블리코스는 그 이름이 "데미우르고스의 정신이자 진리의 수호자라고 설명하고, 지혜와 더불어 여러 세대까지 전달되고 빛과 비밀과 숨겨진 이성의 보이지 않는 힘으로 설명하는데", 그 정의는 커드워스로 하여금 "이집트인들 중에서 함몬은 최고의 신성에 대한 이름일 뿐만 아니라 숨겨지고 보이지 않고 몸체가 없는 것이다"[125]란 결론을 내리게 한다.

숨겨진 신에 대한 생각은 사이스(Sais)의 베일에 가려진 성상(聖像)을 만드는 계기를 마련해 준다. 커드워스는 플루타르코스와 프로클로스(Proklos)의 유명한 설명이 이집트 신학에서 중심적인 역할을 했다고 보

---

124) Cudworth, *True Intellectual System*, p.337. 그리고 Damascius, *De Principiis*, Paris, 1991, vol.3, p.167을 참조하라.
125) Cudworth, *True Intellectual System*, p.339.

는 최초의 사람인 듯하다. 그는 사이스 신전에 있는 비문에 대한 플루타르코스의 해석을 "나는 있어 왔고, 있고, 있게 될 모든 것이고, 나의 페플럼(peplum) 혹은 베일을 어떤 인간도 벗겨 내지 못했다"라고 재해석하면서 "하나이자 모든 것"[126]을 말하는 것은 결국 일인칭 "나"이기 때문에 "모든 것"에 대한 개념을 혼이 없는 물질로서 해석할 수는 없다고 결론짓는다. 커드워스는 그 베일을 외부자와 내부자 사이, 즉 "어떤 외적인 것과 가시적인 것", 그리고 "어떤 숨겨진 것과 숭고한 것, 비가시적인 것과 인간으로서 파악 불가능한 것" 사이의 상징적 구별로 해석했다. 커드워스는 이 구별을 하느님이 모세에게 나타나 자신에 대해 "너는 나의 뒤를 볼 수 있을 것이나 나의 얼굴은 보지 못하리라"[127]라고 묘사한 것과 비교했다. 필론은 이 말을 "그 현자에게는 하느님을 후험적으로(a posteriori), 또는 그의 말씀들을 통해 인식하는 것만으로도 충분했다. 그러나 누구든지 낱낱이 드러난 신성을 보리라고 믿는 자는 신성의 선험적인 광채와 그 광채의 빛에 의해 눈이 멀게 될 것이다"로 해석했다. 베일에 가려진 이시스가 '후험적으로' 자연의 발걸음을 재는 푸토[putto, 르네상스 시대의 그림에서 등장하는 발가벗은 어린이 상—옮긴이]와 더불어 자연에 관한 알레고리로 묘사되는 것은 바로 이런 연유에서이다. 성서 텍스트에서 신의 뒤라 불리는 것, 필론이 그의 작품으로 해석하는 것을, 비문은 "페플럼, 베일, 그것의 외피 혹은 베일에 가려진 신 그 자체"라고 불렀다. 커드워스는 계속해서 "여기에서 묘사된 신이 감각 없고 생명력 없는, 단순한 가시적·육체적 세상일 리는 없다. 다시 말해 외부에 존재하는 모든 것과 외적 감각에 노출된 것, 그리고 그것 속에 감춰지거

---

126) Ibid., p.341.
127) Ibid.

나 가려진 것이 없는 것은 아니다"라고 주장한다.

호라폴론은 이집트적 개념의 '하느님'을 "온 세상에 자신을 퍼뜨리고 모든 것에 친숙하게 스며 있는 영혼"이라고 설명한다. 커드워스는 이 설명을 사이스의 비문에 대해 플루타르코스가 한 말과 똑같다고 생각하는 이암블리코스의 말과 연관 짓는다. 그것은 비티스라 불리는 예언자가 "사이스에서 자신을 그 신이라고 선포하며 온 세상에 퍼뜨리고 다녔다"라는 것이다. 커드워스는 또한 "이집트의 네이트에서 유래한 그리스의 아테나는 페플럼으로 유명했다"라는 사실을 강조한다. 페플럼은 "위대한 파나테나이크스"(Panathenaicks)에 있는 미네르바에게 아주 엄숙하게 매년 봉헌되는데, "그때는 또한 이 베일에 수를 놓은 그 도시의 고귀한 처녀들이 그 여신상에 페플럼을 씌운다". 커드워스는 이것이 아마도 "이집트 네이트의 조각상에도 사이스 신전처럼 그 비문에 따라 페플럼 혹은 베일을 씌웠던 까닭이다"라고 생각한다. 그러고 나서 "그리고 태양은 내가 생산한 결실 혹은 자손이다"라는 문장을 덧붙인 프로클로스를 인용한다. 이 문장은 이집트인들에게 "태양은 최고의 신"이 아니었음을 입증한다.

커드워스는 "제일신"이 이집트인들에게 최고의 신이라고 본다. 그 신은 그들에게 세계 이전의, 세계를 넘어서 그리고 세상과는 독립하여 "보이지 않고 감춰져 있지만" 동시에 세상 그 자체로 인식된다. "제일신" 혹은 "하나"(Hen) 그리고 "우주 혹은 모든 것(Pan)"은 유사한 표현들이었는데, "왜냐하면 최초의, 최고의 신은 모든 것을 포함하고 자신을 그 모든 것을 통해 널리 퍼뜨리기 때문이다". 이제 우리는 다시 하나이자 전부라는 개념으로 돌아왔고 오르페우스가 이집트인들로부터 "모든 것은 하나다"(hen ti ta panta)라는 이 개념을 찾아냈음이 분명해졌다.[128] 이집트인들에게 보이지 않는 모든 것의 근원인 헨(Hen)은 모든 것에서 자신을 드러내고 모습을 감춘다. 판(Pan)은 헨의 외부적 발현이다. 이는 아르카디아 신, 판에 대한 신학에 완전히 새로운 빛을 제시한다. "모든 것"을 뜻하는 판은 자연과 똑같고, 아르카디아의 판은 자연의 신이다. 커드워스는 몇 구절에 걸쳐 범신론의 관점에서 판을 다루는데, 그 안에는 플루타르코스의 유명한 이야기 "위대한 판의 죽음"도 있다.[129] 나중에 버클리는 능산적 자연(natura naturans)인 오시리스의 반대로서의 소산적 자연(natura naturata), 다시 말해 자연의 여신인 이시스와 판을 동일시한다.[130]

이집트인들의 '불가해한 신학'으로서 당당하게 헨 카이 판(Hen kai pan) 신학을 수립한 후에서야 커드워스는 비로소 『헤르메스 전집』의 16개 문서에서 이 하나이자 전부라는 개념이 아주 분명하고 명시적으로 설명된 23개나 되는 위대한 구절을 찾아낸다. 그리고 그리스어 및 라틴어 원문과 자신의 훌륭한 번역문으로 된 이 구절들을 인용한다. 이제껏 그를 따라온 독자에게 있어서 이 축적된 범신론적 선언들을 제시하는 효과는 아주 압도적이다. "내 안의 모든 힘들은 하나이자 전부인 그를 칭송할지어다." 이 눈부신 인용문들이 한 세기 이상 동안 빛을 발하며 계속 그 주제를 이어온 것은 하나도 놀랍지 않다. 이 신비학 문서들은 플루타르코스가 외부에서 묘사한 것을 내부에서 표현한다. 베일에 가려진 사이스 비문과 신비학 문서들은 모두 "모든 것의 모습인 유일신을 강력히 주장한다".[131]

사이스 비문과 신비학 문서들의 헨 카이 판이 같은 것임을 보여 주는

---

128) Cudworth, *True Intellectual System*, p.343.
129) Ibid., pp.344~346. 그리고 Plutarch, *De Defectu Oracul.*, p.419를 참조하라.
130) George Berkeley, *Siris: A Chain of Philosophical Reflexions and Inquiries concerning the Virtues of Tar Water*, 2nd ed., London. 1744, p.144. 이 책을 언급해 준 데 이나 M. 룸스에게 감사한다.
131) Cudworth, *True Intellectual System*, p.349, 1쇄에는 "p.409"로 잘못 인쇄되어 있다.

또 다른 비문이 있다. 그것은 바로 아타나시우스 키르허가 발표한 카푸아 제단에 있는 비문인데, 커드워스는 다음처럼 문장을 배치했다.

TIBI.

UNA. QUÆ.

ES. OMNIA.

DEA. ISIS

"모든 것이자 하나인 오, 이시스 여신, 당신에게."[132] 이런 맥락에서 어느 누가 2장에서 언급한 아풀레이우스의 불멸의 신, 이시스의 현현(顯現)을 생각지 않겠는가? 커드워스는 몇 쪽에 걸쳐 아풀레이우스와 그가 말한 이시스 개념을 토론하고 그 다음 세라피스로 넘어간다. 그는 물론 "오리게네스가 말한 것처럼 이것이 알렉산드리아의 프톨레마이오스가 만든 새로운 신이라는 것을 안다."[133] 세라피스는 신탁에서 다음처럼 선언한다. "별이 빛나는 하늘은 내 머리요, 바다는 내 배고, 내 귀는 창공에, 그리고 찬란한 태양빛이 내 맑고 투명한 눈이다."[134] 이 묘사는 널리 퍼진 헬레니즘적 개념 "우주적 신"(le dieu cosmique, 앙드레 장 페스튀지에의 문구)과 일치할 뿐 아니라 기원전 13세기까지 거슬러 가는 이집트 문서들과 아주 비슷한 것이다. 이에 대해 이미 다른 곳에서 설명했고, 6장에서 좀더 논의할 것이다.[135]

---

132) First or second century C.E.: *CIL*, 10, 3800 = Dessau, *ILS*, 4362; Ladislaus Vidman, *Sylloge Inscriptionum Religionis Isiacae et Sarapidae*, Berlin, 1969, no.502; Dunand, "Le syncrétisme isiaque", p.82, n.1. 그리고「이시도루스 찬가」의 *"moyna sy ei hapasai"* ("being one, you are all") 부분과 Dunand, "Le syncrétisme isiaque", p.79ff.를 보라.
133) Cudworth, *True Intellectual System*, p.351 (p.411로 잘못 인쇄되어 있다).
134) Macrobius, *Saturnalia*, 1.20.17; Hopfner, *Fontes*, 1.2.597f.

커드워스의 논거가 결점이 있다고 해서 그가 『헤르메스 전집』과 다른 그리스, 라틴 문서들을 제대로 된 이집트 신학의 증거물로서 들 수 없다고 말하는 것은 충분하지 않다. 그의 목적은 신비적 전통을 최고의 유물로 다시 바꾸려는 것이 아니라 카소봉이 이 문서들을 위조라고 비난한 것에 대항하려는 것이었다. 그는 이 점에서 옳았고, 또한 그가 카소봉에게 양보한 세 가지 경우에서도 옳았던 것 같다. 커드워스에게 중요한 것은 연대가 아니라 진짜냐, 아니냐였다. 커드워스는 "시빌의 신탁집이나 헤르메스 트리스메기스투스의 유명한 글이나 학자들이 최근에 비판하는 어떤 근거에 의존하거나 또한 기독교인들이 위조했다고 의심받을 수도 있는 이교도 신들의 신탁에 의존하여 자신의 주장을 펴려는 것이 아니라, 전혀 의심의 여지가 없는 타당한 고대 이교도의 유물을 예로 들어" 이집트인들의 정말로 '불가해한 신학'을 밝히고자 했다. 그는 그리스어를 알며, 자신들의 '불가해한 신학'을 표현하기 위해 그리스어뿐만 아니라 그리스 철학 용어도 사용할 줄 아는 이집트 제사장들을 떠올렸다. 커드워스는 신비학 저술들을 복권시키면서 자연종교에 대한 탐색 안에 존재했던 신비학 전통을 다시 성공적으로 수립했는데, 이는 신비학 전통의 역사에서는 아주 중요한 일이었다. 유명한 철학자인 버클리 주교는 커드워스의 결과물을 다음처럼 부연해서 설명한다. "비록 헤르메스 트리스메기스투스의 책들 중 어느 것도 그가 쓴 것은 아니지만, 그리고 몇 가지는 명백히 위조이지만 그 안에는 고대 이집트 철학의 교의가 다소 더 근대적인 모습으로 등장한다. 이암블리코스는 그의 이름

---

135) Jan Assmann, *Re und Amun: Die Krise des polytheistischen Weltbilds im Ägypten der 18.-20. Dynastie*, Orbis Biblicus et Orientalis 51, Fribourg and Göttingen: Freiburger Universitättsverlag and Vandenhoeck & Ruprecht, 1979, pp.242~246; *Egyptian Solar Religion*, pp.174~178.

으로 된 책들이 이집트어에서 그리스어로 번역되었기 때문에 그리스 철학자들의 스타일을 종종 보이지만 정말로 재치 있는 의견을 담고 있다고 설명한다.[136] [……] 플라톤과 아리스토텔레스는 신을 자연세계와는 구별되는 추상적인 것으로 간주한다. 하지만 이집트인들은 신과 자연을 하나의 전체를 이루는 혹은 하나의 우주를 구성하는 모든 것들로 여긴다. 이 과정에서 이집트인들은 지성을 배제하지 않았고, 모든 것을 담고 있는 것으로 간주했다. 그러므로 그 사고의 과정에서 무엇이 틀렸든지 간에 그것은 결코 무신론을 암시하거나 무신론으로 연결되지는 않았다."[137]

커드워스가 하나이자 전부(One-and-All)에 대한 그리스·이집트 철학을, 모세가 입문했었다고 할 수 있을 만큼 오래된 이집트 신학과 동일시하는 것은 아마도 잘못일 것이다. 하지만 이 주장도 그럴 수밖에 없는 사연이 있다. 커드워스가 찾고 있었던 그 유물들은 1822년에 신성문자가 판독된 후에야 그 비밀을 드러낼 수 있었던 것이다. 그가 "의심할 여지없이 분명한" 증거라고 여긴 것은 단지 우리가 이미 본 고전적 인용문──물론 역사적·문서적 비평의 여지가 있긴 하지만──들을 똑같이 만화경으로 본 것일 뿐이다. 이제 우리는 커드워스가 찾다 실패한 그런 유물과 비문을 세세히 살펴볼 수 있는 단계에 있다. 신성문자적 문서들은 모든 면에서 커드워스가 바랐던 대로 그의 통찰을 확인시켜 주었다. 이것은 앞으로 6장의 후반부에서 설명할 것이다.

---

136) Iamblichus, *De Mysteriis Aegyptiorum*, 8.265.
137) Berkeley, *Siris*, p.144f.

4장
18세기 모세 담론

4장_18세기 모세 담론

유일신교의 시각: 존 톨런드

스펜서의 박사학위 논문 『우림과 둠밈』(1670)의 출판과 거의 동시에, 그리고 그의 책 『히브리 제의에 관하여』가 출판되기 훨씬 전에 존 마섐 경은 역사와 연대기를 재구성한 결과물을 출간했다. 마섐의 책은 스펜서의 논거에 나타난 연대기적인 함의들을 지지해 주었고, 성사(historia sacra)와 속사(historia profana) 사이의 구별을 포함한 정통파 역사관은 반박했다. 스펜서가 모세의 율법을 역사화한 것은 성서적 진리가 지니는 전통적인 한계와 틀을 깼고, 성서 앞의 역사와 그 역사적 환경에 대한 새로운 시각을 열었다. 스펜서는 문명뿐만 아니라 종교와 숭배의식이 모세 시대 훨씬 이전에 시작되었다는 것을 밝혔다. 마섐은 연대기의 형식으로 이와 같은 생각을 더 상세하게 서술했다.[1]

마섐과 스펜서의 저술들이 출판되고 난 몇 년 뒤에 존 톨런드[2]와 매슈

---

1) John Marsham, *Canon Chronicus*.

틴들[3]은 이 연대기적 혁명에서부터 신학적인 결론들을 도출하였다. 이 두 저자들은 서로 다른 영역에서 작업했다. 그럼에도 양자 모두 마거릿 제이컵(Margaret Jacob)이 탁월하게 지적했듯이, '급진적인 계몽주의'라고 표현할 수 있는 영역에 함께 속해 있었다. 스펜서, 커드워스 그리고 워버턴이 내부에서 출발해 정통파 구별들을 변화시키려고 했던 반면에, 톨런드와 틴들은 바깥에서부터 시도하되 때로는 혁명적으로, 때로는 공격적으로 성스러운 진리를 파괴하려고 했다. 그들 앞에 있었던 프랑스와 영국 이신론자들의 이념뿐만 아니라 헤르메스주의자들과 스피노자주의자들의 사상에 근거한 자신들의 저작을 토대로 하여 그들은 다양한 문화의 역사적 형식 너머에 있는 모든 민족에게 공통되는 자연종교의 개념을 연구했다. 이들은 스펜서에게서 이집트가 이 종교의 근원이자 고향이라는 역사적 증거를 찾아냈다. 그리고 그들은 모세율법이 이집트에서 나온 것이라는 스펜서의 재해석을 헤르메스적 전통, 또 이집트 신학의 재구성, 나아가 하나가 모든 것이자 모든 것이 하나라는 사상과 연결시켰다. 마셤은 이집트 종교가 먼저 생겼고, 그것은 모세보다 8~9세기 전으로 거슬러 올라간다고 보았다. '먼저 진리가 생기고 나중에 생기는 것은 불순한 것'이라는 의심할 수 없는 원칙을 토대로 볼 때 이집트는 진리의 근원지로 여겨져야 했다. 마셤이 성사와 속사 사이의 구별을 폐지한 것과 마찬가지로 그들은 자연종교와 실증종교 사이의

---

2) John Toland, *Christianity Not Mysterious*, London, 1702; *Letters to Serena*, London, 1704; *Origines Judaicae*, London, 1709. 존 톨런드에 대해서는 Robert Rees Evas, *Pantheisticon: The Career of John Toland*, New York: Peter Lang, 1991과 Gesine Palmer, *Ein Freispruch für Paulus: John Tolands Theorie des Judenchristentums*, Berlin, 1996을 보라.

3) Matthew Tindal, *Christianity as Old as the Creation or: The Gospel, a Republication of the Religion of Nature*, London, 1732.

구별, 즉 자연과 계시된 성서 사이의 구별을 폐지했다.[4] 정통파들의 눈에는, 그리고 그 자신의 의도와는 달리 스펜서의 책은 피에르 벨(Pierre Bayle), 매슈 틴들, 그리고 존 톨런드와 같은 '이신론자들'의 입장들과 연관지어졌다.[5] 그래서 그는 정통파 수호자들에 의해 이런 사상들의 길을 열었을 뿐 아니라 그 길을 분리했다고 비난받았다. 이집트의 우상에 대한 스펜서의 이집트광적인 견해는 새로운 적들인 스피노자주의와 이신론주의에 직면하여 완전히 퇴색하였다.

나는 영국의 처음과 마지막 이신론자인 처버리의 허버트 경과 볼링브로크 경(Lord Bolingbroke) 사이의 150년 동안 출판된 수많은 책들과 논문들 중에서 존 톨런드의 『유대인의 기원』(Origines Judaicae)이라는 작은 책을 택해서 이신론자들의 입장을 짧게 서술하고자 한다. 이 텍스트를 선택한 유일한 이유는 그 텍스트가 스트라본에 대한 주석이고, 2장에서 보았다시피 모세의 일생과 저작을 오로지 성서 외적인 전통에 근거해 묘사한 첫 시도이기 때문이다.[6] 이렇게 톨런드의 이 작은 책자는 스트라본과 프로이트를 이어 준다. 스펜서가 성서 텍스트에 대한 의미를 부여하기 위해 필요한 모든 고전적인 지식을 사용한 반면, 톨런드는 반-성서적인 모습을 보이

---

4) Rossi, *The Dark Abyss of Time*, p.155f.를 보라.
5) Peter Gay, *Deism: An Anthology*, Princeton: Van Nostrand, 1968; John Orr, *English Deism: Its Roots and Its Fruits*, Grand Rapids: Eerdmans, 1934; Lechler, *Geschichte des Englischen Deismus*를 유용하게 참조했다. 정확한 이신교의 시기는 보통 1696년(존 톨런드의 『신비가 없는 기독교』*Christianity Not Mysterious*의 출판 시기)부터 1740년대 말까지로 본다.
6) John Toland, *Adeisidaemon sive Titus Livius a Supertione Vindicatus ... Annexae Sunt ... Origines Judaicae ut Religio Propaganda Etiam, Quae Est Juncta cum Cognitionae Naturae; Sic Superstitionis Stirpes Omnes Ejicendae Annexae Sunt Origines Judaicae sive, Strabonis, de Moyse et Religione Judaica Historia, Breviter Illustrata*, The Hague: Thomas Johnson, 1709, pp.99~199. [이후로는 *Adeisidaemon*으로 칭한다. 뜻은 『신을 두려워하지 않는 자 혹은 미신으로부터 해방된 티투스 리비우스』이다—옮긴이]

는 고전적인 저자 군에 속한다. 두 사람 사이의 구별은 이보다 더 급진적일 수 없다. 톨런드는 모세 논쟁에 분명히 이단적 전환을 마련한 반면, 워버턴은 그것에 반박하고자 했으나 실패했고, 카를 라인홀트는 오히려 자신의 프리메이슨적 텍스트에 그것을 완전히 실현하고자 했다.

톨런드의 적은 우상숭배(idololatria)가 아니라 미신(superstitio)이었다. 그리고 이 개념은 단순히 이교도에만 해당되는 것이 아니라 성서적 종교와도 관계된다. 톨런드가 말하는 '종교'는 계시에 근거하는 '실증 종교'에 반대되는 자연에 대한 인식과 연결된 '자연종교'를 말한다(RELIGIO, quae est juncta cum cognitionae Naturae). 이것은 모세구별의 완전하고 급진적인 폐지와 다름없다. 톨런드와 더불어 우리는 '급진적인 계몽'[7]의 영역으로 들어선다. 그런데 이 영역은 스펜서와 커드워스, 그리고 나중에 워버턴이 생각하고 글을 쓴 토양과는 완전히 다른 영역이다. 톨런드가 그린 모세의 초상은 17세기 후반에서 18세기에 걸쳐『스피노자의 정신: 세 명의 사기꾼』(*L'esprit de Monsieur Benoit de Spinosa: Traité des trois imposteurs*)[8] 이라는 제목으로 유포되었던—라틴어로 된 더 오래된 소책자인『세 명의 사기꾼』(*De tribus impostoribus*)[9]과 혼동하기 쉬운—불경한 소책자에

---

[7] Margaret C. Jacob, *The Radical Enlightenment: Pantheists, Freemasons, and Republicans*, London: Allen & Unwin, 1981을 보라.

[8] Silvia Berti, *Trattato dei tre impostori: La vita e lo spirito del Signore Benedetto de Spinoza*, Turin: Einaudi, 1994를 보라. 그리고 톨런드가 그 배포에 관여하였거나 이 텍스트의 공동저자였는지에 대해서는 Jacob, *Radical Enligbentment*, pp.22~26, 215~255를 보라.

[9] 두 언어로 된 판본으로 Wolfgang Gericke, *Das Buch "De Tribus Impostoribus"*, Berlin: Evangelische Verlagsanstalt, 1982; Gerhard Bartsch and Rolf Walther(eds.), *De Tribus Impostoribus Anno MDCIIC: Von den drei Betrügern 1598 (Moses, Jesus, Mohammed)*, Berlin: Akademie Verlag, 1960이 있다. 보통 시작하는 말 "Deum esse"로 구분할 수 있는 이 라틴어 텍스트의 기원은 16세기까지 거슬러 올라간다.

있는 것과 매우 흡사하다.

하지만 톨런드는 모세를 "세 명의 사기꾼"에 속하는 사람으로 보지는 않고 여섯 명의 입법자 중의 하나로 본다. 디오도루스에 따르면 이 여섯 율법사는 므네베스, 미노스, 리쿠르고스, 조로아스터, 잘목시스, 모세다. 이들 각 사람은 특별한 민족들에게 율법을 만들어 주었고, 율법에 권위를 부여하기 위해 그 율법의 근원으로서의 특정한 신성과 관련을 맺는다.

입법자	민족	신
므네베스	이집트	헤르메스
미노스	크레타	유피테르
리쿠르고스	라케다이몬	아폴론
조로아스터	아리마스포이	보누스 게니우스(아후라 마즈다)
잘목시스	게테	코무니스 베스타
모세	유대	야훼라고 불리는 신

여기서 모세는 입법자로 묘사되는데, 그는 자신의 율법의 저자로서 신을 '창안하는'(finxisse) 일반적 원칙을 따랐다. 이렇게 법적 권위를 초인간적 근원에 두는 법적 허구는 정확히 말해 사기이며, 그 때문에 모세는 『스피노자의 정신: 세 명의 사기꾼』이라는 작품에서 비난받았다.[10]

이 논문에서 톨런드는 모세가 첫 입법자였고 나중에 나온 모든 입법의 근원이었다고 주장하며, 또한 므네베스=오시리스=디오니소스=모세라는 등식을 만들어 냈고, "이 얼마나 견딜 수 없고 웃기는 논리란 말인가"라고

---

10) 이 텍스트에 따르면 입법가들은 "자신들의 법을 확립하는 데서 동일한 경로를 밟았다. 백성들이 스스로 법에 복종하도록 강제하기 위해서 그들은, 백성들에게 본래적인 무지를 이용하여 자신들은 신 또는 여신으로부터 법을 받았다는 점을 백성들에게 설득시켰다"(ont tous suivi la même Route dans l'établissement de leurs Loyx. Pour obliger le Peuple à s'y soumettre de lui même, ils lui ont persuadé, à la faveur de 1'ignorance qui lui est naturelle, qu'ils les avoient reçues, ou d'un dieu, ou d'une déesse). Berti, *Trattato*, p.110.

말한 피에르 다니엘 위에와 상반되는 주장을 한다. 톨런드는 비웃는 면이 없지는 않지만, 성서와 고전 자료 내지는 종교와 이성이 서로 공존하기 위해서는 정통파 교리가 얼마나 완곡한 논리를 취해야만 하는가를 보여 주고 있다. 그는 이성에 비춰 봤을 때 확인할 수 없는 종교를 미신이라고 부른다.

약 100여 쪽에 달하는 톨런드의 작은 책(아주 작은 지면에 큰 글자로 씌어 있다)은 스트라본이 쓴 유대 민족의 기원에 대한 저술의 주석이다. 그는 스트라본, 디오도루스, 타키투스를 '모세오경의 저자'보다 더 크게 신뢰하고 있다. 톨런드는 왜 마셤이나 스펜서처럼 유대의 역사를 연구한 사람 모두가 모세오경에만 의존하고 스트라본의 저술에 대해서는 그냥 넘어가는지 이해할 수 없었다.

톨런드에게——225년 후의 프로이트처럼——모세는 이집트의 제사장이자 군주였다. 그는 스트라본에게서 모세의 '제사장' 성격을 받아들인다. 그리고 이집트의 군주들은 곧 제사장들이었다는 디오도루스의 말을 언급하면서 제사장을 군주로 탈바꿈하게 한다.[11] 성서조차도 모세의 정치적 권력에 대한 기억을 포함하고 있다. 왜냐하면 거기에는 모세를 두고 "이집트의 모든 지혜를 다 배웠을" 뿐만 아니라, "그 말과 행사가 능하였다"고 기록되어 있기 때문이다. 이것은 톨런드에게 성직자(sacerdotium)와 군주(praefectura)의 결합을 의미하는 것이지, 마법과 기적(ut plures volunt)을 의미한 것이 아니었다. 그가 군주였다면 그의 놈(nome)은 히브리 사람들이 정착했던 고센 땅에 있었을 것이다.[12]

---

11) "만약 모세가 이러하다면, 그는 노마르카(세속 군주)의 일도 잘 수행했을 것이다"(Si sacerdos itaque Moses, bene potuisset esse nomarcha). Toland, *Origines Judaicae*, p.150.
12) Ibid., p.150ff.에 「창세기」 47장 27절에 대한 언급이 있다.

스트라본은 모세가 이집트 종교를 좋아하지 않았다고 기록한다. 각 놈(nome)은 각기 다른 신을 섬겼는데 디오도루스에 의하면 어떤 아주 현명한 군주(sapientissimus quidam princeps)가 왕국의 평화를 유지하고 이집트인들 간의 음모를 예방하기 위해 많은 다신교적 종교(variam & miscellam induxit religionem)를 도입했다. 하지만 모세는 이신론자였고 성상파괴주의자였다. 스트라본과 성서는 이 점에서 견해가 일치한다. 성서에서 모세는 "너희는 아무 모습도 보지 못하지 않았느냐"(「신명기」 4장 15절)라고 기술한 데서 보다시피 신의 비가시성을 주장한다. 타키투스는 이집트인들이 많은 동물들과 기괴한 형상들을 숭배했지만 유대인들은 오직 한 신만, 그것도 마음으로만 상상했다(mente sola unumque numen intelligunt)고 말한다. 유대인들은 신을 인간적인 형상으로, 그리고 덧없는 물질로 재현하는 사람들을 불경하다고 여긴다. 그들에게 최고의, 그리고 영원한 존재란 재현으로 파악할 수 없고 끝이 없는 것이기 때문이다(profanos qui Deum imagines, mortalibus materiis in species hominum effingunt: summum illud & aeternum neque mutabile neque interiturum). 스트라본은 모세가 하느님을 "자연 혹은 세계의 질료로, 기계적으로 정돈된 자, 의식이나 지성 없이 행동하는 자"(Naturam, vel mundi materiam mechanice dispositam et absque ulla conscia intelligentia agentem)로, 우상숭배에 대한 가혹한 적대자로 여겼다고 보았다. 성서조차도 모세가 영혼의 불멸과 영원한 나라에서의 상급과 징벌에 대해 한마디도 하고 있지 않는다는 것을 보여 준다. 모세가 그의 신에게 붙인 이름은 '필연적 존재'(necessariam solummodo existentiam)나 '스스로 존재하는 자'(quod per se existit) 이상의 어떤 의미도 없다. 이것은 그리스어의 '존재'(to on)와 같은 의미로서 사라지지 않는, 영원한, 무한한 세계를 나타낸다. 모세는 무신론자가 아니라 "범신론자, 또는 최근에 사용하는 용례로 보자면 스피노자주의자다". 모세의 신은 키케로의 세계와 같은 것이었다. "세계란, 자연이 관장하는 만물의 씨앗을 뿌리는 자이고, 심는 자이며, 부모이고, 이렇게 말해도 된다면 또한 기르는 자이다."[13]

'스트라본이 파악한 모세'(Moses Strabonicus)가 만든 숭배의 유형은 제사장, 신전, 제례, 성물에 많은 비용을 쓰지 않았고 도취적인 열광이나 다른 '비이성적 행위들'(absurd actions)이 없었다.[14] 이 설명은 매우 빈번하게 치러지고 매우 호화로운 제물과 제식이라는 말과는 서로 배치되는데, 그것을 우리는 성서에서 찾아볼 수 있으며 나아가 그런 제물과 제식에 있어서 유대인들은 다른 모든 민족들을 압도한다. 하지만 스트라본에 따르면 이런 일은 나중에 일어난 타락 현상이다. 모세는 대단히 순수하고 단순한 제례를 만들었다. 유일한 축제는 안식일이었고, 유일한 법은 십계명으로 구성된 자연법(Naturae lex)이었으며, 유일한 숭배의식은 이 계명을 담은 두 개의 율법판에 대한 숭배였다. 그밖의 다른 모든 것——정결한 음식과 불결한 음식 간의 구별, 할례, 제물 등——은 나중에 유대인들이 우상숭배로 기울었을 때, 그리고 하느님이 예언자 에제키엘로 하여금 신의 이름으로 "그들은 올바르지 못한 율법과 따르지 못할 법을 받게 될지어다"(Ego etiam dederam ipsis statuta non bona et Jura per quae non vivere possent)[15]라고 말하도록 했을 때 일어났다. 이렇게 하여 종교는 미신으로 타락하였다. 톨런드

---

13) "mundus: omnium autem rerum quae natura administrantur, seminator, & sator, & parens, ut ita dicam, atque Educator." Toland, *Origines Judaicae*, p.117ff., 여기에는 키케로의 『신의 본질에 관하여』 2권에 대한 언급이 있다.
14) Toland, *Origines Judaicae*, p.157.
15) 톨런드는 에언서로부터 자연이란 이름으로 숭배를 적대시하는 구절들을 예증한다(적절하게 말하자면 정의의 이름으로가 맞지만 이것은 톨런드에게 그리 중요한 것은 아닌 듯하다).

는 이렇게 시원(始原)종교가 타락한 이유를 사람들이 꿈과 무아경의 경험을 대단히 중요하게 여긴 탓으로 본다. 그는 「예레미아」 29장 8절과 「요엘」 2장 28~29절처럼 꿈에 대한 선지자들의 경고를 언급하는데, 특히 꿈은 어떤 신성한 중요성을 결코 지니지 못한다는 키케로의 『예언에 관하여』(*De Divinatione*)에 대하여 언급한다. 만약 신이 인간과 소통하고자 한다면, 잠자는 이들이 아닌 깨어 있는 자들에게 말할 것이라는 것이 그의 주장이다. 톨런드는 그의 논문을 아래 몇 가지 중요한 사항들을 재점검하며 끝맺는다.

1. 유대인들의 조상은 이집트인들이다.
2. 유대인들의 지도자이자 입법자인 모세는 이집트의 제사장이자 군주였다.
3. 자연은 모세에게 있어 최고의 그리고 유일한 신이었다(환언하면 그는 이신론자였다).
4. 모세는 비용이나 도취의식, 제례 없이 지내는 숭배의식을 정초했다.
5. 순결, 할례 그리고 다른 율법들과 의식들은 그의 시대가 가고 난 후에 도입되었다.
6. 모세는 미노스, 리쿠르고스, 잘목시스, 그리고 다른 이들처럼 뛰어난 입법자들 군에 속한다. 이것은 그가 인격을 가진 신성을 창안했고, 그 신성을 율법과 그것의 권위의 근원으로 삼았다는 것을 의미한다. 키케로가 그의 책 『신의 본질에 관하여』(*De Natura Deorum*)의 1권에서 보여 주었듯이 신들은 정치적 허구였다.[16] 하지만 모세는 자연에 대한 자신의 순수한 철학적·물리적 개념을 감추지 않고 여호와, 즉 '필연적 존재'라는 이름을 부여한다.

신비 또는 이교도의 정신분열증: 윌리엄 워버턴

스펜서 사후 60년, 톨런드 사후 30년에 글로스터의 주교인 윌리엄 워버턴 (1698~1779)은 그들과 마찬가지로 모세와 모세율법에 대한 역사적 평가 작업을 시작했고, 그 안에서 이신론자들과 자유사상가들을 본격적으로 다룬다. 그의 전체 저작 9권 중 3권에서 워버턴은 다소 이상한 계획을 실행했다. 그는 유대인의 성서가 영혼의 불멸성과 '사후 상급과 징벌'[17]에 대해 아무런 언급도 하지 않았다는 스피노자와 이신론자들의 의견에 전적으로 동의했다. 그러나 그는 이신론자들이 이 획기적 발견에서 끌어낸 결론, 다시 말해 이러한 생각은 신이 개입된 모든 종교가 형성될 때 필수불가결하고, 그래서 결과적으로 모세율법이 사기는 아니더라도 인간이 만든 허구일 뿐이라는 것에 대해 반박했다. 워버턴은 그러한 생각에 동의하지 않으며 그보다는 오히려 모세율법의 신적 기원에 대한 증거를 찾았다. 다양한 목적을 두고 똑같은 주장을 하는 것은 그의 주장을 왜곡하고, 나아가 그것을 복잡하게 만든다. 우선 그는 모든 이방종교와 사회가 두 가지 원칙에 따라 형성된다는 것을 보여 준다. ①영혼의 불멸성과 사후 상급과 징벌에 대한 믿음, ②비밀 혹은 신비. 모든 이교도 혹은 자연종교는 외부/내부 혹은 표면/심층

---

16) "공동체의 이익을 위해서 신들에 대한 모든 견해는 지혜로운 자들에 의해서 꾸며진 이야기에 불과하다"(Totam de diis immortalibus opinionem fictam esse ab hominibus sapientibus Rei publicae causa). 종교의 정치적 기능이 『유대인의 기원』과 함께 출간된 『귀신을 두려워하지 않는 자 혹은 미신으로부터 해방된 티투스 리비우스』의 주제다.

17) 바로 그러한 이유로 구약성서의 전적인 배제를 옹호한 토머스 모건은 이신론자들에 대한 워버턴의 직접적인 공격 대상이 되었다. Thomas Morgan, *The Moral Philosopher*, 3 vols., London, 1738~1740; repr. 1969, ed. G. Gawlick과 *Physico-Theology: or, A Philosophical-Moral Disquisition Concerning Human Nature, Free Agency, Moral Government and Divine Providence*, London, 1741을 보라.

혹은 전경/배경이라는 이원적 원칙에 따라 구성된다. 그런데 워버턴은 그러한 원칙들이 모세율법에 없을 뿐만 아니라, 또한 모세가 이러한 원칙들을 의식적이고 진중하게 회피했다는 사실을 보여 준다. 모세는 사후의 원칙과 비밀의 원칙을 따를 필요가 없었던 유일한 입법자였는데, 그 이유는 그가 '아주 특별한 계시'(extraordinary providence)를 따랐기 때문이다. 모세는 하느님이 이 세상에서, 다시 말해 역사라는 영역에서 선에 대해 상을 주고 악에 대해 벌을 내린다는 것을 믿었다. 그래서 그는 비밀 없이도 모든 사람에게 신비를 전달하고 그 비법을 전해 받은 사람들의 국가를 만들었다. 워버턴의 이 책이 가지는 중요성은 그 논제에 있다기보다 접근하기 쉽게 만든 그 자료에 있다. 모세율법의 기원을 이집트에까지 거슬러 올라가 추적할 때 스펜서는 아주 상세하게 이집트 종교와 제례에 대해 기술하였고 정통 연대기를 뒤집어 봄으로써, 그리고 이스라엘을 포함한 그 어떤 나라보다 이집트를 우위에 두어 역사를 재구성함으로써 영향력을 발휘하였다. 워버턴은 어떤 비밀이나 불멸성이 없는 종교의 신적 성격을 보여 주려 애썼을 때, 종교에서의 비의(祕義)의 역할과 고대 신비 종파들의 형식과 내용, 그리고 신성문자의 기능을 조심스럽게 서술하여 관심을 끌었다. 그는 고대 신비에 대한 부분을 부록과 주석을 포함하여 300쪽이 넘게 서술하였다.

워버턴은 고전 학자들이나 기독교의 교부들로부터 필요한 구절들을 그저 수집하는 것 이상의 일을 했다. 그는 이런 문구들을 해석할 때 문헌비평에까지 영역을 확장해서 찬가,[18] 고백록,[19] 예식 연설을 구별하고, 그러면서 제사의 전례 안에서 그런 흩어진 문헌들을 어떤 연설가들의 것인지 구별하여 분류하며, 전례의 틀은 주제영역에 따라 재구성하였다. 또한 워버턴은 철학자들, 비극작가들(특히 에우리피데스), 역사가들, 그리고 다른 그리스 라틴 저자들이 어느 정도는 신비주의의 개념어로 채색되어 있다는 것을 보여 준다. 그는 요세푸스 플라비우스가 쓴 유명한 구절에서 똑같은 개념어를 찾아내고, 이것은 모세의 율법 창시와 종교적 가르침이 좀더 크거나 좀더 작은 이집트 신비들로의 입문을 바탕으로 만들어졌다는 증거로 삼는다. 워버턴은 이러한 단서들을 따라가며 스펜서가 이집트 종교 제례의식을 재구성한 것처럼 이교도의 신비숭배를 재구성하는 데 몰두하였고, 그 과정에서 그 둘은 모두 신학적 목표를 놓치게 된다. 혹은 그들의 신학적 관심사는 단지 그들 시대에는 아직 올바른 학문분과, 다시 말해 비교종교학으로 형성되지 못한 것에 대한 핑계였다라고 말해야 하는가? 사실 그들은 그 때문에 신학자보다는 이집트학자로 기억된다.

워버턴은 스펜서와 특히 커드워스의 발자취를 따르면서 이른바 이방 종교의 겉으로 드러난 제례의식과 비밀에 싸인 제례의식 간의 뚜렷한 대립을 설정하기 위하여 그 유명한 '이원적 종교'의 가설 설정에 결정적인 초석을 놓았다. 그는 알렉산드리아의 클레멘스로부터 '더 작은 신비'와 '더 큰 신비' 간의 구별을 차용한다. 좀더 작은 신비들은 상형문자의 외양을 갖고 상징적 성상이나 세속적인 제례의식, 그리고 성물 등을 통하여 대중을 사로잡았다. 하지만 그 신비의 의미는 일반적으로 영혼의 불멸성, 선행은 보상받고 악행은 처벌받는 사후 세계에 대한 가르침으로 구성된 비밀을 이해할 수 있는 오직 소수의 사람들에게만 모습을 보인다. 더 큰 신비들은 진실을 강하게 견뎌 낼 수 있는 마음과 덕성을 가진 수도자들 중 아주 소수에게만 전

---

18) 예를 들어 William Warburton, *The Divine Legation of Moses Demonstrated on the Principles of a Religious Deist, from the Omission of the Doctrine of a Future State of Reward and Punishment in the Jewish Dispensation*, London, 1738~1741; 2nd ed., London, 1778, vol.1, pp.201~204. "스스로 존재를 시작하고 모든 존재가 그로 인해 시작된 자"에 대한 유명한 찬가는 에우세비우스와 알렉산드리아의 클레멘스에 의해 전승된다.
19) Ibid., vol.1, p.173.

달된다. 진리란 필수적으로 부정성에 그 본질이 있었다. 다시 말해 그것은 다신교의 환영 이미지를 없애면서 발생하였다. 더 작은 신비에서 더 큰 신비 사이의 경계를 지나면서 수도자들은 예전의 믿음을 폐기하고, 그들의 잘못되고 허구적인 본성을 인식하여 결국 "있는 그대로의 자신을 보게"[20] 된다. 다신교적 신들은 단지 신성시된 인간일 뿐이고, "모든 것을 창시하여 모든 것들의 존재의 은인"이자 인간 존재의 궁극적 원인과 창시자로서 비가시적이고 알 수 없는 신은 오직 하나만 존재한다고 전해 줌으로써 입문자들은 환상에서 벗어나게 된다. 이와 같은 구절들은 에우세비우스와 알렉산드리아의 클레멘스에게서 인용한 것인데, 그 둘은 모두 신비주의적 찬가를 인용했다. 이를 워버턴은 엘레우시스 제전에서 사제가 입문자들에게 전달한 말로 다음과 같이 번역한다.

나 이제 너희 수도자들에게 비밀을 전할 것이다. 대신 불경한 자들은 이곳에 들지 못하게 하라. 오 총명한 셀레네의 자손인 무사이오스야, 내 노래를 조심스레 들을지어다. 내 하나도 숨기지 않고 진실을 전달하노니, 그러면 너에게 이 최상의 진실이 가져다줄 행복한 삶을 막는 예전의 편견은 사라지게 될지라. 허나 진중하게 이 신탁을 묵상하고 그것을 마음 깊은 곳에 간직할지어다. 그리고 계속 올바르게 나아가 세상의 유일한 지배자를 만날지니, 그는 유일자이시며 저절로 홀로 존재하는 분이시며 만물은 그로 인해 생겨났도다. 그는 모든 것을 통해 일하시지만 인간들의 눈에는 보이지 아니하시며 다만 직접 모든 것을 보시느니라.[21]

---

20) Warburton, *Divine Legation*, vol.1, p.190에서 알렉산드리아의 클레멘스를 인용하고 있다.

디오도루스와 다른 몇몇은 엘레우시스 신비가 이집트에서 생겨났기 때문에,[22] 이 신비주의적 찬가도 이집트를 모델로 한 것임에 틀림없다고 주장한다. 알렉산드리아의 클레멘스는 이 최후의, 그리고 최상의 입문식은 모든 가르침이 끝나는 지점까지 이른다고 말한다. 종잡을 수 없는 가르침은 끝나고 즉각적인 미래상이 제시된다. "더 큰 신비에 대한 교리는 우주에 관한 것이다. 여기에서 모든 가르침은 끝난다. 만물은 있는 그대로 보이고, 자연과 자연의 활동은 보이고 이해된다."[23] 입문식의 마지막 단계에서 열렬한 지지자들은 말없이 자연과 마주하게 된다. 모세가 이스라엘인들에게 전한 이교도들의 입문식, 특히 이집트인들의 입문식은 다음과 같았다.

요세푸스는 여전히 [에우세비우스보다] 더 명시적이다.[24] 그는 아피온에게

---

21) Warburton, *Divine Legation*, vol.1, p.202에서는 Clement of Alexandria, *Admonitio ad Gentes*, ed. Sylburgh, p.36B = *Protreptikos* 74, 4f.; *Stromata*, 5.12.78.4; Eusebius, *Praeparatio Evangelica*, 13.12.5, ed. Karl Mras, vol.2, p.191f.를 인용하고 있다. Heimo Erbse, *Fragmente griechischer Theosophien*, Hamburger Arbeiten zur Altertumswissenschaft 4, Hamburg, 1941, p.15ff., 180ff.; Otto Kern, *Orphicorum*, fr.245~247. 볼드체 부분의 원문은 대문자로 쓰여 있는데 워버턴이 표시한 것이다.

22) Warburton, *Divine Legation*, vol.1, p.223 외 여러 곳, 특히 p.201을 보라.

23) Clement of Alexandria, *Stromata*, book 5, 11, 71.1. 그리고 Warburton, *Divine Legation*, vol.1, p.191을 보라. 그리스어 텍스트에는 이렇게 쓰여 있다. "metà taûta d'estì tà mikrà mustēria didaskalías tina hupóthesin ékhonta prò paraskeuês tôn mellónton, tà dè megála perì tôn sumpánton, hoû manthánein [ouk] éti hupoleípetai, epopteúein dè kaì perinoeîn te phúsin kaì tà prágmata."

24) 워버턴은 "히브리인들이 공적·민족적 숭배의 대상이 우주의 하느님이었던 유일한 민족이라는 것을 보여 주고, 하나의 지속적인 은유로 자신의 표현 전부를 신비주의 관습에 맞추는" 에우세비우스를 먼저 인용한다. "신은 모든 것의 창조주인 신을 배울 수 있도록 입문할 수 있는 영광을, 그 신을 진정으로 경배할 수 있는 관습을 교육받을 수 있는 영광을 오직 유대민족을 위해서만 마련하였다." Warburton, *Divine Legation*, vol.1, p.193. Eusebius, *Praeparatio Evangelica*, 1.9.15, *Eusebius Werke*, vol.8, ed. Karl Mras, *Die Praeparatio Evangelica*, vol.1, 2nd ed., Berlin: Akademie Verlag, 1982, p.38에서 재인용.

이방인들이 그들의 **신비**를 잠시 축하하는 동안 어렵게 얻은 최고의, 그리고 최상의 지식은 유대인들에게 언제나 자주 전해졌다고 말한다. 그렇다면 **통일**의 교리를 제외하고 무엇이 이 최상의 지식인가? "어떤 국가가 이보다 더 신성할 수 있겠는가? 혹은 어떤 종교가 이보다 더 신성할 수 있겠는가? 이곳을 제외한 그 어느 곳에서 민중의 가르침에 헌신하는 제사장들이 진실한 신앙의 원칙을 이렇게 근면하고 정확하게 전하는 곳이 있겠는가? 그래서 국가는 말하자면 마치 어떤 신성한 **신비주의**를 축하하기 위해 계속 유지되는 하나의 거대한 **집회**인 것 같다. 이방인들이 단지 며칠 동안만 치르는 **신비주의**나 **축성식**이라 불리는 것을 우리는 아주 큰 기쁨과 어떤 잘못도 인정되지 않는 광범위한 지식으로 평생에 걸쳐 마음껏 즐기고 영원히 명상하며 엄숙한 제식을 치른다. 만일 신성한 제식 속에 결합되고 금지된 그런 것들의 본성에 대해 묻는다면 그들은 아주 단순하고 쉽게 이해될 수 있다고 할 수 있다. 첫번째 가르침은 **신성**에 관한 것이고, **신은 모든 것을 포함**하고 있고, 모든 면에서 완벽하고 행복한 존재이며, 스스로 존재하는, 모든 존재의 **유일한 원인자**이다. 이렇게 신은 모든 것의 시작이며 중간이고 끝이다." 어떤 것도 이 박식한 유대인의 증언보다 더 명확할 수 없을 것이다. 그는 텔레테스(teletes)나 미스테리아(mysteria)라는 직접적인 말로 **더 큰 신비주의**를 암시할 뿐만 아니라, 이방인 비법전수자가 이에 대해 가르친 것과 관련된 몇몇 표현을 사용한다.……그래서 내 생각에는 **더 큰 신비주의 속의 아포레타**(Aporrheta; 숨겨진 것)는 세속적 **다신주의**의 기원에 대한 간파이자 통일의 교리에 대한 발견이었다.[25]

---

25) Warburton, *Divine Legation*, vol.1, pp.192~193. 워버턴은 이탤릭체와 대문자로 그 신비적 용어를 강조하고 있다[이 책에서는 이탤릭체는 강조로, 대문자는 고딕으로 표기했다—옮긴이].

워버턴은 유대인이 만든 이런 유대율법의 성격 규정을 자기 주장의 근거로 삼는데, 그것은 바로 모세가 유대인들에게 가르친 것과 비슷한 신의 개념을 더 큰 신비주의가 가르쳤다는 것이다. 요세푸스는 모세가 율법을 만든 것이 최상의, 그리고 가장 특별하고 신비한 지식을 모두에게 전하여 자기 민족을 입문자 집단으로 만들려는 시도였다고 본다.

라인홀트가 35년 후에 이러한 주장에서 도출할 명백한 결론을 워버턴이 어떻게 피할 수 있었는지는 알기 어렵다. 그 결론은 이렇다. 신비주의의 신은 모세의 신과 같은 것이고, 이른바 계시라는 것은 광활한 야외에서 치러지는 입문식을 선택된 소수가 아닌 모든 사람들을 위해 더 큰 신비주의로 만드는 것일 뿐이었다. 하지만 워버턴은 신비주의의 신을 철학자들, 특히 스피노자가 말하는 신 즉 자연(deus sive natura)[26]과는 분리하려고 부단히

---

[26] 신과 자연의 동일시에 대한 스피노자의 유명한 주장이 카발라주의, 특히 에레라(Fernando de Herrera)의 『포르타 코엘레스티스』(*Porta Coelestis*)에서 인용했는지에 대한 의문은 18세기 동안 많은 논쟁거리가 되었다. Gershom Scholem, "Abraham Cohen Herrera: Leben, Werk und Wirkung", Rabbi Abraham Cohen Herrera the Portugese, *Das Buch Schaar ha-Schamajim oder Pforte des Himmels in welchem Die kabbalistischen Lehren philosophisch dargestellt und mit der Platonischen Philosophie verglichen werden*, trans. Friedrich Häussermann, Frankfurt, 1974, pp.7~67을 보라(모세 바라쉬가 알려 준 것이다). 나아가 Gershom Scholem, "Die Wachtersche Kontroverse über den Spinozismus und ihre Folgen", eds. Karlfried Gründer and Wilhelm Schmidt-Biggemann, *Spinoza in der Frühzeit seiner religiösen Wirkung*, Wolfenbütteler Studien zur Aufklärug 12, Heidelberg: Lambert Schneider, 1984, pp.15~25도 보라. 신 즉 자연이라는 스피노자의 유명한 문구의 다른 유대교적 출처에 대해서는 (히브리 단어들 엘로힘elohim, 즉 '하느님'과 테바ṭ eva', 즉 '자연'의 숫자적인 동질에 기초하여) 다음을 보라. Moshe Idel, "Deus sive natura: les métamorphoses d'une formule de Maimonide à Spinoza", *Maimonide et la mystique juive*, trans. Ch. Kopsik, Paris: Editions du Cerf, 1991, pp.105~136. 스피노자에 더 가까운 사람은 줄리오 체사레 바니니인데, 그는 Giulio Cesare Vanini, "dialogue 50: De Deo", *De Admirandis Naturae Reginae Deaeque Mortalium Arcanis*, ed. Luigi Corvaglia, *Le opere di Giulio Cesare Vanini e le loro fonti*, vol.2, Milan, 1934, p.276에 다음과 같이 썼다. "사람은 오로지 자연법만 따라 살아야 한다. 왜냐하면 자연, 즉 신이 (신은 모든 활동

애썼다. 그는 이런 '무신론적' 사상으로 그가 신비주의라고 말하는 대단히 오래되고 근원적인 지혜의 개념이 귀속되길 원치 않았다. 하지만 이것은 그의 책이 만든 정확한 결과였다. 워버턴을 읽은 사람들은 그가 이집트인들의 근원적 신비주의 지혜가 스피노자주의 신봉자들에게 영향을 끼쳤고, '신 즉 자연'이란 개념을 숭배했다는 것을 입증했던 것으로 이해했다. 그 전형적인 예가 바로 P.A. 도리니의 책 『고대 이집트』이다.[27] 여기서 도리니는 고대 이집트인들이 문화적·영적 성취를 위해 많은 노력을 하고, 많은 수확을 농사에서 얻기 위해 자연을 신비적으로 숭배한 최초의 민족이라는 구체적인 설명을 한다. 평민들은 다양한 토착신들을 숭배한 반면, 엘리트들은 "단 하나의 무한한 존재, 모든 것의 창시자이자 보존자"를 숭배했다.[28] 도리니는 무

의 근원이다) 모든 사람들의 마음에 이 법을 새겨 놓았기 때문이다"(In unica Naturae Lege, quam ipsa Natura, quae Deus est [est enim principium motus] in omnium gentium animis inscripsit). Berti, *Trattato*, p.272에서 재인용; Jacob, *Radical Enlightenment*, p.39를 보라. ("Deum esse"와 같은 단어들로 시작하는) 더 오래된 소책자 『세 명의 사기꾼』에서 우리는 "이 실체란, 어떤 이들은 자연이라고, 어떤 이들은 신이라고 부른다"(hoc Ens ... alii naturam vocant, alii Deum) 같은 말이 있음을 알 수 있다. Wolfgang Gericke, *Das Buch "De Tribus Impostoribus"*, p.61, sect.7을 보라. 또한 Giordano Bruno, *The Expulsion of the Triumphant Beast*, ed. and trans. Arthur D. Imerti, Lincoln and London: University of Nebraska Press, 1964, p.240을 보면, "이렇게 보면 절대자로서의 신은 자연이 미치는 영향으로 말할 때를 제외하고는 우리와 관계하지 않는다. 그리고 자연 자체보다는 자연의 영향과 더 친숙하다. 그러므로 신이 자연 자체가 아니라면 그는 분명 자연의 본질이고, 신의 혼 자체가 아니라면 세계의 혼의 정수다"라고 되어 있다. 이와 비슷한 개념은 아직 중요하게 고려되고 있지 않지만 '자연 즉 신'에 대한 모방으로서의 르네상스 예술이론이다. 이는 얀 비알로스토키가 지적했듯이 이미 알베르티에서도 등장한다. Jan Bialostocki, "The Renaissance Concept of Nature and Antiquity", *The Message of Images: Studies in the History of Art*, Vienna: IRSA Verlag, 1988, pp.64~68, 특히 p.68, n.51~54를 보라.

27) Pierre-Adam d'Origny, *L'Egypte ancienne ou mémoires historiques et critiques sur les objects les plus importantes de l'histoire du grand empire des Egyptiens*, 2 vols., Paris, 1762. 30여 년 전쯤 조지 버클리(George Berkeley)는 이미 이시스를 소산적 자연(natura naturata), 오시리스를 능산적 자연(natura naturans)으로 동일시했다.

신론이나 유물론의 비난에 맞서 이집트인들을 옹호하고 다음과 같은 맥락으로 스피노자주의를 언급한다. "신성에 대한 환영을 가졌던 것만으로도 무신론자가 아니라고 말할 수 있다면, 자연을 숭배한 이집트인들은 일반적인 의미에서, 그리고 일곱신이라든가 많은 수의 지역신이나 동물신을 섬겼다는 의미에서 결코 무신론자가 아니었다. 그와 반대로 모든 존재에 편재해 있는 자연 또는 자연의 속성이 신이라고 말한 스피노자의 생각을 그대로만 인식하는 사람들을 인정한다면 이집트 사람들은 분명 무신론자였다."[29] 18세기 이신론자들이나 스피노자주의자들은 이집트를 그들이 찾는 신의 개념의 근원이자 고향으로 여겼고, 워버턴에게서 그들이 찾는 증거를 발견하였다.

공적 종교와 신비적 숭배 사이의 적대적 관계에 대한 이러한 사유는 매우 커다란 영향력을 발휘했다. 이러한 사유는 스피노자주의와 이신교가 밀교와 은닉의 형태로 퍼져 나가던 시기에는 그리 놀랄 만한 일이 아니었다. 워버턴은 모순의 관점에서 공적 종교와 신비 사이의 관계를 재구성했다. 즉 하나가 다른 하나의 부정이라는 것이다. 신비숭배는 그것의 더 큰 신비가 대중화된다면 공적 종교를 파괴해 버린다는 점에서 반-종교였다. 하지만 공적 다신교는 그 사회의 정치적 질서를 유지하기 위해서 필수 불가결했다. 워버턴은 종교적 사기라는 이신론자들의 생각을 완전히 받아들이지는 않

---

28) D'Origny, *L'Egypte ancienne*, vol.2, p.148f. Dirk Syndram, *Ägypten-Faszinationen. Untersuchungen zum Ägyptenbild im europäischen Klassizismus bis 1800*, Frankfurt: Peter Lang, 1990, p.61에서 재인용.
29) D'Origny, *L'Egypte ancienne*, vol.2, p.195. Syndram, *Ägypten-Faszinationen*, p.322, n.179에서 재인용..

었다.[30] 공적 종교는 속임수가 아니라 그것은 불가피한 것이었고, 고로 합법적 제도라는 생각이었다. 공적 종교는 국가와 함께 공존하고 그 외연을 확장한다. 오직 국가를 지배하도록 선출된 사람들만이 더 큰 신비를 알 수 있는 기회가 허용되었다. 그들은 완전하고 가려지지 않은 진실을 알 필요가 있었다. 하지만 피지배자들에게는 진리가 숨겨진 상태가 훨씬 더 적합했다. 그러므로 이것은 사기가 아니라 단순히 인간적 필요라는 주장인 것이다.

워버턴의 위대한 (재)발견은 비밀의 정치적 기능이었고 그것을 그는 그리스어로 쓰여진 『크리티아스』(*Critias*)의 유명한 한 단편을 언급하며 직접 보여 준다.[31] 그에 의하면 이집트 종교는 이집트가 처음으로 국가와 신비 숭배를 설립했다는 점에서 모든 이교도적 종교들의 전형이다. 국가와 종교적 비밀은 상호 의존적인 것으로 여겨진다. 하지만 비밀은 다소 복잡한 구조를 띤다. 외부와 내부 간의, 혹은 대중적 종교와 신비종교 간의 차이는 더 작거나 더 큰 신비들의 차이처럼 신비의 정도 문제에 환원된다. 신비 혹은 비밀의 기능은 정치적이다. 비밀 없이는 어떠한 시민사회도, 정치적 질서도 존재하지 못한다. 사람들이 법률을 지키고 국가를 지지하게 하려면 경외감을 가지게 해야 한다. 하지만 비밀은 두 모습과 두 가지 기능을 지닌다. 하나

---

30) 경건한 기만(pia fraus)으로서의 종교이론은 고대에 있었고, 특히 루크레티우스(Lucretius)와 연관되어 있다. 이 사상은 종교가 정치적 허구이며 현자와 지배자들에 의해 고안되어 사람들로 하여금 정의와 국가를 존중하게 하기 위함이라는 것이다. 키케로는 이 이론을 『신의 본질에 관하여』에서 광범위하게 다룬다. 이신론자들에게 같은 중요성으로 다가오는 것은 누마 폼필리우스(Numa Pompilius)가 제정한 고대 로마의 기초적 제도들에 대한 리비우스(Titus Livius)의 연구였다. 특히 John Toland, *Adeisidaemon*를 보라. 종교의 기만이론에 대한 가장 영향력 있는 변호자는 퐁트넬(Bernard Fontenelle)이었다. Manuel, "The Grand Subterfuge", *The Eighteenth Century Confronts the Gods*, chap.2를 보라.
31) *Critias*, fr.43F19 Snell; Warburton, *Divine Legation*, vol.2, p.149ff. 참고문헌이 있는 Dana Sutton, "Critias and Atheism", *Classical Quarterly*, no.31, 1981, pp.33~38을 보라. 줄리아 안나스의 정보에 감사한다.

는 호기심을 자극하는 것인데, 이는 더 작은 신비의 기능이다. 이는 영혼의 불멸성과 사후의 영혼의 운명인 '상급과 징벌의 미래 상태'에 대한 가르침을 준다. 또 하나의 기능은 그렇게 하지 않으면 국가가 전복될 수도 있기 때문에 극소수에게만 가르쳐져야 할 진실을 숨기는 것이다. 이 같은 위험하고 독점적인 진실은 다음 두 문장으로 요약될 수 있다.

1. 다신교적 만신전은 거짓일 수도 있지만 인민들을 위해 만들어진 환상일 뿐이다.
2. 모든 존재의 유일한 창시자이자 원천인 신은 오직 하나일 뿐이다.

워버턴은 여기서 한 걸음 더 나아가 종교와 철학 발전의 세 단계를 구별한다.

1. 자연 단계: 이집트 종교. 이 단계에서 유일신교의 전제조건과 토대가 비의적(秘義的) 다신교의 형태로 자리 잡힌다.
2. 체계 단계: 이집트적 전제조건에서 결론을 도출하여 하나의 시종일관한 체계를 만드는 그리스 물질론적 철학의 단계로서 자연적 범신론을 일종의 무신론, 일원론 혹은 '스피노자주의'로 변형시킨다.
3. 혼합 단계: 이 단계는 신비학적 오류의 단계로서 이집트적 전제조건 위에 그리스적 결론을 접목하기 위해, 그리고 '스피노자주의'를 이집트적 근원으로 해석하기 위해 신비학적 저술이 위조된다.

모세가——혹은 모세를 매개로 한 신이——한 것은 유일신교에 대한 이집트적 전제조건을 계시된 진리로 변형시키는 것이었다.

워버턴의 당시 독자들은 그의 복잡한 구별을 따르지 않았고, 대신 번역으로서의 계시사상에 열광했다. 그것은 워버턴이 강조하고자 했던 계시와 이성 혹은 자연 간의 구별을 독자의 마음속에서 지웠고, 그 구별을 넘어서게 했다. 그리하여 그는 자신이 반박하고자 했던 자유사상가들과 프리메이슨들의 견해를 오히려 실증하게 되었다. 복잡하고 수수께끼 같은 신성문자적 구조와 제식들 속에 안치·보호되었던 근원 지혜의 중심축 주변에서 이방 종교들이 발전하고 퇴화되었다는 생각과 그 과정에서 점점 더 대중적 정치체제와 모순을 드러냈다는 생각은 비밀 결사의 비의적 모임 안에서 가장 선진적 사상이 교환되던 시기인 계몽주의 시대에 특별한 관심을 불러일으켰다.[32]

사물과 기호: 우상숭배와 신비의 그라마톨로지

호라폴론이 쓴 것으로 보이는 원고 『신성문자』(Hieroglyphica)가 1419년 안드로스 섬에서 발견된 것은 언어학적·기호학적 혁명을 불러일으켰다. (알라이다 아스만의 용어를 빌려[33]) 간단히 말하자면 중세에 만연했던 아리스토텔레스학파 기호학의 '간접적 의미'(mittelbare Signifikation, 기호들은 규범적 코드를 수단으로 하여, 그 기호들이 지시하는 것을 의미한다)는 플라

---

[32] Karl F. H. Frick, *Licht und Finsternis*, part 2, Graz: Akademische Druck- und Verlagsanastalt, 1978; Rolf Christian Zimmermann, *Das Weltbild des jungen Goethe: Studien zur hermetischen Tradition des deutschen 18. Jahrhundert*, 2 vols., Munich: Fink, 1969~1979; Peter Christian Ludz(ed.), *Geheime Gesellschaften*, Wolfenbütteler Studien zur Aufklärung, vol.5/1, Heidelberg: Lambert Schneider, 1979를 보라.

[33] Aleida Assmann, *Die Legitimität der Fiktion*, Munich: Fink, 1980을 보라. 토머스 그린은 동일한 구별을 '순접적'(conjunctive) 대 '이접적'(disjunctive) 기호학으로 언급한다.

톤학파의 기호학의 '직접적 의미'(unmittelbare Signifikation, 기호들은 주어진 몫에 따라 의미한다)에 자리를 내주게 된다. 단어가 '본성적 방법으로'(physei) 사물과 개념을 지칭하는지, 그렇지 않으면 '규범에 따라'(thesei) 사물과 개념을 지칭하는지에 대한 고대의 논쟁은 결국 '규범'에 따라 지칭한다는 아리스토텔레스의 주장이 승리한 채로 막이 내렸는데, '본성적 방법으로' 사물과 개념을 지칭하는 것으로 번(오)역되었던 문자체계의 발견으로 이 논쟁이 다시 시작되었다. 호라폴론의『신성문자』가 발견됨으로써 '플라톤학파'와 '아리스토텔레스학파' 사이의 언어학적 논쟁은 문자에 관한 논쟁으로 전환되었다. 이런 이유로 이그너스 J. 겔브(Ignace J. Gelb)가 "문자에 대한 학문"[34]이라는 뜻으로 만든 용어이자 자크 데리다가 "문자에 대한 철학"[35]이라는 뜻으로 사용한 용어인 "그라마톨로지"(grammatology)가 자연문자의 가능성과 신성문자에 대한 담론을 언급하기 위해 일상적으로 사용하는 '언어학'[36]이란 용어보다 더욱 적절한 것처럼 보인다. 모세구별의 그라마톨로지적인 측면은 자연과 성서 사이의 대조로 구성되어 있다. 계시 혹은 '실증' 종교라는 개념은 문자 기술(technique)과 밀접하게 연관되어 있었다.

    근대 초기에는 자연과 문자(성서) 간의 화해, 즉 18세기 책 제목으로

---

34) Ignace J. Gelb, *A Study of Writing: the Foundations of Grammatology*, Chicago: University of Chicago Press, 1952.
35) Jacques Derrida, *De la grammatologie*, Paris: Editions de Minuit, 1967.
36) Hugh Ormsby-Lennon, "Rosicrucian Linguistics: Twilight of a Renaissance Tradition", eds. Ingrid Merkel and Allen G. Debus, *Hermeticism*, pp.311~341. 이 논문의 각주에서 오름스비-레논은 내가 찾아낼 수 없었지만 그가 준비하고 있던 같은 주제에 대한 연구서 *Nature's Mystrick Book: Magical Linguistics, Modern Science, and English Poetry from Spencer to Colderidge*를 언급한다. 또한 Ernst H. Gombrich, *Icones Symbolicae: Studies in the Art of the Renaissance*, vol.2, Oxford: Phaidon, 1972를 보라.

말하면 『자연과 문자(성서)의 조화』(Naturae et Scripturae Concordia)[37]를 꿈꾸었다. 전통적으로 이 같은 노력은 신에 대한 두 책, 다시 말해 자연이라는 책과 문자(성서)라는 책에 대한 이론으로 표현되었다.[38] 이제 조금은 다르긴 하지만, 서로 관련된 해결책이 '자연의 문자(성서)'(Scripture of nature)라는 형태로 모습을 드러냈는데, 이는 언어의 소리가 아닌 자연의 사물과 마음의 개념을 지칭하기 위한 문자다. 15세기부터 19세기에 이르기까지의 많은 학자들은 이집트의 신성문자를 그러한 문자로 여겼다. 이것이 초기 근대 유럽이 고대 이집트와 그 문자에 대해 쏟아부은 관심을 잘 반영해 준다.

신성문자는 소리가 아닌 사물을 지칭하는 자연적 기호 혹은 "진정한 특성들"(프랜시스 베이컨의 용어)로 풀이되었다.[39] 신은 세상을 상징과 이미지로 만들었고, 이집트인들은 그 창조주를 모방했을 뿐이었다. 그들의 문자 체계는 신의 창조물을 즉시 단어로 바꾼 아담의 언어처럼 근원적이고 자연스런 것으로 여겨졌다.[40] 이런 맥락에서는 직접성이 핵심이다. 랠프 커드워스의 말을 인용해 보면 "이집트의 신성문자는 소리나 단어에 대해 답하는

---

37) Johann Georg Wachter, *Naturae et Scripturae Concordia. Commentatio de Literis ac Numeris Primaevis, Aliisque Rebus Memorabilibus, cum Ortu Literarum Coniunctis, Illustrata, et Tabulis Aeneis Depicta*, Leipzig and Copenhagen, 1752.
38) Aleida Assmann, *Die Legitimität der Fiktion*을 보라.
39) 스위프트가 라푸타의 원주민을 묘사할 때 그런 '자연언어'와 그들이 끌고 가는 물건들을 통한 소통의 기이한 체계에 대한 그 유명한 조롱에도 불구하고. Jonathan Swift, *Gulliver's Travels*, eds. Peter Dixon and John Chalker, 1727; Harmondsworth: Penguin, 1967, pp.227~231. A. C. Howell, "Res et Verba: Words and Things", *ELH*, no.13, 1946, pp.131~142를 보라.
40) Umberto Eco, *La ricerca della lingua perfetta nella cultura europea*, Rome and Bari: Laterza, 1993을 보라. Aleida Assmann, "Die Weisheit Adams", ed. Aleida Assmann, *Weisheit*, Munich: Fink, 1991, pp.305~324를 보라.

형상이 아니라 대상과 마음의 개념을 즉시 재현하는 형상이었다".[41] 이 같은 해석은 특히 플로티노스(Plotinus)의 말에 근거를 두는 것이다.

이집트의 현자들 또한 내 생각에 과학적 지식으로든 천부적 지식으로든 이것을 이해하리라고 믿는다. 그들이 뭔가를 현명하게 나타내고자 할 때 단어의 순서와 위치를 따르고 철학적 진술의 언명과 소리를 모방하는 글자 형태를 사용하는 것이 아니라, 그 이미지[agalmata]를 그려서 신전에 새겨 넣음으로써 각각의 특별한 사물에 대한 하나의 아름다운 이미지를 만들고, 지각할 수 있는 세계에 대한 비(非)추론을 보여 주었다. 모든 이미지는 일종의 지식이자 지혜이며 숙고할 주제다. 그리고 후에 [다른 이들은] 응축된 개체로서 출발하여, 즉 이미 표명된 것에서 시작하여 그것을 개념적으로 표현하고 왜 사물이 이와 같은지에 대한 이유를 설명함으로써 [그 이미지를] 다른 뭔가의 재현으로 해독하였다.[42]

마르실리오 피치노는 이 단락에 대해 다음과 같이 의견을 말한다. "시간에 대한 추론적 지식은 다면적이고 유연하다. 예를 들어 말해 보면, 시간은 지나가고 어떤 혁명을 통해 시작과 끝을 다시 연결해 준다……. 하지만 이집트인들은 꼬리를 입으로 무는 날개 달린 독사를 그려서 이런 종류의 모

---

41) Cudworth, *True Intellectual System*, p.316.
42) Plotinus, *Enneades*, 5.8.5, 19 and 5.8, 6, 11. Barash, *Icon*, p.74f.에서 재인용. Arthur Hilary Armstrong, "Platonic Mirrors", *Eranos*, vol.55, Frankfurt: Insel, 1988, pp.147~182를 보라. 플로티노스의 비담론적 사고에 대해서는 Richard Sorabji, *Time, Creation, and the Continuum: Theories in Antiquity and the Early Middle Ages*, Ithaca: Cornell University Press, 1983, p.152f.를 보라(이것은 줄리아 안나스가 준 정보이다).

든 담론을 이해한다."[43]

17세기 초반에 토머스 브라운 경은 "말하자면 단어가 아니라 사물에 대한 알파벳을 사용하면서 그것의 이미지와 그림을 통하여, 그들은 [이집트인들은] 자연의, 다시 말해 사물의 문자와 언어 속에 감춰진 내용을 말하고자 애썼다". 말이 아닌 사물의 알파벳은 정말로 "바벨탑의 혼란을 피할 수 있는 방책"이었다.[44]

윌리엄 워버턴은 1741년에 이집트 신성문자에 대해 가장 상세하고 박학하고 영향력 있는 해석을 제시했다. 그는 상이하지만 서로 관련된 두 역사적 조사에 기반을 두고 자신의 주장을 펼쳤다. 그 하나는 고대 신비숭배에 대한 연구였고 다른 하나는 일반적인 문자의 근원과 특히 이집트 신성문자에 관한 연구였다.[45] 근대 저자뿐만 아니라 고대 저자들도 동의하는 공통된 가정은 이집트인들이 신성문자를 "그들 종교와 신학의 신비를 표현하여 세속적 대중들은 알지 못하도록 하기 위해서" 만들었다는 것이었다.[46] 신성문자적 글자들은 일반적으로 신비의 부수적 현상으로 이해되었고, 진실을 남용과 오해와 세속화로부터 보호하기 위해, 그리고 그 토대를 망가뜨릴 수도 있는 정치적 제도로부터 보호하기 위해 고안되었다는 것이다. 이리하여 당시의 이론에 따르면 신성문자적 글자의 기원은 대중적 믿음과 신비주의적 지혜를 구별하는 "이중 철학"[47]의 부흥과 밀접하게 연결되어 있었다. 근

---

43) Marsilio Ficino, *In Plotinum*, 5.8 = P. O. Kristeller, *Supplementum Ficinianum. Marsilii Ficini Florentini Philosophi Platonici Opuscula Inedita et Dispersa*, 2 vols., 1768; Florence: Olschki, 1937~1945; repr. 1973. Dieckmann, *Hieroglyphics*, p.37에서 재인용. Edgar Wind, *Pagan Mysteries in the Renaissance*, New Haven: Yale University Press, 1958, p.169ff.; Barasch, *Icon*, p.75.

44) Sir Thomas Browne, *Pseudodoxia Epidemica*, vol.3, p.148. Dieckmann, *Hieroglyphics*, p.113에서 재인용.

본 유일신교의 원시적 상태인 자연종교는 문자를 필요로 하지 않았다. 문자는 오직 국가의 발달 혹은 (이집트에서 처음 발생한 것으로 여겨지는) '정치적 사회'와 더불어 사람들이 그들 왕이나 입법자들을 신성시하기 시작하면서 생겨났다. 그후 종교는 정치적으로 보조적이지만 근본적으로 사람들의 허구적인 믿음과, 해를 끼칠 수도 있는 제사장들의 지식으로 나누어지기 시작했다. 제사장들이 그들의 위험한 지식을 전달할 암호를 발명해야만 한 때가 바로 이 무렵이었다. 신성문자는 제사장들이 국가와 진실을 보호하기 위해 전통으로 포장했던 '베일'이었던 것이다.

이 이론에 대한 워버턴의 반론은 단순하고 합리적이었다. 그는 다른 문

---

45) Warburton, *Divine Legation*, book 4, sect.4, vol.2, pp.387~491. 이 부분은 따로 프랑스어 번역에 나타난다. Léonhard des Malpeines, *Essai sur les hiéroglyphes des Egyptiens, où l'on voit l'origine et le progrès du langage et de l'écriture, l'antiquité des sciences en Egypte et l'origine du culte des animaux. Traduit de l'anglais de M. Warburton. Avec des observations sur l'antiquité des hiéroglyphes scientifiques et des remarques sur la chronologie et sur la première écriture des Chronis*, 2 vols., Paris, 1744. 이 책은 Jacques Derrida, "Scribble"(pouvoir/écrire)과 Patrick Tort, "Transfigurations"(archéologie du symbolique)를 권두에 싣고, 파트리크 토르가 주석을 달아 1978년에 재발행되었다. Léonhard des Malpeines, *Essai sur les hiéroglyphics des Egyptiens ... écriture des Chronis,* Paris: Flammarion, 1978. 페터 크룸메는 프랑스어판의 독일어 축약본을 번역하고 편집했다. Peter Krumme, *Veruch über die Hieroglyphen der Ägypter*, Frankfurt: Ullstein, 1980.
워버턴의 자료들은 신성문자에 대한 호라폴론과 다른 그리스 문헌들이다. 이에 관해서는 Pierre Marestaing, *Les écritures égyptiennes et l'antiquité classique*, Paris, 1913; Pieter Willem van der Horst, "The Secret Hieroglyphs in Classical Literature", eds. J. den Boeft and A. H. M. Kessels, *Actus: Studies in Honor of H. L. W. Nelson*, Utrecht: Instituut voor Klassieke Talen, 1982, pp.115~123; "Hierogliefen in de ogen van Grieken en Romeinen", *Phoenix ex Oriente Lux*, no.30, 1984, pp.44~53; Erich Winter, "Hieroglyphen", *Reallexikon für Antike und Christentum*, vol.15, Stuttgart: Hiersemann, 1991, pp.83~103, 특히 p.89ff.를 보라.
46) Cudworth, *The Intellectual System*, p.316.
47) Manuel, *The Eighteenth Century Confronts the Gods*, pp.65~69.

자체계들의 기원들을 조사하여 어떠한 최초의 문자도 이제껏 단순히 비밀의 기능만을 수행하기 위해 개발된 것이 없음을 발견했다. 암호법은 항상 존재하는 주된 문자체계를 기초로 한 부수적 발명이었다. 문자의 자연적인 기능들은 기억과 의사소통을 위한 것이지 비밀화하는 것과 관계되지 않았다. 워버턴은 선교사나 여행가 등 그의 시대에 이용 가능했던 출처로부터 중국과 멕시코 문자들을 사례로 제시했다. 그는 모든 최초의 문자가 그림과 자의적 기호들(그의 표현을 빌리면 "자의적 제도의 표시들")의 조합이라고 주장한다. 그림들과 형상들은 말 대신 사물을 표현한다. 자의적 기호들은 '정신적 개념들'을 지칭한다. 하지만 둘 다 '소리들'이 아닌 '사물들'을 지칭한다. 자의적인 기호들에 대한 예로서 그는 페루 사람들의 매듭 노끈을 제시한다. 마르티노 마르티니(Martino Martini)의 이론에 의하면 중국 문자에도 매듭 노끈에서 유래한 자의적 기호가 많이 있었다.[48] 페루인들은 기호를 강조했지만 '그림' 또한 사용했던 반면, 멕시코인들은 형상을 강조했지만 자의적 기호 또한 사용했다. 이리하여 모든 최초의 문자체계는 두 가지 형태의 문자를 갖고 있었고, 전통과 의사소통의 방식을 영구화할 목적으로 고안되었다.

 이러한 '신성문자적 그림'과 '자의적 제도의 표시'는 여전히 '문자 이전' 단계의 모습이다. 워버턴이 "단축"이라 부르는, 다시 말해 기호 목록을 제한하여 그것을 관례적 체계로 변형하는 규칙과 틀을 도입하는 과정에서만 진정한 문자체계는 발전하였다. 그리고 이러한 과정은 비밀이나 비밀화

---

48) Warburton, *Divine Legation*, vol.2, p.398. 여기에 Martino Martini, *Sinicae Historiae Decas Prima, Res a Gentis Origine ad Christum Natum in Extrema Asia, sive Magno Sinarum Imperio Gestas Complexae*, Munich, 1658에 대한 언급이 있다.

와는 거의 관계가 없고 그저 필요와 경제성의 법칙을 따를 뿐이다.

워버턴은 형상적 기호라 부를 수 있는 것에 대한 세 가지 법칙을 밝혀냈는데 그것을 이집트 신성문자에 대한 호라폴론의 논문에서 인용하였다.

1. "주된 상황이 전체를 대표한다"(예컨대 "한 손에는 방패를 다른 손에는 활을 들고 있는 두 손"은 "전투"를 상징한다):[49] "비형상적(curiological) 신성문자."[50]
2. "사물에 관한 도구는 사물 자체를 나타낸다" (예를 들어 눈은 "전지全知함"을 상징한다):[51] "비유적(tropical) 신성문자."
3. 상징적 유추(예를 들어 꼬리를 물고 있는 독사는 '우주'를 상징한다): "상징적 신성문자."

워버턴에 의하면 모든 문자체계는 이런 공통된 출발점에서 시작하여 다양한 방향으로 발전한다. 그는 나중에 요한 고트프리트 헤르더를 떠올리면 연상되는 "민족정신"(Volksgeist)[52]이란 개념을 가지고 그 차이를 설명한다. 이집트인들은 대단히 창의적이고 상상력이 풍부하여 자연스럽게 '상징적이고 유추적인 표시들'을 선호하게 되었다는 것이다. 따라서 그들은 형상적 기호들을 개발하였고 '제도에 의한 표시'는 거의 사용하질 않았다. 하

---

49) 신성문자 'h3의 정확한 의미는 '전투'(combat)다.
50) '비형상적'(curiological) 신성문자와 '비유적'(tropical) 신성문자 사이의 구별은 알렉산드리아의 클레멘스로부터 받아들인 것이다. curiological이란 말은 kyrios, '주인'이란 뜻으로 '비형상'(nonfigurative)을 의미한다. 그에 반해 tropical은 '형상적'(figurative), 그리고 symbolic은 '불가사의한'(enigmatic)을 뜻한다.
51) 이 예는 Clement of Alexandria, *Stromata*, book 1, chap.5에 나온다.
52) Warburton, *Divine Legation*, vol.2, p.399.

지만 중국인들의 경우 그 상황은 반대였다. 중국인들은 너무나 비독창적이고 문화적으로 정체되었기에(이는 그저 워버턴의 견해일 뿐이다)[53] 그림으로 상징화하는 것에는 거의 관심이 없었고 추상화에 눈을 돌렸다. '사물들'을 그림으로 그리고, 표현할 수 없는 의미를 나타내기 위해 사물들의 성질들을 사용했던 이집트인들의 형상문자 방법은 자연의 역사에 관한 광범위한 지식을 요한다. 워버턴의 이 같은 독창적인 견해는 한편으로는 호라폴론의 신성문자에 관한 해석과 다른 한편으로는 아엘리아누스와 플리니 같은 사람이나 『피지올로구스』(*Physiologus*, 자연사 모음집) 같은 책들로 만들어진 고대 자연과학의 암호화 간의 놀랄 만한 유사점을 설명한다.[54] 모든 다른 필기문자들과는 달리 이집트 신성문자는 사물문자로 남아 결국 우주적·생물학적 지식을 암호화한 체계로 남아 있다. 다른 문자체계는 현상세계와의 이 같은 인식론적 연관성을 잃고 순수한 관례적 암호로 바뀌었다.

이렇게 근원에 대한 대답을 제시한 후 다음 단계인 "어떻게 신성문자가 지식을 감추기 위해 사용되었는가"에 관한 질문에 답할 토대가 마련되었다. 여기서 또한 워버턴의 설명이 가장 독창적이다. 이집트 필기문자는 그림에서 글자로 가는 일반적 발달과정을 따르지 않았기 때문에 복잡해져서 다문자(polygraphy)가 되었다.[55] 다른 민족들은 그림을 글자로 바꾸었지만 이집트인들은 그림문자를 유지하였고 추가적으로 비(非)그림문자를 발명하였다. 워버턴은 포르피리오스와 알렉산드리아의 클레멘스를 인용하

---

53) Warburton, *Divine Legation*, vol.2, n[X].
54) Erik Iversen, *The Myth of Egypt and its hieroglyphs in European tradition*, Copenhagen: Gad, 1961, p.48을 보라. "호라폴론에 따르면 기호와 의미의 관계들은 항상 알레고리적 본성을 지니고 있었다. 그것은 항상 정확히 '철학적' 추론과 같은 것에 의해 정초되었는데, 이것을 우리는 나중에 중세의 피지올로구스(Physiologus)와 동물우화에서 발견한다."
55) Warburton, *Divine Legation*, vol.2, p.403.

며 그들의 다소 분분한 설명을 결합하여 사문자(四文字, tetragraphy)체계를 설명한다.

포르피리오스는 서간문자, 신성문자, 상징문자로 구별했고, 클레멘스는 서간문자, 사제문자, 신성문자로 구별했다. 이 둘 모두 현대 어원학적 용법의 민중문자, 성직문자, 신성문자로 불리는 것을 지칭하고 있다. 신성문자와 성직문자는 고전 이집트 언어와 관련이 있다. 기본적으로 동일한 문자 체계이지만 하나는 기념비에 쓰이는 문자이고, 다른 하나는 필기체로 쓰이는 문자이다. 그러나 그와는 대조적으로 민중문자는 일상구어와 관계를 맺고 있다. 그것은 성직문자에서 유래했지만 대단히 추상적이고 이해하기가 어렵다. 이런 사실들이 워버턴에 의해 알려진 것은 아니다. 그래서 나는 단지 워버턴이 자신의 주장을 요약하는 논리만 살펴보고자 하는데 그것은 다음과 같다. 그에 의하면 포르피리오스와 클레멘스는 각각 스스로가 말하는 필기문자를 생략하고 있다. 포르피리오스는 클레멘스가 말하는 '사제'문자를, 클레멘스는 포르피리오스가 말하는 '상징'문자를 언급하지 않는다. 그러므로 세 개가 아닌 네 개의 문자(서간문자, 사제문자, 신성문자, 상징문자)가 있었다는 것이 워버턴의 생각이다.

하지만 워버턴은 대단히 정교한 클레멘스의 설명을 조금 수정할 필요가 있다고 생각한다. 클레멘스는 한 이집트 학생의 교과과정을 묘사한다. 먼저, 그 학생은 서간문자를 배우고 나서 사제문자를 배우며, 대단히 뛰어날 경우에만 비로소 최후의, 가장 어렵고 가장 완성된 문자인 신성문자를 배우게 된다. 보통의 필경가들은 사실 민중문자와 성직문자만 배웠기 때문에 이 말은 아주 옳은 말이다. 그리고 예술가를 지망하는 소수들만이 또한 신성문자를 배웠다. 워버턴은 이 교과과정을 이용하여 클레멘스가 이집트 문자의 발전단계를 민중문자에서 성직문자로, 그리고 마지막으로 신성문자로 묘사하고 있다는 주장을 전개한다. 하지만 워버턴은 이 순서를 바꿔 처음에 신성문자, 다음으로 사제문자, 그리고 마지막에 서간문자를 놓는다. 상징문자 또한 나중에 발달된 것이라는 주장이다. 그는 비밀을 목적으로 사용된 것은 일반적으로 알려진 바의 신성문자가 아닌 '상징'문자였다고 말한다. 워버턴은 신성문자와 상징의 차이를 자신의 용어 비유(trope)의 사용에서 찾는데, 그런 기호들의 형상적 기능은 단순히 상징하는 것을 보여 주는 것이 아니라 은유나 환유를 사용하는 것이다.

비유적 신성문자는 필요성 때문에 이 방법을 사용한다. 반면 상징적 신성문자 혹은 비유적 상징은 수수께끼이다. 워버턴은 비유적 신성문자의 예로 결코 신성문자로 보이지 않는 이미지를 제시하는데, 더욱이 이는 이집트인들에게 전혀 알려지지 않은 것이다. 그는 에베소의 많은 유방을 가진 디아나를 흔히 '우주적 자연'(Universal Nature)을 나타내는 신성문자로 제시한다. 이 오해에 관심을 갖는 이유는 그것이 일반적으로 사이스의 베일에 가려진 성상 및 이시스의 이집트적 도상법과 동일시되기 때문이다.[56] 게다가 이 예를 통해 워버턴은 문자와 도상법을 구별하지 않음을 알 수 있다. 보통은 다양한 사물을 결합하는 비유적 상징 혹은 상징적 신성문자의 예로 워버턴은 두 가지를 제시하는데, 그것은 태양의 상징으로 똥덩어리를 미는 쇠똥구리와 우주의 상징으로 독사가 있는 원반이다. 그리고 이 두 가지 예 모두 클레멘스에게서 인용한 것이다.

상징적 문자, 다시 말해 암호문은 세 가지 기능을 가진다. 새로운 '수수

---

[56] Pierre Hadot, *Zur Idee der Naturgeheimnisses: Beim Betrachten des Widmungsblattes in den Humboldtschen "Ideen zu einer Geographie der Pflanzen"*, Abhandlungen der Akademie der Wissenschaften und der Literatur Mainz, geistes- und sozialwissenschaftliche Klasse Abhandlung, 8, Wiesbaden: Steiner, 1982를 보라.

께끼' 같은 기호를 창조하는 기능, 하나의 기호의 의미들을 증식하는 기능, 하나의 의미에 대한 기호들을 증식하는 기능이 그것이다. 이상하지만 이는 바로 이집트 암호법이 당시 어떻게 쓰였는지에 대한 정확한 묘사이다. 그러나 워버턴은 이에 대해 조금도 생각할 수 없었다. 만약 클레멘스와 포르피리오스 시대에 사용된 보통의 문자에 암호법을 추가해 보면 워버턴의 사문자체계는 아주 정확하다.

서간문자 = 민중문자
사제문자 = 성직문자
신성문자 = 신성문자
상징문자 = 암호법

이집트 후기 시대까지 암호법은 신성문자의 아주 드문 변이형으로 지나가는 사람들의 호기심을 불러일으키기 위한 심미적 목적으로 주로 사용되었다. 하지만 외세의 지배기인 그리스-로마 시대에 와서 암호법은 신성문자를 기념물로 쓰는 데 이용되기 시작했고, 이것이 대단히 복잡해져 전체 문자체계가 일종의 암호법으로 변화되었다. 그리고 클레멘스와 포르피리오스가 신성문자의 이 마지막 단계에 대한 연구를 하였다.

근대 이집트학이 중요시되던 때부터, 미신을 믿는 대중으로부터 철학적 종교 비밀을 지키기 위한 제사장들의 소망과, 정치적으로 힘이 되는 다신교를 이성과 자연의 전도적 유일신교로부터 보호하기 위한 지배자들의 필요 때문에 이집트에서 문자가 발명되고 발달되었다고 주장하는 비밀의 그라마톨로지에 대한 워버턴의 반박은 아주 정당한 것이었다. 하지만 만약 그 주장이 문자의 기원이 아닌 문자의 최근 단계들에 적용되었더라면 어떤 타당성을 인정받았을 것이다. 이것이 바로 워버턴이 제시한 것이다. 이 점에서도 그의 말이 옳았다. 이집트가 외국의 지배를 받던 고대 이집트 후반기에 비밀을 지켜야 할 필요가 더 많았다. 신성문자를 비밀 암호로 그리스인들이 오해한 것은 이집트 제사장들이 직접 신성문자나 종교에 대해 말한 (또한 생각한) 것을 그대로 보여 준다. 적어도 이 시기 내내 신성문자로 된 문서가 아주 복잡하게 발달한 것은 분명하다. 그 기호들의 목록은 1,000퍼센트까지 증가하였고(700개에서 7,000개로) 일종의 '상형문자'[57]로 발전하였다. 그것은 호라폴론이 재현한 것과 많이 다르지 않았다.[58] 훨씬 옛날에 신성문자는 더 이상 '정상적인' 문자체계로 사용되지 않았다. 오직 기념비나 예술적 기능으로만 사용되는 것으로 제한되었다. 후기 시대에 이집트 민중문자와 그리스어는 매일의 일상에서 사용되었고 성직문자와 신성문자는 신성한 문자로 바뀌었다. 심지어 글을 읽을 줄 아는 이집트인들조차 그 글자들에 접근할 수 없었던 것은 제사장들과 평민들 간에 커다란 문화적 경계를 만들어 쉽게 '이중 종교', 신비, 비법 전수라는 개념들이 생겨나게 했다. 하지만 그렇다고 이것이 대중종교와 제사장들의 종교 간에 적대감이 있었다는 뜻은 아니다. 모든 상류층은 외부인들이 쉽게 따라갈 수 없을 정도의 탁월하고 복잡한 수준으로 기교를 발전시켜 외세의 지배와 같은 위기를 대처한다. 이집트 종교의 이 마지막 단계에서 비밀은 제사장 계급이 자신들의 지위를 유지하는 사회적 기능을 잘 수행한 것 같다. 하지만 이집트 후기 시

---

57) Serge Sauneron, *L'écriture figurative dans les textes d'Esna*, Cairo: Imprimerie de l'Institut Français d'Archéologie Orientale, 1982, p.47ff.
58) van der Horst, "The Secret Hieroglyphs in Classical Literature"; "Hierogliefen in de ogen van Grieken on Romeinen"; Winter, "Hieroglyphen"; Iversen, *The Myth of Egypt*를 보라.

대에 비밀과 암호제작법이 생겨난 것은 이집트 종교 안에서 비의적 유일신 교와 대중적 다신교 간의 차별화와는 관계가 없는 것 같다.

워버턴은 계속해서 다른 문서들을 설명한다. 가장 재미있는 것은 서간문자에 대한 그의 이론이다. 그는 이 문자체계를 알파벳처럼 여긴다. 이미 살펴본 대로 신성문자와 알파벳 문자 간의 차이는 그것이 각각 사물을 지칭하는지 소리를 지칭하는지에 따라 달리 정의된다. 신성문자는 즉시 의미가 발생되지만 알파벳 문자는 언어를 매개로 의미가 생겨난다.[59] 비언어적 의미화의 원칙은 신성문자나 매듭 암호처럼 워버턴이 이른바 자의적 기호라 지칭하는 것에도 적용된다. 이집트인들은 그림 같은 자의적 기호라는 복잡한 목록 안에 감춰진 알파벳 문자체계를 창안, 아니 그보다는 '발견'했다.

이런 창안은 그들 문명의 오랜 역사의 어느쯤에선가 발생했다. 파라오의 한 서기관이 이것을 발견했는데, 원래 그것은 왕의 사적인 서신을 위해서만 사용되던 것이었다. 워버턴은 이런 맥락에서 『파이드로스』(Phaedrus) 속에서 플라톤이 말한 유명한 구절을 언급한다.[60] 워버턴이 전하는 플라톤의 설명에 의하면 왕은 이 창안의 장단점 둘 모두를 즉각 알게 된다. 장점은 의사소통을 훨씬 쉽게 만든다는 것이고, 단점은 기억을 괴멸한다는 것이다. 하지만 플라톤은 말로 하는 소통에 대해 (일반적) 문자를 반대하는 것이지 신성문자에 대해 속기문자를 반대하는 것은 아니다. 하지만

---

59) 이 용어에 대해서는 Aleida Assmann, *Die Legitimität der Fiktion*을 보라.
60) Plato, *Phaedrus*, 274c~275d. Jean Pierre Vernant, "Le travail et la pensée technique", *Mythe et pensée chez les Grecs: Etudes de psychologie historique*, Paris: F. Maspéro, 1971, pp.16~43을 보라. Plato, *Philebus*, 18b~d를 보라. 여기서 테우트의 문자들은 그리스 알파벳의 문자들과 닮아 있고, 소리를 지시하므로 신성문자라기보다 음성문자다.

워버턴이 그 이야기를 잘못 해석하여 신성문자의 기억술(ars memoriae)적 특성에 대한 흥미로운 연구에 새 장을 연다.[61] 워버턴은 테우트가 발명한 속기문자가 신성문자체계의 기억술을 파괴하게 될 것을 염려했다고 해석한다. 워버턴이 이미 보여 준 대로 신성문자는 기호로 사용되는 그런 사물들의 본성에 대해 아주 광범위한 지식을 전제로 한다. 실제로 모든 존재하는 사물들은 기호들로 사용되기 때문에 이러한 지식은 진정한 우주론에 해당하고 신성문자체계는 진정한 기억술에 해당한다는 것이다. "신성문자와 그것을 설명하는 방식이 필연적으로 인간의 주의력과 결부되어 있는 사물들부터 인간의 주의력을 분리시켜 외적이고 자의적인 기호로 자리 잡아, 이 기호는 지식의 진보에 가장 큰 방해물이 되었음이 입증되었다."[62]

신비학자이자 기억 연구가인 조르다노 브루노는 150여 년 전에 이와 똑같은 견해를 다음과 같이 밝혔다. "이집트인들 사이에서 쓰인 성스러운 문자들은 신성문자라 불렸다.……그것의 이미지들은……자연이나 자연의 일부분에서 가져온 것이다. 그러한 문자들과 소리를 사용함으로써 이집트인들은 대단히 놀라운 솜씨로 신의 언어를 알아내곤 했다. 그러다가 나중에 우리가 지금 사용하는 종류의 글자들이 테우트 혹은 몇몇 다른 사람들에 의해 발명되었을 때, 이 일은 기억과 신성한 학문과 주술적 학문들에서 커다란 불화를 초래했다."[63]

브루노도 워버턴도 신성문자를 부르는 이집트 용어가 "신의 말들"

---

61) 신성문자와 기억에 대해서는 Francis Bacon, *Advancement of Learning*, London, 1605, 2.14.3을 보라. "표상(表象)은 감각 이미지들에 대한 지적인 개념에서 유래하며, 감각적인 것은 지적인 것보다 더 강하게 기억에 인지되고 더 쉽게 기억에 각인된다." Dieckmann, *Hieroglyphics*, p.102에서 재인용.
62) Warburton, *Divine Legation*, vol.2, p.428.

(divine words)임을 알지 못했고(브루노의 표현 "신들의 언어"the language of the gods와 비교해 보라) 그들은 이집트인들 자신이 신성문자에 관하여 지니고 있었던 생각들과 아주 근접했었다는 것도 알지 못했다. 신적 언어(divine language)라는 브루노의 생각은 분명히 이암블리코스에게서 차용해 온 것이다.[64] 그들 왕의 지혜 덕택에 이집트인들은 결코 '사물-문자' 체계를 포기하지 않았고 새로운 알파벳은 서신 같은 특정한 용도에만 사용하도록 제한하였다.

지금 나는 워버턴의 재구성을 따라가며 "이집트인들의 모든 지혜와 학술로 모세가 양육되었던 시간"(「사도행전」 7장 22절)에 다가가고 있다. 모세가 살던 시대에 이미 네 가지 문자 모두 사용되고 있었다. 모세가 사용하기에는 서간문자와 알파벳 문자가 가장 적합했다. 그는 두번째 계명에 일치시키고, 모든 우상의 흔적을 없애기 위해 그저 글자의 형태만 바꾸면 되었다. 신이 신성문자의 사용이 필연적으로 우상숭배를 야기할 것을 인식하고 있었기 때문에 두번째 계명은 신성문자에 반대하고 있었다. 두번째 계명에 대한 이 해석은 다소 지루한 워버턴의 다른 주장보다 더 뛰어난 점 중 하나다.[65]

우상숭배를 금하는 두번째 계명은 두 가지 다른 뜻을 함축한다.[66] 신은

---

63) Giordano Bruno, *Opera Latina vol.3: De Magia*, pp.411~412. Yates, *Giordano Bruno*, p.263에서 재인용. 신성문자와 주술 사이의 관계는 교회사가 루피누스(Rufinus)에 의해 알려졌다. 그는 카노푸스에 있는 사원이 기독교인들에 의하여 파괴되었는데, 그곳에 이집트인들의 사제문자를 가르친다는 미명 아래 마술을 가르치는 학교가 있었기 때문이라고 말한다 (ubi Praetextu sacerdotalium litterarum [ita etenim appellant antiquas Aegyptiorum litteras] magicae artis erat paene publica schola). Rufinus, *Historia Ecclesiastica*, 11.26.
64) Iamblichus, *De Mysteriis Aegyptiorum*, 7.5를 보라.
65) Warburton, *Divine Legation*, vol.2, p.437.
66) Barasch, *Icon*을 보라.

보이지 않지만 어디에나 있으므로 재현되어서는 안 된다는 의미로 주로 이해된다.[67] 하지만 워버턴이 올바르게 지적한 바대로 이 계명은 "어떤 새긴 이미지, 어떤 형상을 한 것, 남자 혹은 여자 같은 것, 땅 위에 있는 어떤 짐승 같은 것, 하늘을 나는 날개 가진 어떤 새 같은 것, 땅 위를 기어 다니는 어떤 것, 땅 아래 물속에 있는 어떤 물고기 같은 것"(「신명기」 4장 15~18절, 워버턴의 번역)을 만드는 것 또한 금지하고 있다. 워버턴은 이 번역에서 우상숭배 금지의 반-이집트적 의미를 강조한다. 그것은 정확히 이집트적 문자, 생각, 말의 아주 기본적인 원칙들을——(신성문자적으로) 복제되어 창조된 세계를 우상화하지 말지라——'규범적으로 전도한' 것이라는 주장이다. 두번째 계명은 신성문자적 지식과 기억이 세계를 불법적으로 마법화하여 우상화시키므로 이를 거부한다.

워버턴에 따르면 우상숭배는 신성문자적 글쓰기와 사고의 부산물이다. 그것은 특히 이집트에 국한된 현상인데 이는 이집트가 그림문자적 성격을 보유하고, 추상화되는 일반적 경향에 저항한 유일한 문명이었기 때문이다. 이것의 증거는 오직 이집트에서만 발생한 최악의 우상숭배 형태인 '동물숭배'에서 볼 수 있다. 계속해서 워버턴은 우상숭배 발달에 나타나는 다양한 단계를 서술한다. 첫 단계에서 동물의 형상은 몇몇 수호신 혹은 신성화된 영웅-왕들을 상징하는 표시다. "헤로도토스가 「에우테르페」(Euterpe)에서 암시를 한 것으로 보이는 이 진실, 이집트인들은 첫번째 제단과 성상들과 신의 신전들을 세웠고 돌에 동물의 형상을 새겼다."[68] 두번째 단계는 이런 형상들이 다양한 신들의 표시로 단지 '읽히는' 대신에 그 자체로 숭배되는 때이다. 이때가 모세 시대인데 두번째 계명이 사물 자체가

---

67) Halbertal and Margalit, "Idolatry and Representation", *Idolatry*, pp.37~66을 보라.

아닌 성상을 만드는 것을 금지한 이유가 바로 여기에 있다. 여전히 성상을 숭배하는 것이 계속되었다. 이런 이유 때문에 유대인들이 모세가 죽었다고 믿었을 때 모세의 대역으로 황금 송아지를 만든 것이다.

    시간이 지나고서야 이집트인들은 동물 자체를 숭배하게 되었다. 이것이 '우상숭배'의 마지막 단계이다. 제사장들은 이 단계를 환영하고 육성하였는데, 동물숭배가 신들이 드러나지 않는 데 효율적으로 기여했기 때문이다. 적어도 최고의 입문식을 통과한 사람들인 제사장들은 (오직 신성화된 왕이거나 입법자들일 뿐인) 신들에 관한 진실을 알고 있었고, 그래서 신들의 기원에 관해 숨기고 비밀로 지켜야만 했던 것이다. 이러한 신성화된 필멸의 존재들을 동물의 형태로 재현하는 것은 그 신에 관한 기원을 보이지 않도록 하는 첫 단계였다. 백성들이 재현물이 아닌 재현을 숭배하기 시작했을 때야 비로소 비밀은 더 안전하게 유지될 수 있었다. 그러나 절대적 불가시성은 동물들이 숭배될 때 이루어졌다. 동물들은 신들에 대한 완전한 은폐였다.

    워버턴에 따르면 이것이 디오도루스와 오비디우스가 티폰에 대해 이야기하는 우화의 의미다. 티폰은 탐구심과 무례한 호기심을 갖고 있는 사람의 의인화라고 볼 수 있는데, 그는 사이비 신들(pseudo-gods)에게는 매우 위험한 인물이었다. 그 우화는 티폰 앞에서 신들이 어떻게 이집트로 도망쳤는지, 그리고 거기에서 동물의 형상으로 몸을 숨겼는지 말해 준다. 티폰은 이집트 신 세트의 그리스식 이름으로서, 이집트 텍스트에서는 실제로 그들의 비밀을 신성모독적으로 드러냄으로써 신들을 위협하는 것으로 묘사

---

(68) Herodotus, *Histories*, 2.4; Alan B. Lloyd, *Herodotus, Book II: Commentary 1~98*, Leiden: Brill, 1976, pp.29~33. 워버턴은 'zoa'라는 단어를 '동물'로서의 '형상, 이미지'란 뜻으로 본다. Henry G. Liddell and Robert Scott, *A Greek-English Dictionary*, Oxford: Clarendon Press, 1883, p.760에서 zoon II 항목을 보라.

되어 있다. 이집트인들은 신들의 비밀을 숙명적인 과거에 대한 에우헤메로스적 개념 속에서가 아니라 숙명의 이념과 관계되는 데서 찾았다. 이집트의 전형적인 비밀은 오시리스의 시체인데, 그것은 모든 수단을 다하여 세트 신의 공격에 맞서 보호받아야 했다. 오시리스 시체의 잠재적인 발견자이자 파괴자 역할로서의 세트 신은 이집트 후기에는 모든 신의 모든 비밀을 위협하는 표상이 되었다. 후기 시대에 이집트 숭배의식에는 일반적으로 상당히 많은 비밀이 생겨났다. 이것은 외국의 지배라는 조건에서는 아주 당연한 일이었다. 이것이 바로 그리스인들이 이집트를 경험하고 묘사한 것이었기 때문에 호기심에 대한 두려움과 비밀을 강조한 것은 상당 부분 이해할 만하다.

워버턴은 이집트의 신성문자체계에서 두 가지의 특징을 추론한다. 그 하나는 '동물숭배'이고, 다른 하나는 꿈에 대한 해석이다. 아르테미도로스(Artemidorus)는 두 가지 종류의 '꿈'이 있다고 했다. 하나는 '사변적'(theorematikos) 꿈이고 다른 하나는 '알레고리적'(allegorical) 꿈이다. '사변적' 꿈은 의미하는 것에 대한 이미지일 뿐이다. 그것은 '비형상적'(curiological) 신성문자와 상응한다. 그와는 대조적으로 알레고리적 꿈은 해독될 필요가 있다. 이집트인들은 꿈에 대한 최초의 해석자들이었다. 왜냐하면 다른 사람들은 추측하고 혼동하는 반면에 이집트인들은 해석의 방법을 잘 알고 있었고, 꿈을 읽을 수 있었다. 해몽술은 신성문자가 신성화되고 "그들 신학의 암호화된 수단이 되었을 때"만 발전할 수 있었다.[69] 하지만 이것은 요셉의 시대 이전에 발생했음에 틀림없다. 워버턴이 해몽과 신성문자 간의 연관관계(이것은 프로이트의 꿈의 해석에 중요한 역할을 했다)에 대해 이렇게 뛰어난 통찰을 연대기적인 논증의 맥락 속에서 수행하여 아르테미

---

69) Warburton, *Divine Legation*, vol.2, p.458.

도로스의 해몽집과 후기 헬레니즘의 신성문자에 대한 이론 간의 분명한 관계를 찾아낸 것은 그의 전형적인 논증방식이다.

이러한 연대기적인 단서를 볼 때, 문자의 비밀기능은 글쓰기가 어떤 지혜와 소통하기보다는 숨기는 기능을 한다('신비의 그라마톨로지')는 논리에 따라서 역사적으로 정립될 수 있었다. 신성한 암호해독으로서의 상징적 신성문자의 발전은 요셉 시대에 발생했음이 틀림없다. 왜냐하면 암호해독과 해석의 하위 분야인 해몽술은 그 당시에 이미 널리 알려져 있었기 때문이다. 그로부터 400년 후 모세의 시대에 이르러 신성문자의 사용은 '사물'의 일반적인 우상화로 발전하여 하느님이 제2계명에서 신성문자의 사용을 상세하게 금지할 정도였다. 이집트인들이 아직 동물숭배의 단계까지 도달하지 않았다는 것은 명백하다. 그 이유는 유대인들이 이집트에 살 때의 관습으로 돌아가 살아 있는 소를 숭배하는 대신에 황금 송아지를 만들었기 때문이다.

이집트학적인 표현으로 이 부분을 마무리하겠다. 워버턴이 이집트 신성문자를 해석할 때 사용한 즉각적 의미의 르네상스 그라마톨로지는 문자와 언어의 관계에서 볼 때 잘못된 것이었다. 샹폴리옹이 신성문자 해독에 대한 책을 발표한 때인 1822년 이후로 신성문자는 언어의 개념과 소리를 모두 언급한다는 것을 알게 되었다. 하지만 즉각적 의미의 그라마톨로지는 현대 이집트학에서 아직까지 설명하지 못한 채 남겨진 이집트 신성문자의 특성을 정당하게 평가했다. 왜 이집트 신성문자는 그림문자의 특성을 유지했을까? 이에 대한 워버턴의 대답은 신성문자가 사물을 지칭하고 실제로 세상을 구성하는 모든 형체들의 완벽한 목록을 갖고 있기 때문이라는 것이다. 눈에 보이는 세상(orbis pictus)으로서 신성문자의 형상에 대한 이 개념은 이집트의 어휘목록 오노마스티카[onomastica, 고유명사의 어원, 의미의 목록—옮긴이]가 다음의 내용을 포함하는 이 지식을 정의하는 방법과 아주 흡사하다.

> 프타가 창조한 것과 토트 신이 써 내려간
> 수많은 별들이 있는 창공과
> 땅과 그 땅이 지닌 것들과
> 산들이 뱉어 낸 것과
> 홍수로 잠긴 것들과
> 태양이 비추는 것들과
> 땅 아래 자라는 것들.[70]

프타는 이집트의 창조자이고 조형예술과 이미지의 신이다. 보통의, 다시 말해 알아볼 수 있는 문자와는 대조적으로 신성문자는 이집트인들에게 문자라기보다는 하나의 예술장르로 여겨졌다.[71] 워버턴이 신성문자에 대한 자신의 이론을 다문자에 대한 생각을 근거로 한 것은 아주 옳았다. 하지만 신성문자와 성직문자 간의 구별인 이중문자만으로도 충분하다. 신성문자는 기념비 문자이고 엄격하게 도상적 규칙을 지닌다. 성직문자는 필기문자이고 '사물'에 대해 도상적으로 지칭하지 않는다. 성직문자는 이집트 필

---

70) Alan H. Gardiner, *Ancient Egyptian Onomastica*, 3 vols., Oxford: Clarendon Press, 1947, vol.1.
71) Henry G. Fischer, *L'écriture et l'art dans l'Egypte ancienne: Quatre leçons sur la paléographie et l'épigraphie pharaonique*, Collège de France, essais et conférences, Paris: Presses Universitaires de France, 1986.

사가들이 배우고 썼던 보통의 문자이다. 신성문자는 예술과 관련되어 있었고, 예술가나 도제들에 의해 학습되고 사용되었다. 토트는 문자의 신이었고 프타는 신성문자의 신이었다. 프타는 문자를 사용하지 않았고 다만 모든 사물의 형태와 이름을 고안함으로써 신성문자를 만들어 냈다. 문자의 신인 토트는 문자를 창안한 것이 아니라 단지 발견했을 뿐이었다. 그래서 『아네메모프의 용어집』(*Onomasticon of Anememope*)에서 "모든 단어"의 개념은 "프타가 창조한 모든 것과 토트가 써내려간 모든 것"으로 표현된다. 문자란 이미 현실의 구조에서 함축된 것을 체현하고 일반적인 "세계의 가독성"을 토대로 한다.[72]

이 구조가 '신성문자적'이다. 그리고 그것은 플라톤주의의 일종이다. 플라톤은 가시적인 세계를 비물질적인 관념들의 유한한 체제(set)에 대한 무한한 물질적 재생산으로 해석하였다. 이집트인들은 가시적인 세계를 일종의 무한하게 진행되는 산물로 해석하였다. 이 산물은 아주 신실하게 유형들이나 모델들에 대한 본래의 유한한 체제를 따른다. 그리고 이 동일한 체제는 또한 신성문자의 체계에 따라 재현된다. 신성문자는 사물들의 세계를 재생산한다. 그리고 사물들의 세계는 기호들의 세계/말로서 보일 수 있다. 신성문자적 세계에서는 사물들과 기호들이 서로 교환될 수 있다. 이집트의 지혜가 후기 고대나 초기 근대의 신플라톤주의자들에게 매력적으로 다가오게 했던 것이 바로 이 세계 구조화의 방법이다.

그러므로 우상숭배의 성서적 개념은 창조된 세계를 재생산하였을 뿐 아니라 창조자 자신의 활동을 모방하기도 한 이집트의 신성문자 개념과 불

---

72) Hans Blumenberg, *Die Lesbarkeit der Welt*, Frankfurt: Suhrkamp, 1981; Aleida Assmann, *Die Legitimität der Fiktion*.

가분의 관계에 있다.[73] 이집트의 필사가, 예술가, 그리고 마술가들은 창조의 과정을 끊임없이 지속하면서 그들의 신성한 후원자인 프타와 토트의 일을 계속했다. 이집트 우주신교의 이러한 마법적이고 신비적인 모습들은 유럽의 기억에 살아남았던 신성문자의 공허한 개념에 결부되어 잔존했다. 헤르메스적 전통에서 신성문자들은 우주적 에너지의 마법적 통제에 대한 신비주의적·연금술적 개념과 잘 결부되어 있었다. 결국 제2계명은 이런 원칙의 규범적 전도라 할 수 있다.

여호와, 즉 이시스: 카를 레온하르트 라인홀트

철학자 카를 레온하르트 라인홀트(Karl Leonhard Reinhold)는 지금까지 칸트 철학의 최초의, 그리고 가장 영향력 있는 계승자 중의 한 사람으로 알려져 있다.[74] 그는 예나 대학교와 킬 대학교에서 1787년에서부터 1825년까지 가르쳤다. 1788년에 라인홀트는 브(루더) 데치우스(Br[uder] Decius)라는 가명으로 「유대교 신비 혹은 가장 오래된 종교 프리메이슨」이라는 논문을 발표했는데, 이 논문에서 그는 스펜서나 워버턴의 저작들과 같은 주

---

73) Iamblichus, *De Mysteriis Aegyptiorum*, 8.1을 보라. "이집트인들은 신비롭고 비가시적이고 비밀스런 개념들의 이미지를 만들어 낼 때 상징들을 사용하여 우주의 본성과 신들의 '창조력'을 모방하였는데, 이는 자연이 보이지 않는 로고스를 상징적인 방식을 통해 가시적 형태로 표출하고, 신들의 '창조력'이 가시적 이미지들로 개념들의 진실을 표현하는 것과 같은 방식이다."

74) Alfred Klemmt, *Karl Leonhard Reinholds Elementarphilosophie: Eine Studie über den Ursprung des spekulativen deutschen Idealismus*, Hamburg, 1958; Gerhard W. Fuchs, *Karl Leonhard Reinhold: Illuminat und Philosoph, Eine Studie über den Zusammenhang seines Engagements als Freimaurer und Illuminat mit seinem Leben und philosophischen Wirken*, Frankfurt: P. Lang, 1994; Yun Ku Kim, *Religion, Moral und Aufklärung: Reinholds philosophischer Werdegang*, Frankfurt: P. Lang, 1996을 보라. 뒤의 논문에 대한 정보는 플로리안 에벨링이 준 것이다.

제를 다루었다.[75] 라인홀트는 이 책을 철학자로서가 아니라 그의 동료 건축가(석공)들에게 연설하는 석공의 자격으로 썼다. 라인홀트는 최초의 예수회 신부(Pater Don Pius Reinhold)였고, 일루미나티(여기서 그의 가명은 데치우스였다)의 규약을 따랐다. 1783년 스물여섯의 나이에 그는 석공조합 지부 '참된 협약'(Zur wahren Eintracht)의 회원이었으며, 다섯 달 만에 세 등급 모두를 통과하여 승진하였다. 자매 지부인 '자선'(Zur Wohltätigkeit)의 회원이었던 모차르트와 하이든도 이 협회를 자주 들렀다.[76] 오스트리아 계몽주의의 가장 선도적인 인물 중 하나이자 라인홀트처럼 일루미나티였던 이그나츠 폰 보른은 프리메이슨의 총 본부장이었다.[77] 1783년 11월 라인홀트는 빈과 예수회 질서로부터 달아나 라이프치히로 갔고 그곳에서 계속해서 철학을 공부했다. 그는 1784년에 크리스토프 마르틴 빌란트(Christoph Martin Wieland)를 만나 잡지『토이처 메르쿠르』(Teutscher Merkur)를 함께 편집했으며, 1785년에는 빌란트의 딸 소피와 결혼하여 그의 사위가 되었다.

---

75) 클렘트나 폭스 어느 누구도 라인홀트의 이 중요한 논문을 언급하지 않는다. 「모세의 파송」끝 부분에서 실러가 언급하는 글은 『카비르의 신비』(Kabirische Mysterien)가 아니라 이 논문이다. Christine Harrauer, "'Ich bin was da ist...' Die Göttin von Sais und ihre Deutung von Plutarch bis in die Goethe zeit", *Wiener Studien: Zeitschrift für Klassische Philologie und Patristik* vol.107/108, Vienna: Verlag der Österreichischen Akademie der Wissenschaften, 1994, pp.337~355. 이 논문의 존재를 알려 준 엘리자베트 슈테헬린(Elisabeth Staehelin)에게 감사한다. 내가 원고를 완성할 때까지 나는 이 논문의 존재를 몰랐다.
76) 모차르트의 프리메이슨에 대해서는 Maynard Solomon, *Mozart: A Life*, New York: HarperCollins, 1995, pp.321~335.
77) Helmut Reinalter, "Ignaz von Born als Freimaurer und Illuminat", ed. Helmut Reinalter, *Die Aufklärung in Österreich: Ignaz von Born und seine Zeit*, Frankfurt: P. Lang, 1991. 이그나츠 폰 보른은 책 한 권 길이나 되는 이 논문의 저자다. Ignaz von Born, "Uber die Mysterien der Ägypter", *Journal für Freymaurer*, no.1, 1784, pp.17~132. 폰 보른의 논문은 모차르트와 쉬카네더(Emanuel Schikaneder)의 「마술피리」에 대한 프리메이슨적 자료들 중의 하나다.

빌란트는 자신이 직접 프리메이슨 단원이 되기 전 여러 해 동안 빈 지부와 밀접한 관계를 맺고 있었다. 라인홀트가 빌란트와 만날 수 있었던 것은 폰 보른과 오제프 폰 존넨펠스의 주선 덕택이었다. 라인홀트는 일루미나티 동료이자 석공이었던 감독관 요한 고트프리트 때문에 1785년에 개신교로 개종했다. 1787년에 그는 예나 대학교에서 철학과 외래교수로 임명되었는데 거기서 역사를 가르치고 있었던 실러와 친구이자 동료가 되었다. 그는 폰 보른과 그의 『프리메이슨 저널』(*Journal für Freymaurer*)을 위해 유대교 신비에 관한 글을 썼는데, 1786년 그 잡지에 그의 글은 두 번 실렸다. 폰 보른은 이집트 신비에 관한 책 한 권 길이의 논문을 가지고 이 잡지를 발족시켰다. 라인홀트는 '카비레스 신비들'에 대한 글을 계속해서 기고했는데, 이는 신 즉 자연(deus sive natura)이라는 스피노자주의적 문구로 표현된 범신론에 대한 고백적 선언이었다.[78] 유대교 신비에 대한 이 연구는 고대 신비들에 관한 연구를 계속하게 했고 1786년 호의 1부와 3부에 실렸다. 하지만 같은 해 빈 지부 '참된 협약'은 폐쇄되었고, 그 잡지를 이끌던 지도자들 대부분은 떠났다. 이 글로 더 많은 사람들에게 호소하고자 했던 (이 잡지로 마땅히 높은 존경을 받은) 라인홀트[79]는 다른 출판사를 찾다 라이프치히에서 유명한 출판사인 괴셴(Göschen)을 알게 되었다. 라인홀트의 이 작은 책

---

78) Ignaz von Born, "Über die kabirischen Mysterien", *Journal für Freymaurer*, no.3, 1785. 그리고 Fuchs, *Reinhold*, p.39f.를 보라. 폭스는 이 논문을 실러의 자료로 보았기 때문에 『히브리 신비』(*Hebräischen Mysterien*)를 간과했다.
79) 다음 책에서 라인홀트가 1787년 3월 23일에 출판업자인 니콜라이에게 보낸 편지를 보라. Reinhard Lauth et al.(ed.), *Karl Leonhard Reinhold: Korrespondenzausgabe der Österreichischen Akademie der Wissenschaften*, vol.1: *Korrespondenz, 1773~1788*, Stuttgart: Fromman-Holzboog, 1983, pp.197~198. 플로리안 에벨링이 내게 이 책을 알려주었다.

에 대한 나의 주된 관심은 그것이 스펜서와 프로이트 간의 잃어버린 고리가 된다는 사실에 있다. 이 책은 스펜서와 워버턴에 대한 꼼꼼한 이해를 토대로 한다. 프리드리히 실러는 그의 유명한 소논문 「모세의 파송」에서 이 책을 이용했을 뿐만 아니라 부연 설명했으며, 혹자는 거의 표절했다고도 한다. 실러의 논문은 지그문트 프로이트에게 막대한 영향을 끼쳤다.

라인홀트는 모세율법이 이집트적 기원을 가진다는 가정을 할 때 스펜서와 같은 주장을 펼쳤다. 하지만 그는 규범전도나 반-우상숭배적 치료법 같은 적대적 개념들을 언급하지 않고 자신의 역사적 근거나 출처를 통해 구성했다. 그에게 모세율법은 그가 "이집트적 신비들"이라 부르는 것을 충실히 모방하거나 바꾸어 놓은 것이다. 스펜서가 이집트 종교를 재구성할 때 부족했던 '신비'라는 개념은 스펜서의 이집트 공포(Egyptophobia)와 라인홀트의 이집트애(Egyptophilia) 간의 막대한 차이를 설명하는 대단한 혁신이다. 워버턴에게서 빌려 온 신비라는 개념으로 이집트 종교를 전경(前景) 및 배경과 함께 다르게 보는 것이 가능해졌다. 스펜서에게는 참으로 중요했던 우상주의, 미신, 동물숭배, 그리고 마술이라는 악명 높은 문제들은 이제 단순히 전경이나 표면적 현상으로 해석될 수 있게 되었다. 이러한 문제들은 유일신교적인 비의적 자연 혹은 우주 신학에 반대되는 일종의 대중적 정치 신학에 속하거나 의존하는 것이었다. 이 점에 이르기까지 라인홀트는 엄격히 워버턴을 따르고 있다. 하지만 이집트의 비의적 유일신교와 모세의 계시 유일신교를 동일시하는 다음 단계에서는 워버턴과 견해 차이를 보인다. 라인홀트는 유일신에 대한 이집트적 개념 혹은 신비학적 개념과 성서의 유일신교 간에 어떠한 차이도 두지 않는다. 그는 모세가 신을 하나이자 전부인 존재로 믿었고, 프리메이슨의 가장 오래된 형태로서 해석될 수 있는 새로운 신비종교를 구성했다고 생각한다.

모세 신학에 관하여 라인홀트는 주로 스트라본의 설명을 근거로 모세가 문자 이전의(avant la lettre)[80] 스피노자주의자라는 주장을 하는 톨런드를 따른다. 하지만 스트라본과 톨런드와는 달리 라인홀트는 모세 종교가 반-종교가 아니라 비밀종교라는 것을 보여 준다. 모세가 이집트에 등을 돌리고 다른 나라에서 새로운 종교를 찾았다고 주장하는 스트라본의 부정이란 요소는 은폐로 대체된다. 하지만 라인홀트와 워버턴이 말하는 신비 우상의 개념은 비밀스런 가르침이 유일신에 대한 믿음을 구성할 뿐만 아니라 다신교를 반박하는 데 사용되었다는 점에서 여전히 반-종교의 특징으로 남는다. 종교적 입문은 미혹이다. 더 작은 신비에서 더 큰 신비로 가는 문턱을 지나감으로써 입문자는 자신의 예전 믿음을 버리며, 자신들의 잘못된 허구적 본성을 인정하고, "있는 그대로 사물"[81]을 보아야만 한다. 이 모든 것은 이미 워버턴이 말한 것이기도 하다.

라인홀트가 개인적으로 가장 중요하게 이런 담론에 기여한 바는 하나님의 사자음문자(Tetragrammaton)에 대한 그의 설명이다. 이 구절은 볼테르의 "이집트 의식"(rites égyptiens)에 대한 설명을 근거로 하고 있다. 볼테르가 이집트인들은 최고 존재자를 유대인들과 비슷하거나 똑같은 이름, 다시 말해 I-ha-ho, 혹은 Iao라 불렀다고 주장하는 반면, 라인홀트는 소리가 아닌 의미를 자기 주장의 근거로 삼는다.[82] 그는 하야아(hayah)란 말에서 유대교 어원을 받아들이고 그 이름을 "나는 나다"(I am who I am)라고 아주 전통적으로 바꾸지만 사이스의 베일에 가려진 성상의 비문("나는 존재하

---

80) "이것은 참으로 진정한 스피노자주의다." 워버턴은 모세 신학에 대한 스트라본의 생각을 고려하여 강하게 주장한다. Warburton, *Divine Legation*, book 3, sect.4, vol.2, p.117.
81) Warburton, *Divine Legation*, vol.1, p.190, 여기에서 알렉산드리아의 클레멘스를 재인용하였다.

는 모든 것이다" I am all that is)과 이 공식을 일치시킨다. 이 같은 동일시는 그의 예시가 보여 주는 절정이다. 그는 그것을 극화시켜 신비적 행위와 계시로 보여 주면서 자신은 해설자가 된다.

형제들이여! 우리 중 누가 고대 이집트의 비문들을 모르겠는가. 그 하나는 사이스 피라미드에 있는 "나는 존재하는, 존재했던, 존재할 모든 것이며 이제껏 어떤 인간도 내 베일을 거두지 못했다"라고 쓰인 것이고, 다른 하나는 "나는 존재하는 모든 것이다"라고 이시스 조각상에 쓰인 것이다. 우리들 중 누가 이집트 입문자들의 시대보다 이 말들의 의미를 이해하지 못하겠으며, 그들이 본질적 존재자, 즉 여호와(Jehovah)라는 이름의 뜻을 표현하고 있음을 그 누가 모르겠는가?[83]

플루타르코스는 『이시스와 오시리스에 관하여』(*On Isis and Osiris*)의 9장에서 사이스의 베일에 가려진 성상에 관해 이야기한다. 그는 여기서 이집트인들은 진실이 오직 수수께끼나 상징을 통해 간접적으로 전달된다는

---

82) Voltaire, "Des rites égyptiens", *Essay sur le moeurs des peuples*, ed. Mauricio Beuchot, *Œuvres de Voltaire*, Paris, 1829, vol.15, sect.22, pp.102~104. "히브리인들이 채택한 것은 이집트인들에게서 가장 신성한 신의 이름이었으며, 그것은 I ha ho였다. 이것은 사람들에 따라 상이하게 발음된다. 하지만 알렉산드리아의 클레멘스가 『잠록』(*Stromateis*)에서 확인한 바에 따르면, 세라피스의 신전에 들어온 이들은 I ha ho나 do I ha hou라는 이름을 갖도록 강제되었는데, 그것은 영원한 신이라는 뜻이었다"(Le nom même le lus sacré parmi les Egyptiens était celui que les Hébreux adoptèrent, I ha ho. On le prononce diversement: mais Clément d'Alexandrie assure dans les Stromates, que ceux qui entraient dans le temple de Sérapis étaient obligés de porter sur eux le nom de I ha ho, ou bien do I ha hou, qui signifie le Dieu éternel). Ibid., p.103.
83) Reinhold, *Die Hebräischen Mysterien*, p.54. 이 구절은 거의 다 볼테르의 번역이다. Voltaire, *Essay sur le moeurs*, p.103.

원칙에 따라 행동했다는 것을 세 가지 예를 들어 보여 주고자 한다. 그 첫째는 스핑크스를 신전의 문 앞에 두어서 이집트 신학이 수수께끼 같은 지혜를 지닌다는 사실을 넌지시 암시하는 관습이다. 둘째는 사이스의 베일에 가려진 성상이다. 셋째는 이집트 최고의 신, 아문의 이름이 "숨겨진 자"라는 뜻인 것이다. 사이스에서 플루타르코스는 "사람들이 이시스라고 생각하는 아테네에 있는 좌상의 조각상에는 다음의 비문이 새겨져 있다. '나는 존재하는, 존재했던, 존재할 모든 것이며 이제껏 어떤 인간도 내 베일을 거두지 못했다'"라고 쓴다.[84] 그 어느 곳에서도 그는 피라미드나 다른 비문에 대해 언급하지 않는다. 나는 이 구절에서 라인홀트가 인용하고 있는 짧은 비문 "나는 존재하는 모든 것이다"를 볼테르가 어디에서 찾을 수 있었는지에 대해서는 알지 못한다.

프로클로스는 똑같은 비문을 다르게 인용한다. 그는 그 비문을 신전의 지성소(至聖所)에 놓고, 여신의 옷을 페플로스라 부르는 대신 키톤이라 부르고, 플루타르코스가 "아무 인간도 못했다"라 한 것을 (신을 포함하여) "아무도 못했다"라고 바꿔 인용하였고, 아주 다른 방향으로 이끄는 "내 자궁의 열매는 태양이다"[85]라는 문장을 추가한다.

---

84) "Egó eimi pân tò gegonòs kaì òn kaì esómenon kaì tòn emòn péplon oudeís pō thnētòs apekálupsen". Plutarch, *De Iside et Osiride*, chap.9(354c), 9-10 = Griffiths, *Plutarch's "De Iside et Osiride"*, p.130f., 283f. 그리고 Jean Hani, *La religion égyptienne dans la pensée de Plutarque*, Paris: Les Belles Lettres, 1976, p.244f.; Harrauer, "Ich bin", pp.337~339를 보라..
85) Proclos, *Timaeus*, 30. 이 부분은 Proclus, *Commentaire sur le "Timée"*, ed. and trans. André-Jean Festugière, vol.1, Paris: Budé, 1966, p.140 = Griffiths, *Plutarch, "De Iside et Osiride"*, p.283에 실려 있다. 프로클로스는 티메우스에 대한 그의 주석에서 사이스와 그 비문에 있는 이미지와 사이스의 제사장들을 솔로몬이 방문하는 맥락의 이미지를 인용한다. Harrauer, "Ich bin", p.339.

여기서 "아무도 여신의 옷을 들어 올리지 못했다"라는 진술은 여신이 남신(男神)의 개입 없이도 태양을 낳았다는 사실을 말한다. 프로클로스의 해석은 플루타르코스를 모방한 것일 리 없다. 만약 그렇다면 공통되고 이집트적인 출처가 있어야만 하기 때문이다. 네이트(Neith)는 양성이고 태양을 낳은 것으로 여겨지기 때문에 추가적인 문장은 정확히 사이스(Saite) 신학에 해당한다. 이집트에서는 베일에 가려진 성상 같은 것이 있었을 리 없다. 왜냐하면 이집트 숭배의식의 우상들은 나무로 된 함에 감춰져 있고 오직 매일의 예식을 위해 함을 열었던 제사장만이 볼 수 있었기 때문이다. 또한 조각상을 어떤 필멸의 존재가 봐서는 안 된다는 개념이 이집트 숭배의식적 맥락에서 생겨났을 리 없다. 왜냐면 '신을 보는' 의식은 매일 의무적으로 제사장이 치르는 것이기 때문이다. 하지만 방문객들에게 보여 줄 목적으로 홀이나 궁정에 있었던 성상이 그런 식으로 해석될 수도 있는 신성문자적 비문을 지니고 있었을 수도 있다. 만약 사이스 문구의 마지막 부분이 이집트어로 재번역된다면 nn kjj wp ḥr.j 처럼 읽혀질 수 있고 그것은 두 가지 방법으로 번역될 수 있다. 올바른 번역은 "나를 제외한 그 어느 누구도 없다"는 것이다. 이것은 아케나톤의 찬가에 두 번이나 등장하는 유일신교적 문구이고, 이는 "나는 존재했던, 존재하는, 존재하게 될" 모든 것이다(이것은 이집트어로 "나는 어제이고, 오늘이며, 내일이다"로 해석될 수 있고 이것에 대해 몇 가지 비슷한 인용이 있을 수 있다)와 같은 문구의 맥락에 정확히 일치한다.[86] 하지만 고전 언어에 아주 능통하지 않은 제사장이나 통역사들이 ("~를 제외하고"를 의미하는) 단어 wp ḥr의 의미를 자구대로 "얼굴을 드러내다"로 이해

---

86) Papyrus Turin 1993[10], vso. 2 = Joris Frans Borghouts, *Ancient Egyptian Magical Texts*, Nisaba 9, Leiden: Brill, 1918, no.102, p.74.

하였고, 그래서 전체 구를 "내 얼굴을 드러내 보인 사람은 아무도 없다"로 바꾸어 버렸다. 그 제사장들은 신플라톤주의자들이고 다른 내용들도 비밀스런 뜻으로 파악했을 가능성이 아주 크다.[87]

플루타르코스와 프로클로스의 사이스 비문 해석을 원래 이집트 문서 및 신학과 연결 짓기는 쉽다. 하지만 그 비문을 야훼의 이름과 자기표현인 æhyæh asher æhyæh, 즉 "나는 나 자신이고 존재해야 할 자다"와 동일시하기란 훨씬 어렵다. 라인홀트는 이 두 가지 명제 "나는 존재하는 모든 것이다"와 "나는 나 자신이다" 사이의 분명한 차이에 대해 언급하지 않는다. 첫번째 경우, 신성이란 가시적인 세계나 동일시의 모습을 한 '자연'을 가리킨다. 그에 비해 두번째 경우는 신이 자신 이외의 다른 그 무엇이 아님을 지시하고, 따라서 모든 우주적 동일시나 '우주신교'의 기초를 거부하고 있다. 히브리적 공식 æhyæh asher æhyæh는 모든 우주적 지시성에 대한 부정이거나 거부다. 그것은 내재와 초월 사이의 구별을 기획하거나 당시의 개념으로 말하자면 '자연'과 '문자'(성서)의 구별을 기획하고 있다.[88] 라인홀트는 사이스(Saite)적 공식을 취하여 히브리 이름을 정확히 해석한다. 그가 옳을지도 모른다. 내 생각에 그가 옳다는 생각이 드는 것은 두 명제를 이름의 계시로서가 아니라 보류로서, 즉 익명성의 계시로서 해석하는 점이다. 신성의

---

87) 그리스-이집트 주술 텍스트에서 이시스는 그녀의 신성한 옷을 들어올리기 위해 등장한다. Preisendanz, *Papyrus Graecae Magicae*, no.57, 16~18 = Hans Dieter Betz(ed.), *The Greek Magical Papyri in Translation*, Chicago: University of Chicago Press, 1986, p.284. Dominique Mallet, *Le culte de Neith à Sais*, Paris, 1888에서 도미니크 말레는 Papyrus Louvre 3148의 한 구절이 플루타르코스와 프로클로스의 비명에 대한 이집트적 전형이었다고 말한다. 이것은 사자의 영역을 의인화하는 어머니 신의 주문이다. "오 위대한 여신의 수의가 풀어질 수 없고 그 몸을 감은 천이 느슨해져선 안 될지어다." 플루타르코스가 언급한 사이스의 베일에 싸인 성상을 어머니 신으로서 죽음의 신과 동일시했다고 보는 것은 흥미롭긴 하지만 이는 플루타르코스의 생각과는 전혀 일치하지 않는다.

본질은 한 이름으로 나타내기엔 너무 포괄적이다. 그리고 이런 종류의 신의 익명성은 그에게 두 가지 공식의 공통분모를 나타낸다. 이런 익명의 신(deus anomymus)에 대한 생각은 락탄티우스(Lactantius)에게서 온 것인데, 이 사람은 헤르메스 트리스메기스투스의 말을 다음과 같이 따왔다. "그[트리스메기스투스]는 많은 책들을——신에 관한 지식을 포함하고 있는 정말로 많은 책들을——저술했는데, 그 안에서 그는 높은 보좌에 앉으신 유일신의 권세를 증거하고 그 신을 우리가 사용하는 이름인 주님, 아버지로 부른다. 어느 누구라도 그의 이름을 묻지 않도록 그 분은 '이름이 없다'고 하신다. 그 분은 오로지 유일자이므로 어떤 이름을 붙여 표시할 필요가 없다. 이런 말들이 그를 나타낸다. '신은 하나다. 그러나 유일자는 이름을 필요로 하지 않는다.' '그는 이름이 필요 없는 유일한 존재자다.' 이렇게 신은 유일한 자이므로, 그리고 특별한 이름을 가질 필요가 없으므로 이름이 없다. 이름이 필요하다면 그것은 다수가 존재하므로 구별을 해야 할 때일 것이다. 가

---

88) 「출애굽기」 3장 14절과 관련하여 Oskar Grether, *Name und Wort Gottes im A. T.*, Giessen: A. Töpelmann, 1934, p.3ff.; Michel Allard, "Note sur la formule 'Ehyeh ašer ehyeh'", *Recherches de Science Religieuse*, no.44, 1957, pp.79~86; Wolfram von Soden, *Bibel und Alter Orient*, Berlin: Walter De Gruyter, 1985, pp.78~88; Georg Fohrer, *Geschichte der israelischen Religion*, Berlin: Walter De Gruyter, 1969, p.63ff.; Johannes C. de Moor, *The Rise of Yahwism*, Louvain: Leuven University Press Uitgeverij Peeters, 1990, p.17, 237ff.를 보라. 미셸 드 세르토의 사자음문자에 대한 뛰어난 분석은 Michel de Certeau, *The Writing of History*, p.341을 보라. "야훼를 나타내는 사자음 문자 YHWY(Yahweh)는 취소된 것을 새긴다. 그것은 거기에 있는 존재의 상징이 아니며 그 뒤에 감춰져 있을 수도 있는 다른 어떤 것을 의미하지도 않으며 단지 소실의 흔적일 뿐이다. 그것은 언명되지 않는다. 그것은 상실의 글자 형상이자 지워진 것의 작용 자체이다. 그것은 (와서 말하는 몸의 기호인) 목소리가 아니라 단지 문자이다." 드 세르토가 말하는 "목소리" 대 "문자"는 "자연"과 "성서"의 구별과 일치하며 이것이 「출애굽기」 3장 14절에 나오는 이름의 계시를 나타내고, 또한 18세기가 극복하고자 했던 것이다. 예를 들어 Johann Georg Wachter, *Naturae et Scripturae Concordia*를 보라.

령 네가 각 개별자를 그의 특별한 표시와 호칭을 통해 구별해야 할 경우다. 그러나 신은 항상 유일자이시므로 하느님이란 이름이 옳은 명칭이다."[89)] 이 신이 바로 실러와 괴테가 그토록 중요시하였던 익명의 신인데 이 점은 나중에 다루도록 하겠다.

그러나 히브리 '이름'은 벌써 고대에 라인홀트가 해석한 것과 같은 방법으로 이해되었다. 사실상 라인홀트는 70인역에 근거하고 있는 고대의 전통을 따르는데, 이 형식은 히브리적 형식인 "나는 나다"(æhyæh asher æhyæh)를 Egō eime ho ōn, 즉 "나는 스스로 존재하는 자다"로 재현하고 있다.[90)] 시빌의 신탁집에서는 우주신(le dieu cosmique)이라는 의미에서의 신이 성서에서 자기소개를 한 것을 이렇게 해석하고 있다. "나는 유일한 존재자다[eimī d'égō-ge ho ōn], 너의 정신에서 이를 인식하라. 나는 하늘로

---

89) Lactantius, *The Divine Institutes*, trans. Sister Mary Francis McDonald, O. P., Washington D.C.: The Catholic University of America Press, 1964, p.32를 보라. 락탄티우스는 헤르메스 문서인 Pseudo-Apuleius, *Asclepius*, chap.20, eds. A. D. Nock and L.-J. Festugière, *Corpus Hermeticum*, vol.2, p.320f.를 부연 설명한다. Reinhold, *Die Hebräischen Mysterien*, p.54에서는 (라틴어 원전을 인용하는 대신) 락탄티우스의 그리스어를 라틴어로 재번역한다. "Hic [Trismegistus] scripsit libros, in quibus majestatem summi ac singularis Dei asserit, iisdemque nominibus appellat, quibus nos Deum et patrem, ac ne quis NOMEN ejus requireret, ANONYMON esse dixit, eo quod Nominis proprietate non egeat, ob ipsam scilicet UNITATEM. Ipsius verba sunt: Deo igitur *Nomen non est, quia solus est*: nec opus est proprio vocabulo nisi cum discrimen exigit MULTITUDO, ut unamquamque personam sua nota et appellatione designes" (1.6). 대문자와 이탤릭체는 라인홀트가 처리한 것이다. 라인홀트는 Warburton, *Divine Legation*, vol.2, pp.568~569에 있는 인용이 락탄티우스에게서 온 것을 발견했다. 그러나 라인홀트의 이 구절에 대한 해석과 워버턴의 평이한 논거 사이에는 큰 차이가 있다. 워버턴은 히브리 사람들이 이집트 우상숭배에 너무 익숙해져서 신의 통일성에 대해 망각하고, 그의 이름을 물어보았다는 것을 보여 주고자 한다. "그리하여 이러한 나약함을 너그럽게 봐주면서 신은 기꺼이 자신에게 이름을 부여한다."
90) Wolfgang Beierwaltes, "Reuchlin und Pico della Mirandola", *Tijdschrift voor Filosofie*, no.56, 1994, pp.313~336. 특히 pp.330~334를 보라.

내 옷을 지어 입고, 바다로 치장하였다. 땅은 내 발끝이요, 공기는 내 몸이며, 별들은 내 주위를 돌리라."[91] 야훼의 정체성을 우주의 신──신 즉 자연(deus sive natura)──으로 규명하면서 라인홀트는 고대의 전통을 따르고 있다.

라인홀트가 사자음문자 해석과 익명의 신에 대한 헤르메스적 관념을 동일시한 데 대한 유사한 사례를 우리는 한 텍스트에서 발견하는데 이 텍스트는 스피노자의 『윤리학』(*Ethica*, 1677)이 출판되기 200년 전에, 마르실리오 피치노의 『헤르메스 전집』 라틴어 번역판(1471)이 나오기 전에 쓰인 것이다. 그것은 니콜라우스 쿠사누스(Nicolaus Cusanus)가 쓴 『데독타이그노란티아』(*De docta ignorantia*, 무지無知의 지)인데,[92] 여기서 쿠사누스는 다음과 같이 말한다.

분명한 것은 어떤 이름도 가장 위대한 존재에 적합하지 않다는 것이다. 왜냐하면 아무것도 그와 구별될 만큼 특별할 수 없기 때문이다. 모든 이름들은 다른 이름으로부터 하나를 구별하기 위한 것이다. 모든 것이 하나인 곳에서는 적합한 이름이 있을 수 없다. 그러므로 헤르메스 트리스메기스투스는 이렇게 말한다. "신은 모든 사물들의 총합이므로 그에 적합한 이름은 없다. 만약 이름이 있다면 그것은 모든 이름이거나 혹은 모든 사물이 그의 이름으로 불려야 한다. 왜냐하면 신은 그 단순함 속에 모든 사물의 총체성

---

91) Reinhold Merkelbach and Maria Totti, *Abrasax: Ausgewählte Papyri religiösen und magischen Inhalts*, vol.2, *Gebete*, Abhandlungen der rheinisch-westfälischen Akademie der Wissenschaften, Sonderreihe Papyrologica Coloniensia, Oplaten: Westdeutscher Verlag, 1991, p.131.
92) 알라이다 아스만이 이 중요한 텍스트를 알려 주었다.

을 이루기 때문이다. 그의 적합한 이름에——말로 표현하기 힘들고 사자음 문자여서——일치하려면 그 이름은 '하나이자 전체' 혹은 '하나 속의 전체' ['unus et omnia' sive 'omnia uniter', quod melius est][93]로 해석되어야 그 뜻이 훨씬 낫다."

이 텍스트에서 우리는 이미 히브리의 사자음문자와 헤르메스 트리스메기스투스의 익명의 신이 일찍부터 동일시되었다는 것을 알 수 있는데, 그 신은 레싱이 사용한 표현대로 헨 카이 판(Hen kai pan) 혹은 '하나이자 전부'(One-and-All)이다.

워버턴이 이 문서를 알았다는 단서가 있다. 신의 익명성에 대한 신비적 개념을 말하면서 워버턴은 「즈가리야」 14장 9절 "그날부터 온 세상에서 하느님은 야훼뿐. 사람들은 그의 이름만을 부르게 되리라"를 인용한다. 헤르메스 트리스메기스투스는 "신은 하나다. 그러므로 신은 이름이 필요 없다"(ho de theos heis; ho de heis onomatos ou prodeitai; esti gar ho ōn anonymos)로 말한 반면, 즈가리야는 "신은 하나이고 그의 이름은 하나일 것이다"(adonay æḥād ve šemō æḥād)[94]라고 했다. 이는 워버턴의 논거가 다소 평범하다는 맥락에서 볼 때 매우 뛰어난 것이다. 이 비교는 놀랍다. 하지만 이미 니콜라우스 쿠사누스는 다음과 같이 비교했다. "하지만 '하나 속의 전체'(omnia uniter)보다 좀더 적합한 것은 '하나'(unitas)이다." 그래서 예언자가, "그날에 신은 '하나'가 될 것이고 그의 이름은 '하나'일 것이다"[95]

---

93) Nicolaus Cusanus, *De Docta Ignorantia*, 1.4, ed. Hans G. Senger, *Philosophische Bibliothek* 264a, 1440; Hamburg: Felix Meiner, 1993, pp.96~97.
94) Gordon, "His Name is 'One'"을 보라.
95) Nicolaus Cusanus, *De docta ignorantia*, pp.98~99.

라고 했다. 여기서 「즈가리야」 인용이 적절한 맥락에 등장하고 워버턴이 이 것을 발견했을 가능성이 있다.

'나 자신'과 '사상'(事象)을, 야훼와 이시스 혹은 자연을 동일시함으로써 라인홀트는 워버턴의 주장을 거꾸로 뒤집었다. 한편으로 워버턴은 모세율법을 신적인 법률로, 다른 한편으로 이교도 우상숭배를 인간적 법률로 명확히 구별하길 원했던 반면, 라인홀트는 이집트 법률과 모세율법 모두 인간적 법률이고 그 어느 것도 절대적 진실을 담고 있지 않다고 생각한다. 하지만 라인홀트는 신이 항상 모든 곳에서 똑같은 신(본질적 존재das wesentlich Daseyn)이고 필수적 존재, 혹은 비법전수와 숭배의 대상물인 (이시스에 해당하는) 자연이기 때문에 양쪽 모두에게서 숭배된다는 점 또한 보여 준다.

워버턴은 신비주의자들의 신과 철학자들의 신 사이를 구별하느라 큰 노력을 경주했다. 특히 그는 근원적 이집트 신비주의자들이 유일신적이고 개인적이며 영적인 형태의 유일신을 숭배했던 반면, 그리스 철학자들은 이러한 유일신의 개념을 자연의 물질적 개념으로 체계화했다는 것을 보여 주길 원했다. 철학자이자 석공이었던 라인홀트는, 자신의 주교 관할권을 계속 유지하기 위해 정통교리를 위반할 수 없었던 계몽된 영국 국교회 주교들에게나 필요한 이 다소 인위적이고 정교한 구별 없이도 자신의 논지를 펼 수 있었다. 라인홀트는 워버턴을 반박할 필요조차 느끼질 못했으며 오히려 그를 자신의 주장의 출처로 인용하면서 논증의 완벽함을 보여 주었다. 그렇게 라인홀트는 워버턴이 정립한 그 구별을 없애고 신비주의자들의 신과 모세의 신, 그리고 철학자들의 신을 동일시했다. 아래의 것들은 모두 같은 신의 개념을 지칭한다.

1. 신의 히브리식 이름.
2. 에우세비우스와 알렉산드리아의 클레멘스에 의해 전해지는 입문식 찬가.
3. 라인홀트가 하나는 조각상에, 다른 하나는 피라미드에 재현한 사이스 조각상에 있는 비문. 그는 이 점에서 볼테르를 따랐고[96] 다음으로는 실러가 그를 따랐다.

이 모든 출처들은 이름이 아니라 이름이 없는, 다시 말해 익명성에 의해 구별되는 신을 지칭한다.

베토벤이 자신이 좋아했던 시인 실러에게서 문장 2와 3을 베꼈다는 사실은 무척 흥미롭다(그림 1).[97] 베토벤은 자신의 책상 유리 밑에 이 문장들을 평생 지니고 있었다.[98] 흔히 이 문장들은 고대 이집트의 불가해한 신학에

---

[96] Voltaire, "Des rites Egyptiens", p.103. "그는 이시스의 조각상의 비문에 새겨져 있는 '나는 존재하는 것이다'라는 문구 및 '나는 존재하는, 존재했던, 존재할 모든 것이며 이제껏 필멸의 그 어느 누구도 내 베일을 거두지 못했다'라는 또 다른 문구에 근거하고 있는 것 같다"(Il se serait fondé sur l'ancienne inscription de la statue d'Isis, 'Je suis ce qui est'; et cette autre, 'Je suis tout ce qui a été et qui sera; nul mortel ne pourra lever mon voile'). 볼테르가 사이스의 비문에 대한 이 흥미로운 부연 문장[두번째 문장—옮긴이]의 저자인가?

[97] 베토벤은 실러의 「모세의 파송」을 알고 있었다. 1825년 대화록에 보면 마티아스 아르타리아의 이런 기록을 볼 수 있다. "당신은 실러가 쓴 「모세의 파송」을 읽어 봤나요?" Maynard Solomon, *Beethoven Essays*, Cambridge Mass.: Harvard University Press, 1988, p.347, n.24를 보라.

[98] 이 텍스트는 사이스의 문구와 「오르페우스 찬가」를 연결한다. Anton F. Schindler, *The Life of Beethoven*, ed. and trans. Ignaz Moscheles, London, 1841; Mattapan, Mass.: Gamut Music, 1966, vol.2, p.163을 보라. "그 주제에 대해 그간의 관찰을 통한 내 의견을 피력해 보자면 나는 그(베토벤을 말함)가 자연종교를 의미하는 용어인 자연신론에 경도되어 있다고 말할 수밖에 없다. 그는 이시스 사원에서 유래한다고 알려진 두 비문의 내용을 자기 손으로 직접 썼다. 틀에 들어 있는 이 비문들은 여러 해 동안 계속해서 그의 작곡 테이블에 놓여 있었고 그 내용은 다음과 같다. 1. 나는 존재하는 것이다. 나는 존재하는, 존재했던, 존재하게 될 모든 것이다. 어떤 인간도 내 베일을 걷지 못했다! 2. 그는 하나이고 스스로 존재하는 자이다. 그리고 그의 덕에 모든 것은 존재하게 되었다."

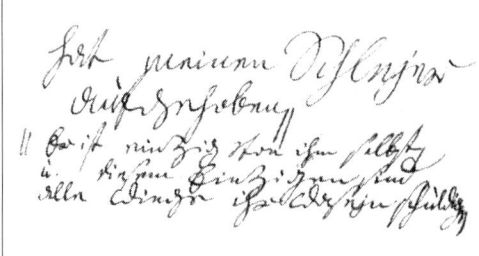

〈그림 1〉 "나는 존재하는 모든 것이다": 베토벤의 이신론 신조 베토벤은 고대 이집트의 지혜와 신학이라고 생각한 이 문장들을 실러의 논문 「모세의 파송」에서 베껴 그의 만년 내내 유리가 덮인 책상에 넣어 두었다[이 문장들의 내용과 원문에 대해서는 이 장의 각주 98을 참조하라—옮긴이].

서 유래했을 뿐만 아니라 현대 개화된 지성들의 깊은 신앙심을 표현하는 데도 가장 적절하리라 여겨진다.

라인홀트에 따르면 시나이(Sinai) 산 계시는 선택받은 소수가 아니라 전체 국민을 위한 이집트적 입문식의 야외행사 이외의 다른 어떤 것도 아니다. 그리고 이 행사는 소수의 선택된 사람들을 위한 것이 아니라 전체 백성들을 위한 것이었다. 그러나 그들에게는 문제가 있었고, 이 문제는 모세의

베토벤의 독일어 텍스트는 그의 필사본에 다음과 같이 적혀 있다. "나는 존재하는 자이다/ 나는 현재 존재하고 과거에 존재했고 미래에 존재하게 될 모든 것이며, 어떤 인간도 나의 베일을 걷지 못했다./ 그는 그로부터 시작된 유일한 자요, 이 유일자에게 모든 것들은 그 존재를 빚지고 있다."(Ich bin, was da ist / Ich bin alles, was ist, was war, und was seyn wird, kein sterblicher Mensch hat meinen Schleyer aufgehoben / Er ist einzig von ihm selbst u. diesem Einzigen sind alle Dinge ihr Daseyn schuldig) 이 문장들은 두 개의 빗금으로 각각 구분된다. 세번째 문장은 나중에 추가한 것으로 보인다. 필체가 앞의 것보다 더 작고 더 세련된 것이다. 베토벤은 프리메이슨이 아니었으나 프리메이슨 모임에 가까운 친구들이 있었다. 특히 일루미나트 가운데는 라인홀트와 베토벤의 스승 네페(Christian Gottlob Neefe)가 있었다. 솔로몬은 이 문장들이 "베토벤의 시대에 대부분의 지식인들에게 알려져 있었고, 그들은 심지어 여기에서 프리메이슨의 의식(儀式)에 다가가는 길을 찾았다"라는 아주 적절한 지적을 하고 있다. 아네트 리처즈가 솔로몬의 책을 언급해 주었다. 그리고 Erhart Graefe, "Beethoven und die ägyptische Weisheit", *Göttinger Miszellen*, no.2, 1972, pp.19~21도 참조하라.

제례법에 대한 라인홀트의 탁월한 설명의 출발점이 된다. 진리란 그것을 오성으로 파악하는 것이 불가능한 백성에게는 현시되어야 했다. 백성들에게 이해시킬 수 없었던 모세는 그들의 감각에 호소하여야만 했다. 모세는 맹목적 신앙과 순종의 방식을 택해야 했고, 그래서 모세는 기적과 육체적 단련이라는 방식을 다시 사용했던 것이다. 추측건대 그가 매일 이적을 행할 수 없었으므로 그는 새 종교를 영적인 방식이 아니라 육체적인 방식으로 변형시켜야 했다. 이런 과업을 수행함에 있어서 모세는 그가 배웠던 이집트 문화에 다시 의존했을 것이다. 그는 외부구조인 이집트 신비의 '신성문자적' 표면을 의식의 계명으로 바꿨다. 히브리인들의 제례법은 이집트인들의 '더 작은' 신비에 상응하는 모세의 법이다. 한편에서는 신뢰와 신앙이, 다른 한편에서는 육체적 단련 또는 할라카(halakha)가 이성과 이해의 필수불가결한 대체물이었다. 이집트인들의 (그리고 다른 이방인들의) 신비적 종교는 믿음과 금욕 또는 고행을 수행할 필요가 없었다. 그 이유는 그 종교들이 비밀을 토대로 발생했고, 종교적 진리는 그것을 이해하고 수행할 능력이 있는 사람에게만 계시되었기 때문이다. 이들 종교는 감각에 호소했고, 규례나 맹목적 복종에 달려 있게 하지는 않았기 때문이다.

　모세는 더 큰 신비의 비밀을 대중들에게 공개한 데 대해서 극단적으로 큰 희생을 감수해야 했다. 더 큰 신비에서는 이미 알려진 신들의 비존재와 알려지지 않은 존재 자체로서의 신의 유일함이 문제가 되었다. 우상의 폐지는 가장 잔인한 폭력에 의해서만 수행되었다. 다른 남아 있는 절반의 백성들에게 실제적인 설득이나 개종도 없이 나머지 절반을 처형했다. 모세는 맹목적 신앙을 이성적인 인지로 인도할 수도 없었다. 그는 자신의 신에 대한 관념을 백성들이 파악할 수 있는 민족적인 수호신으로 축소해야만 했고, 인식을 복종으로 대체해야만 했다. 진리는 세속적인 힘에 의존해야 했고, 종교는 정치적 제도의 형식을 받아들여야 했다. 이집트의 신비 숭배의식은 신정정치로 변형되었다. "모세종교의 지성소는 동시에 국가의 내각이 되었고……종교와 정치는 여기에서 같은 비밀을 공유했고, 그 결과 공통의 열쇠를 가졌다. 이 열쇠는 국가 원로들의 손에 넘겨져 그들로부터 후손들에게 전승되었다."[99]

제례법과 제도에 대한 라인홀트의 분석은 법궤와 그 장식, 케루빔과 성막에 집중하고 있다. 이것은 스펜서의 주석을 면밀히 분석한 것이다. 스펜서에게서 이미 살펴보았듯이 상세한 내용은 이집트로부터 온 것이다. 알렉산드리아의 클레멘스에 따르면 성막은 이집트 성전의 '아디톤'(adyton)이라 불리는 것에 상응한다.[100] 그러나 라인홀트는 신의 강림과 적응에 대한 스펜서의 개념을 배제한다. 여호와가 그의 진리를 그 시대의 잘못된 관습과 개념에 적용한 것이 아니었다. 진리는 이집트인들에 의해 알려졌다. 진리는 경계선의 양쪽 모두에 있었고, 계시는 번역으로 용해되었다. 계시와 이성의 유력한 적대관계는 비물질적이다. 그것은 마치 어떤 본질적인 지시도 없는 말에 대한 논쟁과도 같다. 우리는 프리메이슨의 영송을 읽고 있다는 것을 잊지 말아야 한다. 라인홀트는 그의 주장을 프리메이슨 안에서 두 논쟁 상대들, 즉 '히브리파'와 '이집트파' 또는 '정교주의자들'과 '자유사상가들'에게 겨냥하고 있다. 그들 사이의 논쟁은 비물질적인데 그 이유는 하느님이 이집트 신비를 피하지 않았기 때문이다. 오히려 받아들이고 그의 종교로 번역하여 수용하였다.

---

99) Reinhold, *Die Hebräischen Mysterien*, p.130.
100) Ibid., p.79를 보라.

자연과 숭고함: 프리드리히 실러

우리가 이미 살펴보았듯이, 모세 담론에 대한 라인홀트의 기여는 여호와와 이시스(일명 자연)의 동일시에 있었다. 알렉산드리아의 클레멘스에 의하면 최후의, 그리고 최고의 입문식은 한 지점으로 모이는데 그곳은 모든 가르침이 끝나고, 담론적 지시가 멈추며, 즉각적 환상이 자리하는 곳이다. "더 큰 신비에서 전하는 교리들은 우주에 관한 것이다. 여기서 모든 지시가 끝난다. 사물은 있는 그대로 보이고, 자연과 자연의 섭리는 드러나며 이해될 것이다."[101] 그리고 다음은 빈의 가장 중요한 지부(라인홀트도 1783년에서 1784년까지 회원이었다)였던 '참된 협약'의 총 본부장 이그나츠 폰 보른이 이집트 신비주의의 궁극적 목적을 이렇게 요약했다. "자연에 대한 지식은 우리가 적용해야 할 궁극적 목표이다. 우리는 이 모든 창조의 선구자이자, 양육자요, 보존자를 이시스의 형상으로 숭배한다. 오직 자연의 권세와 힘을 아는 자만이 벌을 받지 않고 자연의 비밀을 알 수 있을 것이다."[102]

입문식의 마지막 단계에서 숙련자는 말없이 자연을 바라본다. 하지만 이 단계는 이성과 배움과 덕의 힘으로 자신이 지키게 될 진실을 견딜 수 있는 극소수만이 도달할 수 있다. 이 단계는 연약한 정신으로는 견뎌 낼 수 없고, 나아가 400년 동안 억압과 강제 노역을 받았기에 문명화되지 않고 조야하며 원시적인 유대인 같은 민족에게 기대할 수 있는 경험은 아니었다. 모세는 거의 접근 불가능한 신비주의의 진리인 이신론적 신성을 유일신교적·

---

101) Clement of Alexandria, *Stromata*, book 5, 11, 71.1; Warburton, *Divine Legation*, vol.1, p.191.
102) Von Born, "Über die Mysterien der Aegypter", p.22. 그는 자료로 플루타르코스를 인용한다.

인간적·'민족적' 신으로 바꾸어야만 했는데, 그 이유는 이 신을 맹목적인 믿음과 복종의 대상으로 만들기 위해서였다. 그리고 모세가 자신의 신에 대한 철학적 개념에서 얻을 수 있는 모든 것은 통일성에 대한 사상이었다. 모세는 자신의 민족적 신을 유일신으로 선포하였고, 그 결과로서 자신의 민족을 선민으로 선포했다.

이즈음에서 모세 담론은 분명히 신학이란 틀을 벗어났기에 독일 계몽주의의 가장 명철한 지성이자 시인, 극작가, 역사가, 산문작가인 프리드리히 실러가 라인홀트의 모세 해석이 가져온 파장을 즉각적으로 받아들인 것은 전혀 놀랍지 않다.[103] 익명으로 출판되어 프리메이슨들 사이에서만 유포되었던 라인홀트의 작은 책이 아주 우연하게 비교(秘敎)집단 외부에 알려지게 되었다. 프리드리히 실러는 라인홀트와 예나 대학교의 동료교수로 알게 되었으며, 크리스토프 마르틴 빌란트와 나중에 라인홀트의 아내가 될 소피와 친하게 되었다.[104] 실러는 그들을 자주 만났고 그 둘을 자신의 편지에서 언급한다. 실러는 라인홀트의 책에서 영감을 받아 유명한 발라드인 「사이스의 베일에 가려진 성상」(Das verschleierte Bild zu Sais, 1795)과 「모세

---

103) Friedrich von Schiller, *Die Sendung Moses*, ed. Helmut Koopmann, *Sämtlirche Werke IV: Historische Schriften*, Munich: Winkler, 1968, pp.737~757. 하라우어는 실러가 라인홀트에 의존하고 있음을 적절하게 강조했다. Harrauer, "Ich bin'", pp.344~349.
104) 실러는 프리메이슨이 아니었다. 그러나 그의 소설 『유령을 본 사람』(*Der Geisterseher*, 1787~1789)이 보여 주듯 그는 비밀조직의 현상에 대해 관심이 아주 많았다. 자신의 친구이자 프리메이슨이었던 테오도르 쾨르너(Theodor Körner)의 친구들과 어울리면서 그는 프리메이슨 모임과 친해질 수 있었다. 빌란트는 1808년까지 프리메이슨이 아니었으나 계몽적 프리메이슨의 사상은 공유했으며 유명한 프리메이슨들과 좋은 관계를 유지하였다. 특히 빈 지부 '참된 협약'의 회원들(폰 존넨펠스, 반 스위텐, 토비아스 Ph. v. 게블리)과의 관계가 그랬다. Britta Rupp-Eisenreich, "Wieland, l'histoire du genre humain et l'Egypte", *D'un Orient l'autre*, Paris: Editions du CNRS, 1991, pp.107~132, 특히 pp.127~128, n.33; Peter Christian Ludz (ed.), *Geheime Gesellschaften*.

의 파송」(1790)을 썼다. 실러는 철학자들의 신, 즉 이성과 계몽의 신이 이집트 신비의 가장 깊고 숭고한 비밀이라는 것을 발견하였고, 모세가 그의 이집트 입문과정에서 받아들이고, 과감히——적어도 부분적으로는——자신의 민족에게 선포한 신은 바로 이 숭고하고 추상적인 신이었다.

　실러의 논문은 라인홀트의 책을 자세히 해석하고 있다. 그는 라인홀트의 주장에 대해 어떤 것도 첨가하지 않은 채 그저 그의 마음에 가장 중요한 점들만 중점적으로 언급한다. 이것은 말하자면 두 가지다. 하나는 신비주의의 숭고한 신성으로서의 자연 개념이다. 그것은 추상적이고 익명적이며, 비인격적이고 비가시적이며, 거의 인간의 이성 영역을 넘어서는 것이다. 칸트의 말을 빌리면 "지금까지 어떤 경우보다 가장 숭고한 사고다."[105] 모세가 히브리 민족형성의 동력, 정치기구의 정초, 대중종교의 대상을 만들기 위해 변형하고, 또 어떤 식으로든 왜곡해야만 했던 것은 바로 이 이념이다. 스펜서와 실러 사이에서 적용 대상이 바뀌었다. 스펜서는 무한한 자비를 베푸는 신이 '시대적 천재'와 인간 이성의 한계(마음의 완악함propter duritiem cordis, 「마태복음」 19장 8절)를 고려해 만든 특권과 허가로서의 제례법의 어떤 특수함, 심지어 부족함까지도 설명하려 노력했다. 워버턴은 그 같은 부족함을 단지 '더 작은 신비'의 외부를 구성하는 외부 현상이라고 보았다. 그러나 실러는 역사에서 신이 주역이라고 말하지 않는다. 그리고 그는 제례법에 관한 문제에 관심이 없었다. 그는 제례와 관련된 율법에는 관심이 없었고 신의 부족함, 나아가 신에 대한 모세의 부족한 개념에 관심을 기울였다. 실러는 스펜서가 율법을 역사적으로 조건화된 것으로 설명한 것과 같은 방식으로 신의 개념을 역사적 적용의 도구로서 설명하려 한다.

---

105) 칸트의 『판단력 비판』(*Kritik der Urteilskraft*)은 실러의 논문과 같은 해(1790년) 출간되었다.

실러의 논문은 이스라엘 백성이 이집트에 머물 때의 역사적 사건들을 다시 언급하며 시작한다. 라인홀트의 책에 제시된 모델을 아주 면밀히 따라가면서 실러의 재구성은 성서적 자료보다도 이교도의 자료를 더 많이 따른다. 하지만 실러는 질병의 모티브를 조명하고 공적 위생에 대한 질문에 더 많은 지면을 할애한다. 그는 모진 압박과 영양부족으로 인해 이집트 히브리인들의 문둥병은 회복할 수 없는 역병이 되었고 이것이 그들이 이집트에서 갇히고 압박을 받은 이유라고 말한다. 이것은 또한 율법서(「레위기」 13~14장)에서 문둥병의 진단과 치유에 기울여진 특별한 주의력에 대한 방증이기도 하다. 다시 한번 병의 동기가 전면에 부상하는데, 이제 완전히 비상징적이고 자연적인 형식으로 등장한다. 히브리 사람들의 참혹한 상황을 묘사하면서 실러는 막스 베버의 유명한 힌두 파리아(Hindu Pariah)[막스 베버가 주장한 천민자본주의의 원어가 파리아카피탈리스무스Pariakapitalismus이다—옮긴이]와의 비교를 선취한다.[106]

라인홀트, 워버턴, 스펜서가 말하는 모세처럼 실러는 모세가 인종적으로 볼 때는 유대인이지만 문화적으로는 이집트인들의 모든 신비주의에 입문했던 이집트인으로 본다. 워버턴과 라인홀트는 다신교와 비밀주의 모두가 정치적으로 불가피했음을 강조했다. 백성들을 다스리기 위해서는 경외감이 필요했다. 영혼과 사후의 불멸성에 대한 믿음과 더불어 국가의, 신비주의의, 그리고 공식적 다신교적 숭배의식의 제정은 상호 의존적이었고 상호 연관되어 있었으며 모두 동시대에 생겨난 것이었다. 하지만 실러는 약간 다른 견해를 가지고 있었다. 그는 신비주의가 나중에 생겨난 것이라 생각했다. 우선 국가가 먼저 생겨났는데, 고대 이집트는 인류 역사상 최초로 국가

---

106) Schiller, *Die Sendung Moses*, p.741.

를 건설한 사회라는 것이다. 그후 국가는 노동의 분화를 초래했고 "신성한 일들에 관심을 기울이는"(die Sorge für die göttlichen Dinge) 일을 전적으로 하는 전문적인 사제라는 직업이 생겨나게 했다.[107] "최고 존재자의 유일성에 대한 첫 개념이 인간들에게서 형성될 수 있었던 것은 바로 이런 상황에서다. 하지만 이런 '영혼을 고양시키는 생각'은 소수 입문자 집단에서만 독점적인 자산으로 남아야 했다. 왜냐하면 다신교는 오랫동안 전통으로 자리 잡고 있었고, 국가는 그 제도를 기반으로 형성되었으며, 아무도 새로운 종교가 정치질서를 지지할 수 있을 것이라고 생각지 않았기 때문이다. 워버턴과 라인홀트처럼 실러도 공식적 종교와 신비주의 숭배의식 간의 적대적 관계를 강조했다. 실러는 다신주의가 시민사회나 정치적 질서를 위해 필요한 전략적 허구가 아니라 자연적 타락의 결과라 설명했다. 실러에 따르면 비밀주의는 가능한 진리의 위험에서 정치질서를 보호하기 위해, 그리고 또 세속적 타락과 오해로부터 진리를 보호하기 위해 나중에 생겨난 것이다. 그래서 이런 배경 아래 신성문자가 생겨났다는 것이다. 이렇게 실러는 워버턴이 그토록 공을 들여 반박하려 했던 신성문자에 대한 오래된 오해로 되돌아간다. 신성문자와 숭배의식의 복잡한 제례의식이 고안된 것은 신비주의가 비의적 모습을 얻으려는 것이었다. 그것들은 '감성적 엄숙함'(sinnliche Feierlichkeit)을 만들고, 감정을 고양시켜 입문자들에게 진실을 받아들일 준비를 시키기 위해 고안되었다.

오랜 숙련과 준비의 정점에 있는 입문자들에게만 드러나는 진리가 '모든 사물의 유일한 최상의 원인자'(Die einzige höchste Ursache aller Dinge)의 인식 속에 성립되어 있다. 실러도 라인홀트처럼 이름을 부정하

---

107) Schiller, *Die Sendung Moses*, p.743.

고 익명의 신을 선포하기 위해 "나는 지금까지 존재했던, 존재하는, 그리고 존재할 모든 것"이라는 사이스(Saite) 문구를 취한다. 실러는 신비주의에서 말하는 익명의 신성을 모세의 신과 동일시한다는 점에서 라인홀트를 따른다.[108] 모세는 말로 표현할 수 없는 숭고함 속에서 자연이라는 익명의 신성을 직관할 때까지 (실러가 20년쯤 걸린다고 추측한) 모든 입문과정들을 거쳤다.

이 지점에서 실러는 숭고의 개념을 가져오는데 이 개념은 그 당시의 핵심적 개념이다. "현자들이 전하는 창조주의 그 단순한 위대함보다 더 숭고한 것은 아무것도 없다. 독특한 방식으로 그를 구별하기 위해서 현자들은 창조주에게 이름을 부여하는 것을 삼간다."[109] 인간의 인지영역을 초월할 때 이 알려지지 않은 신성은 '자연'의 숭고함과 점차로 동일시된다.[110] 같은 해(1790년)에 칸트의 『판단력 비판』이 출판되었다. 거기서 칸트는 각주를 달아 사이스의 베일에 가려진 성상과, 그 숭고함에 대한 최고의 표현인 성상의 명문(銘文)을 언급한다.

---

108) 그러나 그는 성서의 "나는 나다"라는 명문과 관련 있는 라인홀트의 뛰어난 동일시를 빼먹고 있다.
109) "Nichts ist erhabener, als die einfache Grösse, mit der sie von dem Weltschöpfer sprachen. Um ihn auf eine recht entscheidende Art auszuzeichnen, gaben sie ihm gar keinen Namen". Schiller, *Die Sendung Moses*, p.745.
110) '어머니 자연'에 대한 인격화로서의 이시스에 대해서는 Pierre Hadot, *Zur Idee des Naturgeheimnisses: Beim Betrachten des Widmungsblattes in den Humboldtschen "Ideen zu einer Geogrphie der Pflanzen"*, Abhandlungen der Akadmie der Wissenschaften und der Literatur Mainz, geistes- und sozialwissenschaftliche Klasse Abh.8, Wiesbaden: F. Steiner, 1982를 보라. 18세기 도상학의 전통에서 스핑크스는 "자연의 비밀들"과 같은 사상으로 연결되었다. Syndram, *Ägypten-Faszinationen*, pp.216~219를 보라. 이런 이유 때문에 스핑크스는 정원을 꾸미는 데 종종 사용되었다. 켈뤼스 백작은 다음과 같은 뛰어난 설명을 한다. 처녀와 사자의 조합인 스핑크스는 매년 나일강이 범람할 때 승천하는 황도십이궁(Zodiac)의 두 자리를 상징한다. Syndram, *Ägypten-Faszinationen*, p.217, n.873.

아마도 이제껏 그 유명한 이시스 신전(대자연) 비문보다 더 숭고하다고 여겨지거나 말해지는 것은 아무것도 없었을 것이다. "나는 존재하는, 존재하게 될 모든 것이고, 어떤 필멸의 존재도 내 베일을 벗기지 못했다." 제그너는 『자연학 개론』 속표지의 암시적 삽화에서 성스런 경외감을 갖고 신전으로 막 이끌려 들어가는 수련생을 미리 고무시키기 위해 이런 관념을 이용했으며, 그것은 그 사람의 엄숙한 주의력을 자극하기 위한 것이었다.[111]

라인홀트는 존경했던 칸트에게 자신의 책을 보냈음이 틀림없다.[112] 칸트는 요한 안드레아스 폰 제그너(Johann Andreas von Segner)의 삽화를 묘사할 때, 입문에 대한 실러의 말(성스런 경외감heiliger Schauer과 엄숙한 주의력feierliche Aufmerksamkeit)을 사용했다. 이것은 칸트가 언급하는 삽화가 그런 것을 전혀 보여 주지 못하기 때문에 특히 놀랍다. 피에르 아도(Pierre Hadot)는 "베일에 가려진 성상"의 도상법과 "자연의 비밀"의 개념에 대한 그것의 연관관계에 대해 뛰어난 연구를 했던 사람이다.[113] 우리는 제그너의 삽화(그림 2)에서 조각상 대신 기단 위에 놓여져 있는 깨진 꽃병

---

111) "Vielleicht ist nie etwas Erhabeneres gesagt oder ein Gedanke erhabener ausgedrückt worden als in jener Aufschrift über dem Tempel der Isis(der Mutter der Natur): "Ich bin alles was da ist, was da war und was da sein wird, und meinen Schleier hat kein Sterblicher aufgedeckt." Segner benutzte diese Idee, durch eine sinnreiche, seiner Naturlehre vorgesetzte Vignette, um seinen Lehrling, den er in diesen Tempel einzuführen bereit war, vorher mit dem heiligen Schauer zu erfüllen, der das Gemüth zu feierlicher Aufmerksamkeit stimmen soll." Immanuel Kant, *Kant: Critique of Judgement*, trans. John Henry Bernard, New York: Hafner Press, 1951의 번역을 약간 수정했다.
112) 앞서 언급한 니콜라이에게 보내는 1787년 3월 23일자 편지에서 라인홀트는 그의 책에 대해 언급한다. 이 책은 1788년 괴셴에 의해 출판되기도 전에 작은 친구들 모임에서 원고 형태로 돌아다녔다.
113) Hadot, *Zur Idee des Naturgeheimnisses*.

〈그림 2〉 자연의 발자국을 재는 과학 요한 안드레아스 폰 제그너의 『자연학 개론』 속표지 그림.

을, 비문 대신 기하학적인 그림을 보게 된다. 기단 앞에서 이시스가 큰 걸음으로 걸어가고, 세 명의 푸토가 따라가며 이시스의 걸음과 움직임을 기하학적인 도구로 재고 있는 것 같아 보인다. 이시스는 망토를 걸치고 있고 머리는 부분적으로 덮여 있다. 푸토는 자연과학을 의인화한 것이다. 하지만 그 화가가 이 삽화를 그릴 때 사이스의 베일에 가려진 성상을 염두에 둔 것은 분명 아니었다.[114] 이 삽화는 자연/이시스의 얼굴은 똑바로 볼 수 없고, 오직

---

114) Johann Andreas von Segner, *Einleitung in die Natur*, 3rd ed., Göttingen: Lehre, 1770; Adolf Weis, *Die Madonna Platytera: Entwurf für ein Christentum als Bildoffenbarung anhand der Geschichte eines Madonnenthemas*, Königstein: Langewiesche, 1985, pp.9~10; Hadot, *Zur Idee des Naturgeheimnisses*, pp.9~10.

〈그림 3〉 자연의 비밀을 밝히는 시(詩)의 수호신 괴테에게 바치는 헌사가 베르텔 토르발센의 동판화와 함께 알렉산더 폰 훔볼트의 『식물지리학 개론』(1806)에 실려 있다.

귀납적으로만 연구될 수 있음을 전하고자 한다. 자연의 발걸음은 자연에 대한 오르페우스 찬가에서 언급된다.

> 당신의 발걸음은 순환하는 길에서 여전히 흔적을 찾고,
> 끊임없는 힘으로 당신에 의해 모습을 드러낸다.[115]

---

115) Thomas Taylor(trans.), "The Hymns to Orpheus" = Kathleen Raine and George Mills Harper(eds.), *Thomas Taylor the Platonist*, Bollingen Series 88, Princeton: Princeton University Press, 1969, p.222.

〈그림 4〉 자연의 신비를 벗기는 동물학 헤라르트 블라시우스의 『동물해부학』 (1681)의 표지 그림.

 미하엘 마이어가 그린 「달아나는 아탈란타」(Atalanta Fugiens)의 성상들 중 하나는 이와 똑같은 소재를 보여 준다. 자연은 얼굴을 베일로 덮은 것이 아니라 민첩한 움직임을 전달하기 위해 뒤로 늘어진 베일을 입고 있는 젊은 여인으로 재현된다.[116] 등불을 든 철학자가 멀리서 그녀의 발자국을 탐

---

116) 이런 베일의 형식은 로마식으로 "베일을 만드는 미풍"(aura velificans)이라 부른다.

〈그림 5〉 자연의 신비를 벗기는 연금술 쿤켈의 『신비한 기술과 공방의 첫 부분과 다른 부분』(1705)의 표지 그림. 이 동판화는 분명 블라시우스의 『동물해부학』(그림 4를 보라)의 표지 그림을 개작한 것이다.

구하고 있다.[117]

하지만 이제껏 베일에 가려진 성상의 소재(素材)에 관해서는 칸트가 옳았고, 그 베일을 벗기는 것은 사실 제그너의 책같이 과학적이고 연금술적인 책들의 표지에 자주 등장한다. 제그너의 책보다 훨씬 나중의 것으로 가장

---

117) Frances A. Yates, *The Rosicrucian Enlightment*, London: Routledge and Kegan Paul, 1972, p.82, fig.23, facing p.96. 예이츠는 이 모티브의 역사에 대해 Giordano Bruno, *Articuli Adversus Mathematicos*, Prague, 1588 서문의 각주에서, 그리고 그녀의 책 Yates, *Giordano Bruno*, pp.314~315에서 언급한다.

유명한 것이 알렉산더 폰 훔볼트의 1806년 괴테에게 바치는 헌사가 실린 『식물지리학 개론』에 있는 토르발센(Bertel Thorvaldsen)의 동판화다(그림 3을 보라).[118] 좀더 초기의 예는 헤라르트 블라시우스의 『동물해부학』(그림 4를 보라)[119]과 쿤켈의 『신비한 기술과 공방의 첫 부분과 다른 부분』(그림 5를 보라)[120]인데 그 그림들에서는 베일에 가려진 이시스의 베일을 벗기는 장면뿐만 아니라 사이스의 비문에 관한 프로클로스의 설명처럼 이시스의 자궁의 열매인 태양이 등장한다.

칸트의 요지는 숭고함의 초기 기능을 강조하는 것이다.[121] 숭고함이 만들어 내는 성스런 경외감과 공포는 인간의 영혼과 정신을 감정이 고양된 상태에서만 받아들일 수 있는 진리를 이해할 수 있도록 준비시킨다. 비밀에 대한 최상의 계시도 이 같은 숭고함의 과정이 필요하다. 숭고함과 지혜, 신

---

118) Alexander von Humboldt, *Ideen zu einer Geographie der Pflanzen*, 1817. "자연의 비밀을 밝히는 시의 수호신"(Der Genius der Poesie entschleiert das Bild der Natur)이라는 부제가 붙어 있다. 헌사를 좋아하지 않았던 괴테에게 사실상 이보다 더 불쾌한 일은 없었을 것이다. Hadot, *Zur Idee des Naturgeheimnisses*를 보라.
119) Gerard Blasius, *Anatome Animalium*, Amsterdam, 1681; Hadot, *Zur Idee des Naturgeheimnisses*, fig.2를 보라.
120) Johann Kunckel von Löwenstern, *Der Curieusen Kunst- und Werck- Schul Erster und Anderer Theil*, Nürnberg, 1705; Weis, *Madonna Platytera*, p.12, fig.3. 쿤켈의 표지는 블라시우스의 표지를 약간 변형한 것이다.
121) 나는 여기서 단지 베일에 가려진 이시스 성상을 언급하는, 위에서 인용한 주석에 대해서만 말하고자 한다. 칸트는 자신이 "숭고함의 분석"이라고 칭한 것에 대한 그의 세번째 비판에 상당한 분량을 할애한다. 숭고함이란 인간 본성이 결코 저항할 수 없는, 절대적으로 압도하는 힘을 말한다. 그는 "입문"이라는 용어를 사용하지 않고 입문 개념에 가까이 다가간다. 단지 강한 정신만이 "자연"을 직면할 수 있다. 숭고함의 경험에 대한 칸트의 사례는 산이나 천둥 같은 것만이 아니다. 그는 이집트 피라미드나 성베드로 성당 같은 것도 숭고한 것으로 보며(Kant, *Kritik der Urteilskraft*, 2nd ed., Berlin: F. T. Lagarde, 1793, sect.26, pp.88~89), 제2계명도 그 중 하나라고 말한다. "아마도 제2계명 '너희는 어떤 형상도 만들지 말며'보다 더 숭고한 유대인의 율법은 없을 것이다"(Ibid., sect.26, pp.88~89). 숭고함은 인간 오성에 저항하지만 강한 자아는 숭고함에 저항한다. 신을 어떤 이미지나 형상으로 환원하지 않고 생각하는 것이 가능하다.

비, 입문 같은 개념들과의 이와 같은 결부도 이집트 신비에 관한 문헌 속에서 계속하여 등장하는데 그 예로 테베의 '헤르메스 동굴'(Hermetic Cave)에 대한 아래의 기술이 있다. 그곳에서 이집트인 입문자들은 지혜의 기둥에 새겨진 헤르메스 트리스메기스투스의 가르침을 배워야 했다.

> 이곳의 기이한 엄숙함은 모든 사람을 감동시키고, 그래서 사람들은 종교적 공포감을 갖고 그곳에 들어가게 된다. 그리고 당신은 가장 적절한 마음의 상태인 최고의 경외감과 복종으로 고양되어 당신을 기쁘게 지도하고자 하는 어떠한 사제든지 받아들이게 된다.……

> 동굴의 깊숙한 끝 쪽 혹은 그 동굴을 지나 몇몇 거대한 땅굴의 가장 안 쪽의 끝을 향하면, 당신은 마치 아주 멀리 떨어져 있는 파도가 몰려오는 듯한 소리와 때로는 바위를 향해 맹렬한 속도로 떨어지는 폭포수의 거대한 물줄기 같은 소리를 듣게 된다. 그 소리는 너무나 놀랍고 무서워서 설령 당신들이 그곳에 다가가더라도 오직 탐구적인 소수만이 그 신비로운 자연의 장으로 들어갈 뿐이다.……

> 이집트 학문의 태곳적 신비가 담겨 있는 신성문자로 새겨진 고색창연한, 석비들이 램프가 달려 있는 기둥에 둘러싸여 있다.…… 세상의 모든 철학과 학문을 이루는 신성한 책들이 이 기둥들에서 유래되었다고들 한다.[122]

---

122) Philip Yorke, *Athenian Letters or, the Epistolary Correspondence of an Agent of the King of Persia, Residing at Athens during the Peloponnesian War. Containing the History of the Times, in Dispatches to the Ministers of State at the Persian Court. Besides Letters on Various Subjects between Him and His Friends*, 4

〈그림 6〉 이래즈머스 다윈의 시집 『자연의 신전』(1808)의 표지에 사용된 헨리 푸슬리의 그림 이 그림은 자연의 더 큰 신비의 마지막 입문 단계를 묘사한다. "여기서 모든 안내는 끝이 난다. 사물은 있는 그대로 보이고 자연과 자연의 섭리는 보여지고 이해된다"(알렉산드리아의 클레멘스).

이것은 비밀스런 지혜의 보관과 전달을 위한 아주 적절한 시나리오다. 당시 프리메이슨 사이에서 더 많은 부를 가진 자들은 그들의 공원과 정원에 그런 분위기를 만들려고 했다. 모차르트의 「마술피리」에서는 2악장의 끝에

---

vols., London: James Bettenham, 1741~1743, vol.1, pp.95~100(letter 25 by Orsames, from Thebes). 카를로 진즈부르그가 기원전 5세기 말경 동지중해의 특별한 역사에 관해서 의견을 주었다. 오르사메스의 서신들은 고대 이집트와 관계된 시대의 지식을 요약할 수 있게 해준다.

서 물과 불의 연출로 그런 동굴을 만들 것을 지시하는데 여기서 귀가 먹을 정도의 웅장한 소리로 물이 솟아 나오고 불은 이글거리는 불꽃으로 분출된다. 이들은 아베 테라송(Abbé Terrasson)이 묘사한, 세토스의 지하 입문식 시험의 모범을 따를 뿐만 아니라 잘츠부르크 근처 아이겐에 있는, 모차르트의 친구인 한 석공이 소유한 정원의 작은 동굴처럼 프리메이슨의 조경을 따르기도 한다.[123] 당시의 미학과 이집트 미술 및 건축 해석의 핵심이 되었던 숭고함의 이념은 신비와 축성에 대한 당시 개념과의 밀접한 연관하에 파악되어야 한다.

이런 맥락에서 가장 특별한 관심을 끄는 것은 스위스-영국 출신의 숭고함의 예술가 헨리 푸슬리(Henry Fuseli)가 이래즈머스 다윈(Erasmus Darwin)의 시집 『자연의 신전』(*The Temple of Nature*, 1808)의 첫 장(그림 6을 보라)을 그림으로 장식했다는 것이다. 이 그림은 이시스 상의 베일이 걷히는 장면을 (에페수스의 많은 유방을 가진 디아나의 형상으로) 보여 주는데, 여기에서 신전의 여사제는 고개를 돌리고 있고, 그 앞에는 뒷모습의 여성 입문자가 감동과 경이의 몸짓으로 무릎을 꿇고 있다. 이 동판화는 입문자가 자연과 직면할 때라고 할 수 있는 입문의 마지막 단계의 순간을 포착하려고 한다. 다윈의 시는 비의적이고 유일신교적인 자연숭배 의식으로서의 고대 신비숭배에 대한 워버턴의 해석에 상당 부분 그 기초를 두고 있다.[124]

자연과 숭고함의 결합은 에드먼드 버크까지 거슬러 올라가는데, 그는 1759

---

123) Magnus Olausson, "Freemasonry, Occultism, and the Picturesque Garden towards the End of the Eighteenth Century", *Art History*, no.8.4, 1985, pp.413~433. 이 문헌에 대한 정보를 준 아네트 리처즈(Annette Richards)는 음악 장르로서의 '판타지아' 연구와 18세기 정원에서의 그에 대한 비유들을 나와 공유했고, 올라우손의 훌륭한 논문도 알려 주었다.

년에 숭고함에 관한 획기적 논문을 썼다.[125] 아름다움은 즐거움을 불러일으키며 숭고함은 경이를 불러일으킨다. 경이에 대한 영감은 '자연만의 특권'이다. 숭고의 현상에 대한 전형적인 경이의 영감은 불명료함, 공허, 어두움, 고독과 침묵이다. 이런 경험은 「마술피리」(1791)와 다른 작품들, 이를테면 아베 테라송의 『세토스』(*Séthos*, 1731)와 이집트 신비주의에 관한 이그나츠 폰 보른의 글들인데, 이 경험들은 모두 이집트 신비주의와 그 입문에 연결되어 있다. 버크는 이집트의 사원들을 숭고함의 건축적 실현으로 보았고, 이런 해석은 곧 상식이 되었다.[126]

실러에 따르면 베일에 싸인 이시스의 숭고함은 그 여신의 익명성에 있다. 이시스는 언어의 저편에 있고, 청원하더라도 다가갈 수 없다. 모든 이름들은 동일하게 (부)적합하다. 신의 익명성에 대한 이런 개념은 일종의 종교적 사해동포주의의 일부분이며, 내가 이미 앞 장에서 설명하였듯이 로마제국

---

124) Irwin Primer, "Erasmus Darwin's Temple of Nature: Progress, Evolution, and the Eleusinian Mysteries", *Journal of the History of Ideas*, no.25.1, 1964, pp.58~76. 스튜어트 하르텐(Stuart Harten)이 알려 준 문헌이다. 프리머는 이 명문을 페아나르(François Peynard)의 『자연과 자연법에 대하여』(*De la nature et de ses lois*, Paris, 1793) 표지와 비교한다. 여기서는 조상이 아니라 에페수스의 디아나가 그 시대의 화신인 수염 나고 노쇠한 남자, 아마도 앉아 있는 모습의 크로노스에 의해 그 베일이 벗겨지는 것으로 나타난다. 이 도판은 "진리는 시간의 딸"(veritas filia temporis)의 전통에 속하는 것 같다. 이는 시간의 진행에 따라 비밀이 벗겨지고 학습과 지식이 발전한다는 것을 의미한다. 시간의 의인화에 대해서는 Erwin Panofsky, "Father Time", *Studies in Iconology*, Oxford: Oxford University Press, 1939, pp.69~94를 보라.

125) Edmund Burke, *A Philosophical Enquiry into the Origine of our Ideas on the Sublime and the Beautiful*, London, 1759.

126) Syndram, *Ägypten-Faszinationen*, pp.104~108. 특별히 관심을 끄는 것은 숭고의 표현으로서의 이집트 사원 건축에 대한 주세페 델 로소의 해석이다. Giuseppe del Rosso, *Ricerche sull'architettura Egiziane*, Florence, 1787. 그는 버크를 104~108쪽에서 언급한다. Syndram, *Ägypten-Faszinationen*, pp.122~124를 보라.

에서 번창했던 종교적 이념과 명칭의 번역 가능성에 대한 믿음의 일부분이다. 18세기에는 종교적 번역 가능성의 확신이 '우주신교'라 불렸고, 종종 문학작품에 등장하는 계몽주의적 프리메이슨 집단 내에서 번창했다. 모차르트의 프리메이슨적 찬송가 칸타타 쾨헬 번호 619번은 신을 찬미하는 고대의 관습인 "제 민족들의 이름으로"를 다시 듣게 하는 시구들로 시작한다.

> 측량할 수 없는 우주의 창조자를 숭배하는 당신들
> 그를 여호와 또는 하느님으로 부르라,
> 그를 후 또는 브라만으로 부르라.
> 들어 보라, 전능하신 자의 나팔소리에서 나오는 말들을 들어 보라!
> 땅과 달과 태양으로부터
> 그 영원히 지속되는 소리가 크게 울린다.[127]

여기서 말하는 신은 익명의 신으로서, 파우스트의 종교에 대한 그레트헨의 그 유명한 질문에 파우스트가 대답하는 장면에서도 읽을 수 있다.

> 누가 그에게 이름을 붙일 수 있겠소

---

[127] "Die Ihr des unermesslichen Weltalls Schöpfer ehrt,/ Jehova nennt ihn,/ oder Gott—/ Fu nennt ihn,/ oder Brahman—/ Hört, hört Worte aus der Posaune des Allherrschers!/ Laut tönt von Erde, Monden, Sonnen/ ihr ewger Schall." Solomon(trans.), *Mozart*, p.331. 이 텍스트는 프란츠 하인리히 치겐하겐(Franz Heinrich Ziegenhagen, 1753~1806)에 의한 것이다. 그는 경건주의자이자 스피노자주의자이며 프리메이슨이었고 교육학자였다. 그는 자연 연구에 기초한 새 성인교육 프로그램을 고안하였고, 1791년 여름 자신의 학교 개교 축성식 때 모차르트에게 칸타타를 위탁했다. 1784년 12월 모차르트가 프리메이슨 지부인 '자비'에 입단하였을 때 라인홀트는 이미 빈을 떠났다.

누가 고백할 수 있겠소

나는 그를 믿는다고!

느낌이 있다고 해서

누가 감히 발설할 수 있겠소

나는 그를 믿지 않는다고!

만물을 포괄하는 자,

만물을 보존하는 자,

그는 당신을, 나를, 그리고 자신을

포괄하고 보존하고 있지 않소?

하늘은 저 위에 둥글게 궁창을 만들지 않소?

땅은 여기 아래 굳건히 놓여 있질 않소?

영원한 별들은 다정한 눈빛으로

떠오르고 있질 않소?

당신의 눈을 들여다보고 있으면

모든 것이 당신의 머리와 가슴으로 밀려와

영원한 비밀을 간직한 채

보일 듯 말 듯

당신 곁으로 떠돌고 있질 않소?

그것이 아무리 크더라도 그것으로 당신의 가슴을 채우구려.

그리하여 당신의 가슴이 온통 행복으로 젖게 된다면,

그것을 행복! 감동! 사랑! 신!

무엇이든 원하는 대로 이름을 붙여 보구려.

나는 그것에 이름을 붙여 줄 만한 게 없어요.

느끼는 것만이 전부지요

이름은 공허한 울림이자 연기요,

안개 속에 싸인 하늘의 불덩어리예요.[128]

종교가 무엇이냐는 질문을 받고 파우스트는 자신의 주변을 감싼 세계를 가리키고, 그 다음에 자신의 내면과 느낌으로 충만한 자신의 심장을 가리킨다.[129] 이런 행위는 이시스가 과거에 존재했고 현재에 존재하며 미래에 존재하게 될 것을 가리키며 취하는 몸짓과 같은 것이다. 가장 깊숙한 비밀은 가장 분명하고 가장 드러난 것이다. "신성한 드러난 비밀"(Heilig öffentlich Geheimnis)이라는 구절을 괴테는 다른 시에서도 사용하고 있다.

자연을 관조할 때면

항상 하나를 모든 것처럼 살필지라

아무것도 안에 있지 않고 아무것도 밖에 있지 않는 법

그것은 악이 곧 밖이기 때문이라

---

[128] "Wer darf ihn nennen/ Und wer bekennen:/ Ich glaub ihn!/ Wer empfinden/ Und sich unterwinden/ Zu sagen: ich glaub ihn nicht!/ Der Allumfasser,/ Der Allerhalter,/ Fasst und erhält er nicht/ Dich, mich, sich selbst?/ Wölbt sich der Himmel nicht dadroben?/ Liegt die Erde nicht hierunten fest?/ Und steigen freundlich blickend/ Ewige Sterne nicht herauf?/ Schau ich nicht Aug in Auge dir,/ Und drängt nicht alles/ nach Haupt und Herzen dir/ Und weht in ewigem Geheimnis/ Unsichtbarsichtbar neben dir?/ Erfüll davon dein Herz, so groß es ist,/ Und wenn du ganz in dem Gefühle selig bist,/ Nenn es dann, wie du willst:/ Nenns Glück! Herz! Liebe! Gott!/ Ich habe keinen Namen/ Dafür! Gefühl ist alles;/ Name ist Schall und Rauch,/ Umnebelnd Himmelsglut." Johann Wolfgang von Goethe, *Faust. Part One*, trans. Philip Wayne, Harmondsworth: Penguin, 1949, p.152f.

[129] 파우스트는 이런 관점에서 두려움과 공포의 요소를 언급하지 않는다. 그러나 그런 요소는 괴테의 자연개념("전율은 인류의 가장 선한 것"Das Schaudern ist der Menschheit bestes Teil)에 중심적인 역할을 한다. Hadot, *Zur Idee des Naturgeheimnisses*, p.32f.를 보라.

그러니 지체하지 말고

신성한 드러난 비밀을 파악할지라.[130]

    라인홀트와 실러에 따르면 최고의 존재로서의 자연에 대한 이 숭고한 관념은 이집트의 교육을 받는 중에 모세가 입문한 신비주의 속의 신이었다. 그러나 이 모세의 신은 그가 백성들에게 보여 준 신이 아니었다. 이집트 신비주의의 가르침에서 모세는 진리를 성찰하는 법을 배웠을 뿐 아니라 "귀중한 신성문자, 신비적 상징, 의식들의 보물을 수집하여" 이것으로 종교를 세웠고, 또한 진리를 스펜서가 말한 숭배적 제도와 법의 보호 아래(sub cortice legis)로 숨겼다. 그러나 실러에 따르면 모세는 사기꾼이 아니라 "적용자"였다.[131] "그의 계몽된 정신과 그의 충실하고 고상한 심장"은 백성들에게 거짓되고 허구로 만들어진 신을 보여 주려는 생각에 대해 저항했다. 그

---

130) "Müsset im Naturbetrachten/ Immer eins wie alles achten:/ Nichts ist drinnen, nichts ist draussen:/ Denn was innen, das ist aussen./ So ergreifet ohne Säumnis/ Heilig öffentlich Geheimnis." Johann Wolfgang von Goethe, *Gesamtausgabe der Werke und Schriften*, vol.18, ed. Wilfried Malsch, *Schriften zu Natur und Erfahrung: Schriften zur Morphologie*, vol.1, Stuttgart: Cotta, 1959~1971, p.26. 그리고 Aleida Assmann, "Zeichen-Allegorie-Symbol", ed. Jan Assmann, *Die Erfindung des inneren Menschen*, Gütersloh: Gütersloher Verlagshaus, 1993, pp.28~50, 특히 p.41과 Aleida Assmann, "Auge und Ohr. Bemerkungen zur Kulturgeschichte der Sinne in der Neuzeit", *Torat haAdam*, Jahrbuch für Religiöse Anthropologie 1, Berlin: Akademie Verlag, 1994, pp.142~160, 특히 p.159f.를 보라.

131) 세 계시종교, 즉 유대교, 기독교, 이슬람교가 성립된 것은 세 명의 원조 사기꾼, 즉 모세, 예수, 마호메트에 기인하는 것이라는, 익명의 저자가 쓴 글 『세 명의 사기꾼』은 17세기와 18세기의 신학 담론에서 아주 논쟁적인 책들 중의 하나였다. Jacob, *The Radical Enlightenment*; Hugh B. Nisbet, "Spinoza und die Kontroverse De Tribus Impostoribus", eds. Karlfried Gründer and Wilhelm Schmidt-Biggemann, *Spinoza in der Frühzeit seiner religiösen Wirkung*, Heidelberg: L. Stiem, 1984, pp.227~244; Niewöhner, *Varietas*. 그리고 특히 Berti, *Trattato*, n.273을 보라.

러나 이와 마찬가지로 진리, 즉 이성과 자연의 종교는 계시하기에 불가능한 것이었다. 그리하여 유일한 해결책은 허구적인 방법으로 진리를 선포하고, 진실한 신에게 백성들이 파악하고 믿을 수 있는 허구적 행복과 영성을 부여하는 길이었다. 그 결과 신은 이제 순수한 이성과 인지의 대상으로부터 맹목적 신앙과 복종의 신으로 바뀌고야 말았다. 그래서 모세는 그의 진리에 대한 비전을 민족적 신이라는 형식에, 그리고 쾌락과 희생과 순례, 신탁 등등의 신성문자적 상징이 깃든 민족적 숭배의식의 형식에 안주했던 것이다. 실러는 (라인홀트를 거쳐) 워버턴으로부터 다신교의 개념을 필수불가결한 환영이라 보았고, 일반적인 유일신교에 적용하였다. 실러는 모세의 신에 대한 적용 개념을 마이모니데스와 스펜서의 법률에 대한 신의 개념으로 대체하였다. 종교와 계시는 적용의 유일한 형식들이다. 진리를 즉각적으로 성찰케 하는 계몽된 정신은 모세가 이집트에서 그랬듯이 둘 다를 사라지게 할 수 있다. 실러의 생각과 더불어 우리는 종교가 때로는 "인민의 아편"(칼 맑스)으로 때로는 "환영"(지그문트 프로이트)으로 정의되는 지점에 접근할 수 있다.

헨 카이 판: 이집트 우주신의 귀환

1780년 8월 15일에 고트홀트 에프라임 레싱은 글라임이 힐버슈타트 근교에 가지고 있던 정자의 방명록으로 사용하던 벽지에 그리스 문자로 Hen kai pan("하나이자 전체")이라는 단어를 써 넣었다.[132] 그로부터 5년 후, 그리고 1781년 레싱이 사망한 이후, 프리드리히 하인리히 야코비(Friedrich Heinrich Jacobi)는 『모제스 멘델스존에게 보내는 편지의 형식으로 표현된 스피노자의 철학에 관하여』(1785)라는 소책자에서 레싱과의 대화글의 형식으로 이 말의 비밀을 밝혔다.[132] 이 말의 비밀스런 의미는 신 즉 자연(deus sive natura)이고, 그것이 바로 스피노자주의에 관한 선언이었다.

야코비는 프리메이슨 동료였던[134] 레싱을 1780년에 처음 방문했다. 괴테의 시(당시에는 출판되지 않았던)에 관한 대화 중에 레싱은 "신에 관한 정통개념은 더 이상 나와는 상관없소. 나는 그 개념들을 지지하지 않소. 헨 카이 판! 나는 그 외에 아무것도 모르오"라고 선언한다. 그러자 야코비가 "그렇다면 당신은 스피노자에 대체로 동의하는 것이군요"라고 반문한다. 그 말에 레싱은 "만약 내가 누군가의 이름으로 내 자신을 표현한다면 그 이름 말고는 더 나은 것이 없소"[135]라고 대답한다.

레싱이 스피노자주의자라는 소식은 청천벽력과도 같은 것이었다. 심

---

132) 지금은 상실되고 없는 비문으로서 헤르더에 의해 고찰되었다. Erich Schmidt, *Lessing: Geschichte seines Lebens und seiner Schriften*, 2 vols., Berlin: Weidmann, 1892, vol.2, p.804; *Gotthold Ephraim Lessings Sämtliche Schriften*, ed. Karl Lachmann, 3rd ed., Berlin: Walter de Gruyter, 1915, vol.22.1, p.ix; Hermann Timm, *Gott und die Freiheit, Bd.I: Die Spinoza-Renaissance*, Frantfurt: Klostermann, 1974, p.15ff.; Kurt Christ, *Jacobi und Mendelssohn: Eine Analyse des Spinozasteits*, Würzburg: Königshausen and Naumann, 1988, p.59f.; Peter Bachmeier (ed.), *Briefwechsel Friedrich Heinrich Jarobi*, vol.3, Stuttgart: Frommann-Holzboog, 1987, p.279를 보라.
133) Heinrich Scholz, *Die Hauptschriften zum Pantheismusstreit zwischen Jacobi und Mendelssohn*, Berlin: Reuther & Reichard, 1916. 그리고 Horst Folkers, "Das immanente Ensoph: Der kabbalistische Kern des Spinozismus bei Jacobi, Herder und Schelling", eds. Eveline Goodman-Thau, Gert Mattenklott, and Christoph Schulze, *Kabbala und Romantik*, Tübingen: Niemeyer, 1994, pp.71~96; Alexander Altmann, "Lessing und Jacobi: Das Gespräch über den Spinozismus", *Lessing Yearbook*, no.3, 1971, pp.25~70을 보라. 야코비에게 보낸 흥미로운 편지에서 하만은 그의 책의 주제를 논의한다. Johann Georg Hamann, *Briefe, ausgewählt, eingeleitet und mit Anmerkungen versehen von A. Henkel*, Frankfurt: Insel, 1988, pp.130~133.
134) Christ, *Jacobi und Mendelssohn*, pp.49~54를 보라.
135) Gérard Vallée, *The Spinoza Conversation between Lessing and Jacobi: Texts with Excerpts from the Ensuing Controversy*, New York: University Press of America, 1988, p.85.

지어 모제스 멘델스존을 포함한 레싱의 절친한 친구들까지도 그 사실을 모르고 있었다. 모세와 이집트에 대한 담론이 유럽 계몽주의의 결정적인 이슈가 되기 시작했던 17세기까지만 해도 스피노자라는 사람은 뒷마당에 잠들어 있었다. 스펜서와 커드워스는 『윤리학』(1677)과 『신학정치론』(Tractatus Theologico-Politicus, 1670)이 출간된 후에 자신들의 책을 썼다. 레싱의 헨 카이 판과 함께 스피노자에 대한 반응이 새로운 단계로 접어들었다. 이러한 말과 야코비의 저작은 "새로운 세계상의 출현에 대한 가장 의미심장한 논쟁 중의 하나이며, 이것은 독일 계몽주의의 자기 확신을 근본부터 흔들어 놓은" 계기가 되었다.[136] 라인홀트와 실러가 모세와 이집트에 대한 글들을 이 논쟁의 중심에서 썼다는 것을 아는 것은 매우 중요하다. 더욱이 라인홀트는 적극적으로 거기에 가담했다.[137] 헨 카이 판, 또는 '하나이자 전체'라는 말은 즉시 일반적인 신조가 되었고 헤르더, 하만, 횔덜린, 괴테, 실러 그리고 다른 사람들(이 중 많은 이들이 프리메이슨이다)의 글에서 나타나게 되었다.[138]

내가 아는 한, 유명한 범신론 논쟁에 대해 글을 쓴 수많은 학자들 중 어느 누구도 레싱이 헨 카이 판이라는 문구를 어디에서 들었는지에 대해 의문을 가지지 않았다. 레싱이 만약 스피노자를 언급하고자 한다면 왜 '신 즉 자연'이라고 하지 않았던가?[139] 아니면 야코비는 레싱이 이 그리스 문구를 외

---

136) Vallée, *Spinoza Conversation*, p.2.
137) Fuchs, *Reinhold*, pp.64~70.
138) Paul Müller, *Untersuchungen zum Problem der Freimaurerei bei Lessing, Herder und Fichte*, Bern: Franke, 1965를 보라.
139) 스피노자의 "모든 것이 하나"(All-Oneness) 개념에 대하여는 Konrad Cramer, "Gedanken über Spinozas Lehre von der All-Einheit", *All-Einheit: Wege eines Gedankens in Ost und West*, ed. Dieter Henrich, Stuttgart: Klett-Cotta Verlag, 1985, pp.151~179를 보라.

치는 소리를 들었을 때 스피노자를 생각하지 않았던가? 만약 우리가 그 근원을 조사한다면 곧 커드워스로, 따라서 이집트와 헤르메스 트리스메기스투스로 거슬러 올라가게 된다. 『엠페도클레스와 횔덜린』에서 우보 횔셔는 이미 랠프 커드워스를 횔덜린의 헨 카이 판에 대한 가장 분명한 근원으로 지목했다. 커드워스의 『우주의 진정한 지적 체계』는 18세기에 판을 거듭했고 그 중 하나는 독일에서 출판되었다.[140] 이 책이 레싱의 시대에 쉽게 구할 수 있었고 잘 알려져 있었다는 사실에는 의심의 여지가 없다. 그러나 고트홀트 에프라임 레싱이나 헤르메스 트리스메기스투스의 이름들을 언급하는 것은 매우 낯설다. 레싱은 커드워스가 그의 저서 『우주의 진정한 지적 체계』에서 뽑아 낸 그 문구의 트리스메기스투스적 의미들을 알고 있었던 것일까?

내가 이미 앞에서 지적하였듯이, 커드워스는 조심스럽게 이 문구와 관련된 모든 이형들을 수집했다. 그것은 헨 카이 판과 똑같은 것은 없었고 헨 토 판(Hen to Pan)이나 토 헨 카이 토 판(To hen kai to Pan) 등처럼 다소 비슷한 것들만 있었다. 이런 문구는 이집트에서 쓰인 그리스 문서들, 다시

---

140) Uvo Hölscher, *Empedokles und Hölderlin*, Frankfurt: Suhrkamp, 1965, p.49, n.116은 랠프 커드워스의 『우주의 진정한 지적 체계』를 언급한다. 그리스 전통에 대한 아주 사려 깊은 연구로는 Eduard Norden, *Agnostos Theos: Untersuchungen zur Formengeschichte religiöser Rede*, Leipzig: Teubner, 1912; repr. 4th ed., Darmstadt: Wissenschaftliche Buchgesellschaft, 1956, pp.240~250이 있다. 가장 중요한 그리스 참고문헌으로는 "전부는 하나다"(hen panta einai)를 내세운 헤라클레이토스가 있고, 또 Simplicius, *Physics*, 22, 22ff.에 의하면 "전부는 하나고, 이 하나이자 전부가 신이다"(tò èn touto kaì pan)를 내세운 크세노파네스가 있다. Hermann Diels, *Die Fragmente der Vorsokratiker*, ed. Walther Kranz, 11th ed., Zürich and Berlin: Weidmann, 1964, p.50, 121. 그리고 마지막으로 포세이도니우스, 키케로, 세네카에 따른, 신적 전부이자 하나(divine All-Oneness)에 대한 스토아학파의 교리가 있다.

말해 그리스 마법문서(papyri Graecae Magicae)[141]로 알려진 마법의 화신과 의식들에 관한 책인 『헤르메스 전집』을 구성하는 문서들이자 연금술적 전통을 전하는 문서들에서 대단히 중요한 역할을 한다.[142] 모든 것이 하나라는 개념과 가장 밀접한 가르침을 주었으며 신플라톤주의의 가장 탁월한 해설가였던 플로티노스는 이집트인이자 아시우트(Assiut, 리코폴리스Lykopolis) 태생이다.[143] 이렇게 그에 대한 조사의 결과물로서 커드워스는 그 문구가 이집트 '불가해한 신학'의 정수임을 증명했다.

커드워스는 "하나이자 전부"라는 개념이 모세의 이집트 교육에서 가장 중요했다고 확신했다. 하지만 커드워스의 관심은 이집트 지혜가 어떻게 유대인들에게 전해졌는가가 아니었다. 그보다 그는 그것이 어떻게 그리스인들에게 전달되었는가 하는 데 관심이 있었다. 이런 관점에서 볼 때 오르페우스는 성서의 전통에서 모세가 했던 것과 정확히 똑같은 역할을 했다. 오르페우스는 일반적으로 '더 큰' 이집트 신비주의에 입문했었던 것으로 알려졌다.[144] 이집트는 이렇게 유럽과 두 개의 길에서 연결된다. 그 하나는 모세

---

141) 『하나이자 전부』(The One and the All)라는 제목의 주술에 관한 책은 Preisendanz, *Papyri Graecae Magicae* II, XIII, line 980, p.128에 『프톨레마이카』(Ptolemaika)의 다섯번째 권으로 소개되었다. Merkelbach, *Abrasax*, vol.1, 202f.를 보라. Norden, *Agnostos Theos*, p.248f.도 보라.
142) Marcelin Berthelot and Charles Emile Ruelle, *Collection des alchimistes grecs*, Paris, 1887. 이 책은 Norden, *Agnostos Theos*, pp.248~249에 인용되었다. 노르덴은 연금술 서적에서 마르치아누스 법전으로 알려진 삽화를 표지로 사용했다. 그 삽화는 뱀(우로보로스Uroboros)이 자신의 꼬리를 물고, Hen to Pan이라는 명문을 둘러싸고 있는 모습을 보여 준다.
143) Dana M. Reemes, "On the Name 'Plotinus'", *Lingua Aegyptia*, no.5, 1995를 보라.
144) 소설 『세토스』(1731)에서 아베 테라송은 오르페우스 입문에 대한 로마식 설명을 했다. 그는 성공적으로 불과 물의 시험을 통과했지만 공기의 요소를 포함하는 세번째 시험(반지들로 하는 시험)에는 실패했다. 그럼에도 불구하고 그의 특별한 미덕 때문에 입문자들의 모임에 받아들여졌다.

를 통해 예루살렘과 연결되고 다른 하나는 오르페우스를 통해 아테네와 연결되는 것이었다. '모세 연결'이 유럽의 신학과 종교에 영향을 끼쳤던 반면, '오르페우스 연결'은 유럽의 철학에 영향을 끼쳤다.[145] 오르페우스는 헨 카이 판이라는 개념을 그리스에 전했고, 그곳에서 이 개념은 피타고라스, 헤라클레이토스, 파르메니데스, 플라톤, 스토아학파, 그리고 다른 철학자들에게 영향을 끼쳤다. 하나이자 전부이고 전부이자 하나라는 개념인 헨 카이 판은 이집트에서 시작된 위대한 전통의 핵심으로 여겨졌고 현대까지 전승되었다. 하지만 그러한 전통이 퇴락한 징조들을 애석하게 생각하는 사람들이 있었다. 토머스 테일러는 1787년에 나온 『오르페우스 찬가』(*Hymns of Orpheus*) 번역본 서문에 다음과 같이 썼다.

> 이리하여 모든 진정한 철학의 대상인 지혜는 사물의 원인자와 원칙을 탐구하는 것으로 여겨졌고 이집트인들 사이에서 먼저, 그리고 그리스에서 나중에 상당히 완벽하게 번창하였다. 고상한 문학은 로마인들이 추구하는 것이었고, 목적 없이 늘어나고 질서 없이 축적된 경험적 탐구는 현대철학의 업적이다. 그러므로 우리는 진정한 철학의 시대는 사라졌다고 당당히 결론지을 수 있다.[146]

이것은 이집트가 신플라톤주의의 노선을 따라서, 그리고 18세기 말 "존재의 위대한 연쇄"(the Great Chain of Being)를 생각했던 자들에 의해

---

145) 이 철학의 계보는 마르실리오 피치노로 거슬러 올라간다. Yates, *Giordano Bruno*, p.14f.를 보라.
146) Raine and Harper(ed.), *Thomas Taylor*, p.163. 데이나 M. 립스가 토머스 테일러와 이 책을 소개해 주었다.

파악된 방법의 대표적인 진술이다. 역사를 부패와 타락으로 규정한 테일러의 견해는 일루미나티 교의의 창시자인 아담 바이스하우프트의 역사이론과 매우 흡사하다. 이런 세기의 병리, 즉 미신과 무신론에 대한 유일한 치료법은 근원에 대한 재정립, 다시 말해 이집트로 돌아가는 것이다.

야코비는 이런 전통을 무신론이라고 비난했다. 이 전통이 신의 존재를 세계의 밖에서 세계와는 독립적으로 부정하는 듯 보이기 때문이었다. 그는 또한 우주신교를 받아들이려고 노력했다가 결국에는 부정하였다. 그 이유는 그가 마음속으로 그저 진리와 거짓이라고 생각했던 것 사이의 필수불가결한 구별이 흐릿해졌기 때문이다. 우주신(cosmothiesm)이라는 용어는 라무아농 드 말제르브(Lamoignon de Malesherbes)가 만들어 냈는데 그것은 고대, 특히 최고의 존재자로서의 우주(cosmos)나 세계(mundus)에 대한 스토아학파의 숭배와 관련지어 시작되었다. 야코비는 플리니우스(Plinius)의 『자연사』(*Naturalis Historia*, 1782)를 엮으면서 이 종교에 대한 가장 전형적인 구절들 중의 하나에 대해 "세상, 그리고 이것이 또한 무엇이든 간에 사람들은 다른 이름으로 하늘이라는 이름 부르기를 좋아했다. 하늘은 모든 것을 덮어 감싸 안기 때문이다. 신의(神意)라는 것이 있다고 믿는 것이 합당하다"(mundum, et hoc quodcumque nomine alio coelum appellare libuit, cujus circumflexu teguntur cuncta, numen esse credi par est)라는 주석을 단다. 그러면서 플리니우스에 대해 "무신론자가 아니라 우주신교자라 부르는데, 다시 말해 그는 우주가 곧 신이라고 믿는다"(non un Athée, mais un Cosmo-théiste, c'est à dire quelqu'n qui croit que l'univers est Dieu)라고 말한다.[147] 말제르브는 중간 매개자의 역할을 했을 수도 있는 연금술이나 밀교 같은 중세의 전통을 포함하여 이집트 종교, 알렉산드리아(신플라톤, 스토아, 신비주의) 철학을 일반적으로 지칭할 수 있는 용어로 이보다 더 나은 것을 발견하지 못했을 수도 있다.[148]

하지만 우주신교의 개념을 헨 카이 판에 적용한다는 것은 그 근원을 이집트로 거슬러 올라간다는 뜻이다. 스피노자는 그 문구를 사용하지 않았다. 이집트로 그 근원을 잡은 사람은 커드워스였다. 버클리는 그것을 "오시리스[to Hen]와 이시스[to Pan]"로 번역하기도 했다.[149] 그리스 문구의 'kai'(그리고)는 스피노자가 말하는 'sive'(즉)와 같은 의미이다. 가장 일반적인 말로 풀이하여 보자면 'Hen to Pan'은 "모든 것은 하나이고", 세상은 신이라는 뜻이다. 이것이 '우주신교'의 의미이다. 커드워스는 우주신교가 이집트에서 처음 출발하여 '오르페우스를 거쳐 그리스로 들어간 것'임을 보여주었다.[150]

헨 카이 판의 숭배와 더불어 후기 고대의 우주신론은 1780년경의 독일 낭만주의에 다시 등장한다. 초기 낭만파들은 확신 또는 '감정'이라는 말을 썼는데, 이는 모든 것을 포괄하고 모든 것을 보존하는 총체성과 우주적 삶이 가지는 신성이 인지되는 한 모든 신의 이름이 그저 "울림과 연기"(괴

---

147) Emmanuel J. Bauer, *Das Denken Spinozas und seine Interpretation durch Jacobi*, Frankfurt: P. Lang, 1989, p.234ff.
148) 야코비는 이 용어의 창안자로 말제르브를 꼽는다. 그는 그것을 무신론을 표현하기 위한 '거짓된 완곡어법'으로 거절한다. Friedrich Heinrich Jacobi, *Über die Lehre des Spinoza in Briefen an Herrn Moses Mendelssohn*, eds. Friedrich Roth and Friedrich Köppen, *Werke*; repr. Darmstadt: Wissenschaftliche Buchgesellschaft, 1968, vol.4/l, pp.1~253, 217~219를 보라. Hermann Timm, *Gott und die Freiheit, Bd.I: Die Spinoza-Renaissance*, Frankfurt: Klostermann, 1974, p.226ff. 그러나 1699년에 이미 요한 게오르그 바흐터(Johann Georg Wachter)가 스피노자를 염두에 두고 이미 비슷한 용어인 "신격화된 세계"(vergötterte Welt)라는 말을 사용했다. Scholem, "Die Wachtersche Kontroverse", pp.15~25, 특히 p.15를 보라.
149) Berkeley, *Siris*, p.144.
150) Taylor, *Thomas Taylor the Platonist*, p.178f.는 커드워스를 다시 정리하고 있다.

테)일 뿐이라는 것이다. 이것은 라인홀트와 실러의 익명의 신에 대한 개념과 동일한 이념이다. 그들의 신은 이름을 필요로 하지 않았는데 그것은 신이 유일한 존재이고, 모든 이름은 그저 모든 것을 포괄하는 총체성에 대한 제한에 불과하기 때문이다. 독일 전(前)낭만주의의 '우주신'뿐 아니라 후기 고대의 우주신은 이름을 무시하거나 상대화할 수 있었다. 그것은 그 대상과 신성이 깃든 우주에 대해 확신을 가졌기 때문이다. 그래서 우리는 다시 이집트로 돌아갈 수 있다. 스피노자주의, 범신론, 그리고 다른 모든 이 시대의 종교적 운동은 이집트를 그들의 근원으로 보고 있다. 이집트는 우주신론의 고향으로 등장했다. 헨 카이 판은 새로운 '우주신론'의 신조가 되었고 이것은 모세구별과 그 구별의—가령 계시나 실증종교, 거짓과 진실, 원죄와 구원, 의심과 믿음 같은—문제들과 함의들을 피할 수 있는 새로운 길을 제시하였고, 나아가 증거와 순수의 영역에 도달할 길을 제시하였다. 초기 낭만파의 '우주신교'는 억압된 우상숭배의 회귀이자 신성이 깃든 우주의 숭배다. 어떤 의미에서 그것은 고대 이집트로의 귀환이다. 만약 익명의 우주신 또는 신적인 '자연'이 18세기나 19세기 초의 글이나 동판화에서 어떤 이름을 부여받거나 의인화된다면 그것은 이집트적인 것, 즉 이시스다.[151] 신 즉 자연 즉 이시스(Deus sive natura sive Isis), 이것이 이집트가 전(前)낭만주의적 스피노자주의의 종교적 분위기에 귀환한 방법이다. 이집트는 이런 유토피아에 대한 역사적 화신,[152] 즉 고대 종교(religio prisca) 또는 자연종교(religio naturalis)의 고향이자 '모든 숭배의 근원'(l'origine de tous le cultes)으로 상상되었다.[153] 이 시기에 유럽의 이집트광(Egyptamania)이 최고조에 도달했다. 같은 해에 나폴레옹이 학자, 엔지니어, 예술가로 이루어

---

151) Hadot, *Zur Idee des Naturgeheimnisses*를 보라.

진 참모들과 함께 이집트 원정에 착수하였고, 이 원정의 결과가 이집트학이라는 학문분야를 수립하게 된 것은 단순한 우연만은 아니다. 하지만 이 이집트학이 다른 어떤 것보다도 이집트를 신비화하는 역할을 했다는 것 또한 역사의 아이러니가 아닐 수 없다.

이집트학이 이른바 헨 카이 판의 이집트적 기원에 대해 관심을 두지 않은 유일한 학문분야는 아니었다. 나중에 낭만주의 시대에 고전학들이 '아리아인'에게로 방향을 바꾸면서 마틴 버낼과 모리스 올랑데(Maurice Olender)에 의해 그토록 설득력 있게 묘사된 헨 카이 판의 이집트 근원은

---

152) 이집트를 인류의 황금시대로 본 견해에 대해서는 Syndram, *Ägypten-Faszinationen*, pp.54~61을 보라. 이집트는 문명, 예술과 학문의 기원일 뿐만 아니라 법률과 정치적·사회적 조직의 기원으로 생각되었다. 신드람에 따르면 이집트에 대한 이런 극단적으로 긍정적인 이미지를 만든 가장 영향력 있는 사람들은 보쉬에(Jacques-Bénigne Bossuet), 드 구게(Antoine-Yves de Goguet) 그리고 케뤼스 백작(Anne Claude Philippe, Comte de Caylus)이었다. 보쉬에는 1681년에 『보편사론 1부: 세계의 시작에서 샤를마뉴 제국까지』(*Discours sur l'histoire universelle. Premiere partie: Depuis le commencement du monde jusqu'à l'empire de Charlemagne*)라는 책을 썼다. 앙투앙 이브 드 구게의 책 『고대인들의 법, 예술, 학문의 기원과 발전에 대하여』(*De l'origine des loix, des arts et des sciences et leur progrès chez les anciens peuples*)는 세 권으로 1758년에 파리에서 출간되었다. 총 7권으로 된 케뤼스 백작의 책 『이집트, 에트루리아, 그리스, 로마 유물 모음집』(*Recueil d'antiquités égyptiennes, étrusques, grecques et romaines*)은 1752년과 1767년 사이에 파리에서 출간되었다. 보쉬에와 도리니는 이집트의 역사와 문명에 관한 이 책들을 루이 14세와 루이 15세에게 분명히 헌정하였다. 이것은 이들을 계몽된 절대군주의 모델들로 보았기 때문이다. Syndram, *Ägypten-Faszinationen*, p.58. 이집트에 대한 이러한 과장된 칭송은 그들의 동시대인들 대부분, 특히 백과사전(Encyclopédie)의 추종자들에게 비난받았다. Syndram, *Ägypten-Faszinationen*, pp.68~72를 보라. 이그나츠 폰 보른은 그의 "이집트 신비"를 창안했는데(n.71을 보라), 이것은 모차르트와 쉬카네더의 오페라 「마술피리」의 바탕이 되었고, 또한 프리메이슨이었던 황제 프란츠 요셉 2세의 계몽적 통치에 대한 모델로 작용하였다. Syndram, *Ägypten-Faszinationen*, pp.273~274를 보라.

153) Charles F. Dupuis, *Origine de tous les cultes, ou la religion universelle*, vol.7, Paris, 1795. 그리고 Jurgis Baltrusaitis, *La quête d'Isis: Essay sur la legende d'un mythe*, Paris: Flammarion, 1967, pp.21~40; Manuel, *The Eighteenth Century Confronts the Gods*, pp.269~270, 276~277; Bernal, *Black Athena*, vol.1, pp.181~183을 보라.

고전주의자들에게도, 철학자들에게도 모두 잊혀졌다. 헤겔, 셸링, 쇼펜하우어, 콜리지와 그밖의 이 말을 19세기에 인용하는 사람은 누구든지 그것을 고대 이집트를 말하기 위해서가 아니라 엘레아학파를 언급하기 위해서 사용했다.[154]

---

154) Thomas MacFarland, *Coleridge and the Pantheist Tradition*, Oxford: Clarendon Press, 1969를 보라.

5장
지그문트 프로이트: 억압의 회귀

5장 _ 지그문트 프로이트: 억압의 회귀

만화경의 전환과 프로이트 텍스트의 탄생

스펜서, 커드워스, 톨런드, 워버턴, 라인홀트 같은 학자들의 다양한 저작들에서 같은 고전 인용문들을 만난다는 것은 참으로 재미있고 즐거운 일이다. 그들은 자기들의 주장을 정확히 같은 원문에서 출발하고 있다. 그리고 스펜서는 이 증거를 수집한 첫번째 사람이 아니다. 스펜서는 사뮈엘 보샤르, 존 셀던, 휘호 흐로티위스, 아타나시우스 키르허, 피에르 다니엘 위에, 헤라르트 포시우스 같은 학자들을 인용하고 있는데, 이들 또한 이미 같은 자료를 가지고 작업한 사람들이었다. 이 고전과 신학, 랍비들이 쓴 인용문들의 수집은 마치 만화경(kaleidoscope) 같은데, 그 속에서 새로운 시대에 사는 모든 새로운 학자들이 새로운 세대에 속하면서 새로운 문제들을 논의하며 색다른 전환점을 마련한다. 그 결과 수백 수천의 자료들이 새로운 패턴에 속하게 된다. 이런 종류의 상호 텍스트성은 기억의 실체를 2천 년 이상 이용할 수 있게 해온 문화적 기억의 형식으로 해석할 수 있다. 모세와 이집트에 대한 담론에 참여한 사람들 중 어느 누구도 리처드 포코크(Richard Pococke) 같은 이집트 여행가들이나 베르나르 드 몽포콩(Bernard de Montfaucon)

같은 골동품 수집가들이 말하려고 했던 것들에 관해 많이 고심하지 않았다.[1] 광범위한 영역에 만족할 줄 모르는 호기심을 가졌던 아타나시우스 키르허 정도가 유일한 예외일 것이다. 심지어 워버턴의 상세하고도 비판적인 신성문자 연구도 거의 도판 없이 만들어졌다. 그가 연구에 이용한 몇몇 도판조차도 당시에 입수할 수 있었던 진짜 이집트 비문을 대표하는 신뢰할 만한 복제품이라고 보기 힘들다. 스펜서, 워버턴, 그리고 라인홀트는 관찰의 패러다임이 아니라 기억의 패러다임 안에서 작업을 하였다. 그러나 이런 패러다임은 이집트학의 부상과 동시에 소멸되었다. 그리고 주의 깊게 수집하거나 해석한 이집트에 관한 지식의 요체는 원 자료들이 쏟아지자마자 거의 완전한 망각 속으로 사라지고 말았다. 역사가 기억의 자리를 대신한 것이다. 끊어진 기억의 사슬은 그것이 집단이건 개인이건 간에 과거를 현재와, 그리고 회상하는 주체의 동질성과 연결하는 사슬이다. 그래서 과거의 많은 것들은 단지 현재에 중요한 것일 경우에만 유지하게 된다.

지그문트 프로이트가 1930년대에 이런 주제에 대해 논의했을 때 그는 그것을 기억의 패러다임 밖에서 다루었다.[2] 프로이트는 헤로도토스나 스트

---

1) 프레데리크 루이스 노르덴(Frederic Louis Norden)과 카르스텐 니부어(Carsten Niebuhr)의 여행의 의미 있는 영향력은 워버턴이 3권으로 출간한 『모세, 신성한 특사』의 출간 이후에 비로소 나타났다. Frederic Louis Norden, *Voyage d'Egypte et de Nubic*, 2 vols., Copenhagen, 1755; english edition, 1757; Carsten Niebuhr, *Reisebeschreibung nach Arabien und anderen umliegenden Ländern*, 2 vols., Copenhagen, 1774~1778.
2) 프로이트의 모세에 관한 논문은 급증하고 있다. Brigitte Stemberger, "Der Mann Moses' in Freuds Gesamtwerk", *Kairos*, no.16, 1974, pp.161~225; Marthe Robert, *D'Oedipe à Moise: Freud et la conscience juive*, Paris: Calmann-Levy, 1974; Éliane Amado Levy-Valensi, *Le Moise de Freud ou la référence occultée*, Monaco: Editions du Rocher, 1984; Pier Cesare Bori, "Il 'Mosè' di Freud: per una prima valutazione storico-critica", Bori, *L'estasi*, pp.179~222, 특히 pp.179~184; Ilse Gubrich-Simitis, *Freuds Moses-Studie*

라본, 알렉산드리아의 클레멘스나 에우세비우스, 마이모니데스나 이븐 에 즈라는 말할 것도 없고 스펜서나 워버턴, 라인홀트나 실러를 인용하지 않았다. 프로이트가 모세를 이집트인으로 본 그리스, 라틴 문헌들을 많이 알았을 것이 틀림없음에도[3] 자기 책에서 결코 언급하지 않았다. 그가 인용한 사람은 아서 웨이걸과 특히 제임스 헨리 브레스티드(James Henry Breasted)[4] 같은 이집트학자들, 그리고 에른스트 젤린(Ernst Sellin)[5]과 엘리아스 아우어바흐(Elias Auerbach) 같은 구약학자들이다. 프로이트는 단 한 번도 기억되지 않고 오히려 억압되었던 진리를 역사와 정신분석학의 체계 안에서 밝히려고 애썼는데, 이것은 당시에 의식적으로 기억하고 전승한 모든 것의 정반대로서 오로지 그만이 그것을 서술할 수 있었다.

전통과의 이런 급진적인 단절을 고려하면 독자들은 내가 프로이트의 모세를 모세-이집트 논쟁에 포함시키는 것이 정당한지 의문을 제기할 것

---

als Tagtraum, Die Sigmund-Freud-Vorlesungen, vol.3, Weinheim: Verlag Internationale Psychoanalyse, 1991; Emanuel Rice, *Freud and Moses: The Long Journey Home*, New York: State University of New York Press, 1990; Yosef Hayim Yerushalmi, *Freud's Moses: Judaism Terminable and Interminable*, New Haven: Yale University Press, 1991; Bluma Goldstein, *Reinscribing Moses: Heine, Kafka, Freud, and Schoenberg in a European Wilderness*, Cambridge, Mass.: Harvard University Press, 1992; Carl Emil Schorske, "Freud's Egyptian Dig", *The New York Review of Books*, May 27, 1993, pp.35~40; Pier Cesare Bori, "Moses, the Great Stranger", Bori, *From Hermeneutics to Ethical Consensus among Cultures*, Atlanta: Scholars Press, 1994, pp.155~164를 보라.

3) 1936년 6월 8일 프로이트가 아르놀트 츠바이크(Arnold Zweig)에게 보낸 편지와 6월 17일의 회신을 보라. Bori, *L'estasi*, p.198, n.69에서 재인용.
4) Wilfried Seipel, *Ägyptomanie: Ägypten in der europäischen Kunst 1730~1930*, Wien: Kunsthistorisches Museum, 1994에 대한 쇼르스케의 논문을 보라.
5) 그가 "Ed."라고 부르는 사람은 젤린이다. 자세한 것은 예루살미의 상세하고 유려하게 쓴 책, 『프로이트와 모세』를 보라. 전문 성경학자 중에서 프로이트의 모세 개념에 대한 좋은 비판적 평가는 특히 피어 체사레 보리의 논문들을 보라.

이다. 프로이트가 이 담론에 포함되는가, 기초적 프로젝트를 공유하는가, 그저 다른 전환을 보여 줄 뿐 사실은 같은 상호 텍스트적 만화경을 사용하는가? 아니면 '그 사람 모세'에 관한 그의 책은 19세기와 20세기 사이의 비판적 역사주의 정신에서 쓰이고, 충분한 고고학적인 자료를 근거로 할 뿐 아니라 만화경적 전통과 그 이슈들의 완전한 누락으로 성격 규정할 수 있는 모세와 출애굽에 관한 다른 모든 책들과 같은 방식으로 이 전통과 전혀 관계가 없는가?

이 질문에 대한 간단한 대답은 없다. 분명 프로이트와 18세기 사이의 간극은 크다. 그는 고전 저자들과 이집트에 대한 이차 자료들보다는 고고학의 발견에 기반을 두고 있을 뿐만 아니라 완전히 새로운 패러다임인 정신분석의 관점으로 사고한다. 옛 패러다임은 전파론(傳播論) 위에서 이스라엘과 이집트 같은 문화들 사이의 유사성들에 대한 연구였다. 그들이 본 유일한 문제는 이스라엘이 기원이냐, 이집트가 기원이냐는 전파론의 근원을 결정하는 일이었다. 그러나 정신분석은 근본적으로 보편주의적인 새로운 모델을 제시했다. 갈등을 겪는 아버지-아들 관계는 문화적 결정과는 무관하고 어디에나 있다. 이 관계는 개인적 차원에서는 오이디푸스 콤플렉스로, 집단적 차원에서는 프로이트가 집단적인 강박 신경증으로 본 종교의 형태로 표출된다.[6]

두 모델 간의 차이는 아주 컸다. 하지만 스펜서, 워버턴, 라인홀트, 실러를 읽은 후, 프로이트의 저작을 읽을 때 우리는 비연속성보다는 오히려 훨

---

[6] Abraham Rosenvasser, *Egipto e Israel y el monoteismo Hebreo: A proposito del libro Moises y la religion monoteista de Sigmund Freud*, 2nd ed., Buenos Aires: University of Buenos Aires, 1982, pp.8~11은 종교에 관한 프로이트의 일반적 주장들을 아주 잘 요약하고 있다.

씬 강한 연속성이 있다는 인상을 받게 된다. 프로이트 책의 첫 두 '논문'에서 그 연속성의 인상은 심지어 압도적이다. 프로이트는 스스로 전파론자로 변모했을 뿐 아니라 이집트와 모세의 유일신교를 칭송하는 어휘들을 사용하였는데, 이것이 그의 펜에서 나왔다는 것은 실로 놀라운 일이다. 이런 부분을 보면 프로이트가 의식적으로든 무의식적으로든 원래 출판하고자 의도했던 것은 그에게 끊임없이 매력을 주는 주제였던 모세-이집트 담론을 계속 이어가는 것임이 명백한 것 같다. 이 매력의 근원은 설명하기 쉬우며 아래에서 곧 이 점으로 되돌아 올 것이다. 프로이트 책의 이 두 장은 과거의 상호 텍스트적 만화경을 뒤흔들어 새로운 전환의 계기를 마련한다. 전통, 또는 기억은 역사로 대체되었지만 감추어진 사안, 즉 주제는 여전히 같았다.

나치의 빈 장악을 피해 런던으로 간 후에 출간한 프로이트 연구의 세 번째 부분은 종교에 대한 자신의 정신분석 이론을 옹호하기 위해 첫 두 논문이 설명했던 '사실'들을 이용한다. 물론 이 부분도 새로운 질문을 하고 새로운 답을 제시하는 새로운 패러다임이다. 하지만 나는 이 부분이 계속해서 모세-이집트 담론을 알리고 규명하는 몇몇 중대한 인류학적·역사적·신학적 논점들을 전한다고 생각한다. 프로이트의 책은 예를 들어 마르틴 부버보다는 실러의 책에 훨씬 더 연관되는 것 같다. 게다가 그는 간접적이긴 하지만 두 가지 면에서 스펜서와 관련되어 있다. 실러는 그가 좋아하는 저자들 중 하나였다. 유대인으로서 프로이트는 모세에 관한 실러의 책을 간과했을 리가 없다.[7] 실러의 글은 간접적으로 스펜서의 책 『히브리 제의에 관하여』를 토대로 이루어졌으며 이 책은 실러의 모델인, 라인홀트가 쓴 책 『히브리의 신비』(*Die Hebräischen Mysterien*)의 가장 중요한 출처가 되었다.[8] 스펜서와의 또 다른 관련은 프로이트가 종교학의 분야에서 가장 좋아했던 저자인 윌리엄 로버트슨 스미스(William Robertson Smith)를 통해서다. 스

미스는 스펜서를 옹호하였고, 그를 종교의식에 대한 역사적 연구의 창시자로 치켜세웠다.[9]

여기에서는 언급하지 않을 「미켈란젤로의 모세」(Der Moses des Michelangelo)와 별도로 프로이트는 모세에 관한 책을 쓰기 위해 네 가지 다른 시도를 했다. 다 끝내지도, 또 출판하지도 않은 그 첫번째 시도는 1934년에 이루어졌다. 그것은 프로이트가 토마스 만의 『요셉과 그 형제들』 1부와 2부가 출간되자마자 읽고 난 다음 감동받아 쓴 '역사소설'의 일부분이다.[10] 두번째와 세번째 시도는 자신이 편집한 잡지 『이마고』(Imago)에 발표한 두 '논문'이다. 그리고 네번째 시도, 『그 사람 모세와 유일신교』라는 제목으로 1939년에 출간된 책은 앞서 발표한 그의 두 논문으로 시작한다.[11] 이것은 그 자체

---

7) Ernst Blum, "Über Sigmund Freuds: Der Mann Moses und die monotheistische Religion", *Psyche*, no.10, 1956~1957, pp.367~390은 프로이트가 비록 언급하지는 않았지만 실러의 글을 알고 있었다고 주장한다(p.375). Yerushalmi, *Freud's Moses*, p.114, n.17.

8) Bori, *L'estasi*, p.203은 프로이트의 선구자들로 스펜서와 17~18세기의 다른 학자들, 이를테면 Petri-Daniells Huet, *Demonstratio Evangelica ad Serenissimo Delphinum*, Paris, 1679; John Marsham, *Canon Chronicus*, London, 1672; Jakob Voorbroek, *Origines Babylonicae et Aegyptiacae*, Liège, 1711; William Warburton, *The Divine Legation of Moses*, London, 1741를 언급한다. 그러나 실러를 가능한 중간 단계의 선구자로 보지 않는다.

9) Schmidt, "Inepties tolérables"을 보라.

10) Yerushalmi, *Freud's Moses*, p.16; Bori, *L'estasi*, pp.237~258. 특히 미셸 드 세르토의 마지막 장이자 아주 관심을 끄는 프로이트의 『그 사람 모세와 유일신교』에 대한 그의 책 『역사 쓰기』(*L'Ecriture de l'Historie*)를 보라. 나는 그가 프로이트의 '역사소설'에 대한 허구적 야심과 의도를 과대평가한다고 생각한다. 토마스 만의 요셉 3부작과의 관계에 대해서는 Marthe Robert, *D'Oedipe à Moïse*, p.256에서 지적되고 있다.

11) Sigmund Freud, *Der Mann Moses und die monotheistische Religion*, Gesammelte Werke, vol.16, ed. Anna Freud, 1939; Frankfurt: Fischer, 1968; *Standard Edition of the Complete Psychological Works of Sigmund Freud*, trans. James Strachey, London: Hogarth, 1959, vol.23. 나는 영어 번역은 『표준판 전집』(*Standard Edition*)을, 독일어판은 Sigmund Freud, *Der Mann Moses und die monotheistische Religion: Schriften über die Religion*, Frankfurt: Fischer Taschenbuch Verlag, 1975를 인용한다.

로 상당히 놀라운 사실이다. 왜냐하면 암으로 고통받으며 이것이 자신의 마지막 저술이 될 것이라는 사실을 알고 있었던 만년의 프로이트는 자신의 이론과 방법을 개괄하는 대신에 성서의 역사라는 논쟁적인 영역으로 들어가 아주 주관적인 책을 쓰는 데 주저하지 않았기 때문이다.

독자들이 프로이트의 이 책에 여전히 매혹되는 한 가지 이유는 그 책 자체가 집착이라고까지 할 수 있는 열광에 의해 쓰였다는 분명한 사실 때문이다.[12] 프로이트가 그 주제를 다루면서 겪었던 몇 번의 시도와 접근, 몇 번의 중단과 재개는 그가 자신의 연구결과를 출판하기 위해 넘어야만 했던 진지한 회의와 망설임을 보여 줄 뿐만 아니라 이 주제가 그를 끌어당겼던 깊고 저항할 수 없는 매력을 보여 준다. 프로이트는 심지어 유대인 존재에 해가 될 수 있기 때문에, 박해가 시작된 그 시기에 그의 원고를 출판하지 말라는 몇몇 친구와 전문가들의 끈질긴 충고조차 무시했다.[13] 그런 몇몇 이유들은, 이를테면 그의 망설임과 열광 두 측면 모두 이집트인 모세 담론과 그 뒤에 감춰진 기획에 대한 그의 몰입과 연관되어 있는 것 같다.

모세-이집트 담론의 목표는 이스라엘과 이집트의 적대적 관계로 상징되는 기본적 구별을 흐리게 함으로써 반-종교와 비관용의 함의들을 해체하려는 것이었다. 그래서 '계시'가 '번역'으로 변화(복귀)되어야 했다. 프로이트가 이 기획에 몰입했던 것은 단지 그가 이 문제를 알았기 때문만이 아니라,[14] 자신이 보기에 마네톤에서 실러에 이르기까지의 선구자들이 접근할 수 없었던 고고학과 역사의 발견들을 이용하여 궁극적이고 결정적인 증

---

12) 프로이트가 모세에 대한 글을 쓸 때 아르놀트 츠바이크에게 쓴 프로이트의 편지를 보라. Ernst L. Freud(ed.), *The Letters of Sigmund Freud and Arnold Zweig*, trans. Elaine Robson-Scott and William Robson-Scott, New York: Harcourt Brace & World, 1970.
13) Yerushalmi, *Freud's Moses*, p.2, 그리고 p.113의 n.5를 보라.

거를 제시할 수 있다고 보았기 때문이다.

프로이트는 다른 사람들이 알지 못했던 것, 다시 말해 고대 이집트에는 정말로 유일신교적이고 성상파괴주의적 반-종교가 있었다는 사실을 알았다. 그는 그토록 많은 사람들이 공상적으로 재구성해서 채우려 했던 그 간극을 채울 수 있었다. 만약 아마르나 혁명의 좌절 이후 초기 구전이 시작된 이래로 현대에 이르기까지의 이 담론의 역사가 기억과 망각의 이야기로 재구성될 수 있다면, 지그문트 프로이트는 압박받은 증거를 복구한 사람이었고 이집트가 상실한 기억을 되찾아 마침내 그 완전한 이집트 상을 완성하고 교정할 수 있었던 사람이었다. 이 책으로 모세-이집트 담론은 결론에 도달한 것 같다. 만약 『그 사람 모세와 유일신교』를 프로이트 작품의 관점이 아니라 모세-이집트 담론의 관점에서 본다면 우리는 이 책이 반드시 쓰여졌어야 했음을 알 수 있다. 아케나톤의 재발견은 이집트의 기원을 찾고 있던 사람들에게 그냥 스쳐지나갈 수 있는 것이 아니었다. 모세 사건은 다시 논의되어야만 했다.

아케나톤의 재발견과 그의 종교적 혁명은 그 자체로 사회적 파장을 불러일으켰다. 하지만 그것은 모세-이집트 담론을 계승한 계몽주의자의 눈에는 훨씬 더 큰 중요성을 지녔음에 틀림없다. 아케나톤은 프로이트에게 그 수수께끼에 대한 궁극적 해답이었던 것 같다. 이상하게도 프로이트의 모세는 기억의 인물과 역사의 인물 사이를 넘나든다. 이것이 바로 프로이트가 책을 쓰면서 직면했던 많은 어려움들을 설명해 준다. 그는 역사 소설을 쓰

---

14) 계몽주의의 전도사로서의 프로이트에 대해서는 Peter Gay, *A Godless Jew: Freud, Atheism, and the Making of Psychoanalysis*, New Haven: Yale University Press, 1987을 보라. 그리고 프로이트의 모세 기획 뒤에 있는 해체구성의 동력에 대해서는 Robert, *D'Oedipe à Moise*를 보라.

기 시작하다가 결국 역사적 증거를 제시하기 위해 거의 법률적 물증에 가까운 형식들을 사용하며 끝을 맺는다.[15] 역사적으로 프로이트의 모세는 '입증' 되지 못한 인물이다. 성서의 증언은 단순히 기억의 목소리이기 때문에 역사라는 '법정 상황'에서는 어떤 것도 설명하지 못한다. 그래서 프로이트는 역사적 흔적과 단서들을 찾았지만 그 증거들이 너무 빈약하다는 것을 깨닫게 된다. 그는 "청동상"(statue of bronze)을 세우는 데 필요한 "흙으로 된 기단"(feet of clay)에 대한 비유를 든다. "흙으로 된 기단"은 역사의 인물을 말하고 "청동상"은 기억의 인물을 말한다.[16] 기억의 인물로서 프로이트의 모세는 현재와 연결되어 있다. 기억의 인물은 기억하는 사람에게 중요하고 결정적 중요성을 지닌다. 반면 역사의 인물은 기껏해야 흥미를 끄는 정도다. 그의 역사적 태도에도 불구하고, 프로이트는 지속적이고 의식적으로 모세와 그의 시대와 관련해 "히브리인"이나 "이스라엘인"이란 말 대신 "유대인"이란 말을 사용하는데 그것이 역사적으로 옳은 표현일 것이다. 프로이트는 (마이모니데스와 스펜서와 마찬가지로) 모세를 지금까지 지속되는 '한없는' 유대문화의 창시자이자 시간을 초월하는 상징으로 여긴다. 이런 의식적 시대착오는 역사보다는 오히려 기억의 공간에서 우리가 활동한다는 분명한 징표다. 그러므로 프로이트의 모세는 기억사 연구의 영역 안에 존재한다.

프로이트는 원래 "모세와 유일신교"(Moses und der Monotheismus)를 제목으로 붙이리라 생각했었고 이것은 현재 영역본의 제목이기도 하다. 그

---

15) 역사의 영역에서 프로이트가 연구한 '입증'은 Carlo Ginzburg, *Der Richter und der Historiker*, Berlin: Wagenbach, 1991에서 연구된 증거의 문제와 연관되어 있다.
16) Goldstein, *Reinscribing Moses*, p.94f.를 보라.

러나 그후 그것을 『그 사람 모세와 유일신교』(*Der Mann Moses und die Monotheistische Religion*)라고 바꾸었다[열린책들에서 출간된 국역본의 제목은 『인간 모세와 유일신교』로 되어 있다―옮긴이]. 나는 어떠한 문헌에서도 그 제목을 가진 프로이트의 마지막 판본이 성서의 문구를 인용하고 있다는 사실에 대해 언급한 것을 발견하지 못했다. "그 사람 모세"는 「출애굽기」 11장 3절의 번역이다. 이것은 모세오경에서 모세가 그런 거리감을 둔 방식으로 묘사된 유일한 곳이다. 이 표현은 성서의 독자들이 (같은 곳에서) 이미 모세라는 인물과 완전히 익숙해진 후에 나온 표현이기 때문에 더욱 눈에 띈다.[17] 더욱 의미심장한 일은 그것이 히브리 성서에서 모세의 중요한 이집트 내의 위치를 언급하는 유일한 곳이기 때문이다. gm h-'iš Mšh gdwl m'd b-'rṣ mṣrym("또한 그 사람 모세는 그 땅 이집트에서 아주 위대하였다"). 모세의 이집트에서의 위치를 암시하는 다른 구절은 히브리 성서가 아니라 신약이다. "이렇게 해서 모세는 이집트 사람의 모든 학문을 배워 말과 행동이 뛰어나게 되었습니다"(「사도행전」 7장 22절)라는 구절은 필론의 모세 상과 일치한다. 프로이트는 이 제목의 표현에 대하여 아무런 언급을 하지 않을 뿐 아니라 「출애굽기」 11장 3절을 인용하지도 않는다. 그럼에도 불구하고 "그

---

[17] 모세에 대한 비교할 만한 다른 성경구절은 「출애굽기」 32장 1절과 32장 23절에서 볼 수 있다. "백성이 모세가 오래도록 산에 내려오지 않자, 아론에게 몰려와 청하였다. '어서 우리를 앞장 설 신을 만들어 주시오. 우리를 이집트에서 데려온 그 어른 모세[그 사람 모세―옮긴이]는 어떻게 되었는지 모르겠습니다'"(32장 1절). "그들이 나에게 와서 우리를 이집트 땅에서 데려 내온 그 어른 모세[그 사람 모세―옮긴이]가 어떻게 되었는지 모르겠다고 하면서 우리를 앞장서 인도할 신을 만들어 달라고 조르더군"(32장 23절). 이 의문은 황금 송아지 이야기에 나오는데 반역하는 백성들의 입에서 나온 말이다. 이들은 아론에게 자신들을 위하여 "우리 앞에서 걸어올 신(elohim)"을 만들라고 요청한다. 반역한 백성들의 외치는 소리로서 이 구절은 모세를 염두에 두고 있지 않다는 것을 보여 주고 있다. 그는 "우리를 애굽 땅에서 인도하여 낸" 사람이 아니다. 그러나 이것이 정확히 프로이트가 가지고 있는 '그 사람 모세'의 이미지다.

사람 모세"는 이집트인 모세에 대한 분명한 암시이고 그가 히브리 성서에 남긴 유일한 흔적이다.

요세프 예루살미는 그 제목의 변경이 유대주의를 강조하기 위한 수단이라고 말하며 다음과 같이 해석한다. "변경은 상징적이다. 한편으로는 유대인의 책이라는 것을 제목에서부터 나타내고 싶지 않다는 뜻이다. 그러나 두드러진 특성을 담고 있는 '유일신 종교'는 그 상징적 요소 때문에 사실상 유대주의다."[18] 그러나 나는 그것을 거꾸로 본다. ha-'ish Mosheh를 번역한 '그 사람 모세'는 특수한 요소이고 '유일신 종교'는 일반적인 용어다. 유일신교는 모세-이집트 담론에서 초미의 쟁점이다. 그럼에도 불구하고 기독교는 유대주의에 의해서 유일신교로 인식되지 않는다. 기독교는 스스로 유일신교라 생각하며 모세-이집트 담론에 자신의 유일신교적 성격을 반영한다. 프로이트는 그 담론에 참여하면서 그것을 물려받고 논점을 계속 따라가야만 했다.[19] 모세-이집트 담론의 전체 관점은 유대교적이지도 기독교적이지도 않으며, 이 구별의 너머에 있는 관점을 겨냥하고 있다. 프로이트의 기여는 이런 관점에서 볼 때도 예외가 아니다.

이집트인 모세와 유일신교의 기원

프로이트는 첫번째 글 「이집트인 모세」를 시작하면서 모세의 이름의 기원을 언급하는데, 이미 그의 앞 시대의 사람들이 말한 것처럼 그 이름이 이집트 이름이며 '아이'라는 뜻을 갖고 있다고 설명한다. 이 이름은 신적 이름의 약식으로서[20] 투트-모세, 아-모세, 라-모세, 프타-모세, 아몬-모세와 같은

---

18) Yerushalmi, *Freud's Moses*, p.55를 보라.

형식이다.[21] 그는 명백한 질문을 한다. 왜 그 이름에 대한 이집트 어원을 확인한 사람들 중 아무도 모세가 이집트인이라는 가능성을 고려하지 않았는가. 프로이트는 새로운 주장이 들어 있는 가설을 증명하려고 한다.

오토 랑크(Otto Rank)가 이미 보여 주었듯이 모세의 유년 이야기는 '영웅의 탄생'의 전형적인 패턴을 따르고 있다. 귀족이나 왕족 가문의 아이는 버려져——종종 강을 떠내려가는 바구니의 모습으로——하층계급의 가족에 의해 발견되고 길러진다. 그러나 모세의 경우에는 어떤 중요한 '서사적 전도'가 있다. 여기서는 유기하는 가족이 하층계급이고 찾아 기르는 가족이 왕족이다. 일반적 패턴 뒤의 동기가 분명한데 그것은 영웅을 찬양하기 위한 것이다. 그러면 무엇이 전도된 패턴 뒤에 있는 동기일 수 있을까? 프로이트의 설명은 이 설화가 영웅을 찬양하기 위한 것이 아니라 이집트인을 유대화하는 데 기여한다는 것이다.

프로이트의 천재적인 관찰은 출애굽에 대한 성서의 설명과 그것의 역사적 증거가 규명해야 할 것 간의 관계를 완벽하게 연결한다. 시리아-팔레스티나의 유대인들이 이집트에 오랫동안 머물렀다는 역사적 증거는 힉소스 왕족의 지배인데, 이 외부 침입자들은 이집트를 지배한 왕들로, 결국 이

---

19) 신적 이름들은 신의 이름을 가지고 형성된 이름들이다. 신적 이름은 이집트 이름들을 보면 종종 생략되어 있다. 가령 Mahu는 Amun-em-heb이 생략된 것이며, Huya는 Amun-em-hat이 생략된 것이다. 그런 약식 이름은 아케나톤과 이집트인 모세의 추종자들 같은 전통적 이집트 다신교에 등을 돌린 이집트인들에게 특히 적합할 것이다.

20) 신적 이름들은 신의 이름을 가지고 형성된 이름들이다. 신적 이름은 이집트 이름들을 보면 종종 생략되어 있다. 가령 Mahu는 Amun-em-heb이 생략된 것이며, Huya는 Amun-em-hat이 생략된 것이다. 그런 약식 이름은 아케나톤과 이집트인 모세의 추종자들 같은 전통적 이집트 다신교에 등을 돌린 이집트인들에게 특히 적합할 것이다.

21) J. Gwyn Griffiths, "The Egyptian Name of Moses", *Journal of Near Eastern Studies*, no.12, 1953, pp.225~231을 보라.

집트 왕조에 의해 추방되었다. 이러한 사건들은 서사적 전도를 통해 노예 상태에서 탈출하고, 하느님에 의해 선택된 민족이 되며, 그들 자신의 왕을 가지는 노예들의 이야기로 변형된다.

그런데 프로이트는 자신의 환상적이고 탁월한 글을 이상한 체념의 어조로 다음처럼 끝맺는다. "모세의 삶과 출애굽의 정확한 연대에 대한 객관적 증거는 발견되지 않을 것이다. 그러므로 그가 이집트인이었다는 사실에서 유래하는 있을 수 있는 모든 결론을 쓰는 것은 중단되어야 한다."

몇 달 후 프로이트는 이 맹세를 어긴다. 그가 찾고 있었던 "객관적 증거"가 나타난 것인가? 아니다. 하지만 이상하게도 기억 문제가 대두되었다. 이제야 프로이트는 이집트인 모세가 "이크나톤"(Ikhnaton) 및 그의 유일신교적 혁명과 관련되어 있을 수 있다는 사실을 깨달은 것 같다. 프로이트가 자신의 역사적 연구를 완성한 후에야 비로소 이 사건들을 알았다면 이것은 설명될 수도 있다. 하지만 프로이트는 1912년에 이미 아케나톤에 관해 알고 있었는데 그때 이 주제를 카를 아브라함에게 제안해서 새롭게 창간한 잡지 『이마고』 첫 권에 아케나톤에 관한 아브라함의 중요한 글을 발표한다.[22] 이 글에서 아브라함은 프로이트가 주장하고자 하는 내용과 아주 흡사한 아케나톤의 모습과 그 종교를 제시한다. 하지만 프로이트는 자신의 책에서 아브라함을 한 번도 언급하지 않는다.[23] 프로이트가 가장 흥미진진한 부분에서 갑자기 중단한 것을 보면 자신의 '역사소설'을 다음 편에서 계속할 수 있도록 연재소설로 바꿀 생각을 가지고 있었던 것이 아닐까? 그렇다면 프로

---

22) Karl Abraham, "Amenhotep IV(Ichnaton): Psychoanalytische Beiträge zum Verständnis seiner Persönlichkeit und des monotheistischen Atonkults", *Imago*, no.1, 1912, pp.334~360. 이 글은 영어로도 출판되었다. Karl Abraham, *Clinical Papers and Essays on Psychoanalysis*, London: Hogarth, 1955, pp.162~190.

이트는 모세가 이집트인이었다면 틀림없이 아케나톤이었을 것이라는 명백한 결론을 다음 글을 위해서 의식적으로 미뤄 두었던 걸까? 그런 것 같지는 않다. 아케나톤에 대한 기억과 모세가 아톤주의자였다는 발견은 『이마고』 23권(1937)의 1호와 2호를 내는 사이에 계시처럼 그에게 다가왔음에 틀림없다.

하지만 프로이트는 자신이 끝낸 부분에서 이 주제를 다시 시작할 때, 그리고 자신의 새로운 주장을 제시할 때 독자들에게 다음과 같이 경고한다. "이것이 이 이야기의 전체도 아니고 더구나 가장 중요한 부분도 아니다." 그는 모세가 이집트인이라는 논제의 가장 큰 장애물을 먼저 설명하는데 그것은 바로 이집트 종교와 성서적 종교 사이의 적대주의다. 그는 심지어 '규범전도'라는 주장에 따라, 하나가 다른 하나를 의식적으로 반대하고 있다는 의혹(하나는 다른 하나가 왕성하게 번창하는 것을 비난한다)을 제기하기도 한다. 그는 다음의 다섯 가지에 초점을 맞춰 두 종교 사이의 적대주의를 거론한다.

1) 마법에 대한 비난.
2) 성상에 대한 비난.
3) 사후와 불멸에 대한 부정.
4) 다양한 신성에 대한 부정과 오직 신은 하나라는 사실에 대한 긍정.
5) 제례적 순수함에 반대되는 윤리의 강조.

---

23) Jacques Trilling, "Freud, Abraham, et le Pharaon", *Etudes freudiennes*, no.1/2, 1969, pp.219~226; de Certeau, *The Writing of History*, p.353, n.59; Bori, *L'estasi*, p.186f.; Lévy-Valensi, *Le Moise de Freud*, p.11ff.

프로이트는 이런 적대주의 때문에 이집트인으로서의 모세가 자신의 종교를 '유대인들'에게 전하는 것은 극히 불가능하다고 결론짓는다. 물론 이 말은 새로울 것이 없다. 어느 누구도 이제껏 모세가 이집트 공적 종교나 대중적 다신교 교리를 히브리 사람들에게 가르칠 수도 있었다고 주장하지는 않았다. 이 종교와 모세가 가르쳤던 종교 간의 적대 관계는 늘 분명했었고 바로 모세-이집트 담론의 핵심이었다. 그러나 그렇다고 이것이 모세가 (종족적으로나 문화적으로) 이집트인이었다는 것과 그의 가르침이 (부분적으로든 전체적으로든) 이집트 지혜로부터 나왔다는 것을 믿는 데 결코 큰 장애물로 여겨지지 않았다. 이 적대 관계에 대한 전통적인 해석은 대중의 공식 종교와 신비숭배 의식 간의 구별에 근거했다. 성서의 종교가 이집트 우상숭배를 반대하는 것과 똑같은 방식으로 이 신비숭배 의식은 대중적 종교를 반대했으며, 모세는 신비숭배 의식이 신성문자라는 덮개 밑에서 전승되어 온 것을 그저 해석해 대중화시켰을 따름이다. 이런 구별은 사회학적 차별화에 근거한 것이다. 진실은 오직 소수만이 파악할 수 있는 것이다. 인간들 사이의 지식의 불평등한 분배는 아주 자연스럽게 계층적 구조를 낳는다. 프로이트는 이런 지식의 사회적 구도를 포기하고 대신 그것을 심리적 구도로 대체한다. 앞으로 보게 되겠지만 그는 "신비"(mystery)라는 말을 "잠복"(latency)으로 바꾼다. 하지만 이런 조치는 그가 이집트인 모세에 대한 두번째 글을 쓰면서 여전히 출간을 미루려고 생각했던 자기 연구의 '가장 중요한 부분'이 출간되고서야 이뤄졌다. 이 글에서 그는 이집트 '신비'의 전통적 구조를 아케나톤과 그 혁명적 유일신교에 대한 역사적 증거로 대체한다.

같은 기간 바로 이 주제를 다루었던 토마스 만처럼 프로이트는 아케나톤의 혁명적 사상의 근원을 헬리오스와 태양신에 대한 그 고대 숭배의식에 두었다. 두 사람 모두 『이집트 역사』(*History of Egypt*, 1906), 『종교와 사고의 발달』(*The Development of Religion and Thought*, 1912), 그리고 『양심의 새벽』(*The Dawn of Conscience*, 1934)이라는 제목을 가진 브레스티드의 인상적이고 영향력 있는 책들에 근거하여 자신들의 설명을 펼친다. 브레스티드는 종교의 역사와 성서적 유일신교의 발달에 대한 새롭게 발견된 아케나톤과 그의 종교의 막대한 중요성을 인식한 최초의 사람 중의 하나다. 1894년 라틴어로 쓴 베를린 대학교 박사학위 논문은 아마르나 찬가와 그들 종교의 내용에 대한 최초의 평가였다.[24] 정치적 제국주의의 종교적 상대로서의 보편적 신의 개념은 헬리오스에서 유래했다. 18왕조의 파라오들은 정치적 경계뿐만 아니라 이집트 세계라는 정신적 영역까지 초월했다. 세계라고 여긴 다민족 제국을 다스리는 동안 파라오들은 모든 것의 창시자이자 보존자로서 보편적 신성의 개념을 만들었다. 이집트 군대가 세계를 정복하는 동안 헬리오폴리스의 제사장들은 이에 수반되는 신학적 결론을 내렸다. 브레스티드가 유일신교와 제국주의를 상호 연관시킨 것은 콘스탄티누스 대제의 지상과 천상의 군주제, 다시 말해 로마제국과 그리스도 유일신교의 조화를 지적한 카이사레아의 에우세비우스의 정치적 신학을 공감하게 한다.[25] 아케나톤은 헬리오폴리스의 보편적인 (우리가 쉽게 신비주의의 신이라 인식하는) 신의 개념을 물려받았지만 그 지역의 우상숭배를 일반적 종교로 바꿔 비관용적인 유일신교의 성격을 부여했다. 이 개념 또한 대단히 친숙하다. 라인홀트와 실러는 그 개념을 모세의 이미지에 적용시켰다. 헬리오폴리

---

[24] James Henry Breasted, *De Hymnis in Solem sub Rege Amenophide IV Conceptis*, Berlin, 1894. 1쇄는 1884년까지 출판되지 않았다. Urbain Bouriant, *Mission archéologique française au Caire*, vol.1, Cairo: Imprimerie de l'Institut Français d'Archéologie Orientale, 1884, pp.2~5.

[25] Momigliano, *Pagans, Jews, and Christians*; Fowden, *Empire to Commonwealth*를 보라.

스의 제사장들이 그들의 최고의 신이자 만물의 창시자로서 태양신을 숭배했던 반면 아케나톤은 그 신을 단 하나의 유일신으로 선언했다. "유일한 신 당신 외에는 다른 어떤 신도 없습니다."[26] 여기서 단 한 가지 도출할 수 있는 결론은 "만약 모세가 이집트인이고 그가 유대인들에게 자신의 종교를 전하고자 했다면 그것은 아케나톤이 만든 아톤 종교임에 틀림없다"는 것이다.[27]

상식을 활용하여 프로이트는 오직 신성한 이름들 "아톤"(Aton)과 "아도나이"(Adonai)[28]의 이른바 유음(類音)만을 의존하면서 그가 말하는 '논지를 입증할 가장 빠른 길'을 버린다. 대신 그는 '먼 길'을 돌아서 관련된 모든 종교들을 비교하여 아케나톤의 혁명적 종교가 성서의 반-이집트주의에 요구하는 모든 사항을 대단히 설득력 있게 보여 준다.

1) 그것은 전통적 다신교에 가장 비타협적인 비관용을 보이는 엄격한 유일신교다.
2) 그것은 마술적 의식과 예식을 배제한다.
3) 그것은 우상을 반대한다.
4) 그것은 윤리적 규정을 강조한다.
5) 그것은 사후의, 그리고 인간의 불멸성의 어떠한 개념도 삼간다.

아마르나 종교에 대한 프로이트의 관점과 이집트 신비종교에 대한 전통적 견해가 다른 것은 바로 이 마지막 부분에서다.[29] 그리고 이것은 스피노자주의와 자연신론에도 대단히 중요한 점이기도 하다. 불멸의 영혼과 사

---

26) Freud, *Standard Edition*, vol.23, p.22에서 James Henry Breasted, *History of Egypt*, New York: Scribner's, 1906, p.374를 언급한다.
27) Freud, *Standard Edition*, vol.23, p.24.

후의 삶에 관한 생각이 없는 종교는 참된 것일 리 없다고 그들은 주장한다. 대조적으로 워버턴은 성서적 유일신교는 바로 이 점에서 모든 이방종교와 다르고 여기서 정확히 신성함이 유래함을 보여 주고자 애썼다.

프로이트의 재해석에 의하면 제례법의 전체 부분은 단 하나의 규정, '할례의 표시'로 축약된다. 그런데 이 특정한 법이 그의 논쟁의 초석이 되는데 그것은 모세가 정말로 이집트 종교를 '유대인들'에게 가져다주었다는 결정적 증거다. 우선 프로이트가 할례를 '표시'라 부르는 것이 놀랍다. 이것은 「창세기」 17장 11절을 언급하는 사도 바울의 문구(to sēmeion tēs peritomēs)인데 여기서 할례는 "계약의 표시"로 불린다. 스펜서는 "할례의 표시"(signum circumcisionis)에 많은 지면을 할애해 설명했고 아우구스티누스적 기호학 조직 전체가 그것을 활발히 해석하도록 만들었다. 스펜서 또

---

28) 프로이트는 각주에서 아서 웨이걸을 언급한다. 그는 신성문자에 대해서는 문외한인데 아툼(Atum, 헬리오폴리스의 신), 아톤, 그리고 아도니스의 확인하지 못할 유음현상을 토대로 가장 모험적인 가설을 거리낌 없이 펴 나갔다. 프로이트는 이것이 넌센스라는 것(실제로 허구임)을 논박하지 않았으나 이 분명한 우연적 일치에 대해 브레스티드가 아무런 언급을 하지 않았기 때문에 약간 미심쩍다고 표현했다. 사실 그 단어들 사이에 유음이라곤 전혀 찾아볼 수 없다. '아툼'(Atum)이라는 이름은 'Atúm'("아툼의 집"이라는 뜻의 히브리식 지명 피톰[Pithom=pr-Jtm]과 비교해 보라) 같은 것, '아톤'(Aton)이라는 이름은 'Yati'('마야티'라고도 불리는 메리트아톤[Merit-Aton=Mrjt-Jtn]이라는 이름의 설형문자식 표현과 비교해 보라) 같은 것과 비슷하게 들린다. 이들 사이에 유음현상이란 없으며 아도니스나 하물며 아도나이(Adonay)는 말할 것도 없다. 이것은 아지즈(Philippe Aziz)가 『모세와 아케나톤』(Moise et Akhnaton)에서 주장하는 것처럼 사람들이 프로이트가 매달렸던 허구적 유음현상을 추구하는 것을 막지 못한다. 아지즈는 "Ecoute Israel, notre dieu Aton est le dieu unique"(이스라엘이여 들으라, 우리들의 신 아톤은 유일신이다)라는 장을 쓴다. 이것조차도 현재 연구에 있어서, 이런 유의 문헌을 포함하는 것이 불가능하다고 생각하지만 어느 정도는 기억사적인 관심을 끌지 모른다.
29) 우연하게도 이것이 그가 역사적으로 실수했던 점이다. 아케나톤이 오시리스를 폐지하고 오시리스가 저승을 폐지했다는 것은 분명하다. 그러나 "영혼", 또는 바(ba)의 불멸성은 폐지하지 않았다. 개인은 죽음 후에도 바의 형식으로 살고 왕과 태양을 숭배한다고 믿었지만 이 세상에서의 삶과 빛의 세계에서이지 결코 사자의 다른 세계에서가 아니다. 그는 또한 ④와 관련하여 실수를 범했는데 그것은 내 생각에 훨씬 심각한 것이다. 그러나 나는 이집트학적인 내용들은 다음 장에서 다루기로 하겠다.

한 그 말이 얼마나 오래되었는지와 어떻게 사용되었는지 알아보기 위해 수많은 고전의 인용 문구들을 인용했다. 고전 문구들은 할례속이 이집트와 이집트인들에게서 유래했고, 근동과 흑해에 있는 콜키스에까지 퍼졌다고 전한다. 하지만 성서에서는 할례를 아브라함의 맹세 표시로 전한다. 스펜서는 누가 누구에게서 그 관습을 가져왔는지에 관해서는 대답하지 않았다. 이러한 불확정은 오히려 대담한 것이었다. 물론 프로이트는 정통적 견해에 관해 양심의 가책 같은 것은 없었다. 프로이트는 이런 이집트 관습을 유대인들에게 전한 사람은 바로 모세였으며 그 이유는 그것을 우월함과 순수함, 구별의 표시로 보았고, 이런 점에서 그의 새로운 백성이 이집트인들보다 뒤처지길 원치 않았다.[30] 할례속의 기원이 이집트라는 사실은 모세와 그의 종교가 이집트적 정체성을 가진 것과 관련된 다른 모든 것들과 더불어 그 할례의식을 아브라함에게서 유래한 것으로 만들면서 나중에 감춰지고 말았다.

프로이트에 따르면 모세가 그의 나라를 떠나 새로운 종교와 율법에 근거한 새로운 종류의 정치를 실현하기 위해 그 백성으로 유대인을 택한 이유는 아톤 종교의 몰락이었다. 18세기 초의 톨런드처럼 프로이트는 모세에게서 왕과 같은 지배자적 모습, 다시 말해 유대인들이 거주하던 고센 땅의 총독 같은 모습을 보았다. 모세는 아톤 종교의 진리를 추종했고 그 종교의 좌초 후에 오히려 정통에 회귀하는 것을 자랑스럽게 생각했다. 그가 이런 결정을 내린 것은 이주를 위해서뿐 아니라 새로운 나라를 건설하기 위해서였다. 이 목적으로 그는 유대인을 선택했다. 이집트 왕국은 아케나톤의 사후 무정부 상태에 놓여 있었기 때문에 상황은 그들이 이주하기에 매우 우호

---

30) 하느님은 이집트 종교와 비교하여 자신의 종교가 어떤 관점에서도 부족한 것으로 보이기를 원하지 않았다는 스펜서의 주장과 비교하라.

적이었다.³¹⁾ 모세는 유대인들을 이끌고 이집트를 탈출했고, 그들에게 자신의 유일신 신앙을 가르쳤으며(이것은 아마도 아케나톤이 실행에 옮겼던 것보다도 훨씬 더 엄격하고 급진적인 것으로 추정된다),³²⁾ 그들에게 율법을 주었다. 성서는 여전히 모세가 이방인 출신이라는 흔적을 남겼는데, 그 흔적으로 "혀가 둔한 자"란 표현[「출애굽기」 4장 10절—옮긴이]이나 자기의 형 아론에게 의존하는 것[「출애굽기」 4장 11절—옮긴이]을 들 수 있다. 이집트인인 모세는 히브리말을 하지 못했고 그 말을 통역하는 사람을 필요로 했다. 참 이상하게도 프로이트는 이 부분에서 글을 중단한다. "그러나 이제 우리의 작업은 일차적으로 끝내야 할 것 같다. 모세가 이집트인이었다는 가정에서 그것이 증명되었든 되지 않았든 더 이상 어떤 새로운 결론을 도출할 수 없다."³³⁾ 하지만 그의 글은 마이어의 완전히 다른 재구성에 대한 논의를 선취하고 있다.

두 모세와 유대인의 이원론

마이어가 말하는 모세는 미디안 사람으로서 "끔찍하고 피를 먹는 악마, 밤을 좋아하고 낮을 기피하는" 야훼의 숭배자다. 마이어에 따르면 출애굽 이야기의 연결은 이차적이다. 곧 분명하게 밝히겠지만 프로이트는 자신의 주

---

31) 이것은 역사적으로 실증할 수 있다. Krauss, *Das Ende der Amarnazeit*를 보라.
32) 프로이트는 모세가 숭배의 대상으로 태양을 폐지한 것이지 모든 것의 주체로서 태양의 창조자를 폐지하지는 않았으리라 추측하는 것 같다. 이런 구별은 토마스 만의 『목자 요셉』(*Joseph der Ernährer*)에서 요셉과 아케나톤 사이의 유명한 대화의 주제를 형성한다.
33) Freud, *Standard Edition*, vol.23, p.33. "Nun aber, scheint es, ist unsere Arbeit zu einem vorläufigen Ende gekommen. Aus unserer Annahme, dass Moses ein Ägypter war, können wir zunächst nichts weiter ableiten." Freud, *Moses*, p.46f.

장에 대해 이보다 더 강력한 확신을 가질 수 없었다. 그럼에도 그는 다시 이 야기를 중단한다. 극복할 수 없는 이런 모순에 대하여 "우리는 모세가 이집트인이었다는 가정에서 시작할 수 있는 이야기의 실마리가 다시 끊어진 것을 고백해야만 한다. 그리고 이번에는 고칠 희망도 없는 것 같다"[34]라고 말하고 있다. 그러나 5장에서 포기한 실마리를 다시 언급한다. "예상치도 못한 가운데 여기서 다시 탈출의 기미를 찾을 수 있었다."[35] 프로이트의 모세와 마이어의 미디안인 모세는 다른 두 사람이었던 것이다. 첫번째 모세는 엄격한 유일신교적 요구를 참을 수 없었던 그의 백성들에게 맞아 죽었다. 그리고 두번째 모세는 몇 세대 뒤에 나타나 기억의 전통에 살아남은 자다. 모세가 반동적인 추종자들에 의해 살해되었다는 생각은 구약학자 에른스트 젤린의 탁월한 이론에 근거한 것이다. 그는 하느님의 고통받는 종('ebed Yahweh)에 관한 전통들을 메시아가 올 것이라는 선지자들의 예언으로서 뿐만 아니라 모세의 살해에 대한 왜곡된 기억으로 해석했다. 나는 다음 장에서 프로이트의 종교이론에서 살인이론의 중요성에 대해 다음 장에서 논의하겠다. 여기서는 모세 논쟁의 전통적인 모티브와 관련된 이 모티브의 다른 양상, 즉 '적용'의 모티브에 집중하겠다.

　　모세-이집트 담론의 역사에서 프로이트의 선구자들은 왜 하느님이나 진정한 종교, 즉 영속적인 진리를 계시하지 않고, 진리와 모순의 혼합을 백성들에게 계시했는지 설명하려 했다. 마이모니데스는 이것을 "신의 계략"이라고 불렀다. 이것은 그 시대와 그 백성들에게 필요했다. 마이모니데스를 주의 깊게 따라가며 스펜서는 신이 자비심 많고 겸손하여 그의 준비되지 않

---

34) Freud, *Standard Edition*, vol.23, p.36.
35) Freud, *Standard Edition*, vol.23, p.36. "Unerwarteterweise findet sich auch hier ein Ausweg." Freud, *Moses*, p.49.

는 백성들이 진리와 직면하게 하기보다는 진리를 그 백성들의 이해의 한계(propter duritiem)와 '시대의 정신'(genius secoli)에 적용하려 했다고 설명했다. 라인홀트와 실러는 같은 정책을 하느님이 아니라 모세에게 적용시켰는데 그것은 그가 한 나라를 세워야 했지 입문자들이 가득한 비밀사회를 세우는 것이 목적이 아니었기 때문이다. 그래서 모세는 통찰과 지식 대신 '맹목적 믿음'의 원칙에서 체계가 작동하도록 진리를 매개해야 했다. 법은 완전하지 못했고 대신 성스런 진리와 인간 이해의 한계들 사이의 타협이 되었다.[36] 이것이 모세-이집트 담론에 있어서 제기된 문제들이었다. 이 문제들은 어디서, 어떤 형식으로 프로이트의 텍스트에 재등장하는가?

프로이트의 이집트인 모세(M_1)는 어떤 타협이나 '적용'을 하지 않는다. 그래서 "거친 유대인들은 그들의 운명을 손수 택하여 폭군들을 제거했다".[37] 프로이트의 "거친 유대인들"이라는 표현은 모세가 그의 종교와 율법을 가르친 "거친" 백성들에 대한 전통적인 묘사를 반영한다. 담론의 전통에서 진리와 역사의 적대성은 적용 개념에 의해 용해되었다. 프로이트의 재구성에 있어서 그것은 폭력적 상황과 살인으로 연결된다. 이집트인 모세 측에서는 어떤 '계략'도 없었지만 프로이트에 따르면 비타협적인 요구들은 그의 목숨을 대가로 한 잔인한 폭력과 폭정으로 이루어졌다. 프로이트의 재구성에 의하면 꾀와 타협은 이집트인 모세가 살해되고 난 후에 온 것이다. 프

---

[36] 이 논쟁에서 결정적 중요성을 띤 것은 하느님이 스스로 자신의 율법이 좋지 않은 것으로 선언한 「에제키엘」 20장[25절. 나는 좋지 못한 규정도 정해 주었다. 그대로 하다가는 죽을 수밖에 없는 법도 세워 주었다—옮긴이]이었다. 율법의 기독교적 역사화를 인상적으로 선취함에 있어서 에제키엘 선지자는 하느님이 율법을 주심에 있어서 무시간적으로 완벽한 것이 아니라는 것을 힘주어 말하고 있다. 그리고 율법의 완성되지 않음이 두 번씩이나 완벽한 율법을 거절하고 결국 불완전한 율법을 선택한 백성들의 완고함에 기인한 것이라고 설명한다.

[37] Goldstein, *Reinscribing Moses*, p.120.

로이트는 구별을 도입하면서 발생한 율법의 '불완전성'을 설명한다. 인간적인 영역에서 그는 이집트인 모세와 미디안인 모세를 구별한다(M_1과 M_2). 신적인 측면에서 그는 아톤 즉 M_1의 신인 아케나톤과, 야훼 즉 M_2의 미디안의 화산신을 구별한다(A와 Y). 그래서 그는 이전에 완전하고 진정한 종교에 기여하였던 그런 특성들을 M_1과 A의 것으로 보았고, 성서의 신과 그의 율법의 모든 불완전성을 M_2와 Y, 또는 M_1의 추종자들과 M_2의 추종자들 사이에 양해된 협상들로 인한 것이라 보았다.

프로이트가 해낸 M_1과 M_2 사이의 탁월한 구별은 율법의 불완전성에 대한 원인을 규명해 줄 뿐 아니라 유일신교에 내재하는 적대적 힘 같은 것을 끌어들인다. 이것은 모세-이집트 담론의 중심적 문제들이다. 이런 담론에 대해 말했던 어느 누구도 적용이라는 말로 완화된 '속임'(imposition) 정도의 말은 썼을지언정, 저주받을 소책자인 『세 명의 사기꾼』에서 했던 것처럼 '사기'(deception)라고 말할 정도로 멀리 가지는 않았다. 적용이라는 개념을 생략하면서 프로이트는 속임과 분명한 율법, 비이성적인 요구들의 양상, 그리고 유일신교에 내재하는 비타협적인 측면을 힘주어 말하고 있다. 우리는 프로이트가 박해와 범죄, 살인적 증오의 시대에 그의 책을 썼다는 사실을 잊어서는 안 된다. 그의 유일신교와 범죄에 대한 분석은 분명 종교이론에 있어서 『그 사람 모세』가 가지는 상당히 중요한 기여 중 하나일 것이다.

프로이트에 따르면 원시 이원론은 유대 역사의 과정에서 구조적으로 재현되었는데, 이는 로마가 지배했던 게르만 지역과 자유롭던 게르만 지역 사이의 차이가 천여 년이 지난 후 종교개혁의 시기에 로마가 지배했던 곳은 가톨릭으로, 자유롭던 지역은 프로테스탄트로 다시 나타나는 것과 같은 방식이었다. "역사는 그런 복원을 즐긴다."[38] 유대의 이원론은 신의 두 이름,

즉 엘로힘과 야훼, 두 왕국인 이스라엘과 유다라는 형태로, 그리고 예언적 종교와 공적 종교의 갈등으로 다시 나타난다. 변용이란 개념을 다양한 집단들 사이의 갈등과 화해 같은 역사적 현상으로 전환시킴으로써 프로이트는 유대인의 역사를 천천히 등장하여 억압된 전통을 마침내 지배하는 과정으로 재구성할 수 있었다. 결국에 "전 세계를 포괄하는 단 하나의 신성의 개념을 얻고, 전능함으로 만물을 사랑하는, 모든 예식과 주술을 혐오하는, 그리고 인간의 최고의 목적을 진리와 정의로운 삶으로 여기는 것은 바로 A다."[39]

최고 존재자에 대한 이런 숭고한 개념과 더불어 우리는 계몽주의의 신에 대한 관념으로 돌아간다. 이것은 스트라본이 모세에게 부여한 신에 대한 개념이고, 커드워스와 실러, 이신교자들, 자유사상가들, 그리고 프리메이슨들의 신에 대한 개념이며, 이 신의 교의가 바로 모세-이집트 담론의 서브텍스트를 형성한다. 외관상 하나의 순환이 완성되는 것 같다. 프로이트는 그의 "이집트 연구"[40]에서 실러와 스트라본이 존재한다고 주장한 신을 절실히 느낀다. 아케나톤의 신에 대한 프로이트의 성격규정은 모세-이집트 담론의 다양한 견해들을 이루는 스피노자주의, 이신론, 우주신교, 그리고 범신론에 의해 발전된 신의 개념들로부터 많은 영향을 받았다. 프로이트의 아톤이 워버턴, 라인홀트, 실러로부터 물려받은 전통적 특징들 중에는 다음과 같은 것이 있다.

---

38) Freud, *Standard Edition*, vol.23, p.38. "Die Geschichte liebt solche Wieder-holungen." Freud, *Moses*, p.51.
39) Freud, *Standard Edition*, vol.23, p.50. "Die Idee einer einzigen, die ganze Welt umfassenden Gottheit, die nicht minder alliebend war als allmächtig, die, allem Zeremoniell und Zauber abhold, den Menschen ein Leben in Wahrheit und Gerechtigkeit zum höchsten Ziel setzte." Freud, *Moses*, p.61.
40) Schorske, "Freud's Egyptian Dig"을 보라.

- 영성의 강조.
- 반-성상적 숭배.
- 주술과 예식의 부정.
- 윤리의 강조.
- 사후와 영혼의 불멸성에 대한 부정.

이 모든 특징들은 모세-이집트 담론에서 중요한 역할을 하며 아마르나 문서들에서도 적어도 약간의 중요성을 지닌다. 하지만 프로이트는 브레스티드의 몇몇 출판물에서 이미 그러한 사실들이 강조되고 있다는 것을 발견했다.[41]

프로이트의 신에 관한 유일한 문제는 그가 신을 믿지 않았다는 것이다. 그의 신은 신학적이고 철학적인 진리가 아닌 고고학적 발견의 소산이었다. 만일 프로이트가 톨런드, 라인홀트 그리고 실러처럼 "단 하나의, 모든 것을 포함하는" 신이나 자연에 대해 믿었더라면 그의 책은 아마도 이 정도에서 끝났을 것이다. 즉, 다음의 자신의 발견에 대해 그 정도로 만족했을 것이다.

- 모세는 이집트인이었다.
- 그는 이집트의 종교를 유대인들에게 가져왔다.
- 그 종교는 혁명적인 유일신교적 반-종교였다.
- 모세는 어떤 '변용'도 하지 않았고 대신 그 종교의 영적이고 지적인

---

[41] 쇼르스케는 이집트광에 관한 주제로 열린 빈 학회(1994년 11월)에서 프로이트를 위한 자료로서 브레스티드에 관한 논문을 발표했다. 이 논문은 빌프리트 자이펠(Wilfried Seipel)에 의해 편집되어 카탈로그의 부록본으로 곧 출간될 것이다.

요구사항을 강화하였다.
- 모세는 비타협적 태도 때문에 살해되었다.
- 또 다른 지도자가 그의 자리를 차지하는데, 그는 다른 재능과 신념을 지닌 사람이고 야훼라 불리는 화산신의 숭배자였다.
- 이집트 이주자들과의 연이은 타협은 성서에서의 많은 긴장과 모순들을 설명한다.
- 모세라는 인물의 이중성은 유대인 전통에 내재된 배타주의와 보편주의라는 이중성을 설명한다.
- 하지만 진리는 영원히 감춰지거나 '변용'될 수 없었고 결국 지배 우위를 차지했던 것은 이집트 신이었다.

이 모든 것들은 모세-이집트 담론의 기획들이었고 프로이트는 성공적이고 놀랍고 흥미로운 방식으로 이런 지점까지 다루었다.

하지만 프로이트는 이와 같은 신을 더 이상 궁극적 진리로 믿지 않았다. 오히려 그는 신을 이집트 제국주의 및 보편주의와 결부된 역사적 개념으로 봤다. 그는 자신의 이 같은 결과물에 만족하지 않았고, 그래서 모세-이집트 담론의 한계를 분명히 벗어나 완전히 다른 장을 쓰게 된다.

반복과 억압: 아버지 살해와 종교의 기원

나는 프로이트가 모세의 이집트 정체성을 주장하는 이유가 모세-이집트 담론의 전통적 기획 및 그 숨겨진 계획과 깊은 연관이 있다고 생각한다. 이집트인 모세는 유일신교의 기원을 설명했다. 여기서 프로이트는 그 담론의 충직한 계승자임을 입증했다. '한 민족의 개조(開祖) 모세'와 그의 이집트 교육에 대한 역사적 구성은 '예언자 모세'와 그의 초월적 업적에 대한 신학적 해체를 의미했다. 이것이 정확하게 모세와 이집트 담론의 관심사였다. 모세의 살해에 대한 프로이트의 이상한 주장은 구약학자 젤린이 자기의 이론을 포기한 마당에 이 담론에 대한 참고자료에 의해 설명될 수 없다.[42] 이 이론에 관해 예루살미는 내 주장에서 결정적 역할을 하는 점을 말했다. 의문점은 모세가 정말 살해되었는지가 아니라 그 살해가 일어났다고 할 경우, 광야 세대의 죄와 반역에 대해 자세히 서술된 설명 속에 그 살해가 억압되어 숨겨졌는지 하는 것이다. 이 서사가 이야기의 보편적 의미론에 완전하게 들어맞는 사실을 억압한 것일까? 이와 똑같은 것이 이스라엘이 하느님에게 복종하지 않은 모든 죄를 가차 없이 기록한 성서의 전통에도 적용된다.[43] 자기 민족의 손에 무자비하게 살해당한 모세의 죽음과 같은 사실을 감춘다는 생각은 자의(字義)에도 어긋날 뿐 아니라 성서적 설명의 정신에도 위배되는 것이다. 그렇다면 프로이트에게 왜 이것이 그렇게 중요한 것이었을까?

살해당한 모세는 종교의 기원과 본질에 관한 프로이트의 이론과 불가분의 관계에 놓여 있다. 「토템과 터부」, 그리고 『그 사람 모세와 유일신교』에 제기된 프로이트의 이론은 너무 잘 알려져서 더 자세히 반복할 필요가 없다. 나는 단지 기본에 충실하고자 한다. 원시 유목민 집단에서 아버지는 자식들 위에 대단히 포악하게 군림했으며, 만약 아들들이 그 무리의 여성들을 감히 소유하겠다고 덤비면 죽음과 추방으로 위협했다. 그러나 결국 그 아버지는 자식들에 의해 살해된다.[44] 이 원형적 사건은 이상하게도 특이함과 반

---

42) 이 주장에 대한 비판적 토론은 Bori, *L'estasi*를 보라.
43) Yerushalmi, *Freud's Moses*, pp.84~86. Odil Hannes Steck, *Israel und das gewaltsame Geschick der Propheten*, Neukirchen-Vluyn: Neukirchner Verlag, 1967을 보라.
44) Freud, *Standard Edition*, vol.23, p.17; Goldstein, *Reinscribing Moses*, p.101을 보라.

복 사이에서 부동한다. 프로이트는 "우리는 하나의 위대한 신이 오늘날 존재한다고 믿지 않는다. 그러나 원시 시대에는 당시 초인적으로 보이는 하나의 유일한 사람이 있었다는 것을 믿는다." 하나의 유일한 사람? 프로이트에 따르면 원시 아버지의 살해는 계속해서 되풀이된다. 원시적 살해의 이런 반복을 통해서 그 행위가 인간의 정신에 불변의 흔적을 남기고 "고풍스런 유산"[45]이 된다. 이렇게 깊이 감춰진 흔적들 때문에 "남자들은 항상 그들이 한때 원시적 아버지를 가지고 있었고 그를 살해했다는 것을 알고 있다".[46] 원시적 경험을 지속적인 인류학적 흔적으로 바꾸는 결정적 힘은 반복과 억압이었다. 반복을 통해 그 경험은 인간의 정신에 (생물학적으로) 세습되는 방식으로 각인된다. 그리고 억압을 통해 그 각인 혹은 "고풍스런 유산"은 "암호화되어"(encrypted),[47] 즉 의식적으로는 접근하여 '해결할 수 없게' 된다. 그리고 이런 접근 불가능성 때문에 그것은 의무적이 된다.

프로이트가 언급하는 이런 종류의 역사는 심리의 역사다. 신성시된 아버지는 기억의 인물이지 역사의 인물이 아니다. 아버지가 '사람들의 기억에 돌아오고', '신성한 존재로 승격되는 것은' 바로 살해되었기 때문이다. 그에게 영감을 준 숭배의식은 또한 그 행위를 덮거나 '암호화'하는 기능을 했다. 프로이트는 이것을 문화나 문명(프로이트는 이 두 가지를 구별하지 않는다)을 구성하게 하는 행위라고 보았다. 유목 남성들 간의 대량살육적인 적대관계가 중단되었다. 살해는 이제 문화의 기원으로 거슬러 올라가는 원시적 죄를 연상시키는 도덕적 죄로 여겨졌다. 원시적 아버지 살해의 기억은 억압되

---

45) Goldsteln, *Reinscribing Moses*, p.117ff.의 훌륭한 요약을 참조하라.
46) Freud, *Standard Edition*, vol.23, p.101; Goldstein, *Reinscribing Moses*, p.117.
47) 이 용어는 니콜라스 아브라함과 마리아 토록이 처음 사용했다. Abraham and Torok, *L'écorce et le noyau*를 보라. 프로이트는 이 용어를 사용하지 않았다.

고 강한 죄의식으로 변형되어 초기 종교에 금기, 금지, 자제, 자기-징계와 잔인한 희생 같은 수많은 경계와 걱정을 주입시켰다.

프로이트에 따르면 모세와 유일신교에서도 이와 똑같은 일이 일어났다. 모세의 유일신교 그 자체가 반복이었다. 아케나톤의 혁명적 유일신교에 대한 이집트적 개념인 모세의 가르침이 근본 종교의 원시적 유일신교의 형태로 되살아났다. "모세가 그의 백성들에게 유일신의 개념을 가르쳤을 때 그것은 전혀 새로운 것이 없었다. 하지만 그것은 오래전 사람들의 의식적 기억에서 사라진 인간 가족의 원시 시대에서 나온 경험의 반복을 의미했다." 모세의 유일신교는 아버지의 복귀였다.[48] 모세의 살인자는 암호화된 기억을 소생시킨 좀더 강력한 반복이었다. "그 행위에 대한 의식적 부정도, 무의식적 부정도 정신 속에 존재하는 그 행위 혹은 죄의식을 없앨 수는 없고 단지 무의식적인 죄의식과 근심을 강화할 뿐이다. 이리하여 프로이트는 그 인식되지 않은 양심의 가책에 대한 집착이 가해자와 그 후손들에게 더욱더 신과 모세의 종교에 헌신하게 함으로써 자신들과 원시 조상들의 죄를 보상하도록 유도하였다고 주장한다."[49]

자신의 차례가 되자 살해된 모세(M_1)와 그의 희석되지 않은 유일신교는 억압되고 또한 암호화되었다. 자연스런 죽음만으로는 집단정신에 그토

---

[48] '아버지 종교'로서의 유일신교에 대한 프로이트의 서술에 관해서는 언급해야 할 것이 많다. 그것은 이미 아톤 종교에도 적용된다. 브레스티드와 웨이걸이 그것을 언급하지 않았기 때문에 프로이트가 몰랐던 것은 아케나톤의 신('야티'Yati)이 이집트 단어의 "나의 아버지"라는 말과 매우 유사하게 들린다는 것과 그 텍스트들이 항상 같은 유음현상 위에서 움직이고 있다는 사실이다. 신도 심지어 왕의 칭호처럼 "나의 아버지"란 이름을 갖고 있다. 아케나톤은 그의 유일신교 사상을 그와 이 신정정치에서 원로로서 역할한 태양신 사이의 공동통치로 실행했다. 아케나톤의 아톤은 상당한 정도의 아버지 종교였다. 그러나 아버지의 개념은 오로지 왕의 아버지란 개념이었지 백성들이나 전체 인류와 관계되는 것은 아니었다.

[49] Goldsteln, *Reinscribing Moses*, p.118.

록 강력한 영향을 미치지 못했을 것이다. 그 경험은 계속 유지되기 위해 외상적이어야 했다. 프로이트의 표현을 빌려 설명하면 "대중에게 주문을 걸려면" 그것은 "억압이라는 운명"을 겪어야 했다. 모세 살해는 원시 아버지의 운명을 재연했다. 프로이트 주장의 모순점은 오직 살해된 덕택에, 그리고 뒤이은 억압을 통해서만 모세가 현재 모습인 '청동상', '유대 민족의 개조(開祖)', 그리고 영속적이고 무한한 기억의 인물로 될 수 있었다는 것이다.

이런 주장은 프로이트의 억압이론의 관점에서만 이해될 수 있다. 망각과 억압의 차이는 전자가 포기인 반면 후자는 보유와 안정화의 형태라는 것이 프로이트의 설명이다. 억압된 기억은 지속될 뿐만 아니라 종종 인격에 위험한 힘을 행사하기도 한다. 접근 가능하고 편집되고 '해결해 낼 수 있는' 의식적 기억과는 달리 억압된 기억은 '내부'나 '아래'에서 움직여 그 힘 아래 의식을 보유한다.

『그 사람 모세와 유일신교』에서 프로이트는 이 이론을 개인심리학의 단계에서 집단심리학의 단계로 바꾼다. 의식적 기억과 억압된 기억 간의 차이는 집단적 기억에서 전통과 기억의 차이로 나타난다. "(직접적인) 소통에 근거한 전통은 종교적 현상과 결부된 강제적 성격으로 바뀌지 않는다. 그것은 외부에서 들어온 다른 정보처럼 주의 깊게 듣고 판단되고 아마도 무시되어지겠지만 결코 논리적 사고라는 강권으로부터 해방될 특권에 이르지는 못한다. 그것이 대중들에게 그토록 강력한 영향력을 행사하려면 먼저 억압되어 의식 속에 맴도는 운명을 겪어야 한다."[50] 이렇게 하여 이집트인 모세(M_1)와 그의 유일신교(A)가 "그의 민족의 기억 속에 되돌아와"——억압되고

---

50) Freud, *Standard Edition*, vol.23, p.101. Goldstein, *Reinscribing Moses*, p.117; Yerushalmi, *Freud's Moses*, p.30에서 재인용.

회귀한 기억의 인물로서——"유대 민족의 창시자"가 되었다. 유대인들은 모세라는 인물은 제거했지만 결국 그의 유일신교는 받아들이게 된다. "길들여진 이집트인들은 운명이 그들 파라오에게서 신성화된 인물을 제거할 때까지 기다렸지만"[51] 결국 그의 유일신교는 폐지했다. 역사적 인물로서 아케나톤은 완전히 '암호화'되었지만 결국 모세로 변장하지 않고는 "자신의 민족의 기억 속에 되돌아오지 못했다".

이것이 종교가 대중에게 미치는 강권적인 힘이라고 프로이트는 설명한다. 이러한 강권적인 힘 중에서 가장 강력한 힘은 죄의식이다. 죄의식에 대한 개념은 종교적 적대주의의 의미론에 대한 프로이트의 가장 흥미로운 기여다.

양가성은 아버지에 대한 관계의 본질의 일부분이다. 시간이 흐르면서 적대성 또한 반드시 자극되는데 그것이 한때 아들들이 존경하면서 두려워했던 아버지를 살해하게 만든다. 모세의 종교라는 틀에는 아버지를 살해할 만한 증오에 대한 직접적 표현은 없었다. 모습을 드러내는 것은 그것에 대한 강력한 반응, 즉 그런 적대감 때문에 생긴 죄책감, 신에게 죄를 지었고 죄를 멈추지 못하는 것에 대한 양심의 가책이다.[52]

---

51) Freud, *Standard Edition*, vol.23, p.47. Goldstein, *Reinscribing Moses*, p.120에서 재인용.
52) Freud, *Standard Edition*, vol.23, p.134. 독일어 원문은 이렇게 되어 있다. "Zum Wesen des Vaterverhältnisses gehört die Ambivalenz: es konnte nicht ausbleiben, dass sich im Laufe der Zeiten auch jene Feindseligkeit regen wollte, die einst die Söhne angetrieben, den bewunderten und gefürchteten Vater zu töten. Im Rahmen der Moses-Religion war für den direkten Ausdruck des mörderischen Vaterhasses kein Raum; nur eine mächtige Reaktion auf ihn konnte zum Vorschein kommen, das Schuldbewusstsein wegen dieser Feindseligkeit, das schlechte Gewissen, man habe sich gegen Gott versündigt und höre nicht auf, zu sündigen." Freud, *Moses*, p.131.

프로이트의 이론들은 외견상으로 비록 낡고 문제가 있긴 하지만 기억을 종교의 역사 속에 자리 잡게 하고, 진화와 전통에 기초한 단선적인 재해석들을 근거 없는 것으로 확실하게 제시했다는 점에서 이론의 여지가 없다는 장점을 가지고 있다.

역사적 의미: 프로이트식 에우헤메리즘

『그 사람 모세와 유일신교』를 쓰고 있을 때의 프로이트의 마음을 잘 보여주는 실러의 시 「그리스 신들」(Die Götter Griechenlands)의 두 행으로 이 부분의 서두를 시작하고자 한다.[53]

> 신들이 더 인간적이었을 때,
> 인간들은 더 신적이었다네.[54]

이 시구들은 건조하고 과도하게 이성주의적인 에우헤메리즘[BC 3세기 초엽에 시칠리아 출신의 신화학자 에우헤메로스가 신들의 기원은 고대 영웅을 신격화한 것이라고 하면서 초자연적 존재를 역사적 실재 인물과 관련지어 해석하려고 한 입장을 말한다—옮긴이] 개념 때문에 다소 흐려진 것 같은 필멸의 신의 관념에 광채를 복원시켜 주고 있다.

---

53) 프로이트는 같은 시에서 다른 한 쌍의 행을 인용하는데, 이 행은 문화적 기억의 개념에 있어서 매우 중요하다. 그 행은 직역하면 "시에서 불멸하는 것이 삶에서는 사멸하네"(Was unsterblich im Gesang soll leben,/ Muss im Leben untergehn)이다. Freud, *Standard Edition*, vol.23, p.101.
54) "Da die Götter menschlicher noch waren,/ waren Menschen göttlicher."

스펜서에 따르면 유럽 신비주의의 모든 것은 세 가지 의미, 다시 말해 도덕적·신비주의적·역사적 의미를 가진다. 모세는 이런 세 가지 의미 원리를 자신의 율법에 채택하였다. 프리메이슨적인 논문인 「이집트 신비주의에 대하여」에서 이그나츠 폰 보른은 이 견해를 받아들이고 이집트 신비주의가 우리에게 남긴 것은 역사적 의미뿐이라고 불평하였다.[55] 폰 보른이 의도했던 것보다 더 많은 내포된 뜻이 이 체념에 담긴 것 같다. 모세와 이집트 담론은 일반적으로 강한 역사화 경향의 특징을 지닌다. 이러한 경향성은 심지어 종교에 관한 프로이트의 정신분석 이론을 모세-이집트 담론에까지 연결시키는 놀라운 지속성을 보여 준다. "역사적 전환"이라고 불릴 만한 것과 프로이트가 "물질주의적 진리"에서 "역사적 진리"로의 변환이라고 묘사한 말이 떠오른다.[56]

프로이트의 역사적 전환은 흔히 에우헤메로스라는 이름과 결부된 개념을 떠올리게 하는데, 이와 같은 '에우헤메리즘'은 에우헤메로스가 실천한 신화 해석의 특별한 방법보다 훨씬 더 일반적이다.[57] 뛰어난 행적에 감사하는 후손들에 의해 신성시된 왕, 문화전수자, 입법자, 구원자와 같은 필멸의 인간들이 신들이었다는 생각은 그 담론으로 글을 썼던 존 스펜서에서부터 프리드리히 실러에 이르는 모든 저자들이 공통적으로 주장하는 것이었다.

---

55) Von Born, "Über die Mysterien der Aegyptier", pp.85~87.
56) Letter to Lou Andreas Salomé, January 6, 1935. Bachmeier(ed.), *Briefwechsel*, p.224 에서 재인용; Ernst L. Freud(ed.), *The Letters of Sigmund Freud and Arnold Zweig*, p.205. Goldstein, *Reinscribing Moses*, p.100에서 재인용. Freud, *Autobiographische Studie*, *Gesammelte Werke*, vol.16, p.33; Freud, *Standard Edition*, vol.23, p.101. Freud, *Standard Edition*, vol.20, p.72; Goldstein, *Reinscribing Moses*, p.100f.
57) Felix Jacoby(ed.), *Die Fragmente der griechischen Historiker*, Leiden: Brill, 1926~1958; repr. 1954~1960, p.63.

나중의 모세-이집트 담론은 역사화의 방법을 계시에까지 확장하였다. 계시는 역사적으로 이집트에서 이스라엘로의 번역 혹은 변용으로 해석되었다. 하지만 유일자, 모든 것의 창조자와 보존자를 끝까지 확장하고 역사화하려고 시도한 사람은 프로이트뿐이었다.

헌신과 종교의 역사적인 기원인 위대한 사람의 개념은 프로이트가 모세를 해석할 때 중심이 되었던 것과 마찬가지로 그 담론의 중심이 된다. 그러므로 프로이트는 그의 역사적 인물 모세를 "그 사람 모세"(Der Mann Moses)라고 부를 것을 주장한다. 모세에 관한 전승에 있어서 일말의 진리가 있을지도 모른다고, 그리고 이 전설적인 전승의 출발점이자 비슷한 이름을 가진 사람이 생존했을지도 모른다고 주장하는 사람은 거의 없을 것이다. 하지만 프로이트는 모세의 역사적인 실존에 대한 주장 이상의 일을 하였다. 성서 텍스트가 "너희를 이집트로부터 이끌어 내신" 하느님의 이집트로부터의 해방 역사(役事)를 주장한다면, 프로이트는 모세를 이집트로부터의 해방뿐만 아니라 '유대 민족의 건설'에 기여한 인물로 본다. 프로이트는 모세가 이집트인이라고 주장하고 그가 그의 백성들에게 살해되었다는 점만큼이나 강하게 이 점을 주장한다. 그것은 프로이트에게 동일하게 근본적인 중요성을 띤 '사실'이다.

프로이트의 의도들을 더 잘 이해하기 위해 이 구성의 대담함과 역사적 비개연성을 이해하는 것은 중요한 일이다. 한 사람이 한 민족의 창시자라고? 보통 누구나 '장기지속'(longue durée)의 전형적인 과정으로서 '민족의 창시'를 떠올릴 수 있을 것이고, 프로이트의 "반복에 의한 각인"의 개념을 이 과정에 적용할 수 있을 것이다. 이런 식으로 본다면 유대 민족의 건설은 일련의 반복적 사건으로 발생하였다. 첫 성전의 파괴, 바빌로니아 포로생활, 마카베오 전쟁, 제2차 성전 파괴, 그리고 디아스포라는 메리 더글러스의 용어를 빌려 설명하자면[58] 이스라엘을 "개인적 문화"에서 "위계적 문화"로, 종국적으로는 "엔클레이브 문화"로 바꿔 놓고 말았다. 성서 텍스트의 완전한 집필, 모세라는 인물의 문학적 창조와 '유대 민족의 건설'을 각인시킨 것은 엔클레이브 문화의 역사적 경험과 사회구조다. 이것이 보통 한 국가가 성립되는 과정이다. 프로이트의 급진적인 역사적 인물화의 방법은 수세기의 과정을 '위대한 인간'의 형상으로 집약하였다.

프로이트가 자기 민족 창시자로서의 모세를 만든 것은 모든 역사적 개연성에 반하는 일이다. 어떤 민족도 창조된 일이 없다. 어떤 '위대한 사람들'은 다른 사람들보다 현실의 사회적 구성에서 더 많은 몫을 가졌을지도 모른다. 그러나 분명 민족의 창시에까지 이를 정도로 이 구성에서 몫이 큰 사람은 없었다. 무엇이 프로이트로 하여금 그런 극단적인 가정을 하도록 만든 것일까? 프로이트는 그 문제를 의식했고 흥미로운 대답을 한다. 그가 유대 민족의 창시자라고 보았던 모세는 살아 있거나 '역사적인 모세'만이 아니라 살아 있는 모세, 죽은 모세, 역사적 모세, 억압된 모세, 그리고 기억된 모세 모두를 지칭한다. 억압된 것의 회귀는 역시 프로이트에게도 '장기지속'의 한 과정이다. 그것은 민족의 창시로 결과 지어진 이 과정이다. 같은 것이 조상에게도 적용된다. 억압된 것의 회귀와 종교의 발전은 "천천히 일어났고 분명 급작스레 일어난 것이 아니라 인류 문명사를 충족시키는 삶의 조건들에 있는 여러 변화들의 영향 아래 일어났다".[59] 그러나 이 모든 것은 역사

---

58) Douglas, *In the Wilderness*.
59) Freud, *Standard Edition*, vol.23, p.133. 독일어 원문은 이렇게 되어 있다. "vollzieht sich langsam, gewiss nicht spontan, sondern unter dem Einfluss all der Änderungen in den Lebensbedingungen, welche die Kulturgeschichte der Menschen erfüllen." Freud, *Moses*, p.130.

의 바탕 위에 일어났다. 프로이트의 이론은 주목하지 않을 수 없는 (물론 확실한 것은 아니라도) 새로운 방식의 에우헤메리즘이다. 모세에 대한 강조는 논리적으로 하느님의 역사화에서 나온 것이다. 모세는 하느님의 자리를 취해야 했던 최초의 아버지의 모습을 받아들여야만 했다. 이것이 종교적 전승들의 '역사적 의미'이다. 그래서 모세는 원시 아버지들이 그랬던 것처럼 "거인으로 등장해야" 했다.

프로이트 텍스트와 모세-이집트 담론 간의 가장 강한 연결고리를 만드는 것은 민족의 창조자로서의 모세에 관한 바로 이 구성이다. 정통파 유대 전통은 출애굽에서 모세의 역할을 격하하는 경향이 있다. 페사흐하가다에서 매년 가족 전례 시에 출애굽의 행사가 시연되는데 모세는 언급조차 되지 않는다. 모세를 유대 민족의 창시자로 만드는 것이 특별히 유대인의 것만은 아니다. 그것은 고대 문헌을 포함하여 담론에 참여한 모든 사람들이 공유하는 모세와 이집트에 대한 담론의 기본 가정 가운데 하나다. 그 담론의 핵심 주제를 만드는 것은 '예언자 모세'가 아니라 '법제정자 모세'다. 예언자 모세에게는 이집트 배경이 중요하지 않다. 그는 하느님 말씀의 충실한 대언자가 되기 위해 이집트 선생들로부터 배운 것을 잊어야만 했을 것이다. 이집트 교육을 필요로 하는 사람은 법제정자, 정치적 개조(開祖)로서의 모세다.

프로이트는 그의 심리학적 연구의 모델과 개인심리학에서 집단심리학으로의 전이를 통해서 에우헤메리즘의 잘 알려진 단순함을 피할 수 있었다. 하느님은 물질적인 진리에서 역사의 사실로 옮겨 갔으나 프로이트가 여기에서 가리키고 있는 역사는 다른 종류의 역사다. 심리사의 영역에서 하느님은 접근할 수 없는, 그리고 통제할 수 없는 방법으로 멀리, 그러나 강력하게 남아 있다. 종교는 그 강제적인 힘을 내면에서 그리고 아래에서, 다시 말해 인간 심리의 측량할 수 없는 깊은 곳에서, 그리고 그것의 '원시적 유산'에서 발휘한다.

담론의 다양한 양태들을 돌아보면 우리는 놀랄 만한 발견을 하게 된다. 만화경을 돌려 모세 이야기에 새로운 생각을 덧붙였던 모든 사람들은 그들이 쓰려고 의도하지 않았던 다른 텍스트를 썼다. 그들 모두는 이집트의 우주신교와 스피노자주의, 자연신론, 범신론으로 구현된 그들의 모습에 대해 논의를 전개했다. 그 모든 것은 심지어 스펜서, 커드워스, 워버턴, 그리고 야코비가 구체적으로 행했던 것처럼 의식적으로 정반대의 것을 의도한 자들까지도 이 '자연종교'의 추종자나 고지자로 읽히고 수용되었다. 이런 상황은 마치 그들이 글을 쓰고 있을 때 어느 누가 그의 펜을 잡고 그의 초안을 써 주는 것과 같다. 이 점은 프로이트에게도 적용되는데 그의 텍스트는 극단적으로 다성적인 인상을 준다. 마치 이집트인 모세의 이야기가 다양한 판본들 속에서 자신을 체화하는, 그 자신의 고유한 삶을 가지고 있는 것 같다. 담론은 신학, 프리메이슨, 철학, 역사, 문학, 그리고 정신분석의 매체와 개념적 틀을 관통해 지나가는 것 같다. 이것은 꿈의 화신인데 그 꿈은 자신의 상대역인 성서의 유일신교에 의해 꿈꾸게 된다. 이 꿈에서 모세의 유일신교적 계시의 반-종교적 제도가 일깨워진다. 그것은 화해의 꿈이다. 이런 일반적 관점에서 프로이트의 모세에 관한 세번째 논문까지도 그의 꿈에 어울린다. 왜냐하면 그가 (반-)종교를 모세의 유일신교적 의미에서 죄의식에 근거한 강박 노이로제라고 보기 때문이다. 그는 무의식에 있는 죄의 콤플렉스를 분석하며 이 종교적 노이로제에 대한 치료를 제시한다. 이 치료가 화해에 대한 요청이 아니라면 무엇일까?

종교를 다루면서 프로이트는 병리학의 언어를 계속 사용한다. 그러나 그는 의사로서 은유적이 아닌, 문자 그대로 병리적인 언어를 사용한 첫번째 사람이다. 프로이트는 종교란 이집트에서 기원하여 다른 사람들에 의해 널리 퍼진 질병이라고 본 홀바흐와 하이네의 생각을 정신병 용어로 번역했다. 종교적 길항(拮抗)작용의 현상학에 대한 그의 기여는 '강박'이다. 종교가 대중들에게 행사하는 영향은 오직 깊이 뿌리박은 정신역동으로서만 설명할 수 있다. 그 정신역동은 강박 노이로제와 비교할 수 있을 뿐 아니라 거의 동일한 것으로 볼 수 있다.

종교가 강박 노이로제라니 얼마나 기이한 생각인가. 프로이트는 광신주의와 도취주의에 대항한 18세기의 논쟁을 지속하였다는 사실을 알았을까? 그는 모세-이집트 담론의 문제들, 이를테면 자연, 관용, 그리고 이성의 문제들, "인류 교육"(오리게네스/레싱)의 문제나 프로이트 스스로가 말한 "정신성의 진보"(Fortschritt in der Geistigkeit)의 문제들에 상당한 정도로 골몰하고 있었다는 사실을 의식하고 있었을까?[60]

강박의 요소는 모세의 유일신교에 내재되어 있었다고 한 프로이트의 병리학적 개념들을 실러와 라인홀트는 정치적 용어로 말했다. 이들은 '백성의 야만성'과 '마음의 완악함'(propter duritiem cordis) 때문에 모세가 호소했던 수단으로서의 잔인한 폭력과 기적으로 이루어진 맹목적 신앙에 대해 다루었다. 프로이트의 유일신교에 대한 개념은 강박의 요소를 강화했다. 그가 모세 담론에 가장 크게 기여한 것은 죄의 중심적 역할의 발견이다. 이 개념은 종교의 역사적 의미(sensus historicus)를 초월하고 도덕적 의미(sensus moralis)를 회복한다. "프로이트는 윤리가 '신에 대한 적대감으로

---

[60] 계몽주의라는 주제에 관련된 프로이트의 공헌은 특히 뛰어난 장 Peter Gay, "The Last Philosophie: Our God Logos", *A Godless Jew*, pp.33~68을 보라.

발생한 죄의식'과 연결되어 발생했다고 생각했다. 하느님에 대한 고양된, 그리고 분명한 헌신이 아버지 살해(원시인이든 모세든)와 아버지 살해에서 정점을 이룬 그들의 거대한 적개심에 관한 헌신자의 엄청난 무의식적 죄의 뿌리를 감추었다. 그리하여 가증스러운 범죄행위는 영성과 지적 성취의 원천일 뿐 아니라 적절하고 숙련된 윤리적 규범들의 원천으로 작용할 수 있다."[61] 그러나 그 역 또한 진리다. 유일신교의 수행 속에 있는 영적·지적 성취는 항상 원죄의 반복에서 적개심과 가증스러운 범죄를 유발할 수 있다.

프로이트는 반유대주의의 뿌리를 찾으려 했다. 아주 충격적이게도 그의 질문은 어떻게 이방인들이나 기독교인들, 혹은 독일인들이 유대인들을 미워하게 되었는가가 아니라 "어떻게 유대인들이 그런 상태가 되었는지, 왜 이 끝없는 증오를 자신이 받게 되었는지"에 관한 것이다. 프로이트는 이 "끝없는 증오"를 추적해 아버지 종교로서의 유일신교에 내재한 "적대감"까지 거슬러 올라간다. 유대인이 아니라 유일신교가 이 끝없는 증오를 끌어들였다. 모세를 이집트인으로 만들면서 프로이트는 부정성과 비관용의 근원을 유대인들에게서 이집트로 옮겨가게 할 수 있다고 생각했다. 그리고 유대 유일신교와 성격의 기본 정의가 외부로부터 온 것임을 보여 줄 수 있다고 생각했다. 그러나 이번에는 비관용의 근본은 계몽 그 자체다. 아케나톤은 범죄와 박해로 얼룩진 그의 백성들에게 자신의 보편적 유일신교를 강압하는 계몽적·비관용적 전제군주 양자의 모습으로 보였다. 프로이트는 아케나톤의 위에서부터의 혁명에 있는 성서적 유일신교의 모든 반-종교적 강제력에 집중하고 있다. 이것이 그 모든 것의 시원이다. 프로이트는 그가 인간 역사에 나타난 이런 종류의 절대적으로 첫 유일신교적, 반-종교적, 그리고

---

61) Goldstein, *Reinscribing Moses*, p.120.

배타적으로 비관용적 운동을 다루고 있다는 사실을 (거의 정확하게) 힘주어 말한다. 이 해석은 마네톤의 해석과 유사한 것이 분명하다. 그것은 고대의 유대인 공포를 담고 있는 텍스트들을 알려 주는 아케나톤의 혁명이 불러일으킨 바로 그 증오다.

6장
고대 이집트 전통 속의 유일자

6장 _ 고대 이집트 전통 속의 유일자

이집트인 모세의 이야기는 종교적 직면과 그것의 극복에 관한 이야기다. 모세라는 이름은 반-종교와 연관되어 있고, 이는 이집트 '우상숭배'와 정반대의 정체성을 규정해 주었다. 모세를 이집트인으로 만드는 것은 결과적으로 이 반대급부의 규정을 폐지하는 데 이른다. 모세와 그의 언행을 이집트에 귀결시키는 것은 '계시' 혹은 '실증' 종교의 영역을 떠나 경험, 이성, 전통, 지혜와 같은 **자연의 빛**(lumen naturale)의 영역으로 들어가는 것이다. 헬레니즘에서 시작하여 근대를 거쳐 프로이트에 이르기까지 모세 프로젝트는 일체성, 다시 말해 신은 오직 하나이고 모든 것의 보이지 않는 원천이라는 점을 찾으려는 노력으로 해석된다. 반-종교 대립은 항상 일체성과 복수성의 관점에서 구성된다. 이집트와 다수에 대립하는 모세와 유일자. 이집트인 모세에 대한 담론은 이런 장벽을 허무는 것을 목적으로 한다. 그것은 이집트로 거슬러 올라가 일체성의 개념을 추적하는 것이다.

　이런 담론의 틀에서 이집트 유일신교에 대해 말했던 사람들 중 두 사람이 뛰어나다. 한 명은 랠프 커드워스인데 그는 헨 카이 판(Hen kai pan), 즉 "하느님이 만물이라는 위대한 비밀(grand arcanum)"로 이런 유일신교를 재해석하였다. 다른 사람은 지그문트 프로이트인데, 그는 진정한 이집트 유일신교에 대한 새롭게 발견해 낸 기억을 처음으로 논쟁화하였고 모세를 이런 유일신교적 운동의 주창자로 만들었다. 하지만 그 둘 중 어느 누구도 이집트 원전에 관한 직접적인 지식을 가진 이는 없었다. 커드워스는 신성문자가 여전히 해독되지 않아서 고대 이집트 종교에 대한 개념을 형성하려면 그리스나 라틴(이런 관점에서 볼 때 이차적인) 출처에 의존해야 하는 시대에 저술하였다. 프로이트는 브레스티드 같은 일류 학자와 웨이걸 같은 몽상가들을 구별하지도 않은 채 몇몇 이집트학자들에게 의존하여 글을 썼다. 더욱이, 그는 그의 시대에 번역본으로 구할 수 있었던 텍스트를 결코 제대로 통독하지 않았기에 아마르나 종교에 관한 그의 관심은 다소 제한되어 있다.

그러므로 이집트학자가 해야 할 일은 두 가지다. 그 하나는 적어도 가장 중요한 텍스트를 면밀히 읽어서 아케나톤의 종교적 혁명에 관해 프로이트가 스쳐지나가듯 피상적으로 언급한 것을 보충하고 유일신교의 반-종교적 성격에 대해 이집트학이 할 수 있는 가장 중요한 기여를 토론하는 것이다. 그리고 그 두번째는 이집트 신학의 전(前)-'트리스메기스투스적' 증언들에 대한 커드워스의 탐구를 도와야 하며, 이런 관점에서 원전들에서 배울 수 있는 것은 비록 짤막하게나마 보여 주어야 한다. 그리고 이 논쟁에 관한 마지막 말은 이집트인 자신들에게 맡기기로 한다.

자연의 반-종교: 아케나톤의 혁명적 유일신교

아멘호테프 4세는 자신의 이름을 아케나톤 또는 아크하냐티(Akhanyati, "아텐신에 이로운"이란 뜻)[1]로 바꾸었고, 기원전 14세기 중반에 17년간 이집트를 지배했으며, 인류사에서 유일신교적 반-종교의 첫 창시자다.[2] 이것을 강조한 점에서 프로이트는 옳았다.[3]

18세기 용어를 사용해 말해 보면 모든 창시된 '실증'종교는 반-종교가 분명한 것 같다. 그 모든 종교들이 전통에 맞서고 거부했기 때문에 생겼다는 점에서 그러하다. 또한 그 종교들 중 어느 것도 종교적 진공상태에서 만들어지지는 않았다. 그 종교들은 항상 선행하거나 평행한 '주된 종교'의 존재를 전제로 하기 때문에 '부차적 종교'라 불러도 좋을 듯하다.[4] 이런 주된 종교에서 부차적 종교로 갑자기 이전된 증거는 없다. 부차적 종교는 발생하는 곳마다 항상 혁명과 계시 같은 근본적인 행위들을 통해 성립되는 것 같다. 그 같은 실증적 행위들은 종종 거부와 박해 속에서 그 부정적 요소를 담고 있다. '실증'종교는 전통을 부정하는 것을 뜻한다.

---

1) Gerhard Fecht, "Amarna-Probleme", *Zeitschrift für ägyptische Sprache und Altertumskunde*, no.85, 1960, pp.83~118은 왕의 이름의 가능한 발성법일 이 형식을 보여 주었다.
2) 아케나톤과 그의 시대에 관련한 최근 문헌은 다음을 보라. Cyril Aldred, *Akhenaten, King of Egypt*, London: Thames & Hudson, 1988; Donald B. Redford, *Akhenaten, the Heretic King*, Princeton: Princeton University Press, 1984; Hermann A. Schlögl, *Echnaton-Tutenchamun: Fakten und Texte*, 2nd ed., Wiesbaden: Harrassowitz, 1985; Erik Hornung, *Echnaton: Die Religion des Lichtes*, Zurich: Artemis, 1995. 성서적 유일신교와의 비교를 위해서는 다음을 보라. Othmar Keel(ed.), *Monotheismus im Alten Israel und seiner Umwelt*, Biblische Beiträge 14, Fribourg: Verlag Schweizerisches Katholisches Bibelwerk, 1980; Karl Rahner(ed.), *Der eine Gott und der dreieine Gott: Das Gottesverständnis bei Christen, Juden und Muslimen*, Feiburg: Katholische Akademie, 1983. 호르눙(Erik Hornung)은 이런 자료들을 수집해서 아마르나 종교에 대한 논문을 발표했다. Johannes de Moor, *The Rise of Yahwism*, Louvain: Leuven University Press, 1990은 '유대 유일신교의 기원'을 아마르나가 아닌 람세스의 아멘-레(Amen-Re) 숭배에서 찾은 최초의 시도일 것이다.
3) 이 영역은 나의 논문 Jan Assmann, "Akhanyati's Theology of Time and Light", *Israel Academy of Sciences and the Humanities Proceedings*, no.7, 1992, pp.143~176에 토대를 두고 있다.
4) Theo Sundermeier, "Religion, Religionen", eds. Karl Müller and Theo Sundermeier, *Lexikon missionstheologischer Grundbegriffe*, Berlin: Reimer, 1987, pp.411~423; Jan Assmann, *Ma'at: Gerechtigkeit und Unsterblichkeit im Alten Ägypten*, Munich: C. H. Beck, 1990, p.17ff., 279ff.

아마르나 종교는 나중에 생긴 부차적 종교의 많은 특징들, 특히 나중 단계의 성서적 유일신교와 몇 가지 유사성을 지닌다. 그것은 반-다신교적일 뿐만 아니라 합리적이다. 아마르나 종교는 막스 베버가 "세상의 탈마법화"(Entzauberung der Welt)[5]라고 표현한 것을 향한 경향성을 보인다는 프로이트에게 나는 동의한다. 탈마법화란 주술적 행위와 성물 상징주의('우상숭배주의'),[6] 그리고 신화적 조상(彫像)들을 타파하는 것을 말한다.[7]

부차적 종교들 혹은 반-종교들은 스스로 구별한 자신과 주된 종교 사이의 차이를 통해 규정되고 정의된다. 만약 아마르나 종교가 실제로 부차적 종교라면 그 종교가 자신과 주된 이집트 종교 간에 수립한 특정한 '규정적 차이'를 결정하는 것이 꼭 필요하다. 이제까지는 오직 이스라엘과 이집트 간의 차이로 표현된 모세구별만 다루었다. 그러면 아케나톤이 자신의 새로운 종교와 전통적 종교를 나눈 구별은 어떻게 해석되는가?

---

[5] Max Weber, "Die Protestantische Ethik und der Geist des Kapitalismus", *Gesammelte Aufsätze zur Religionssoziologie*, 7th ed., Tübingen: Mohr, 1978, pp.17~206; Marcel Gauchet, *Le désenchantement du monde*, Paris: Gallimard, 1985. 프로이트는 "정신성의 진보"(progress in spirituality/intellectuality, Fortschritt in der Geistigkeit)에 대해 언급한다(독일어 Geistigkeit는 영spirit과 지intellect를 구별하지 않는다).
[6] 나의 논문 Jan Assmann, "Semiosis and Interpretation in Ancient Egyptian Ritual", *Interpretation in Religion*, eds. Shlomo Biderstein and Ben-Ami Scharfstein, *Philosophy and Religion*, vol.2, Leiden: Brill, 1992, pp.87~110을 보라.
[7] 그것의 물리적 이성주의 때문에 James P. Allen, "The Natural Philosophy of Akhenaten", ed. William Kelly Simpson, *Religion and Philosophy in Ancient Egypt*, Yale Egyptological Studies 3, New Haven: Yale University Press, 1989, pp.89~101은 아마르나 운동의 종교적 성격을 모두 부정하고 대신 '지적 운동'이라고 본다. 앨런에 따르면 우리는 우주에 대한 인간의 이해를 토대로 한 '자연 철학'을 다루고 있지, 우주에 대한 인간의 관계를 토대로 한 종교를 다루는 게 아니다. 그러나 이것은 종교의 제한된 개념을 의미하는 것으로 고대 이집트를 고려할 때 시대착오적으로 보인다. 지적 운동은 종교적 운동의 형식으로 나타난다. 그리고 종교는 늘 우주에 대한 관계뿐 아니라 우주에 대한 이해도 만들어 낸다. 그리스 사람들 이전에는 '철학'과 '종교'를 구별할 기미조차 없었다. 이런 이유로 인해 아케나톤은 그의 새로운 '철학'과 함께 전통적 종교를 관용할 수 없었으므로 새로운 것을 도입하기 위해 옛 것을 근절해야만 했다.

불행히도 이 뚜렷한 차이를 연구하는 것은 나중의 부차적 종교에 관한 경우보다 상황이 유리하지 못하다. 그 이유는 반-종교들과 성전(聖典) 사이에는 필요한 고리가 있기 때문이다. 모든 반-종교들은 한 무리의 거대한 정전(正典)으로 인정받는 텍스트들을 토대로 형성된다. 우선 반-종교들, 부차적 종교들은 텍스트적 공간, 다시 말해 텍스트적 표현과 성서적 전통 안에서 나타나는데, 그것은 잘 구조화된 텍스트적 건축물에 근거한, 그리고 해석이라는 정교한 기술과 제도에 의해 유전되고 생생하게 살아 있는 특정한 종류의 집단 기억이다. 부차적 종교들은 그 종교들이 만들고 배양한 텍스트적 기억 안에서, 그리고 그 기억에 의해 살아간다.[8] 주된 종교와 부차적 종교들 간의 구별은 항상 자연(nature)과 성서(Scripture) 간의 구별인 것 같다. 그 일시적 성격 때문에 아마르나 종교는 그런 기억을 형성할 시간을 갖지 못했다. 그것은 첫 세대와 함께 소멸해 완전히 망각되었다. 그 아마르나 종교의 발견은 기억이 아니라 고고학의 공훈이었다. 그래서 그것의 연구를 위해서는 분명히 그 왕이 직접 만들어 새로운 신에게 전한 약간의 찬가(실제로는 모든 다른 사람들도 의존하는 두 개의 찬가)에 의지할 수밖에 없다. 그 찬가들은 관례적으로 「위대한 찬가」(Great Hymn)[9]와 「더 짧은 찬가」

---

8) Aleida Assmann and Jan Assmann(eds.), *Kanon und Zensur*, Munich: Fink, 1987을 보라.
9) 프랑스의 비명학자 위르뱅 부리앙이 「위대한 찬가」의 텍스트를 출간한 첫 학자다. Urbain Bouriant, "Great Hymn", *Mission Archéologique française au Caire*, vol.1, pp.2~5. 그것은 Urbain Bouriant, George Legrain, and Gustave Jéquier, *Monuments du culte d'Atonou*, vol.1, Cairo: Imprimerie de l'Institut Français d'Archéologie Orientale, 1903, p.30, 그리고 pl.16에도 실려 있다. 권위 있는 판본으로는 Norman de Garis Davies, *The Rock Tombs of El-Amarna*, vol.6, London: Egypt Exploration Society, 1908, pp.29~31, pls.27, 41이 있다. 초기 번역가와 주석가들 중에는 James H. Breasted, "De Hymnis in Solem sub Rege Amenophide IV Conceptis", diss. of University of Berlin, 1894가 있다. 최근의 영어 번역본으로는 Miriam Lichtheim, *Ancient Egyptian Literature*, vol.2, Berkeley: University of California Press, 1976, pp.96~100이 있다.

(Shorter Hymn)[10]라 불린다.

그러나 아마르나 종교를 반-종교로 해석하는 것은 단지 몇몇 텍스트만이 아니다. 낡은 것과 새로운 것, '전통'과 '진리' 사이의 뚜렷한 차이는 언어적 수단보다는 실천적 수단에 의해 생겨난다. 그리고 그 실천적 수단이라는 것은 참으로 극단적이다. 부정과 파괴를 위한 이 실천적 수단이 얼마나 깊고, 심지어 잊을 수 없을 정도로 심한 인상을 당시 사람들의 마음에 각인시켰는지 언급한 바 있다. 전통적 우상숭배와 축제는 단절되었고 사원은 폐쇄되었으며, 신들(특히 아문의 신들)의 이름과 조상(彫像)들이 파괴되었고[11] 수도는 이전되었으며, 새로운 스타일이 언어와 표현예술 기타 등등에 도입되었다. 이런 박해와 혁신이라는 극단적 조치들은 아마르나 운동이 스스로 전통적 형태의 종교적 삶의 지속과는 절대로 양립할 수 없음을 보여 준다.

현존하는 텍스트들에서 옛 것과 새 것과의 차이는 포착하기가 더 어렵다. 전통적 개념을 노골적으로 반박하는 시도가 전혀 없었다. 이를 위해서는 전통적 개념을 공식적으로 언급해야 했을 테고, 그렇게 하는 것은 있을 수 없는 일로 여겨졌을 것이다. 특정한 신들의 이름은 말할 것도 없고 '신들'이라는 용어는 아마르나 텍스트들에 등장하지 않는다.[12] "태양 이외에는 어

---

10) Norman de Garis Davies, *The Rock Tombs of El-Amarna*, vol.4, London: Egypt Exploration Society, 1906, pp.26~29, pls.32~33; Lichtheim, *Ancient Egyptian Literature*, pp.90~92.
11) 이런 상들이 누비아의 남쪽 카와(Kawa), 솔렙(Soleb), 그리고 파라스(Faras)에서 파괴되었다. Robert Hari, "La religion amarnienne et la tradition polythéiste", *Studien zu Sprache und Religion Ägyptens*, ed. Wolfhart Westendorf, 2 vols., Göttingen: F. Junge, 1994, pp.1039~1055. Ramadan Saad, "Les martelages de la 18ème dynastie dans le temple d'Amon-Ré à Karnak", diss. of University of Lyon, 1972(not seen)를 보라.
12) Erik Hornung, *Der Eine und die Vielen*, Darmstadt: Wissenschaftliche Buchgesellschaft, 1971, trans. John Baines, *Conceptions of God in Ancient Egypt*, Ithaca: Cornell University Press, 1982, p.248f.를 보라.

떤 신도 없다"와 같은 문구조차도 허용되지 않았다.[13] 현존하는 텍스트들에서는 '규범적 전도'나 다른 형태의 명시적 거부의 흔적이 없다. 그러므로 차이는 말하지 않고 의도적으로 회피하거나 전통적 종교가 말해야만 했던 것을 바꾸어 놓으면서 부정적으로만 표시되었다. 차이는 오직 부정적 이유로 드러나게 된다. 이 방법은 전통적 종교와 그 종교의 표현의 형식들에 대한 상세한 지식을 필요로 한다. 기대되는 것에 대해 더 많이 알면 알수록 우리가 부재하는 것에 대한 규명이 더욱 상세해질 것이다. 이것은 왜 아마르나 종교의 본질에 대한 모든 새로운 통찰이 이제껏 어떤 새로운 텍스트 자료를 찾는 데 실패한 아마르나 발굴보다는 오히려 전통 종교에 관한 더 나은 이해에서 얻어지는지 그 이유를 설명해 준다.

테베에서 발견된 새로운 텍스트들은 두 개의 반-다신교적 운동들 간의 구별을 가능하게 했다. 그 하나는 아마르나보다 수십 년 전에 시작되어 아마르나가 쇠퇴한 후기 시대까지 계속된 '새로운 태양 신학'(New Solar Theology)이고, 두번째 것은 새로운 태양 신학을 급진적으로 계승한 것이지만 새로운 수도를 버린 후 전혀 전승되지 않은 '아마르나 신학'(Amarna Theology)이다. 만약 지그문트 프로이트와 토마스 만이 (현대 이집트학을 이용하여) 상상한 대로 '헬리오폴리스학파'가 있었다면 그 학파는 틀림없이 이 새로운 사상들의 전달자였을 것이다.

확실히 아마르나 혁명은 지그문트 프로이트가 가정한 대로, 새로운 왕국의 정치적 사건들과 제국 부흥의 과정에서 이집트 세계의 확장과 관련

---

13) 그런 '유일신교적' 표현과 가장 밀접한 구절은 「위대한 찬가」의 64행이다. "오 유일한 신이여 당신 이외에는 아무도 없나이다!"(p3 nṯr w'nn kjj wp ḥr.k). Maj Sandman, *Texts from the time of Akhenaten*, Bibliotheca Aegyptiaca 8, Brussels: Fondation Reine Elizabeth, 1938, 94.17; "그 이외에는 다른 이가 없다"(nn kjj wp ḥr.f). Ibid., 7.7~8.

된 더 광범위한 운동의 정점이었다. 이런 운동은 아마르나 후까지 계속되는 '다신론의 위기'를 만들고 이는 단순한 '정교로의 귀환'과는 관련이 먼 완전히 새로운 형태의 범신론적인 '총신주의'(summodeism)[14]로 발전하는데, 이에 관해서는 이 장 후반부에서 다룰 것이다. 나아가 테베 찬가에 관한 많은 연구는 아마르나 텍스트들, 특히 「위대한 찬가」에 대한 새로운 평가를 하게 한다. 그러므로 이 기본적 텍스트를 면밀히 살펴보고 아케나톤의 반-종교의 내용에 대한 상세한 개념을 얻는 것은 흥미로운 일이다.[15] 이어지는 분석은 아케나톤의 관점과 전통적 신학 간의 차이점을 집중적으로 살필 것이다. 그러므로 독자는 불가피하게 훨씬 전문적인 이집트학 자료를 만나게 될 것이다. 하지만 여기서는 하나의 반-종교의 첫 발생과 그 종교적 타자의 형성을 다루므로 이집트학에 대한 이 외론은 납득될 수 있을 것이다.

「위대한 찬가」의 텍스트

첫번째 노래: 하루의 흐름

첫번째 스탠자: 아침-아름다움

1 아름답게 당신은 떠오르네
2 하늘의 밝은 땅
3 오 살아 있는 아텐이여, 삶을 허용한 신이여

---

14) 총신주의(다신교적 판테온의 수장으로서 최고신을 경배하는 것)라는 용어는 Eric Voegelin, *Order and History*, 4 vols., Baton Rouge: University of Louisiana Press, 1956~1974에서 가져왔다.
15) 「위대한 찬가」(이 번역은 나의 책 Jan Assmann (ed.), *Ägyptische Hymnen und Gebete*, Zürich: Artemis, 1975에 기반한다. 이후 ÄHG로 인용)의 문체 분석으로는 Pierre Auffret, *Hymnes d'Egypte et d'Israel: Etude de structures littéraires*, Fribourg: Presses Universitaires, 1981, pp.229~277을 보라.

4 당신은 동쪽의 지평선 위에 새벽을 주었고
5 모든 땅을 당신의 아름다움으로 채우셨습니다.

두번째 스탠자: 정오-지배

6 당신은 아름답고 위대하며 빛이 납니다.
7 온 땅 위에서.

8 당신의 빛은 당신이 만든 모든 것의 한계에까지 이르는 땅들을 비추고
9 태양신 레로 존재하며, 당신은 그들의 한계에 이르고
10 그리고 그들을 당신이 사랑하는 아들을 위하여 아래로 굽게 합니다.

11 비록 당신은 멀리 있으나 당신의 빛은 땅 위에 있고;
12 비록 누군가 당신을 보지만 당신의 걸음걸이는 감추어져 있습니다.

세번째 스탠자: 밤-혼돈

13 당신은 서쪽 빛의 땅에 있고
14 땅은 어둠 속에 있으며
15 죽음의 상태에 있습니다.
16 잠자는 자들은 [그들의] 방에 누워 있으며,
17 머리는 덮이고 한쪽 눈은 다른 눈을 보지 못합니다
18 그들의 머리 아래에 있는 것들은 빼앗겼지만 그들은 알지 못합니다.
19 모든 사자는 그 우리에서 나오고
20 모든 독사들은 뭅니다.

21 어둠은 무덤이고,
22 땅은 고요 속에 묻히고
23 그들의 창조자는 그의 빛의 나라로 졌습니다.

네번째 스탠자: 아침-재탄생

24 새벽에 빛의 나라에서 당신이 떠오르고
25 당신은 낮의 양원(陽園)으로 빛납니다.
26 당신은 어둠을 없애고 당신은 빛들을 던지고,
27 두 땅이 매일 축제를 베풉니다.

28 인간들은 깨어 있고, 그들이 두 발로 서 있는 건 당신이 세우셨음이라.
29 그들은 씻고 옷을 입으며,
30 그들의 팔은 당신의 나타나심을 찬양합니다.
31 온 나라가 일을 시작합니다.

32 모든 짐승들은 풀을 뜯고,
33 나무와 풀들이 돋아나고
34 새들은 둥지에서 날아갑니다,
35 그들의 날갯짓은 당신 카(ka)를 찬양하기 위함입니다.
36 양떼들은 발짓을 하며 뛰어놀고
37 날아오르고 내려 앉는 모든 것들
38 그들은 당신이 새벽을 알리면 살아납니다.

39 배들이 북으로 가면
40 또한 남으로 내려오고
41 당신이 떠오르면 모든 길들이 열립니다.
42 강에 있는 물고기는
43 당신 앞에서 쏜살같이 달리고—
44 당신의 빛은 바다의 중간에 떠 있습니다.

두번째 노래: 창조

첫번째 스탠자: 자궁 속에서 생명의 창조

(a) 아이
45 [당신] 누가 여인들 속에 씨를 뿌렸습니까
46 누가 남자들에게 물을 넣었습니까;
47 누가 아들을 그의 엄마 자궁에 살게 했습니까
48 누가 그의 눈물을 멈추게 위로했습니까
49 당신이 자궁에서 길렀습니다!
50 당신이 호흡을 준 것은
51 그가 만든 모든 것을 기르기 위해서입니다.
52 그가 자궁에서 나올 때
53 그가 태어난 날에 호흡할 수 있도록

54 당신은 그의 입을 크게 열고 그에게 먹을 것을 주었습니다.

(b) 알 속의 병아리

55 알 속의 병아리,
56 그것은 껍질 속에서 말합니다
57 당신은 그것을 유지하기 위해 호흡을 주십니다
58 당신은 그것을 위한 이름을 주어
59 알을 깨고 나오라고 합니다
60 그것이 알을 깨고
61 그 이름으로 말할 때
62 이미 그것은 알로부터 나와 다리로 걸어갑니다.

두번째 스탠자: 우주의 창조 – 다수와 다양함

63 당신의 행적이 어찌 그리 많으신지요
64 비록 눈에는 보이지 않지만
65 오 유일한 신이여, 당신 외에 누가 있으리요
66 당신이 혼자였을 때 당신의 가슴을 따라 땅을 만드셨고
67 거기에는 사람들과 짐승들과 새들을 불렀다
68 땅 위에서 다리로 걷고 있는 모든 것들
69 날개가 있어 공중에 나는 모든 것들
70 시리아와 누비아의 낯선 땅과
71 이집트의 땅에서
72 당신은 모든 사람을 있게 했고 그들에게 먹을 것을 주었으며
73 백성들은 먹을 것을 얻었고, 그들은 삶을 누렸습니다.
74 그들의 말은 달랐고
75 그들의 성격은 비슷했으며
76 당신이 사람들을 구별하였으므로 그들의 피부색은 달랐습니다.

세번째 스탠자: 두 개의 나일강

77 당신은 명부(冥府)에 나일강을 만들었습니다
78 당신이 원할 때 그에게 가져온 것은
79 사람들을 기르기 위함이라, 그리고 그것은 당신이 자신을 위해 하였습니다.
80 만물의 주여, 그들을 위해 수고하는 자

81 그들에게 빛을 주는 온 땅의 주여,
82 낮의 양원, 영광에 싸인 위대한 자여.

83 모든 떨어진 땅들을 당신은 살아 있게 하시고
84 당신은 하늘의 나일강을 그들에게 내려 주시고
85 그는 바다처럼 산들을 파도치게 하시고
86 그들이 필요한 땅들을 물로 젖게 하십니다.

87 당신의 역사하심이 얼마나 크신지요, 영원의 주여!
88 이방 땅 사람들을 위해 하늘에서 내려 준 나일강
89 그리고 다리로 걷는 사막 위의 모든 생물들을 위해
90 그러나 무엇보다 이집트를 위해 명부에서 보내 준 나일강.

세번째 노래: 변형들[케페루Kheperu] - 신, 자연, 그리고 왕

첫번째 스탠자: 빛 - 보기와 알기

(a) 계절들
91 당신의 빛은 온 땅을 비추고
92 당신이 빛을 비출 때 그들은 모두 당신을 위해 살아나고 자랍니다.
93 당신이 만든 모든 것을 기를 계절들을 만드셨습니다
94 겨울은 그들에게 너무 춥고
95 여름에 그들은 당신의 소산을 맛봅니다.

(b) 하늘과 땅의 케페루
96 당신은 저 멀리 하늘을 만들어 빛을 비추고
97 당신이 만든 모든 것을 봅니다. 당신은 한 분이시고
98 당신의 살아 있는 양원의 형식[케페루]에서 솟아납니다
99 빛으로 비추며
100 가까이서 그리고 멀리서

101 당신은 무수한 형식[케페루]들을 스스로 만드시되
102 도시와, 마을과, 들판과
103 길과 강이라
104 당신은 모든 눈을 그들 위에 높이시네,
105 당신이 낮의 양원으로서의 땅 위에 계실 때.

(c) 왕, 특별한 지혜자

106 당신이 가셨을 때 볼 눈이 없어졌습니다(그의 시각을 당신이 만드셨습니다
107 당신의 피조물들 중의 유일한 한 분으로서 당신을 바라보기 위하여)
108 그러나 그때조차 당신은 나의 가슴속에 계셨습니다, 당신을 알 자 없습니다
109 오로지 당신의 아들, 네페르(Nefer)-케페루-레(Re), 레의 유일한 자
110 당신의 길과 의무를 당신이 가르친 자

두번째 스탠자: 시간-행위와 규범

111 세상은 당신이 만들었듯이 당신의 손에 달렸습니다
112 당신이 새벽으로 동틀 때 사람들은 살아나고
113 당신이 노을로 질 때 사람들은 죽습니다
114 당신 스스로가 삶의 날이요, 사람들은 당신으로 인해 생명을 얻습니다

115 모든 눈은 당신이 질 때 아름답고
116 당신이 서쪽에서 쉴 때 모든 노동은 중지하지만
117 떠오르는 것은 왕을 위해 [모든 팔을] 견고히 합니다
118 그리고 당신이 땅을 세운 이래 모든 다리는 늘 움직입니다.

119 당신은 당신의 몸에서 생긴 당신의 아들을 위해 그들을 세웠습니다
120 마아트(Ma'at)로 살아가는 왕은 두 땅의 주인이라
121 네페르-케페루-레, 레의 유일한 자,
122 마아트로 살아가는 레의 아들

123 광대들의 주인, 아케나톤, 그가 살아 있는 동안 그는 위대합니다
124 그리고 그가 사랑하는 위대한 왕비
125 두 땅 네페르티티(Nefertiti)의 여인이여
126 살아서 회춘하는 여인이여
127 영원하소서, 이 세상 끝 날까지.[16]

---

16) 이 텍스트는 이집트 운율에 대한 페히트의 재구성에 기반하여 구조화되었다. 이에 대해서는 그의 논문 Gerhard Fecht, "Prosodie", *Lexikon der Ägyptologie*, vol.4, Wiesbaden: Harrassowitz, 1982, pp.1127~1154를 보라. 나의 번역은 Lichtheim, *Ancient Egyptian Literature*를 가능한 한 가깝게 따른다.

이 긴 텍스트를 대략 같은 길이의 세 부분으로 나누었으면 한다. 찬가로서 그 표면 구조 아래에 있는 세 가지 인식들의 개요를 구별해 보면 첫째는 가시성에 대해, 둘째는 창조에 대해, 셋째는 에너지에 대해서다.

가시성

첫번째 부분은 매일의 태양의 순환을 아침, 정오, 저녁/밤이라는 세 단계로 묘사하는 태양신에 대한 전통적인 찬가의 그 부분을 변형시켰다(일과의 노래Tageszeitenlied).

이 첫 부분을 분석하기 전에 어떻게 이 주제가 전통적 태양 찬가에서 다루어지는지 서술하겠다. 이 주제는 우리가 가정하듯이 단지 태양신이나 그에 관한 신학 혹은 신화가 아니라 복잡한 우주적 드라마다(그 안에서 태양신은 단지 중심적 역할만을 할 뿐이다). 이집트인들은 전통적으로 세상을 공간구조의 관점에서가 아니라 행동과 과정의 관점에서 인지했다. 그들의 관점에서 볼 때 우주는 순환적 과정이다.[17] 그 질서와 구조는 순환적으로 반복되는 규칙성과 거듭 노래하고 있는 우주적 생명의 활기 속에서 시간의 흐름과 함께 펼쳐진다. 이집트의 우주론적 개념화에 관한 모습은 극적으로 펼쳐져 움직임, 갈등, 승리의 모습이 된다. 이 우주적 드라마는 생물학적·윤리적·정치적 용어로 번역된다. 그래서 죽음에 대해 승리하는 삶의 과정으로, 반란에 대해 승리하는 규칙과 정의의 과정으로 보인다. 죽음, 반란, 부정뿐만 아니라 삶, 규칙, 정의가 끊임없이 연관된다. 이 우주적 드라마는 이런 인간 삶의 근본적인 것들, 즉 사회적 정의와 조화, 정치적 질서와 권위, 건강,

---

17) 우주의 시간적 개념으로서의 태양 순환의 사상에 대해서는 Erik Hornung, "Verfall und Regeneration der Schöpfung", *Eranos*, no.46, 1977, pp.411~449; Assmann, *Ma'at*, pp.160~199를 보라.

번영 그리고 특히 사후의 삶에 대한 개인적 희망들을 반영하는 유추적 상상의 방식으로 해석된다. 이런 세계관과 현실에 대한 해석에 진리와 자연적인 증거의 성격을 부여하는 것은 바로 이 우주적인 것, 사회·정치적인 것, 그리고 개인적인 것이 서로 침투하기 때문이다.[18]

태양에 관한 전통적 찬가에서 우주적 과정은 내가 독일어로 "Tageszeitenlied"(일과의 노래)라 칭하는 형식으로 재현된다.[19] 전통적인 아침 스탠자[일정한 운율적 구성을 갖는 시의 기초 단위로서, 4행 이상의 각운이 있는 시구를 이른다—옮긴이]는 '삶'에 초점을 맞춘다. 태양은 살아 있는 존재, 다시 태어나고 탄생과 생명을 유지시키는 신성의 별자리 안에서 즉각적으로 다시 떠오르는 것으로 칭송된다.

아마르나 텍스트들로 되돌아가 보면 이런 신비적으로 소생하는 삶의 이미지들이 변하면서 활동적인 생명을 주는 개념으로 전환되었다.[20] 태양은 자신의 지칠 줄 모르는 생명의 충만함으로 존재하는 모든 것에 자신의 일부를 주는 생명의 신이다. 그 용어는 특히 현세적 의미를 지닌다. 그것은

---

18) 이런 사상의 형식에 대한 재구성은 Assmann, *Re und Amun*, pp.21~95 = *Egyptian Solar Religion*, pp.16~66을 보라.

19) Assmann, *ÄHG*, pp.47~63; *Re und Amun*, pp.54~95 = *Egyptian Solar Religion*, pp.38~66을 보라. 태양순환과 그것의 24시간 시간배열의 단계구조에 대해서는 나의 Jan Assmann, *Liturgische Lieder an den Sonnengott*, Berlin: Deutscher Kunstverlag, 1969, pp.333~342를 보라.

20) 신에 대한 결정적 정의—p3 jtn 'nḥ š3jw 'nḥ —는 부리앙의 오독으로 인해 곡해된 듯싶다. 그의 번역 이후 그 구절은 Davies, *Rock Tombs*, pl.32에서 훼손되어 나타났다. 이 성구의 더 잘 보관된 대비들은 š3<w> 대신 š3j<jw>를 보여 준다. Sandman, *Texts*, 59.8, 100. 7, 111.1. Jan Quaegebeur, *Le dieu égyptien Shai dans la religion et l'onomastique*, Louvain: Leuven University Press, 1975, p.45f.는 p.46의 각주 1에서 "삶을 규정하는"(š3j 'nḥ, qui détermine la vie) 사건으로서 다른 세 구절을 포함하고 있는 나의 구절을 인용한다. 일반적 번역은 š3'을 "무엇을 함에 있어서 처음"이라는 뜻으로 읽는 "처음 시작된 살아 있는 태양 당신"이다. 바른 읽기는 š3j, "나누어 주다"이며, 이는 단어 š3jj, 즉 "운명, 숙명"이란 말을 낳은 동사이다.

시간적으로 정의된 삶의 부분을 가리킨다.[21] 「아텐신에게 바치는 더 짧은 찬가」는 우주적 생명의 한 원천에서 나온 개인적 삶의 배분에 대한 이런 개념에 대해 다소 더 상세하게 서술한다.

> 당신은 한 분이요, 그러나 수백만의 삶이 당신 안에 있는데
> 그것은 그들을 살리기 위함이라. 당신의 빛을 보는 것은
> 그들의 코를 향한 삶의 호흡이다.[22]

시간에 대한 추상적 개념은 빛과 공기라는 구체적 용어로 인식된다.[23] 모든 피조물은 떠오르는 태양의 광선으로부터 매일 매일 생명을 받아들인다. 살아 있는 신의 전통적인 모습은——다시 부활하고 이 신적인 세상의 좌표 안에서 매일 자신의 생명을 회춘하는——신적인 상호 작용에 포함되지도, 깊이 빠지지도 않으면서 높은 곳에서부터 세상을 바라보면서 그곳에서 자신의 생명의 빛을 보내 주는 생명을 주는 신의 개념으로 변형된다.[24] 좌표적 비(非)전이성(intransitivity)에서 직면하는 전이성(transitivity)으로 옮겨 가는 동일한 변형이 두번째 스탠자에도 적용되는데 이는 주로 순환의 두번째 단계인 정오에 대한 헌사다. 이 스탠자는 전통적으로 지배라는 주제에 관심을 둔다. 하늘 위에서 태양의 움직임은 지배와 정의를 행사하는 것으로 해석된다. 태양 순환에 대한 전통적·'좌표적' 관점에서 이 단계는 수룡이자

---

21) Quaegebeur, *Le dieu égyptien shai*.
22) Sandman, *Texts*, 15.4~9; Assmann, *ÄHG*, p.91, pp.54~56; Lichtheim, *Ancient Egyptian Literature*, vol.2, p.92.
23) 이집트 텍스트에서 "시간"과 "공기"의 유추에 대해서는 Assmann, *Liturgische Lieder*, p.216, n.137; *Zeit und Ewigkeit*, p.40, n.137; p.56f.; p.63, n.74; *Ma'at*, p.169f.를 보라.
24) 세계의 수직적 분할은 위와 아래, 하늘과 땅이다. Assmann, *Liturgische Lieder*, pp.302~306.

우주에 있는 악마의 화신인 소행성 아포피스(Apophis)에 대한 태양신과 그의 동료들의 의기양양한 승리의 형식을 나타낸다. 전형적인 이집트 방식에서 볼 때 이런 갈등은 물리적 전투보다는 법 논쟁적 성격을 더 지닌다.[25]

아케나톤의 찬가에서 이런 신화적 이미지는 이렇게 변형된다. 태양광선은 모든 땅을 품어 왕에게 복종시키는데 이는 명백히 보편적 지배의 제국 개념을 우주적 이미지로 변형시키는 변화다. 정오 단계의 정치적 함의는 그대로 유지된다. 하지만 다시 살펴보자면, 천상의 것과 세속의 것 사이의 관계, 그리고 우주적 행위와 정치적 행위 사이의 관계 대신 신의 영역과 세속의 정치 영역 간에 직접 전이되는 주-객 관계를 볼 수 있다. 이것은 주제의 변화가 아니라 왕권, 국가, 정치적 행위라는 중심적인 이집트 개념에 영향을 미치는 근본적인 변화다.

우주적 적(敵)의 제거는 전통의 이원론적 세계관을 일원론적인 것으로 전환한다. 전통적으로 우주적 과정과 정치적 과정은 신과 악마, 지배와 반란, 행동과 저지, 지속과 단절, 응집과 해체, 빛과 어둠, 정의와 부정, 그리고 삶과 죽음이라는 갈등적 개념을 따르고 그에 의해 형성된다. 우주적 적의 제거와 함께 전체 우주에 관한 의미도 폐기된다. 물론 태양이 "품어 안고" 왕을 위하여 "복종시키는" 그 "땅"들은 정치적 의미에서 볼 때 적은 아니다. 그들은 정치적 의미를 상실했다. 태양 빛 속에서 모든 정치적 경계는 사라진다. 왜냐하면 태양은 선한 것이나 악한 것뿐 아니라 이집트인들이나 비-

---

25) Assmann, *Re und Amun*, pp.71~82 = *Egyptian Solar Religion*, pp.49~57; *Ma'at*, pp.160~199. 이집트와 메소포타미아에서 태양신의 율법적 양상들은 많이 다뤄졌는데 Bernd Janowski, *Rettungsgewissheit und Epiphanie des Heils: Das Motiv der Hilfe Gottes "am Morgen" im Alten Orient und im Alten Testament*, vol.1, *Alter Orient*, Neukirchen-Vluyn: Neukirchner Verlag, 1989에 아주 잘 정리되어 있다.

이집트인들 모두를 비추기 때문이다. 우주적인 적의 폐지는 우주의 탈정치화를 의미하며 그것은 사회의 탈정치화에 의해 인간적 영역에 반영된다.[26]

주로 밤을 묘사하는 세번째 스탠자는 아마도 가장 혁명적일 것이다. 여기서 프로이트에게 대단히 중요한 의미를 지니는 부정들 중 하나를 보게 되는데, 그것은 오시리스와 죽은 자들을 위한 영토인 지옥의 부정이다. 전통적으로 일몰과 밤은 태양신이 지옥으로 내려가 죽은 자들에게 생명을 주고 그들에게 행복을 주는 것으로 해석된다.[27] 정치적 안녕이 아포피스에 대한 승리의 신화에 달려 있다는 생각처럼, 사후의 삶에 대한 바람은 죽음의 은유인 밤의 극복 신화에 달려 있다. 아마르나 찬가는 명부적인 죽음의 영토에 대해 거의 언급하지 않는다.[28] 아케나톤의 세계에서 현실은 인간의 눈을 통해 정치적 관점으로 재구성된다. 우주적 과정의 전통적 해석 속에서 관찰자의 시선은 체계적으로 배제되었다. 그 우주적 과정은 전통적·신화적 성상으로 "저 먼 아래"로부터가 아니라 "내부로부터" 전달된다. 이 텍스트들은 어떤 인간도 이제껏 본 적 없는 신적 행위와 좌표와 그 세계의 지형도를 보여 준다. 그것들은 보이는 현실이 아니라 그 내적인 신화적 의미를 묘사한다. 현실로 여길 수 있는 것은 바로 그 가시세계가 아니라 지적 세계이다.[29] 하지만 대조적으로 아마르나에서 현실은 가시세계, 인간 관찰자의 지

---

26) 나의 논문 Jan Assmann, "State and Religion in the New Kingdom", ed. William Kelly Simpson, *Religion and Philosophy in Ancient Egypt*, Yale Egyptological Studies 3, New Haven: Yale University Press, 1989, pp.55~89; *Ma'at*, pp.231~236을 보라.
27) Assmann, *Re und Amun*, pp.83~94 = *Egyptian Solar Religion*, pp.57~66; Erik Hornung, *Die Nachtfahrt der Sonne*, Zürich: Artemis, 1990.
28) 유일한 예외는 장례식 텍스트이다. 여기서는 죽은 자(Ay)에게 이런 식으로 말을 건다. "지하세계의 문들로 당신이 자유롭게 들어가도록[d3t]". Sandman, *Texts*, 101.16~17.
29) 『레와 아문』(*Re und Amun*)의 2장에서 나는 '성상들'을 제시했는데, 이들은 기존 태양신학 담론의 기본 요소들을 구성하고, 또한 언어적·도상적 분명함을 쉽게 알아볼 수 있게 한다.

금-여기를 말한다. 이 관점에서 밤은 그저 어둠일 뿐이다. 어둠은 빛의 부재, 신적 현현의 부재, 삶의 부재를 의미한다. 밤에, 즉 태양이 생명의 발산을 중지할 때 세상은 죽음과 혼돈으로 되돌아간다. 약탈자가 약탈하고, 사자들이 두리번거리며, 뱀들이 문다. 밤을 신적 부재로 묘사한 곳은 아마르나 텍스트 이외의 이집트 텍스트에는 없다.[30] 밤에 대한 이런 관찰에 가장 가까운 시행은 『성서』「시편」 104편 20~23절에서 찾아볼 수 있다. 내용은 이렇다.

> 어둠을 드리우시니 그것이 밤, 숲속의 온갖 짐승들이 움직이는 때,
> 사자들은 하느님께 먹이를 달라고 소리지르며 사냥을 하다가도
> 해가 돋으면 스스로 물러가 제자리로 돌아가 잠자리 찾고
> 사람은 일하러 나와서 저물도록 수고합니다.[31]

네번째 스탠자는 스물한 행도 채 되지 않는 글로 아침에 다시 깨어난 삶을 묘사하고 있다. 가시세계에 제한한 것은 명백히 제한으로 느껴지는 것이 아니라 오히려 거대한 증폭이자 풍부함으로 느껴진다. 이 스탠자에 특징적인 것은 상세하게 설명한 기호와 그 가시적 세계에 대한 도취에 찬 성찰이다. 네 행의 도입부가 끝난 후의 네 행은 일어나서 세수하고 옷을 입고 일하러 나가는 인간의 일어남에 대한 찬가다. 다음의 일곱 행은 땅과 하늘의 짐승을 언급하고, 다음의 여섯 행은 바다의 생물들과 물고기 옆에 나타나는

---

30) 유일한 예외는 "새로운 태양 신학"에 관한 두 편의 전(前)아마르나 텍스트, 즉 수티와 호르의 기념 석주와 Leiden stela 5, 70에서 발견된다. 그리고 Assmann, *Re und Amun*, p.143 = *Egyptian Solar Religion*, pp.100~101을 보라.

31) 피시가 번역한 Harold Fisch(trans.), *The Koren Bible*, Yerusalem: Magnes, 1983, p.777에서 인용했다.

배들을 언급한다. 배와 물고기에 대한 같은 배분이 ——바다에 사는 것들로서——「시편」104편 26절에서도 보인다.

저 크고 넓은 바다, 거기에는 크고 작은 물고기가 수없이 우글거리고
배들이 이리 오고 저리 가고 손수 빚으신 레비아단이 있지만 그것은 당신의 장남감입니다.

우리는 묘사의 상세함과 헌사의 황홀한 어조 뒤로 독특한 신학적 요소를 감지한다. 아침에 자연이 활기를 띠는 것이 신학적으로 어떤 중요성이 있는 것일까? 30행과 35행은 밀접한 대구로서 어떤 암시를 한다. 새들은 사람들이 그들의 손으로 인사를 하듯 날갯짓으로 빛을 반긴다. 자연의 소생은 찬양의 노래다. 신의 찬양은 사람만의 특권이 아니다. 그것은 다른 생물들과 공유한다. 「더 짧은 찬가」에 상응하는 스탠자에는 인간이 전적으로 배제되어 있다.

모든 꽃들은 땅에서 살며 피어나는 것으로 존재하고
당신이 비출 때 당신의 용모에 취한 채 자라나고
모든 양떼들은 그들의 발로 구르며
새들은 그들의 둥지에서 기쁨으로 날며
그들은 접힌 날개를 폅니다
그들을 만드신 살아 있는 신 아텐을 찬양하며.[32]

---

[32] 원문은 Sandman, *Texts*, 15를, 번역은 Lichtheim, *Ancient Egyptian Literature*, vol.2, p.92를 참고했다.

세상을 다시 빛과 시간으로 채우는 신성한 존재의 회귀는 자연을 순수하게 다시 각성시키면서 환영받고 응답받는다. 삶과 존재 자체는 종교적인 의미를 필요로 한다. 존재한다는 것은 빛과 인간의 창조적인 작업을 숭배하고 인식하는 것이다. 빛을 향해 자신의 몸을 돌리고[33] 순수한 식물적 수용성 속에 깃든 신을 숭배하는 꽃들은 경건한 신앙과 헌신의 귀감이 된다.[34] 17세기 독일 프로테스탄트 신비주의의 텍스트들에서 이와 똑같은 식물적인 종교성의 개념이 발견된다. 그것은 아마르나 찬가에서 번역될 수 있는 언어로 표현된다. 예를 들자면 게르하르트 테르스테겐(Gerhard Tersteegen)의 노래 「자연에서의 신의 현전」(Die Gegenwärtigkeit Gottes in der Natur)을 생각해 보라. 이 노래는 "하느님이 살아계신다"란 말로 시작한다.

> 매혹적인 꽃들이
> 마음껏 몸을 펼치고
> 태양을 고요히 바라보고 있듯이
> 나를 그렇게
> 고요히 그리고 기쁘게
> 당신의 빛을 안게 하소서
> 그리고 당신이 스며들게 하소서[35]

---

33) 그 이집트 단어는 msnh이다. 그리고 그것은 오로지 이 "식물적 경건성"의 콘텍스트에서만 보인다. 나중의 텍스트들에 대해서는 Assmann, *ÄHG*, no.132, p.14; no.195, p.159f., 236; no.100; no.49, p.16을 보라.
34) Paul Barguet, *Le temple d'Amon Re à Karnak: Essay d'exegèse*, Cairo: Imprimerie de l'Institut Français d'Archéologie Orientale, 1962, p.238; Theodor Hopfner, *Griechisch-äyptischer Offenbarungszauber*, 2 vols., Amsterdam: A. M. Hakkert, 1974~1990, vol.1, pp.208~209, sect.393에 실린 Proclus, *perì tês hieratikês téchnēs*를 보라.

그러나 기독교 경건주의의 맥락에서 단지 상징과 비유인 것은 아마르나 종교의 콘텍스트에서는 문자 그대로 현실을 의미한다. 하느님은 태양 빛들과 '같지' 않다. 그는 태양의 빛들'이다'.

첫 부분에 대한 나의 분석을 요약해 보자. 그 부분의 가장 뚜렷한 특징은 특히 우주적 적의 신비적 이미지와 사자(死者)의 영역에 대한 완전한, 또는 오히려 성상파괴적인 폐지다. 우주적 적은 태양의 순환에 권력, 지배, 정의라는 정치적 의미를 부여했던 반면, 지옥의 신화는 밤에게 구원, 사후의 생명이라는 의미를 부여했다. 우리는 의미 대신 성스런 빛의 효과로서 아름다움과 가시세계의 아주 상세한 다양성을 부여받는다. 신비적 영상은 가시적 현실로 대체되고 의미의 신비적 개념은 기능과 인과성이라는 물리적 개념으로 대체된다.

창조

아케나톤 찬가의 두번째 부분은 창조라는 주제에 몰두한다. 보통 이런 주제는 전통적 언어로 "처음으로"(zp tpj)라고 불리는데 이는 히브리어로 "처음에"(be-re-shit), 다시 말해 만물이 기원하는 최초 시간에 해당한다. 아케나톤은 이런 언급을 피했는데 그것은 그의 세계관이 현실에 대한 감각적 인지에 의해 구성되기 때문이다.

가시성은 빛(혹은 공간)의 차원이고 현재는 시간의 차원이다. 천상과

---

35) "Wie die zarten Blumen/ Willig sich entfalten/ Und der Sonne stille halten,/ Lass mich so,/ Still und froh,/ Deine Strahlen fassen/ Und dich wirken lassen." *Evangelisches Kirchengesangbuch*, no.128.

지하세계의 신비적 모습이 가상의 현실에 자리를 내주듯 과거와 미래는 영원한 실재에 자리를 내준다. 아마르나 텍스트들에는 원시적 창조나 우주 기원론(cosmogony)에 관한 언급이 전혀 없다.[36] 하지만 그렇다면 현재에 한정되어 있는 저자가 어떻게 창조에 대해 말할 수 있을까? 이에 대한 아케나톤의 해결책은 혁명적일 만큼 독창적이다. 그는 우주 기원론 대신 발생학(embryology)을 이야기한다. 이것이 두번째 부분 첫 노래의 주제다. 두번째 노래는 현재 인지 가능한 형태로 잘 구조화되고, 잘 배열된 세계의 본성이라 불릴 수 있는 것에 대해 찬미한다.

태내(胎內) 속의 씨앗의 성장과 알 속의 병아리의 성장은 태양에서 세상 속으로 흐르는 창조적 에너지의 이면(裏面)으로서의 '시간'을 보여 준다. 시간의 작용은 가상의 영역을 초월하여 "눈에는 보이지 않고"(64행) 빛보다는 공기에 더 가깝다. 이리하여 호흡, 공기, 시간이란 개념들은 이러한 발생학과 밀접하게 연관되어 있다.

태내의 배아에 생명을 불어넣어 주는 신성한 생명의 호흡에 대한 생각은 중기 왕국의 '관 텍스트들'(Coffin Texts)에서 보듯이 일찍이 생겨났는데, 거기에서는 공기의 신인 슈(Shu)가 "알 속에 있는 것의 생명을 불어넣는 방법을 알고 있었다"라고 기술되어 있다.[37] 아마르나 이전의 '새로운 태양 신학'의 가장 중요한 텍스트인 「수티(Suty)와 호르(Hor)에 대한 찬가」에서는 태

---

36) 내가 아는 유일한 예외는 초기 비명인데, 거기에 아텐은 "태초의 고귀한 신"으로 언급되어 있다. Hellmut Brunner, "Eine Inschrift aus der Frühzeit Amenophis IV", *Zeitschrift für ägyptische Sprache*, no.97, 1971, pp.12~18을 보라.

37) Adriaan de Buck(ed.), *The Egyptian Coffin Texts*, 7 vols., Chicago: Oriental Institute Publications, 1938~1961, vol.2, p.33c; Jan Zandee, "Sargtexte Spruch 80(Coffin Texts II 27d~43)", *Zeitschrift für Ägyptische Sprache*, no.101, 1974, pp.62~79, p.70f.

양신을 "인류의 크눔(Khnum)과 아문(Amun)"이라 부른다.[38] 전통적 신앙에 의하면 크눔은 자궁 속에 아이를 만드는 신이고 아문은 아이에게 생명의 호흡을 부여하는 신이다.[39] 더 오래된 찬가에서 아문은 "알 속에 있는 사람에게 공기를 주는 신"으로 등장한다.[40] 이런 상징적 조화의 우아함에 대한 전통적 문구는 「위대한 찬가」에서는 발생학에 관한 완전한 고찰로 바뀐다. 두 개의 연에서 그것은 자궁 속의 아이의 성장과 알 속의 병아리의 성장을 보여 주고 "생명을 불어넣다"(47행과 57행)와 "밖으로 나오다"(52행과 60행)라는 체계적으로 배열된 핵심어로 두 부분을 상호 연관시킨다. 그 두 연은 "호흡"과 "시간"을 태양의 창조적 에너지가 가상의 영토를 넘어서 자신을 명시하는 형태로 언급한다.[41]

두번째 노래는 소-우주에서 대-우주를 지나 잘 구성된 세계의 본성을 칭송하고, 그 세계의 거주자들은 공기, 물, 땅 위에 사는 각각의 종류들로 세심하게 구분된다. 인류는 또한 다양한 민족으로 구성되고 그 민족들은 언어, 성격, 피부색으로 구분된다.[42] 모든 종(種)은 그들 모두를 비추어 주는 태양과, 태양이 나일강의 형식으로 땅으로부터 이집트에 가져다준, 그리고 비의

---

38) Assmann, *ÄHG*, no.89, p.40; *Re und Amun*, p.119를 보라.
39) François Daumas, *Les mammisis des temples égyptiens*, Paris: Belles Lettres, 1958, p.412f.
40) Papyrus Cairo CG 58038, 6, 5 = Papyrus Boulaq 17; Assmann, *ÄHG*, no.87E, p.115. 공기의 신 아문에 대해서는 Assmann, *Re und Amun*, p.353(i)를 보라.
41) 공기와 시간의 유추에 대해서는 이 책 317쪽의 각주 23을 보라. 이집트 발생학에 대해서는 Bruno Stricker, *De geboorte van Horus*, 5 vols., Leiden: Brill, 1963~1982를 (약간 주의하면서) 보라.
42) 이에 대해서는 Serge Sauneron, "La différentiation des langages d'après la tradition égyptienne", *Bulletin de l'Institut Français d'Archéologie Orientale*, no.60, 1960, pp.31~41을 보라.

형식으로 하늘에서 멀리 떨어진 나라들에 가져다준 물을 풍부하게 제공받는다.[43]

그 범세계적·우주적 관점에서 볼 때 세계에 대한 이런 견해는 브레스티드에 의해 주목되고 토마스 만이나 지그문트 프로이트 같은 주의 깊은 독자들에 의하여 강조되었듯이 후기 청동기 시대의 정치적 경험과 일치한다. 이제 역사상 처음으로 에큐메니즘의 이념이 발전되었는데, 이는 말하자면 많은 다양한 민족들이 살고 있는 세계가 땅 끝까지 뻗치고 정치적·상업적 끈에 의해 연결된다는 것이다.[44] 나라 사이의 법 같은 어떤 것의 가능성이 이집트를 혼돈에 의해 둘러싸인 질서 잡힌 우주로서의 전통적인 자기 이미지를 포기하게 만들었고, 신적으로 질서 잡힌 창조의 개념을 에큐메니즘의 한계점들에까지 확장하도록 하였다.

다양함과 질서는 창조의 신적 지혜를 특징짓는다. 두 감탄사들은——"얼마나 많이!" 그리고 "얼마나 멋지게!"(또는 "세련되게")——두 가지 특징을 전한다. 이들은 「시편」 104편에서 다음과 같이 반복된다.

---

43) "잘 정돈된 세계"의 중요한 모습으로 관개의 설비에 대해서는 「시편」 104편 전반부도 참조하라. 천국 같은 나일강의 모티브에 대해서는 Assmann, *ÄHG*, no.127B, p.45f.; no.195, p.166; no.143, p.46, 100ff., 164f.를 보라(p.590 ad loc.을 보라); no.144C, p.39; no.214, pp.29~32 = *Book of the Dead*, chap.183; no.242, pp.7~8(Dirk v. d. Plaas, "De hymne aan de overstroming van de Nijl", diss. of University of Utrecht, 1980, p.16f., pp.60~63을 보라); Alain P. Zivie, "Regen", *Lexikon der Ägyptologie*, vol.4, Wiesbaden: Harrassowitz, 1983, p.202, 204를 보라.

44) Guy Kestemont, *Diplomatique et droit intenational en Asie occidentale(1600~1200 av. J. C.)*, Louvain-la-neuve: Université Catholique de Louvain, Institut Orientaliste, 1974를 보라.

야훼여, 손수 만드신 것이 참으로 많사오나

어느 것 하나 오묘하지 않은 것이 없고 땅은 온통 당신 것으로 풍요합니다.

우리가 만약 찬가의 두번째 부분에서 무엇이 눈에 띄게 배제되어 있는가—또는 거부되었고 부정되었는가—라고 묻는다면 우리는 태고 시대의 개념을 발견하게 된다. 첫번째 부분이 여기가 아닌 곳의, 즉 하늘과 땅속의 모습들의 신비적 모습을 파괴하는 것과 같은 방식으로 두번째 부분은 지금이 아닌 시간의 모습들을 파괴한다. 말하자면 이것은 케네스 버크가 "본질의 시간화"(the temporizing of essence)[45]라고 부른 신비적 존재론의 방법을 말한다. 여기가 아닌 곳과 지금이 아닌 시간은 신화적 상상이나 이미지 만들기의 두 영역들로서 그것을 통하여 해석하는 인간(homo interpres)이 우주에 의미를 부여한다. 다시 말해 가시적 현실의 복수성을 우주적 에너지가 갖고 있는 하나의 잠재적 원칙으로 환원하면서 기능이 의미를 대신하고 설명이 해석을 대신하게 된다. 창조라는 신화적 주제는 발생학과 생태학에 관한 생리학적 고찰, 다시 말해 그것의 미시적·거시적 우주의 기능에 있어서 태양의 창조적 에너지에 대한 평가로 변한다.

케페루: 창조적·변형적 에너지

찬가의 3부는 한 이집트어 단어 ḥpr("되다")에 집중하고 있다. 그것이 생성의 이론이다. 동시에 그것은 신과 세상의 관계에 관한 고찰이다. 가시적인

---

[45] Kenneth Burke, *Language as Symbolic Action*, Berkeley: University of California Press, 1966, p.380ff.; *A Grammar of Motives*, Berkeley: University of California Press, 1969, pp.430~440을 보라.

세계는 "생성", 즉 신 자신의 변형[46] 외에 다른 아무것도 아닌 것으로 보인다. 신과 세계의 관계는 신적 질서와 사회적 질서를 반영하는 전통적 이집트 찬가의 관계도 아니요, 창조자와 창조의 날카로운 구별을 그려내는 히브리 유일신교의 관계도 아니다. 아마르나 종교에서 신과 세계는 끊임없는 자기 변화의 과정을 통해 세계가 "생성"됨으로써 세계를 유지하는 에너지의 원천과 동일한 신의 존재에 의해서 훨씬 더 긴밀히 서로 결속되어 있다.[47]

이집트 단어 ḫpr("되다, 존재로 변하다, 발전하다")은 wnn("존재하다, 지속하다")의 반의어다. ḫpr은 케페루 신, 아침 태양, 자기 발생적 에너지와 관련된다. 대조적으로 wnn는 "완전하게 존재하는" 신 Wnn-nfr과 관련되고, 오시리스는 죽음의 신이자 변경할 수 없는 지속성의 원칙과 관련된다. 여기서 nḥḥ와 dt, 발생하는 시간과 지속되는 시간, 순환적 시간과 선형적 시간, "완성되지 않은" 시간과 "완성된" 시간이라는 그 유명한 이분법을 보게 된다.[48] 찬가의 내용에서 가시적 세계를 ḫprw와 동일시하는 것은 아마르나 텍스트에서 신이 스스로 Nḥḥ라고 불리는 것과 일치한다. 신은 시간(Nḥḥ)이고 전개된 모든 것이며, 시간에서 "발전되는 것"(ḫpr)은 그의 본질이나 에너지의 변형이다(ḫprw).

---

46) '현시'(顯示, manifestation)의 의미를 강조하는 Winfried Barta, "Zur Semantik des Substantivs ḫprw", *Zeitschrift für Ägyptische Sprache*, no.109, 1982, pp.81~86을 보라. 엄격하게 말해서 '현시'란 어떤 보이지 않는 것이 보이게 되는 것을 말한다. 그러나 불가시성 혹은 감춰짐의 개념은 엄밀하게 말해 아마르나 텍스트들에서는 의미되지 않은 것이다. 그래서 일반적 번역 '변형'(transformation)을 훨씬 더 선호한다.
47) 창조-변형으로서의 창조에 대한 고대 이집트 개념들에 관해서는 나의 논문 Jan Assmann, "Schöpfung", *Lexikon der Ägyptologie*, vol.5, 1984, pp.676~690; James P. Allen, *Genesis in Egypt: The Philosophy of Ancient Egyptian Creation Accounts*, Yale Egyptological Studies 2, New Haven: Yale University Press, 1988을 보라.
48) 나의 논문 Assmann, "Zeit und Ewigkeit"를 보라.

96~100행은 하느님, 즉 태양의 천상에서의 변화를 다루고 있다. 그에 반해서 101~105행은 하느님의 지상에서의 변화를 다루고 있다.[49] 이러한 변화들은 가시적 세계 자체의 수백만 겹 현실 더 이상의 어떤 것도 아닌 듯 하다. 도시와 마을과 들판과 길 그리고 강, 이 모든 것들은 거주와 왕래의 세계다. 이 두 세계의 두 부분들은 '생성'의 개념뿐만 아니라──태양 자체를 포함하여 하느님으로부터 나온 모든 것──보는 것(시각)의 개념에 의해 연결되어 있다. 태양의 형식으로 하느님은 세속적인 수많은 변화들을 보고, 전체 지구를 조망하기 위해 하늘을 높이 만들었다.[50] 동일한 방식으로 모든 살아 있는 생물들은 같은 시간에, 같은 거리를 두고 신을 볼 수 있다. "모든 눈은 그 자체의 정면에 있는 당신을 볼 수 있다."[51] 121행에서부터는 신이 피조물들을 보듯이 피조물들이 그를 볼 수 있도록, 그래서 자신의 표정이 되돌아올 수 있도록, 그리고 빛이 모든 존재물을 상호 시야라는 공통 공간에 존재하게 결합시키면서 소통의 의미를 떠맡도록 눈을 창조한다는 것을

---

49) 핵심어 "하늘"(95행)과 "땅"(104행)의 대칭적 정돈을 주의 깊게 살펴보라.
50) 태양의 형식으로 자신의 창조와 그것을 감독하는 창조자의 모티브는 『메리카레(Mericare) 왕을 위한 가르침』의 마지막 찬가에 처음으로 등장한다. 이것은 그 시작이 중세 왕조에까지 거슬러 올라간다. "그는 사람들의 수고를 위하여 빛을 주시고,/ 그는 그들을 보기 위해 지나다닌다". Miriam Lichtheim, *Ancient Egyptian Literature*, vol.1, Berkeley: University of California Press, 1973, p.106. 이 모티브는 "새로운 태양 신학"의 콘텍스트에서 아주 일반적이 된다. 나의 Assmann, *Re und Amun*, p.108 = *Egyptian Solar Religion*, p.75를 참조하고 특히 Assmann, *ÄHC*, p.513, n.39를 보라.
51) Theban Tomb 65 = Assmann, *Sonnenhymnen*, text no.83, pp.8~11(한 찬가가 페다메노피스의 사이스 무덤에 있다, Theban Tomb 33 = Assmann, *Sonnenhymnen*, text no.36)을 비교하라. "누가 멀리 있음에도 그 얼굴에 다가가는가/ 모든 나라들이 그 앞에 존재하도다./ 그러나 인간들은 그에게 만족하지 못한 채 하루를 보낸다." 아멘호테프 2세 시대의 한 도편(陶片)에서 "개인 신앙"에 대한 초기 사례들 중의 하나를 살펴볼 수 있는데 "아문의 아름다운 얼굴", "온 땅에서 볼 수 있는 것"으로 칭송되었다. Papyrus Cairo 12202 vso. 그리고 Georges Posener, "La piété personelle avant l'age Amarnien", *Revue d'Egyptologie*, no.27[1975], p.202를 보라.

알게 된다. 신과 인간들은 빛 속에서 교감을 나눈다.[52] 단순히 가시성의 영역이 아니라 상호 시각의 영역으로서의 세계를 해석하는 것은 반응과 상호성이라는 관계를 포함하는 소통적 성격을 신에게 부여하는 것이다.

빛, 즉 신을 보면서 눈이 창조되었다. 그래서 본다는 것은 신적 소통의 의미다. 빛은 모든 것을 창조하지만 이런 일반적 창조에 덧붙여 그것은 "모든 피조물을 위한 눈을 창조한다".

　　당신의 빛은 당신이 창조한 모든 것을 위한 눈을 만든다.[53]

　『색채론』(*Zur Farbenlehre*)에서 괴테는 놀랍게도 유사한 생각을 펼친다. 그는 "눈은 빛에 그 존재의 빛을 지고 있다"고 말한다. "눈은 빛에 그 존재의 빛을 지고 있다. 무관심한 동물적 보조기관에서 빛은 하나의 기관을 창출하고 그것은 빛과 같은 것이 되어 내적 빛이 외적 빛에 다가갈 수 있게 한다."[54] 이 콘텍스트에서 괴테는 플로티노스의 글을 직접 시구로 옮긴 유명한 한 구절을 인용한다. 플로티노스의 글은 플라톤의 동굴의 비유와 "태양 같은" 눈 (helio-eides) 사상을 취한 것이다.[55]
　3부의 첫 노래는 공간적인 차원의 빛에 나타난 신의 '생성'을 다룬다. 그것은 상호 시각에 의하여 연결된 하늘, 땅, 태양과 눈을 말한다. 두번째 노래는 그것들의 시간적인 차원을 다룬다. 시간으로서 신적인 에너지는 밤과

---

52) Albrecht Schöne, *Goethes Farbentheologie*, Munich: C. H. Beck, 1987을 비교하라.
53) Sandman, *Texts*, 11.12~13, "Shorter Hymn"; 23.4~5. 그리고 ibid., 21, "who makes eyes for everything he creates"를 참고하라. 나중의 텍스트들은 Assmann, *Sonnenhymnen*, p.266(c)를 보라.

낮의 리듬 속에서, 그래서 중단된 비지속적인 양태로 작동하고 있다. 그리고 빛과 시간에 절대적으로 의존되어 있는 피조물들을 같은 비지속적인 존재양태에 드러낸다. 이 시구에 와서 찬가는 분명함과 급진성의 정점에 도달한다.

> 세상은 당신이 만들었듯이 당신의 손에 달렸습니다
> 당신이 새벽으로 동틀 때 사람들은 살아나고
> 당신이 노을로 질 때 사람들은 죽습니다
> 당신 스스로가 삶의 날이요, 사람들은 당신으로 인해 생명을 얻습니다.[56]

---

54) "Das Auge hat sein Dasein dem Licht zu danken. Aus gleichgiltigen tierischen Hilfsorganen ruft sich das Licht ein Organ hervor, das seinesgleichen werde, damit das innere Licht dem äusseren entgegentrete." J. W. von Goethe, "Entwurf einer Farbenlehre", *Goethes Werke*, vol.13, 7th ed., Munich: C. H. Beck, 1975, p.323.

55) "눈이 해같이 만들어지지 않았다면/ 우리가 빛을 어찌 볼까?/ 우리 안에 신의 크신 힘이 없다면/ 신적인 것이 우리를 어떻게 움직일까?"(Wär nicht das Auge sonnenhaft,/ Wie könnten wir das Licht erblicken?/ Läg nicht in uns des Gottes eigne Kraft,/ Wie könnt uns Göttliches entzücken?) Goethe, "Entwurf einer Farbenlehre", p.324. 이에 관해서는 "Zahme Xenien", *Goethes Werke*, vol.1, p.367을 참조하라. 이 구절은 플로티노스의 『에네아드』(*Ennead*)에서 나온 것인데 괴테는 이것을 그의 일기장에 "만약 눈이 태양과 같은 무엇으로 만들어지지 않았다면 눈은 결코 태양을 보지 못할 것이다"(neque vero oculus unquam videret solem, nisi factus solaris esset)라고 적었다. Werner Beierwaltes, "Die Metaphysik des Lichtes in der Philosophie Plotins", *Zeitschrift für Philosophische Forschung*, no.15, 1961, p.223ff.를 보라.

플로티노스와 플라톤에서와 마찬가지로 괴테에게서 눈의 '태양성'(Sonnenhaftigkeit)은 신성의 내적 현현을 나타내는 증거다. 눈처럼 인간의 마음은 "빛에서 나온 빛"(phôs èk photós)이다. 보는 것과 아는 것은 한가지이며 같은 것이다. 그러나 이것이 정확하게 「위대한 찬가」가 부정하는 것이다. 오직 왕만이 내적 태양성에서 내적 신성으로 나아갈 수 있고 그 안에 있는 신만의 힘(Gottes eigner Kraft)을 말할 수 있다. "나는 당신에게 감사하는 당신의 아들입니다./ 내 마음에 새겨진 당신의 힘으로/ 당신의 이름과 당신의 권능을 자랑합니다." Sandman, *Texts*, 14.13~16, 15.1~3.

56) Sandman, *Texts*, 95.17~18. 그리고 Assmann, *Zeit und Ewigkeit*, p.55를 보라.

태양이 떠오르고 지면서 생산하는 시간은 신과 세상 사이의 빛처럼이나 가까운 연결고리를 만든다. 신과 세상은 빛 속에서 지내듯이 시간 속에서 지낸다. 시간은 신성한 우주적 에너지이며, **그리고** 개인의 생애다.[57] 빛이 그 태양의 발광(發光)에 의해 생겨나듯이 개인의 생애는 태양의 운동에 의해 생긴다. 하지만 운동과 발광 그리고 빛, 시간, 삶은 밤 동안에는 멈춘다. 밤은 죽음이라는 휴식시간이다.

하지만 3부의 주제는 신과 세계와의 관계가 아니다. 그것은 오히려 첫 2부의 주제다. 여기서 세번째 실체가 소개되고 현실의 양극 구조는 삼극 구조로 확장되는데 여기에 왕이 등장한다.

왕은 이미 "생성"(ḫprw)이라는 단어의 의미론에서 암시되었다. 아케나톤을 포함하여 18왕조의 거의 모든 왕들은 자신의 왕좌의 이름으로 태양신의 생성에 관한 표현을 선택한다. 이런 이름들은 왕이 레(Re)의 현시(顯示), "위대한", "확고한", "아름다운" 기타 등등이라고 선언하는 가시적 현실에 대한 표현이다. 끊임없이 세상을 '생성'함으로써 세상을 창조하는 신에 대한 진술, 끊임없이 신적 에너지를 펼치는 세상에 대한 진술, 태양이 창조한 완전한 세상을 지배하는 왕에 대한 진술이 있다. 신, 세상과 왕은 그 찬가를 이루는 세 부분의 개념적 삼원소다.

너무 어려워 대부분 번역가들이 글로 옮기기를 완전히 포기한 세번째 노래(106~110행)의 한 문장에서 그 왕은 명시적으로 처음 등장한다.[58] 하지만 전달된 의미는 대단히 단순한 것 같다. 그것을 번역하면 아래와 같다.

---

57) 우주적·순환적 시간 Nḥḥ는 아마르나에서 태양신의 통칭이다. Assmann, *Zeit und Ewigkeit*, pp.55~57. Nḥḥ는 소모되지 않는 무한한 충만을 뜻하는데, 거기서 태양이 모든 존재하는 것에 대한 시간의 개개 분량들을 —ḥʿw— 허락한다.

당신이 가셨을 때 볼 눈이 없어졌습니다. 그의 시각을 당신이 만드셨습니다
　　당신의 피조물들 중의 유일한 한 분으로서 당신을 바라보기 위하여,
　　그러나 그때조차 당신은 나의 가슴속에 계셨습니다, 당신을 알 자 없습니다
　　오로지 당신의 아들, 네페르-케페루-레, 레의 유일한 자
　　당신의 길과 의무를 당신이 가르친 자.[59]

　이 행들은 보는 것과 아는 것을 예리하게 구분한다. 보는 것은 밤과 낮의 리듬에 노출되어 있다. 반면 지식은 영구적인 관계를 수립한다. 생과 사, 신적 에너지의 현존과 부재가 끊임없이 엇갈리는 세상에서 왕의 마음은 영속성과 안정성을 드러내는 유일한 지점이다.

　보는 것과 아는 것의 분리는 찬가의 첫 부분에 다음처럼 나타난다.

　　비록 당신은 멀리 있으나 당신의 빛은 땅 위에 있고
　　비록 누군가 당신을 보지만 당신의 걸음걸이는 감추어져 있습니다.[60]

---

58) Allen, *Natural Philosophy*, p.97은 이 부분을 과감하게 번역한다. "When you have gone, no eye exists, for you create their sight so as not to be seen [your]self." 이 번역은 의미를 잘 표현했지만 남아 있는 m w' n jrt.k.는 고려하지 않는다. Hornung, *Echnaton*, p.92에서는 이렇게 번역한다. "당신이 떠나고 나면 그들을 위하여 당신이 만든/ 아무 눈도 없나니/ 그러면 당신은 당신이 만든 유일한 눈을 스스로 보시나니"(Wenn du gegangen bist, kein Auge nicht mehr da ist,/ das du um ihretwillen geschaffen hast,/ damit du nicht dich selber siehst als einziges was du geschaffen hast).

59) Sandman, *Texts*, 95.14~16.

60) Sandman, *Texts*, 93.16~17. 이 구절은 "새로운 태양 신학"의 중요한 테베 텍스트에서 거의 축자적으로 등장한다. Tomb 41(6), Assmann, *Sonnenhymnen*, no.54, pp.76~80, 78n.(u). "당신은 우리 앞에 있으나 우리는 당신의 '걸음걸이'를 모르나이다." Assmann, *Sonnenhymnen*, p.355n.(w), text no.253, p.36f.를 비교하라. "당신은 그들의 앞에서 끊임없이 하늘을 지나시나/ 아무도 당신의 걸음걸이를 모르나이다."

"걸음걸이"는 "떠나가는 것" 혹은 "지나가는 것"의 의미를 함축하고 있고,[61] 인간의 눈에 태양이 숨는 방식들을 가리킬 뿐만 아니라 밤 동안에 인간의 시야에서 사라져 버리는 것을 가리키기도 한다. 보는 것에만 제한된 지식은 밤에는 멈춘다. 카르나크에서 나온 '탈라타트'(talatat) 위의 파편으로 된 초기 문서에서 레드포드는 다음의 흔적들을 해독해 낼 수 있었다.

자신에게 [스스로 생명을 주었던 (아텐)……]
그리고 아무도 [……]의 신비를 모른다
그는 즐길 만한 곳으로 [가]고, 그들은 [그의] 가[는 것……]을 모른다
[……] 그에게[?] 밤에 의하여[?]
그러나 나는 다가간다 [……][62]

이 문서는 아주 감질나게 조각 조각으로 흩어져 있지만 한 가지만은 분명히 알 수 있다. 우리가 여기에서 다루고 있는 신에 대한 생각과 동일한 것으로서, 필멸의 인간들은 신을 이해할 수 없지만 왕은 심지어 밤에도 신에게 다가갈 수 있다는 것이다. 보는 것과 아는 것의 이런 분리는 가상의 현실에는 어떠한 의미도 없다는 것을 아주 명백히 보여 준다. 신은 눈에는 드러나지만 왕을 제외한 사람들의 마음에는 보이지 않는다.

이것은 전통적인 신념에 대한 정확한 전도(轉倒)다. 신왕국의 종교는

---

61) 예를 들면 "피라미드 텍스트들"의 구문 213(이 전집에서 가장 잘 알려지고 가장 자주 복사된 구문)을 보라. "오 왕이여, 당신은 죽은 채 떠난 것이 아니라/ 당신은 산 채 떠났습니다." Kurt Sethe, *Die altägyptischen Pyramidentexte*, vol.1, Leipzig: Hinrichs, 1908, p.80.
62) Donald B. Redford, "A Royal Speech from the Blocks of the Tenth Pylon", *Bulletin of the Egyptological Seiminar of New York*, no.3, 1981, pp.87~102; Redford, *Akhnaten, the Heretic King*, p.172f.

"신을 마음으로 인식하기"라는 개념을 중심 사상으로 발전시킨다.[63] 이것은 모두에게 요구되는 신에 대한 지식을 뜻한다. 하지만 신을 보는 것은 오직 사후에 신을 직접 대면하는 사자(死者)들만의 특권이다. 아마르나 시대의 신에 대한 지식은 왕의 전유물이었던 반면 신을 보는 능력은 모두에게로 확대되었다. 오직 왕의 마음을 이해하는 것만이 빛과 시간의 발산 속에서 의미의 발산을 볼 수 있게 한다. 오직 왕을 위해서만 우주적 에너지가 인격적 특성들을 지니고 발산이 계시를 뜻하게 된다. "당신의 길과 의무를 당신이 가르친 자."[64]

이제 아케나톤이 전통적 다신론을 폐지하고 신적 일체성과 유일성이라는 사상을 기반으로 새로운 종교를 창시하게 유도한 초기의 통찰 혹은 '계시'라는 개념을 다시 해석할 수 있게 되었다. 그것은 빛뿐만이 아니라 시간 역시 태양 에너지의 현시로서 설명되어야만 한다는 발견이다.[65] 이런 발견과 더불어 모든 것은 태양의 작용, '발산' 혹은 '생성'으로 설명될 수 있다. 이런 체계 속에서 '유일한 것'의 개념은 신학적인 것이 아니라 구체적 의미, 다시 말해 우주적 존재의 원천이 된다. 이런 유일한 것 이외의 다른 어떤 원천도

---

63) 나의 논문 Jan Assmann, "Weisheit, Loyalismus und Frömmigkeit", eds. Erik Hornung and Othmar Keel, *Studien zu altägyptischen Lebenslehren*, Orbis Biblicus et Orientalis 28, Fribourg and Göttingen: Presses Universitaires de Fribourg, 1979, pp.12~72 와 그 외 여러 곳을 보라.
64) "선생으로서의 신" 모티브는 "개인적 신앙"을 표현하는 텍스트들에 등장한다. Assmann, "Weisheit", pp.16~19를 보라.
65) 시간 창조자로서의 태양신에 대한 가장 일반적 명칭은 "이 신은 1년을 구별하고[또는 분리하고] 계절들을 창조한다"(wpjw rnpt jrjw trw)이다. 이것은 중세 왕조(기원전 18세기)의 주술적 문헌에도 등장한다. Papyrus Ramesseum IX, 3.7 = Alan Henderson Gardiner, *Ramesseum Papyri*, Oxford: Clarendon Press, 1955, p.42. "새로운 태양 신학"의 맥락에서 이 모티브는 중심적 신학사상으로 스며들었다. Assmann, *Zeit und Ewigkeit*, pp.49~54를 보라.

존재하지 않으며 모든 것은 그것으로 환원되고, 또 그것과 관련된다.

하지만 신에 대한 새로운 개념과 새로운 종교는 결코 설명을 통해 생길 수 있는 것이 아니다. 아케나톤이 실제로 발견한 것, 그가 아마도 발견자로서 최초가 될 그것, 그리고 분명히 계시로 직접 경험한 것은 **천지만물**(nature)이라는 개념이었다.[66] 신적인 것에 관해 아케나톤은 본질적으로 부정적이다. 그는 신이란 태양일 뿐이고, 또한 자연일 뿐이라고 말한다.

여기서 잠시 자연스럽게 발생하는 반대 생각을 고려하기 위해 이런 주장을 중단해 보자. 아케나톤의 '천지만물'이 텅 빈 의미인 것은 진실인가? 찬가는 빛과 시간의 일들에 자비로운 의도를 끼치는 인간 중심적 순환을 틀림없이 가지고 있다. 그것은 심지어 즐거운 노동의 성격을 보게 한다.

만물의 주여, 그들을 위해 수고하는 자
그들에게 빛을 주는 온 땅의 주여,[67]

의도가 있는 곳에 의미가 있다. 우주적 과정은 그 인간 행태적 중요성을 배제하나 그럼에도 불구하고 인간에게 무관심하지는 않는다. 반대로 그것의 해석이 덜 인간 행태적일수록 그것의 의미는 더 인간 중심적이다. 사람은 우주의 행동에 의해 의도되거나 '의미'를 얻는다. 그는 아마 우주에서 부모의 사랑의 기호를 읽을지도 모른다. "당신은 당신이 만든 모든 것의 어머니와 아버지다."[68]

---

[66] Allen, "Natural Philosophy", pp.89~101을 보라.
[67] Sandman, Texts, 95.3~4.
[68] Sandman, Texts, 12.8~12, "Shorter Hymn". 이어지는 "그들의 눈"(jrtj.sn)은 아마 다음 문장과 연결되었을 것이다. "당신은 당신이 그들의 눈을 만든 모든 이들의 어머니고 아버지다."

아마르나 찬가는 태양이 하는 모든 것이 바로 "그들을 위해" 한다는 진술을 강박적으로 반복한다는 것은 사실이다.[69] 그러나 「위대한 찬가」 맨 끝에서 이 모든 것이 창조의 궁극적 목표인 왕과 관련되어 있기에 인간 중심적인 시각은 결국은 왕 중심적 사고로 변형된다. 태양이 세상에 생기를 불어넣기 위해 떠오르지만 태양이 그렇게 하는 것은 바로 왕을 위해서다. 왕은 궁극적으로 우주적 과정에 의해 '의미를 부여받고' 그 우주적 과정이 의미를 지니는 이유도 바로 왕 때문이다. 이 세상에서 의미는 신과 왕 사이에 있는 어떤 것이지 사람들이 공유하는 것이 아니다.

하지만 의미는 사회적 현상인데 그런 의미에서 종교도 그러하며 신도 그러하다. 의미는 오직 왕의 마음을 이해할 때만 이해 가능하다고 말하는 것은 의미가 전혀 없다고 말하는 것이다. 설명이 해석을 대체한다. 설명될 것이 많으면 많을수록 해석할 것이 적다. 그래서 새로운 종교를 창시하는 대신 아케나톤은 최초로 종교 밖에서 어떤 방법을 찾고자 했다고 말할 수 있을 것이다. 그의 부정적 계시는 워버턴, 라인홀트 그리고 실러가 입문식 마지막 단계에 부여한 특징인 환멸을 훨씬 넘어서는 것이다. 아케나톤은 다신교적 만신들뿐만 아니라 인격화된 신에 대한 유일신적 개념도 거부했다.

세상을 천지만물로 보는 아케나톤의 설명은 특히 성상파괴적 행위이고, 그것의 종교적 중요성을 부정하는 행위다. 아케나톤의 계시에 대한 부정은 전통적 이집트 종교를 배경으로 놓고 볼 때 더욱 분명해진다. 전통적인 세계는 자연적이지 않으므로 '자연'이 아니다. 그것이 자연적이지 않은 이유는 다음과 같다.

---

69) Assmann, "Aton", *Lexikon der Ägyptologie*, no.1, 1973, pp.526~540, 특히 p.532, p.539, n.109; Assmann, *Liturgische Lieder*, p.321f., 344.

1. 그것은 홀로 남을 수 없다. 그것의 '자연적인' 경향성은 혼돈, 동질성, 해체, 중지를 지향한다. 그것은 끊임없이 문화적 노력을 통해 유지되어야 한다.
2. 그것은 이중적 성격을 지닌다. 아니면 차라리 그것의 성격은 모호해서 도덕적 구분을 통해 끊임없이 명확하게 해야 한다. 오직 선과 악, 선행과 악행, 정의와 부정의, 진실과 거짓에 대한 도덕적 구별의 관점에서만 세상은 살 만한 곳이고 의미가 있는 곳이다.[70]
3. 신들과 인간이 협력하여 구성하고 유지하는 도덕적 영역은 '자연적' 구별보다 우세하다. 정의는 죽음을 극복할 수도 있다. 어둠, 해체, 저항을 정복하는 질서의 힘들은 질병, 고통, 죽음을 물리칠 수 있다.[71]
4. 종교적 해석의 관점에서 세상은 상호 시각에 의해서뿐만 아니라 상호 대화에 의해서도 구성된다. 사람들은 신들에게 이야기하고 말을 걸 수 있다. 태양신은 하늘에서 내려다보기도 하지만 억눌린 자들의 울음소리를 듣기도 한다.

> 억눌린 자들의 탄원을 듣는 이
> 그를 부르는 사람을 향해 마음을 기울이는 이
> 두려움으로 가득한 사람들을 폭력의 마수로부터 구하는 이
> 가난한 사람들과 부자들 사이에서 판단하는 이.[72]

---

70) Assmann, *Ma'at*, chap.6을 보라.
71) 고대 근동의 사상에서 '빛'과 '정의'의 전형적 상관관계에 대해서는 Janowski, *Rettungsgewissheit*를 보라.

언어와 상호 대화는 도덕적 공간으로서의 세상을 구성한다.[73] 자연 그 자체는 비도덕적이다. 프로이트는 놀랍게도 아마르나 종교의 이런 반도덕적인 면을 보지 못했다. 대신 그는 그 종교의 강한 윤리적 성격을 강조했는데 이런 주장은 자신을 "진리/정의에 따라 사는 이"라 부른 왕의 칭호를 근거로 한 것이다. 하지만 아마르나 종교의 콘텍스트에서 태양신에 대한 전통적 칭호는 왕에 대한 칭호로 바뀌었다는 것을 인식하는 것이 중요하다. "진실대로 사는"은 신과 인간 간의 관계가 아닌 왕과 신하 간의 관계와 관련된다. 그런 칭호는 종교의 영역에서 충성의 영역으로 이전되었다. 이런 생각은 아케나톤의 대단히 자연스럽고 태양 행태적 개념과 상충되므로 신은 더 이상 윤리적 요구의 화신이 아니다.

극단적인 탈신비화, 탈신화화, 탈신격화, 탈분극화, 탈정치화, 탈도덕화를 통해 이런 의미의 차원을 제거함으로써 아케나톤은 현실의 '자연적인' 성격을 입증할 수 있었다. 그러므로 그것은 근본적으로 부정적이다. 하지만 그것에 대한 아케나톤의 묘사가—최소한 몇 가지 점에서—성서의 「시편」에 적합한 것은 정확히 세계에 대한 이 '자연적'이고, 탈신격화되고, 탈기호화된 성격 때문이다. 지그문트 프로이트의 이집트학 자료 출처이자 논문의 많은 부분에서 도움을 준 아서 웨이걸과 헨리 브레스티드는 아케나톤 찬가의 일부분이 「시편」 104편에 있다는 사실을 강조했다. 그래서 프로이

---

72) Papyrus Boulaq 17 = Papyrus Cairo CG 58038, 4, 3~5. 그리고 Assmann, *Re und Amun*, p.176f. = *Egyptian Solar Religion*, p.125와 비교하라. 또한 *Instruction for Merikare*, 130~138; Assmann, *Re und Amun*, p.168f. = *Egyptian Solar Religion*, p.119f.; *Ma'at*, p.234f.를 보라.
73) Charles Taylor, *Sources of the Self*, Cambridge, Mass.: Harvard University Press, 1989, p.25ff., "The Self in Moral Space"를 보라.

트가 어떻게 이 사실을 간과할 수 있었는지 여전히 의문이 든다.[74]

아케나톤의 계시가 가지는 부정성은 마지막 스탠자의 시작 부분인 111~114행에서 가장 통렬하게 표현된다.

세상은 당신이 만들었듯이 당신의 손에 달렸습니다
당신이 새벽으로 동틀 때 사람들은 살아나고
당신이 노을로 질 때 사람들은 죽습니다
당신 스스로가 삶의 날이요, 사람들은 당신으로 인해 생명을 얻습니다.

이 단락의 핵심은 세상이 절대적으로 태양에 의존한다는 생각이다. 세상은 그 자체의 생명이 없다. 모든 생명은 태양으로부터 생겨난다. 이것이 바로 아케나톤의 반-다신교주의의 의미이다. 게다가 그것은 이집트인들에

---

[74] 「위대한 찬가」와 「시편」 104편 사이의 관계가 자주 논의되었다. 이 질문에 대한 아주 최근의 논문들 중에는 Benito Celada, "El Salmo 104, el Himno de Amenofis IV y otros documentos egipcios", *Sefarad*, no.30, 1970, pp.305~324; K.-H. Bernhardt, "Amenophis IV und Psalm 104", *Mitteilungen des Instituts Für Orientforschung*, no.15, 1969, pp.193~206; E. von Nordheim, "Der grosse Hymnus des Echnaton und Psalm 104", *Studien zur Altägyptischen Kultur*, no.7, 1979, pp.227~251이 있다. 이 학자들은 모두 이집트 텍스트가 성경에 미친 영향을 부정했다. 자료를 면밀히 검토한 후에 Christoph Uehlinger, "Leviathan und die Schiffe in Ps. 104, 25~26", *Biblica*, no.71, 1990, pp.499~526은 「시편」 104편이 직접적으로 아케나톤의 찬가에 연계되는 것은 불가능하다는 결론에 도달했다. 그는 심지어 아케나톤의 텍스트가 가나안 모델에 속할 가능성도 염두에 두고 있다. Georges Nagel, "A propos des rapports du Psalme 104 avec les textes égyptiens", *Festschrift A. Bertholet*, Tübingen: Mohr, 1950, pp.395~440, 특히 pp.395~403; Frank Crüsemann, *Studien zur Formgeschichte von Hymnus und Danklied in Israel*, Wissenschaftliche Monographien zum Allen und Neuen Testament 32, Neukirchen-Vluyn: Neukirchner Verlag, 1969, p.287f., n.2; Pierre Auffret, *Hymnes d'Egypte et d'Israel: Etudes de structures littéraires*, Fribourg: Editions Universitaires, 1981은 모두 「시편」 104편이 아케나톤의 찬가에 영향을 받을 수 있었다고 생각한다.

게 세계 자체의 신성함인 생명, 의미, 힘, 질서의 원천을 세계 자체가 지닌다는 것을 부정한다. 이런 관점에서 볼 때, 세상은 마법에서 벗어나 그저 '자연적인' 것이 된다.

「시편」 104편 29절에서 30절까지를 보면 세상은 하느님의 생명에 대한 주기적인 동화에 의존한다는 이와 똑같은 생각이 다음과 같이 서술되어 있다.

주께서 낯을 숨기신즉 그들이 떨고
주께서 "그들의"['당신의'로 읽을 것][75] 호흡을 거두신즉 그들은 죽어 먼지로 돌아가나이다
주의 영을 보내어 그들을 창조하사
지면을 새롭게 하시나이다

이 경우 아케나톤 찬가의 한 구절이 성서의 「시편」에 어떻게 들어갈 수 있었는지를 재해석할 가능성을 찾을 수 있다. 티레의 왕 아부밀키가 아케나톤에게 쓴 편지에서 그는 공손하게 태양신인 그 왕의 아버지에 대해 언급하는데 다음은 윌리엄 모런이 코멜리아 그레이브[76]가 쓴 글에 의존하여 그 내용을 번역한 것이다.

---

[75] Mitchell Dahood, "Psalms III 101~150", *The Anchor Bible*, New York: Macmillan, 1970, p.46은 자음의 rwḥm을 분리하여 rwḥ에 접미어 mem을 더하여, 이것이 여기서 '대구적 단조로움을 피하기' 위하여 대명사적 접미어(viz., "당신의")를 위한 문체적 대용물 역할을 한다고 주장한다.

[76] Comelia Grave, "Northwest Semitic Sapanu in a Break-up of an Egyptian Stereotype Phrase in EA 147", *Orientalia*, n.s.51, 1982, pp.161~182.

……그의 부드러운 입김에 따라 삶을 살고
북쪽에서 불어 오는 그의 바람과 함께 되살아나는.[77]

신이 간헐적으로 세상의 삶에 간섭한다는 생각은 「시편」과 이집트의 찬가 둘 모두에 공통된 것 같다. 성서에 루아크(ruach)로 표현된 "부드러운 입김"은 시간과 빛에 대해 흔히 발견되는 이집트적 은유이다. "당신의 광선을 보는 것"이 "그 코 속에 있는 생명의 호흡"과 같음은 이미 「더 짧은 찬가」에 나와 있다.[78]

성서 속에 번역된 아케나톤의 자연에 대한 개념은 다시 종교적 의미로 채워진다. 여기서 신은 우주적 에너지나 의미로 전락하지 않고, 왕 중심적 관점으로 집중되지도 않는다. 파라오의 부재는 자연을 이해 가능하도록, 다시 말해 신 중심적 관점으로 만든다. 자연을 읽는다는 것은 주에 대한 지식과 주의 영광에 대한 인지를 가능하게 한다.[79]

창조와 신의 현시로서의 세계

이 장에서 나는 랠프 커드워스가 300년 전에 고대 이집트에 대해 질문한 것들에 대답하고자 한다.[80] 그가 산 시대에는 이집트가 자신의 목소리로 이러한 질문들에 대해 대답할 수 없었다. 그 이유는 신성문자에 대한 지식을

---

77) William L. Moran, *Les lettres d'El-Amarna*, Paris: Edition du Cerf, 1987, p.378.
78) Sandman, *Texts*, 15.6~9.
79) 「시편」104편 31~35절.
80) 이 부분은 나의 책 Jan Assmann, *Egyptian Solar Religion in the New Kingdom*, London: Kegan Paul International, 1995의 5장을 토대로 하고 있다. 이 책을 영어로 번역한 것에 대해 앤서니 올콕(Anthony Alcock) 박사에게 감사한다.

잊은 지 오래되었기 때문이다. 커드워스는 다소간 미심쩍은, 신빙성 없는 해석자들에 의존해야 했다. 오늘날 이집트 텍스트가 읽히기 시작하자 커드워스의 질문은 망각의 강으로 흘러가 버렸다. 그가 아집트에 대해 알고 싶어 했던 것은 무엇일까? 모세와 이집트 담론에 대한 나의 재구성은 이러한 질문들에 대해 기억의 중요성을 활성화시키는 것이다. 다시 이집트 자료로 돌아가 커드워스의 헨 카이 판(Hen kai pan)에 대한 탐구를 만족시킬 수 있는 구절들을 살펴보자.

헨 카이 판은 신과 세상과의 관계에 관한 진술이다. 그것은 같은 의미에서 스피노자의 신 즉 자연(deus sive natura)과 동일한 것으로 간주될 수 있다. 신과 세상의 관계에 대한 진술들은 이집트 텍스트들에 많이 등장한다. 나는 하나로서의 하느님에 대해 말하는 것들을 집중적으로 살펴본 후, '하나'와 세상과의 사이에서 그들이 세운 관계를 분석해 보고자 한다. 17세기에 이 관계를 생각한 방법은 두 가지이다. 이 관계를 창조, 발생, 또는 시작의 개념으로 파악한 첫번째 방법은 일반적으로 정통파 유대교나 기독교 신학이 받아들였다. 이 관계를 계시, 변형, 또는 발산의 개념으로 파악하는 다른 길은 이단이었고 그것은 범신론, 유물론, 심지어 무신론이란 개념과 일치하는 것이었다. 나의 주장은 이 같은 이원론은 람세스 재위 때의 이집트에 이미 존재했다는 것이다. 이 책을 준비하는 동안 나는 "우주신교"[81] 또는 신의 성육화(die Weltwerdung Gottes, "신의 우주창조")[82]와 같은 람세스 신학의 특성을 규명하려 했던 어떤 용어들이 실제로 17세기와 18세기에

---

81) Assmann, *Egyptian Solar Religion*, p.142, p.211의 각주 147과 148을 보라.
82) 이 용어는 요한 게오르크 바흐터가 쓴 것이다. Johann Georg Wachter, *Spinozismus im Judenthümb*, 1699. 그리고 Scholem, "Abraham Cohen Herrera: Leben, Werk und Wirkung"을 보라.

사용되었다는 것을 알게 되었다. 그러나 이집트에는 정통이나 이단이란 개념 자체가 없었기 때문에 이 이원론은 서로 반대되는 것도 아니고 논쟁적이지도 않았다. 두 개의 패러다임은 배치나 갈등의 어떤 흔적도 없이 다양한 길로 상호 작용하고 혼용되었다.

이집트 자료들은 몇 번이고 하느님의 유일성/단일성/일체성을 암시한다. 특히 아문-레는 태양신으로 간주되는데 그는 태양의 형식에서 모든 것을 포괄하는 그의 창조적 능력, 생명을 부여하는 능력을 발전시킨다. 전통적인 아문-레 종교의 배경 속에서 이 통일되고 중심적인 시각은 삶의 문제들에 초점을 맞추고 있다. 나아가 그것은 모든 삶이 어디에서 유래했는지 그리고 어떤 힘들이 삶의 현전, 보존 그리고 지속에 효과적인가 하는 질문에 대답하고 있다. 이런 전통에서 신의 유일성에 대한 가정은 다른 신들의 존재를 배제하지 않는다. 아마르나 텍스트와는 대조적으로 아문-레와 관계된 텍스트들은 지속적으로 신들을 언급한다. 그들은 자신들의 고유한 이름을 가진 개체들로 등장하지 않고 집단적으로 나타난다. 그 결과 그들은 '유일신'이 들어 있는 좌표에 들어가지 않는다. 그 대신 그들은 인간이나 짐승, 심지어 식물과 같은 다른 살아 있는 생물들과 함께 신의 상대자들이다. 신의 유일성을 언급하는 모든 상황에서 유일신은 신적 세계의 좌표와 영역을 초월한다. 이런 현상은 이집트 종교의 다신적 구조가 근본 유일신교를 감추는 일종의 외관이라는 고전적 사고 때문이다.

다른 신의 존재를 결코 부정하지 않는 아문의 유일성은 다음과 같은 사실에 기초하고 있다.

1) 전체 세계가 있기 전 존재한 태고의 신이다.
2) 세계를 태고의 조건에서 우주로 변화시킨 창조자다.

3) 세 개의 생명을 주는 요소들의 형식으로 세계에 생명과 정신을 주는 살아 있는 신이다.
4) 홀로 그의 여행을 완성하고 자신의 눈으로 세상을 밝히고 보호하는 태양신이다.
5) 자신의 피조물에 지배를 행사하고 땅의 왕이 대리권을 행사하는 지배자 신이다.
6) 선과 악을 감찰하는 윤리적 권위이며 "가난한 자의 장관",[83] 재판관이자 구원자이고 시대의 주인이시며, "선물"[84]이자 운명이다.
7) 자신의 상징, 모습, 그리고 이름이 다시 여러 신이 되는 숨은 신이다.

여기서 가장 특별한 관심을 끄는 것은 아문 신의 유일성을 보여 주는 마지막 관점이다. 왜냐하면 그것은 배타적 유일신교와 '신비주의의 신'의 이념에 아주 밀접하게 관련되어 있기 때문이다. 그것은 '현시(顯示)의 패러다임'에서 아주 특별한 역할을 한다. 그러나 감춰짐의 개념은 '창조의 패러다임'에서 역시 중요하다. 거기에서 이 개념은 '스스로 생긴' 태고신 1)과 관련되어 있는데 이 신은 부모도 없고 그의 이름을 알게 하는 출생의 다른 목격자도 없다. 이 신의 '익명성'은 분명 그 신의 감춰짐에 대한 가장 오래되고 가장 특별한 성격이다.[85] 이 신은 '이름이 알려지지 않은 위대한 신'으

---

83) Georges Posener, "Amon, juge du pauvre", *Festschrift H. Ricke*, Wiesbaden: Steiner, 1971, pp.59~63..
84) Assmann, *Zeit und Ewigkeit*, pp.60~64; "Weisheit, Loyalismus und Frömmigkeit", p.31.
85) Jan Zandee, *Der Amunshymnus des Pap. Leiden I 344 vso*, 3 vols., Leiden: Instituut voor het Nabije Oosten, 1992, pp.126~133의 적절한 문구들의 모음을 보라. Jmn rn.f에 대해서는 Assmann, *Sonnenhymnen*, texts 87(k), 253(m); Zandee, *Amunhymnus*, pp.131~133을 보라.

로 "피라미드 텍스트들"(약 기원전 2,500년)에 나타나 있다.[86] 마법 주문의 형식으로 남아 있는 이시스 신의 노련함에 대한 잘 알려진 신화는 '익명의' 태곳적 신으로서의 창조자이자 태양신에 대한 이 개념에 모순되고 다소 기이한 형태의 이집트 이야기들의 전형을 제공해 준다.[87] 태초에 뿌리를 두기 때문에 어떤 사람에 의해서도 목격된 적이 없는 이 익명의 신에 대한 개념은 람세스 시대의 아문-레 신학에 의해 태양신학으로부터 따온 것이다. 한 가지 이유는 의심할 바 없이 아문의 이름 Jmn(Amun=감춰진 자)과 태양신 Jmn rn.f(이름이 감춰진)의 별명 사이의 단어놀이다. 그러나 주요한 이유는 다른 모든 신들과 달리 이 감춰짐의 개념이 다음과 같은 정의에 의한 유일성의 개념과 연관되어 있다는 것이다.

태초에 출현한 유일자
아문, 그는 태초에 나타나셨습니다, 그의 기원은 아무도 모르고,
그 앞에는 어떤 신도 없었습니다.
그와 닮았다고 말할, 그와 견줄 어떤 신도 없었습니다.
그의 이름을 만들어 준 어떤 어머니도 없었습니다.
그를 생산하거나 "그는 나의 살이요 피"[88]라고 말할 아버지가 없었습니다.
그는 자신의 알을 만들었고,
비밀 출생의 힘을 만들었고 자신의 아름다움을 만들었습니다.

---

86) Sethe, *Die altägyptischen Pyramidentexte*, vol.1, sect.276c. 나중의 텍스트들에서 자주 등장한다.
87) 번역과 주석들이 Emma Brunner-Traut, *Altägyptische Märchen*, Munich: Diderichs, 1976, pp.115~120에 있다.
88) 이 어휘들에서 아버지는 그의 자식에게서 자신을 인식시키고 그 아이를 자신의 아이로 인정한다. Assmann, *Liturgische Lieder*, p.99, n.41을 보라.

가장 신성한 신, 그는 존재자로 스스로 오셨습니다,

그리고 모든 신은 그가 스스로 존재를 시작하고 난 다음에 존재자로 왔습니다.[89]

당신에게는 당신을 창조한 아버지가 없습니다,[90]

당신은 여성의 신체를 통해 보내지지 않았습니다.

어떤 크눔도 [당신의 몸을] 만들지 않았습니다.

당신의 형상도, 본성도 알지 못합니다.

심장은 당신을 알기 원합니다,

사람들은 [땅속 깊이] 파고, [하늘 높이] 뻗어 보고, [당신을 헛되이 찾으며] 황량하게 자랍니다

당신은 [너무] 위대하고 고귀하십니다

굳으시고 광대무변하시고

강하시고 권능이 있으십니다.[91]

"그 출생이 비밀에 싸이고",[92] "기원의 출처를 모르며",[93] 출생을 목격

---

89) Papyrus Leiden J 350, 4, 9~11; Jan Zandee, *De Hymnen aan Amon van Papyrus Leiden I 350*, Leiden: Brill, 1947, pp.71~75; Assmann, *ÄHG*, no.137.

90) "아버지를 정초한 이가 그의 어머니를 얻었습니다." Papyrus Leiden I 344, vso. 1.4; Zandee, *Amunshymnus*, pp.24~27.

91) Jaroslav Černý and Alan H. Gardiner, *Hieratic, Ostraca*, Oxford: Clarendon Press, 1957, pl.106.

92) "Whose birth is secret". Papyrus Leiden I 350, 4, 11; Zandee, *Hymnen*, p.74; Papyrus Berlin 3049, 6, 7~8; Assmann, *ÄHG*, no.131, 10; *Sonnenhymnen*, text 42a(i)를 참고하라. "성스런 탄생"에 대해서는 Papyrus Leiden I 344, 1.1, Zandee, *Amunshymnus*, pp.17~18을 보라. 그리고 Horemheb BM 551 = Assmann, *ÄHG*, no.58, pp.18~20도 보라.

93) Assmann, *Sonnenhymnen*, text 114, 11(c).

한 이가 없는, 그러나 (이것은 치명적인데) 그가 만든 자연의 비밀을 보존하는 신의 개념은 그 이후에 태어난 모든 사람들에게 비밀로 붙여져 있다. "자신의 모습을 스스로 만들고 다른 신들과 사람들로부터 자신을 감추어 온 신."[94] 이 개념은 람세스 신학의 중심주제가 되었다. 계시의 패러다임을 발전시키고 특권화한 아문-레 신학의 콘텍스트에서는 태고신의 감추어짐과 유일함의 사상이 의미의 변화를 겪었다. 선존재와 현존재 사이의 일시적 관계는 존재론적 성격으로 변형되었다.[95] 계시의 패러다임에서 감추어진 자는 존재론적 저편에 기거하나 시간의 저편에 기거하는 것은 아니다. 이 신적 초월 개념은 「레이덴 아문 찬가」(Leiden Amun Hymn)의 찬가 200번에 가장 분명하게 표현되어 있다.

> 변화의 비밀과 풍채의 광휘,
> 기적의 신, 그 모습의 풍성함이여!
> 그는 모든 신들의 자랑이기에
> 그의 아름다움으로 모든 신들은 그의 신성함에 이를 때까지 자신들을 위대하게 가꾼다.

---

[94] Papyrus Strasbourg 7, col.5,1.2. 태초신의 자기 창조에 대해서는 Zandee, *Hymnen*, pp.38~39를 보라.
[95] 이것은 일체성과 복수성 사이의 시간적 관계가 단순히 '본질의 시간화'라는 의미에서 존재론적인 것의 은유적 표현일 가능성을 배제하지 않는다(케네스 버크Kenneth Burke). 나의 논문 Jan Assmann, "Die 'Häresie' des Echnaton", *Saeculum*, no.23, 1972, p.115ff., 특히 각주 28과 31을 보라. 그러나 오늘날에는 기존의 나의 연구보다 훨씬 더 분명하게 역사적 발전이 있을 거라 믿는다. 복수성 안에 ('이전의'와는 구별되는) "감춰진 일체성"은 특히 람세스의 아문-레 신학에 속한다.

레 신은 그의 몸과 일체가 된다.

그는 헬리오폴리스의 위대한 유일자이시다.

그는 타테넨/아문이라 이름하고 태초의 물에서 나와 "표면"에 이른다.

그의 모습 중 다른 것은 오그도아드(Ogdoad)이다.

태초의 것들 중의 태초의 것, 레의 창시자.

그는 그와 함께 한 한몸 같은 존재, 아툼으로 자신을 완성한다.

그는 우주적 주이시고 존재하는 것을 창시했다.

전하는 바에 의하면 그의 바(ba)는 하늘에 있는 유일한 것이다.

그는 지하세계에 있는 유일자이고 그는 동쪽을 다스린다.

그의 바는 하늘에 있고 그의 몸은 서쪽에 있으며,

그의 모습은 남쪽 헬리오폴리스에 있으며 왕관을 쓰고 있다.

하나는 자신을 그들로부터 비밀스럽게 숨기는 아문이다.

그는 자신을 신들로부터 감추고 아무도 그의 실체를 모른다.

그는 하늘보다 더 멀리 떨어져 있고,

그는 지하세계보다 더 깊이 존재한다.

신들 중 어느 누구도 그의 진정한 모습을 모르고

그의 모습은 책에서 드러나지 않는다.

어떤 특정한 것도 그에 관해 증거하지 못한다.

그는 그의 장엄함을 드러내기엔 너무 비밀스런 존재자,

그는 탐구하기에 너무 위대한 자,
알기에 너무 큰 권능 있는 자.

사람들은 두려움에 즉시 쓰러져
그의 이름이 알게 또는 알지 못하게 입에 오르게 한다.
그를 신으로 부를 신이 없다.
그는 바(ba)와 같지만 그의 비밀 같은 이름으로 감춰진 자다.[96]

    이 장대한 찬가의 형식은 소네트의 그것과 비교할 만하다. 두 개를 똑같이 않은 두 부분(8/8과 7/7)으로 나눈 것은 사고의 대조, 관점의 전환에 근거한다. 첫 부분은 일종의 '긍정 신학'인데, 그것은 어떻게 신이 땅 위에 다른 신들로 현시되는가를 묘사한다. 두번째 부분은 일종의 '부정 신학'으로 첫 부분에서 전시되고 발전된 모든 다른 신학적 학문의 폐지처럼 읽힌다. 이 첫 부분의 주제는 유일자가 아니라 세계에 자신의 본성을 나타내는 많은 신들이다. 테베의 아문도 거기에 속한다. '단 하나의 아문'이 '그들로부터' 숨을 뿐만 아니라 그는 완전히 숨는다. 그에 대한 어떠한 진술도 불가능하다. 그는 여전히 천국과 지하세계를, 그리고 성스러운 세계와 내세를 초월한다. 그는 신들로부터 숨어서 이 멀리 떨어진 영역까지 자신의 불가해한 본성을 성찰한다. 그는 심지어 인간들에게도 보이지 않는다. 그 성전들에는 그에 대한 어떠한 자료도 없다. 그는 어떤 이론으로도 설명 불가능하다. 마지막 연은 분명히 입에 올리기 황송한 신(Ineffable God)에 대한 개념을

---

96) Zandee, *Hymnen*, pp.75~86; Assmann, *ÄHG*, no.138.

표현하고 두 개의 중요한 칭호, "바(ba)의 자질을 지니는"과 "자신의 이름을 감추는 이"와 관련되어 있다. 이 두 칭호도 서로 같은 것이다. 그 신은 어떤 이름도 없기에 바(ba)라고 불린다. 그의 감춰진 모든 것을 품는 풍요로운 본질은 파악할 수 없다. '아문'은 계시라는 우주적 영역에서 신을 지칭하기 위해 사용되는 가명일 뿐이다. 기본적으로 모든 신의 이름은 숨겨지지만 바라는 용어는 아주 많은 계시 뒤에 숨겨진 신을 의미할 때 사용된다. 바는 '창조의 패러다임'과 반대되는 '계시의 패러다임'의 핵심적 개념이다. 전통적으로 이집트 말 ba는 '영혼'으로 번역된다. 이것은 우주혼(anima mundi)을 믿었던 신플라톤주의자들에게 그랬듯이 이집트인들에게 가시적 세계는 그것을 활성화하고 움직이는 '영혼'이 있다는 생각을 하게 한다. 그런 유사성은 전적으로 인위적이지 않다. 나는 이집트인들과, 플라톤학파의 우주적 '영혼' 간에는 강한 연관관계가 있다고 생각한다.

계시의 패러다임 속에서 유일자와 다수의 관계는 '탈시간적'이다. 세계가 '되어 갈' 때 신은 여전히 신이다. 이 또한 아마르나 찬가가 주장하는 것이다. 유일자는 창조 속에서 개체가 다수가 되기 때문에 다수 앞의 태곳적 신으로 여겨지지 않고 다수 속의 유일자이자 바라고 불리는 감춰진 힘으로 여겨지는데, 이는 많은 신들 속에서 형태를 드러내고 그들을 신으로 만들기 때문이다. 그러나 일종의 '마나'(mana) 혹은 추상적 원칙과 달리 그것은 모든 지식과 공론을 초월하는 인간적 본성이다.

람세스 3세가 아문-레에게 바치는 찬가는 이름으로 신을 부르지 않고 다음처럼 시작한다.

나는 신들의 주인으로서 그의 위대함을 말하려 하노니,
그는 비밀에 싸인 얼굴과 위풍당당함이 있는 바(ba)로다.

그는 그의 이름을 숨기고 그의 이름을 감춘다
그의 형태는 태초부터 알려져 있지 않다.[97]

뒤따르는 시구에서 그 찬가는 신이 세상 속에서 물화(物化)된 '빛', '공기' 그리고 '물'과 같은 생명을 제공하는 요소들에 대한 이론으로 발전한다. 이 텍스트는 아문을 몸 자체가 세상인 우주신으로 칭송한다. 이 신을 그 평상시 이름 대신에 ba라고 칭송함으로써 그 찬가는 신을 세계의 바로서 그리고 인간 바(영혼)가 개인적인 인간에게 생명을 부여하듯이 우주에 생명을 부여하는 우주의 '생명 원칙'으로 지칭된다.

그러나 바는 이면적 용어다. 그것은 가시적 세계의 안과 뒤에 있는 비가시적인 생명을 주는 원칙을 말할 뿐만 아니라 그 가시적 계시를 말하기도 한다. 가시적 세계는 어떤 면에서 볼 때 또한 바라고 불릴 수 있다. 그러므로 생명을 부여하는 요소들은 신의 바라 불릴 수 있고 신이 작용하는 방식대로 우주에서도 경험되는 것이다. 다음의 텍스트에는 이렇게 쓰여 있다.

레의 바[=태양의 빛]는 육지 전체에 퍼져 있다.[98]

그리고 「아니의 가르침」(The Teaching of Ani)이라는 또 다른 텍스트에는 이렇게 쓰여 있다.

---

97) The Epigraphic Survey, *The Temple of Ramses III in Karnak*, Oriental Institute Publications 24, Chicago: University of Chicago Press, pl.23 = Assmann, *ÄHG*, no.196, pp.12~15.
98) Erik Hornung, *Der ägyptische Mythos von der Himmelskuh*, Orbis Biblicus et Orientalis 46, Fribourg: Editions Universitaires, 1982, p.26f., 47.

이 땅의 신은 하늘의 태양이다.

그는 수백만의 형태로 그의 바들(계시들)을 보여 준다.[99]

람세스 아문-레 신학은 빛뿐만 아니라 세상에서 아문의 계시들, 즉 바들로서 생명을 주는 기능을 수행하는 에너지의 총체성을 고려하며 한발짝 더 나아갔다. 이 사상은 분명 바라는 개념이 수행되지 않고 상응하는 범주가 케페루인 아마르나 종교의 핵심에 반대되는 것이다. 즉 가시적 세계는 신의 케페루다. 다시 말하자면 그것은 그로부터 진행되는 것이긴 하나 그 자체가 신은 아니다.

그러나 세계가 신의 케페루라는 사상은 창조 패러다임보다는 계시 패러다임에 더 가까운 것 같다. 그 말은 세상이 신의 변형이라는 뜻이다. 아마르나 찬가의 어떤 구절들은 "유일한" 생명의 원천을 "수백만"의 변형으로 대비시키고 있는데 이는 람세스의 다신론을 유사하게 예견하는 듯하다.

당신은 수백만 형상[케페루]을 자신에게서, 유일자에게서,

도시와 마을에서

들판에서, 골목에서, 강에서 만들어 낸다.[100]

백만의 케페루는 명백히 빛에 의해 살 수 있도록 만들어지고, 우주로 구성된 공간이라는 관점에서 볼 때 가시적 세계를 지칭하지만「더 짧은 찬

---

99) Papyrus Boulaq 4, 7.15; Volten, *Studien*, pp.111~112, p.115. 그리고 Assmann, "Die 'Häresie' des Echnaton", p.23, p.125, n.63을 보라.

100) Sandman, *Texts*, 95.12~13. 이 구절에 대해서는 Gerhard Fecht, *Zeitschrift für Ägyptische Sprache*, no.94, 1967, p.33; Assmann, *Sonnenhymnen*, text 54(x)를 보라.

가」는 유일자와 신 자신의 다양한 모습으로서의 수백만의 형상에 맞선다.

> 당신은 그 안에서 솟아오르고 당신이 만든 모든 것을 보고자
> 당신은 홀로 존재하며 높은 하늘을 만들었습니다.
> 하지만 당신 안에 [당신을 위해] 수백만의 생명이 존재하여 그 모든 것들을 살게 합니다.[101]

두 구절 모두 태곳적 창조 사상을 암묵적으로 거부하고 그 대신 지속적인 창조 사상을 주장한다. 하지만 그들이 아무리 밀접하게 관련 있는 듯해도 창조주와 창조를 분명히 구별하는 것은 명백하다. 아텐은 "안으로부터" 창조하지 않고 "위로부터" 창조했기에 이 천국과 지구라는 태양의 상징주의에 암시된 대립이라는 개념은 분명하다. 아마르나 텍스트에서 바(ba)라는 용어에는 아텐에 대한 언급이 전혀 없다. 이는 계시의 패러다임이 아마르나 신학에는 생소한 것이라는 내 믿음을 확인시켜 준다. 그것이 후기 아마르나 신학의 대단한 혁신이다.

계시의 패러다임과 람세스의 바 신학은 거대한 찬가에서 발전된 아문의 열 개의 바 이론에서 그 정점을 이룬다. 각 편(篇)들이 하나의 특정한 바를 위해 바쳐진 열 편 중 불행히도 처음의 세 편만이 남아 있다. 하지만 도입부의 찬가는 그런 체계가 인지될 수 있도록 열 편 모두의 제목을 말한다.[102]

그 첫 다섯 개의 바들은 이미 봤듯이 생명을 주는 요소들이다. 그 바들의 첫 쌍은 태양과 달인데, 우주신의 오른쪽 눈과 왼쪽 눈으로도 설명될 수 있다. 그 다음으로 공기와 물을 상징하는 슈(Shu)와 오시리스가 있다. 다섯

---

101) Sandman, *Texts*, 15.1~9, 그리고 Assmann, *Sonnenhymnen*, text 253(s)을 보라.

번째 바는 흔히 예측하듯 땅을 상징하는 겝(Geb)이 아니라 불을 뿜는 뱀 여신을 상징하는 테프누트(Tefnut)다. 이 찬가를 신학적으로 해석해 보면 태양과 달은 빛이 아니라 시간을 상징하며, 이것은 또한 여기서 우주적 생명 에너지로 나타난다. 빛은 테프누트의 바에 바쳐진다. 그러므로 여기서 생명을 주는 요소로는 시간, 공기, 물, 그리고 빛이 있다. 그것이 인간적 형상으로 나타나면 모든 다섯 개의 바는 그 머리에 우주적 계시의 표장(標章)을 띠게 된다. 그것은 태양, 달, 돛, 세 개의 물 잔, 그리고 햇불이다. 이 지점에서 설령 이 펜타드(pentad, 다섯개 한 벌)가 달리 증명이 되지 않아도 익숙한 상황에 있다는 것을 알게 된다.[103]

두번째 그룹의 다섯 개의 바는 신학적으로 볼 때 새로운 영역으로 우리를 인도한다. 그 다섯 개의 바는 생물의 다섯 계층을 상징한다. 이렇게 이 신학은 우주적 삶과 동물적 삶을 구분한다. 다섯 개의 생명을 주는 우주적 요소들은 생명을 부여받은 살아 있는 창조물의 다섯 쌍, 즉 인간, 사지(四肢)동물, 새, 수생 생물, 그리고 뱀, 갑충석(甲蟲石)과 죽은 자들 같은 땅의 생물이다. 인간의 바는 인간적 형상을 지녔고 "충직한 카(ka)"라고 불렸으며, 사지동물의 바는 사자머리를 했고 "양들 중의 양"이라 불렸다. 새들의 바는 인간적 형상을 지녔고 하라크티(Harakhty)라 불렸으며, 수생 생물들의 바는 악어의 머리를 가졌고 "물속 생물들의 바"라고 불렸다. 마지막으로 지상 생물

---

102) R. A. Parker, J. Leclant, and J. C. Goyon, *The Edifice of Taharqa*, Hanover and London: University Press of New England, 1979, pp.69~79, 40~41, pl.27. 이를 Assmann, *ÄHG*, no.128과 비교하라. 대비되는 통속적 텍스트는 M. Smith, *Enchoria*, no.7, 1977, pp.115~149로 출간되었다.
103) 카르낙의 프톨레마이오스 오페트 사원의 묘지에 있는, 대부분 미출간된 아문의 열 바들을 재현한 그림들은 Claude Traunecker, *Les dieux de l'Egypte*, Que Sais-Je?, vol.1191, Paris: Seuil, 1992, p.97, fig.8에서 찾아볼 수 있다.

첫 펜타드

바(Ba)	"불리는 이름"	기능
오른쪽 눈의 바	일상의 레(Re)	시간
왼쪽 눈의 바	만월	시간
슈의 바	만물 속에 깃들어 있는	공기, 바람
오시리스의 바	가장 나이 많은 눈(Nun)	물
테프누트의 바	전체를 깨우는 자	빛

두번째 펜타드

상징	계층	"불리는 이름"
인간	인간들	충직한-카(ka)
사자	사지동물들	매[104]
매	새들	하라크티
악어	수생 생물들	물속 생물들의 바(ba)
뱀	지상 생물들	네헤브카

의 바는 뱀의 머리를 가졌고 네헤브카(Nehebka)라 불렀다. 이 체계를 위의 표로 정리해 본다.

 이 신학은 신의 바를 그 자체의 가상세계가 아닌 세계에 생명을 주고 그 생명을 유지하는 중개적 힘들의 데카드(Decad, 열 개 한 묶음)로 이해했다. 아마도 이 신학의 가장 당혹스러운 특징은 왕에게 부여한 위치일 것이다. 왕은 열 개의 바들에 속한다. 왕은 신이 생명을 부여하고 소생시키며 세상을 조직하는 형태로 된 열 개의 세속적 계시 중의 하나다. 왕은 인류를 책임지는 신적 에너지인데, 이때 왕은 물론 왕 자신이 아니라 각각의 왕에게

---

104) 원서에는 "매"(Falcon)로 되어 있으나 본문 내용을 미루어 봤을 때 "양들 중의 양"(ram of the rams)을 잘못 적은 것으로 보인다.―옮긴이

구현되어 있는 호루스(Horus)와 같은 왕권의 신정적 원칙으로서의 왕권 카(ka)다.[105] 왕권은 빛과 공기 같은 우주적 에너지인데 인간 세계에 활기를 불어넣고 돌봐주며 질서를 내리는 신의 힘이 그 안에 계시되어 있다.

이 신학은 찬가 속에 언어적 표현으로 주어져 있을 뿐 아니라 제의 형식으로 숭배 행위에 스며들어 있다. 우리는 이 제의를 카르나크의 성스런 호수와 이웃한 타하르카(Taharqa) 건축물에서 찾아볼 수 있는데, 그 건축물 벽의 부조는 불행하게도 상당히 많이 훼손되어 있다. 그리고 카르나크의 오페트 사원으로부터도 알 수 있는데, 그 사원의 지하실에서 클로드 트로네케르(Claude Traunecker)는 잘 보존된 이본을 발견했다.[106] 숭배가 지하실에서 수행되었다는 사실은 그것이 일종의 비밀숭배였다는 것을 가리킬지도 모른다. 찬가는 비밀의 지시들에 의해 둘러싸였다. 히비스 사원 판본에서 그것은 "Nbs 나무판에 쓰인 아문의 비밀들에 관한 책"이라는 제목을 담고 있다.[107] 여기서 우리는 헤르메스주의와 그리스-이집트적 마법 파피루스의 문턱에서 이것은 어느 정도로 유사한 신적-우주론의 체계를 발전시킨다는 것을 발견한다.[108] 대략 같은 시기에 나온 아문의 열 바들의 제의로서의 마법 텍스트는 아문의 일곱 바-계시로 보인다.

---

105) 신의 창조적 힘과 보존하는 힘에 대한 현세의 계시로서의 왕의 유사한 개념은 Papyrus Leiden I 344, vso. 9.9; Zandee, *Amunshymnus*, pp.873~876, 그리고 11.1~2; Zandee, *Amunshymnus*, p.995f.에서 상세히 설명되고 있는데, 여기서 왕은 신의 카(ka)라고 불린다.
106) Goyon, *Edifice*, p.69ff.에 언급되었다.
107) Norman de Garis Davies, *The Temple of Hibis in El-Khargeh Oasis III: The Decoration*, New York: The Metropolitan Museum of Art, vol.17, 1953, pl.31. Assmann, *ÄHG*, no.128, pp.1~2에 있는 번역은 맞게 수정되어야 한다.
108) 특히 Reinhold Merkelbach and Maria Totti, *Abrasax: Ausgewählte Papyri religiösen und magischen Inhalts*, Abhandlungen der Rheinisch-Westfälischen Akademie der Wissenschaften, Sonderreihe Papyrologia Coloniensia, 17, 3 vols., Opladen: Westdeutscher Verlag, 1990~1992, "Gebete"를 보라.

일곱 머리를 가진 "베스"(Bes)……

그는 카르나크의 주이자 이페트-수트의 주인인 아문-레의 바들[의 몸을 만들어 준다]이다,

그는 숭고한 얼굴을 가진 숫양으로 테베에 산다.

그로부터 생겨난 큰 사자,

태초의 위대한 신,

땅의 지배자, 그리고 신들의 왕,

하늘, 땅, 지하, 물, 그리고 산들의 주인,

그는 신들로부터 그의 이름을 감추신다.

수백만 큐빗(cubit)의 거인이자,

하늘을 자기 머리에 고정한…… 강한 자,

그의 코에서 공기가 나온 자,

땅에 빛을 비추기 위해 태양으로 솟아오르며,

그의 몸으로부터 모든 입을 먹일 나일강이 흐르는 자……

이 텍스트에는 일곱 개의 머리를 가진 이상한 모습을 보여 주는 삽화가 있는데 텍스트는 그것을 설명하고 있다. 베스는 이집트 주술에서 잘 알려진 형상이다. 그는 침실의 신으로 악귀를 그의 기괴한 몰골로 퇴치한다. 이런 외형에 일곱 개의 머리를 가진 채 그는 더욱 기괴한 모습으로 나타난다. 어떤 경우라도 그는 람세스 신학이 주장하는 최고 존재자에 대한 숭고한 개념과는 동떨어진 세계의 존재로 보인다. 그럼에도 불구하고 그는 여기서 아문의 일곱 바들을 구현하는 보편적 신성으로 나타난다. 우리는 그 텍스트와 그림 둘 다를 두 차원에서 이해해야 한다. 그림이 보여 주는 것은 경험과 일곱 바들과 모든 다양한 계시의 결합 차원인데, 그 속에서 창조자의 우주 발

생 에너지가 제시되고 그 세계 속에서 작동된다. 텍스트가 언급하는 건 말로 표현할 수 없는 숨겨진 우주적 신인 초월의 차원인데 물론 어떤 이미지도 그를 재현할 수 없다. 텍스트가 사용하는 모든 형용문구는 베스가 아니라 아문-레를 언급한다. 베스는 최고의 신의 결합된 바들과 동일한 것이다. 삽화 이미지에서 보이는 것은 베스인데 텍스트가 언급한 것은 최고의 신이다. 그리고 텍스트 구절들은 다시 말하지만 신학의 주목할 만한 대목이다.

같은 파피루스의 다른 삽화는 유사한 모습을 보여 주고 있지만 일곱 머리가 아니라 아홉 머리를 가진 모습이다. 그것은 사발 위에 서 있는데 뱀이 꼬리를 무는 형상으로(sd m r3, 그리스어로 우로보로스ouroboros) 테두리가 둘려져 있고, 사악한 힘을 체화하고 상징하는 여러 짐승들, 이를테면 사자, 하마, 악어, 뱀, 전갈, 거북이 그리고 개를 포함하고 있다. 동반된 텍스트는 그림을 묘사하고 있지만 신학적 해석은 하지 않는다.

> 하나의 목 위에 아홉 개의 얼굴은
> 베스의 얼굴, 숫양의 얼굴,
> 매의 얼굴, 악어의 얼굴,
> 하마의 얼굴, 사자의 얼굴, 황소의 얼굴,
> 원숭이의 얼굴, 그리고 고양이의 얼굴이다.[109]

이 형상은 그 유명한 메테르니히 비석(Metternich Stela) 같은 주술 비석들에 다시 나타나고 사실상 후기 시대에 보편화되었다. 그리스-이집트의 주술용 파피루스들에서 아홉 머리 형상(enneamorphos), 즉 아홉 형상

---

109) Sauneron, *Papyrus magique*, p.18, pl.2, fig.2(facing p.12).

을 가진 유일자라 불리는 것과 같은 형상이다.[110] 우리는 이것이 같은 사상의 다른 표현이라는 점에 수긍이 간다. 그것은 다른 형상들의 시각화라고 말할 수 있는데 그 속에서 최고의 신이자 초월적 신의 우주 발생적 에너지가 세계에 현재한다. 이집트 판테온은 이 신적 경험의 복합적 형식이다. 일곱 개의 바들, 즉 아홉 개의 형상이나 백만의 존재는 신이 하나이자 여럿이고, 하나이자 모든 것이며, 그리스적 표현으로 헨 카이 판이라는 생각의 변형된 표현들이다.

현재의 콘텍스트에서 이 낯선 형상들에 대한 주된 관심은 그것이 람세스 신학과 그리스-로마 신앙 및 실천 사이의 '실종된 고리'를 제공해 주고 있다는 사실에 있다. 주술은 전달과 지속의 가장 중요한 수단으로서의 역할을 한다. 신에 대한 이 매우 신학적인 개념이 주술적인 브루클린 파피루스의 두 삽화에서 수행하고 있는 주술적 목적은 신 자신으로서 일반적인 것과 모든 것을 포괄한다. 파피루스는 모든 가능한 위험 형식들에 대해 일반적이고 특수한 보호 장치로 고안되었다. '범신론'은 세계에 대한 주술적으로 성공한 이론으로 입증되었다.

그리스-로마 주술 파피루스에서 많은 신학적 구절들이 최고의 신에 대해 같은 개념을 매우 잘 보여 주고 있다. 우리가 브루클린 파피루스에서 보았듯이 그것은 보이지 않는 보편적 최고 존재의 개념이고, 그 존재가 보여 주는 계시가 세계다.

나에게로 오소서 네 개의 바람으로 온 당신,
모든 것의 지배자 하느님,

---

110) Merkelbach and Totti, *Abrasax*, vol.1, p.78; vol.2, pp.10~11; vol.3, pp.59~65.

당신은 사람들이 살도록 영혼을 불어넣습니다,

세계에 있는 좋은 일들을 지배하는 선생입니다.

주여, 말로 표현할 수 없는 이름을 가진 분이시여, 내 목소리에 귀를 기울이소서.

악령들은 그것을 듣고 공포에 질려

그 이름 바르바레이크 아르셈펨프루투(Barbareich Arsemphemphroothou)

그리고 그 소리를 들었기에 태양과 땅이 전복되었습니다

지옥의 신 하데스가 그것을 듣고 흔들렸고, 강들, 바다, 호수들, 샘들이 그 소리를 듣고는 얼어 붙었습니다.

바위들이 그 소리를 듣고 갈라졌습니다.

하늘이 당신의 머리고

에테르는 당신의 몸,

땅은 발

그리고 당신 주위의 물은 대양이고

오 아가토스 다이몬(Agathos Daimon)이여.

당신은 주이시며, 모든 것의 창시자요, 기르는 자요, 증대자이십니다.[111]

이제 내가 주장하는 것이자 커드워스, 레싱 그리고 독일 전기 낭만주의를 골몰하게 했던 그리스 문구의 이집트 형식인 **헨 카이 판**이라는 말로 돌아

---

111) Preisendanz, *Papyri Graecae Magicae*, no.12, pp.238~245 = Hans Dieter Betz(ed.), *The Greek Magical Papyri in Translation*, p.162. Preisendanz, *Graecae Magicae*, no.13, pp.762~794 = Betz, *Translation*, p.190f.를 보라.

가 보자. 람세스 주술 파피루스는 가장 중요한 아문-레 찬가들 중의 하나인 짧은 판본을 포함하고 있다. 결과적으로 비록 최초의 완전한 현존 판본은 페르시아 시대의 히비스 사원에 있었지만 그 찬가는 19왕조 때 만들어진 것으로 볼 수 있다. 짧은 판본은 다음과 같다.

> 오, 자신을 수백만으로 만드는 유일자
> 그의 길이와 폭은 끝이 광대무변하시다![112]
> 언제나 지닌 권능, 스스로 자신의 생명을 만들고
> 위대한 불꽃을 가진 우레우스(Uraeus)여
> 비밀스런 모습을 지닌 위대한 주술
> 존경을 받는 비밀스런 바.
> 아문-레 왕 만세, 힘 있고 무강하소서
> 스스로 존재하는 자여
> 아크티, 동쪽의 호루스여,
> 광휘로 세상을 비추는 떠오르는 자여,
> 신들보다 더 빛나는 빛이여
> 당신은 위대한 아문으로 몸을 감추고
> 양원(陽園)으로 변화된 당신의 모습에서 당신은 모습을 감추십니다.[113]

---

112) 하느님의 '무한함'의 개념에 대해서는 "who concealed himself, whose limits cannot be attained", Papyrus Leiden I 344, vso. 2, 8~9; Zandee, *Amunshymnus*, pp.120~126을 참고하라. Papyrus Berlin 3049, 16, 6과 Helck, *Urk* 8, 116, "whose circuit has no limit"를 참고하라.

113) 이것은 아마르나 텍스트가 아닌 다른 텍스트에서 태양을 신의 양원(hprw)이라고 부른 아주 적은 예들 중의 하나이다. 이것은 의심할 여지없이 신의 변형 개념에 대한 언급이다. 그 안에서 태양은 태고신의 우주론적·변형적 과정의 마지막 단계를 형성한다.

신들 위에 떠오르는 타테넨(Tatenen)이여.

시간 속을 여행해도 나이 많은 남자는 영원히 젊다

모든 것을 소유한 채 존재하는 아문이여

이 분이 그의 섭리로 땅을 세웠습니다.

첫 스탠자는 신의 모습을 그려 놓았는데 이것은 우리에게 특별한 관심을 끈다(아마도 랠프 커드워스에게 그랬을 것이다). 이것은 감춰진 이름 없는 권력자들의 모습인데, 그들에게는 신적인 이름 아문(-레)도, ntr(보통 '신'으로 번역되는)이라는 묘사도 충분한 것 같지 않다. 이런 이유 때문에 "권능", "우레우스", "위대한 주술", 그리고 마지막으로 이런 개념의 신에 대한 "이름 자체"(nomen ipsum)로 여겨져야 하는 "감춰진 바"와 같은 완곡어법이 사용된다. 이 연은 둘째 연과 아주 다른데, 둘째 연은 감춰진 신뿐만 아니라 카르투시(cartouch, 긴 타원형의 윤곽)와 제목이 있는 이름을 강조한다. 그 이름 역시 세상에 자신의 지배력을 행사할 때 사용하는 신의 모습이라는 사실에 대한 이보다 더 명확한 표현은 찾아볼 수 없다. 이름 없는 비밀스런 바로서의 신은 무제한적이고 도처에 편재한다. 그의 권세가 스스로 나타나는 형식들은 백만 겹의 총체성이다.

그 찬가는 이런 감춰진 보편적 창조자, "자신의 모습을 수백만 형식으로 변화시키는 유일자"에 대한 언급과 함께 매우 자주 등장하는 어떤 문구를 사용한다. 이런 구절의 해석상의 문제들은 다음과 같이 요약할 수 있다.

1) "유일자": '유일성'에 대한 서술이 창조 이전의 태고신의 '독거'를 언급하는가 아니면 창조 시 계시된 신의 절대 유일성을 언급하는가?
2) "누가 스스로 변형되는가?": 이것은 태초의 창조를 언급하는가 아니면

유일자로부터 나온 모든 것의 영속적인 흐름을 언급하는가?

3) "수백만의 모습으로": 이것은 수백만의 신들을 언급하는가 아니면 모든 총체적인 피조물을 언급하는가 아니면 모든 것(그리스어로는 판pan, 라틴어로는 옴니아omnia)의 개념을 언급하는가?[114]

에릭 호르눙은 이 구절을 시간적 의미로 해석했다. 그는 ①"유일자"를 창조 전 신의 상태로 여기고, ②창조나 유일자로부터 다수의 출현을 묘사하는 단어를 태초의 창조에 대한 묘사로 여기며, ③'수백만의 형상'을 존재하는 현실을 표현하는 다신론적 신의 세계로 여긴다.[115]

대체로 이런 관점들은 텍스트에 의해 알 수 있으며, 이에 관한 거의 모든 텍스트들이 창조를 언급한다. 때때로 단일성과 전체성 간의 시간적 관계 또한 모든 신들은 그 유일자를 따라 출현했다는 추가적 진술에 의해 강조된다. 그러므로 그것은 호르눙의 해석에 대해 논쟁할 문제가 아니라 부정할

---

114) 여기의 ḥḥw는 분명 "수백만"을 뜻하지 세테(Kurt Sethe)가 해석하듯 "모든 스며드는 공기"가 하(Hah) 신에게 의인화되어 있는 것이 아니다. Sethe, *Die altägyptischen Pyramidentexte*, vol.1, sect.201. 하 신은 프톨레마이오스 시대까지 이런 관계에서 등장하지 않는다. Étienne Drioton, *Annales du Service des Antiquitées Egyptiennes*, no.44[1944], p.127[c]을 보라.

115) Erik Hornung, *Conceptions*, p.170. "'수백만의 형상', 거대하고 불가해하지만 무한하지 않은 타당성은 창조된 세계, 즉 존재하는 모든 것의 현실이다." 이것을 마치 그것이 유한한 것인 것처럼 ḥḥw라고 정당하게 말할 수 있는가? 그것은 분명 (백만하나와는 구분되는 백만 같은) 유한한 숫자가 아니라 오히려 계산할 수 없는 풍성함을 뜻한다. 이것은 또한 마음으로부터 생겨나야만 하는 것으로서 ḥḥw로 표현되는 무한함의 사상은 '구별되지 않은 일체성'의 개념처럼 혼돈이라는 범주이다. 구별의 우주론적 개념이 의미할 때 "셋이 되는 하나"라는 말이 사용되지 "백만이 되는 하나"란 말이 아닐 것이다. de Buck, *Coffin Texts*, 2, 39. 그리고 Eberhard Otto, "Altägyptischer Polytheismus. Eine Beschreibung", *Saeculum*, no.14, 1963, p.267, 274를 비교하라. 관(棺)에 관한 텍스트 Cairo Catalogue Général 6234, "나는 둘이 된 하나이다/ 나는 넷이 된 둘이다/ 나는 여덟이 된 넷이다"도 참조하라. 그리고 Maspero, *Receuil de Travaux*, no.23, 1901, pp.196~197을 보라.

수 없는 창조에 대한 언급(그것은 이집트 종교사에서 전혀 새로운 것이 아니다)과는 별도로 그 문구가 라틴어 구절 **"모든 것인 하나"**(una quae es omnia)에도 표현된 것처럼 하느님에 대한 '계시적' 개념을 암시하는가를 묻는 문제. 위에서 인용된 찬가는 하느님의 개념을 '감춰진 힘', 그리고 그 안에서 펼치고 확장하여 '무한'이 되는 수백만 겹의 복수성의 원천으로 본다.[116] 이런 무한함은 세상에 대한 서술이 아니라 찬가의 대상인 하느님에 대한 서술이다. 따라서 하느님은 자기 스스로 형상을 바꾸는 수백만의 개체다(unus qui est omnia). 다른 텍스트들에서 보면 '수백만의 형상'은 자신의 신체이자[117] 자신의 사지이고[118] 그의 변형된 모습이며[119] 심지어 자신의 이름이라고들 한다. '수백만 중의 백만'이 그의 이름이다.[120] 자신을 수백만의 실재로 변형함으로써 하느님은 하나가 되는 것을 멈추지 않았다. 하느님은 감춰지는 동시에 드러나는 신비로운 방식으로 다수라는 것이고, 그것을 이 신학은 바라는 개념을 통해 이해하려는 것이다. 공통된 텍스트조차도 하느님을 신들과 인간들(다시 말해, 수백만 형상들)의 바로서 (그리고 창조주가 아닌 것으로서) 묘사하기까지 한다.[121]

---

116) Leiden stela V, 70 = Assmann, *ÄHG*, no.90을 보라. 여기서는 태양신이 "그 한계가 알려지지 않은 ḥḥw, 그의 몸이 알려지지 않은 갑충석"으로 묘사되어 있다. 이 텍스트는 아마르나 시대와 가까운 시기에 나온 것으로 '신태양 신학'에 속한다. 그것은 아마도 '무한한' 빛의 편재를 의미할 것이다.
117) Papyrus Leiden I 344, vso. 3, 2~3 = Zandee, *Amunshymnus*, pp.168~176.
118) Emile Chassinat, *Le temple d'Edfou*, vol.3, Cairo: Imprimerie de l'Institut Français d'Archéologie Orientale, 1928, 34.9~10.
119) 람세스 3세의 비문의 "ḫprw.f m ḥḥw"라는 표현은 Kenneth A. Kitchen, *Ramesside Inscriptions*, vol.6, Oxford: Blackwell, 1969, 452.8에서 찾아볼 수 있다.
120) Helck, *Urk*, 8, sect.138b = Kurt Sethe, *Thebanische Tempelinschriften aus griechisch-römischer Zeit*, ed. Otto Firchow, Berlin: Akademie Verlag, 1957, p.110. 반대로 야훼(Yahweh)에 대해서는 "'하나'가 그의 이름이다."「즈가리야」14장 9절.
121) ḥḥw의 의미에 대해서는 Assmann, *Sonnenhymnen*, text 149(c)를 보라.

지금의 것을 창조한 유일자만이,
신들과 인간들의 드러난 바(ba)다.[122]

신의 일체성은 그것이 창조 신학의 해결 전과 후로 환원되지 않은 채 (다신론에서 실현된) 신적 세계 개념과 조화를 이루기 위해 만들어졌을 때만 문제가 된다. 이것이 람세스 신학이 처한 상황이다. 신의 일체성은 선재(先在)로서도, (반-종교적) 유일신 개념으로도 실현되지 않고 잠재성, 즉 '감춰진 일체성'으로 실현된다. 지상의 모든 살아 있는 다수는 자기 근원을 그 일체성 속에서 찾고 그 일체성의 불가해한 성격은 오로지 그것의 계시들, 즉 다신교적 세계의 '다채로운 생각' 속에서만 경험하고 진술할 수 있다.

"수백만의 형상으로 자신을 만드는 유일자"란 명제는 하느님이 세상을 창조함으로써 자신을 변형시켜 세계의 창조와 유지에 작용하는 완전한 신적 권능으로 모습을 바꾸거나 계시한다는 것을 뜻하고, 모든 신들은 하나로 이루어진다는 것을 뜻한다. 이시스를 "모든 것인 하나"로 서술하는 것은 이런 형태의 서술을 번역한 것이고 지속시키는 것이다. 이시스는 커드워스에게 참으로 중요한 것이었던 카푸아에서 나온 비문 속의 "모든 것인 하나"(una qua es omnia)라 불리거나,[123] 이시스의 신적인 존재 속에 흡수되거

---

122) Papyrus Berlin 3030, 8~9에 있는 태고신에 대한 찬가 "Livre que mon fleurisse"; Papyrus Louvre 3336, 1, 1~16; Papyrus Brussels = Louis Speelers, *Recueil des Travaux*, no.39, 1917, p.28ff.
123) 1세기 혹은 2세기의 Ex voto 비문에 "모든 것이 하나인 당신 여신 이시스, 당신을 위해서 당신을!"(Te tibi una quae es omnia dea Isis)이라는 표현이 나온다. 이는 *Corpus Inscriptionum Latinarum*, 10, 3800에서도 찾아볼 수 있다. 그리고 Dunand, "Le syncretisme isiaque", p.82, n.1을 보라. Ladislaus Vidman, *Sylloge inscriptionum religionis Isiacae et Sarapiacae*, Berlin: Akademie Verlag, 1969, no.502; V. Tran Tam Tinh, *Le culte des divinités orientaux en Campanie*, Leiden: Brill, 1972, p.41ff., 77, pp.199~234.

나 또는 결합된 모든 다른 여신들을 뜻하는 "당신은 하나이자 모두입니다"(mounē su ei hapasai)[124]라고도 불린다. 이시스는 또한 "수많은 이름을 가진"(myrionyma)이라고도 불리는데 그 뜻은 모든 신성한 이름이 이시스이고 모든 다른 신성들은 단지 이시스의 모든 것을 포괄하는 본성의 양상들일 뿐이라는 것이다. 이런 생각은 『헤르메스 전집』에도 나타나는데 거기에 나오는 모든 이름들은 유일신의 다른 이름이라고 적혀 있다.[125] 조르다노 브루노는 히브리 신비철학의 전통을 언급하는데 그에 따르면 제일 원칙으로서 말로 표현할 수 없는 이름이 있다. "두번째로 이 제일 원칙으로부터 네 개의 이름들이 생기고, 그것이 나중에 열두 개의 이름이 되고 직선으로 일흔두 개의 이름으로 변하고, 대각선과 직선으로 백마흔네 개의 이름이 되고, 이렇게 계속하여 4와 12에 의하여 전개되어 셀 수 없는 종의 이름들로 변한다. 그리고 마찬가지로 각 이름에 따라 (그것은 그들 자신의 언어에 이득이 되므로) 그들은 한 종을 지배하는 한 신, 한 천사, 한 지성, 한 힘에 이름을 붙인다. 이로부터 마치 모든 빛이 최초의, 스스로 빛을 발하는 근원으로 환원되듯이 모든 신성이 한 근원으로 환원된다는 것을 알게 된다. 그리고 특별한 주체들에 따라 달리 보이는 다양하고 수많은 거울 속의 모습들은 그들의 근원, 즉 유일한 형식적·이상적 원칙으로 거슬러 올라간다."[126] 나는 이런 종류의 사변이 계시의 패러다임 내에서 이집트 왕들의 사유에 상당한 호소력을 가졌다는 것을 어찌 달리 설명할 도리가 없다.

---

124) 메디네트 마디의 「이시도루스 찬가」. 이 책 2장의 각주 66을 보라.
125) *Corpus Hermeticum*, 4. 10 = Arthur D. Nock (ed.), *Corpus Hermeticum*, 4 vols., trans. Jean-André Festugière, Paris: Collection Budé, Les Belles Lettres, 1973~1980, vol.1, p.64; *Asclepius*, sect.20 = Ibid., vol.2, p.321.
126) Bruno, *The Expulsion of the Triumphant Beast*, p.240.

랠프 커드워스가 보여 주었듯이 헤르메스주의의 강령인 그 유명한 선포 "하나이자 모든 것"(One-and-All)은 이시스의 문구 **"모든 것인 하나"**(una quae es omnia)와 같은 기원을 가지고 있다. 연금술적·헤르메스주의적 원고들은 이 명구(銘句)를 중세를 거쳐 18세기 범신론의 부활에까지 전달하였다.

7장
모세구별의 폐지: 종교의 적대성과 그 극복

7장 _ 모세구별의 폐지: 종교의 적대성과 그 극복

모세와 이집트에 대한 담론은 17세기 말에 시작되었거나 아니면 최소한 강도 있고 현저한 모습을 띠기 시작했다고 할 수 있다. 그 담론은 계몽주의 기획의 일부분이었고 '개신교적 계몽주의'라 이름 붙일 수 있는 모습을 보였다. 이 논쟁의 중요한 부분을 맡았던 대부분의 사람들은 개신교 성서학자들, 이를테면 스펜서, 마셤, 그리고 커드워스였고, 심지어 주교인 워버턴, 버클리, 그리고 스틸링플리트 같은 이들도 있었다. 라인홀트는 예수회 교단의 신부로 출발해 목사였던 헤르더의 권유로 개신교로 개종했다. 헤르더가 썼던 『하느님』(Gott, einige Gespräche)은 야코비의 스피노자주의 개념에 대답한 것이다. 모세-이집트 담론의 틀 안에서 글을 썼던 학자들은 기억의 강력한 인물로서의 [모세를] 이스라엘 및 이집트의 좌표에서 직면하게 되었고, 이 좌표 안에서 이집트에 접근하였다. 그렇게 함으로써 그들은 프로이트적 의미에서 문화적 기억작업(Erinnerungsarbeit)을 한 것이다. 이런 작업은 이집트에 대해 글을 썼던 다른 학자들과는 구별되는데, 특히 헤르메스주의자들이 그러했다. 이들은 일차적으로 모세와 유일신교에 대해 관심이 없었고 이집트를 성서의 하위 텍스트로 보지도 않았다. 그러나 이스라엘과 이집트의 관계는 문화적 기억의 형식으로서 아주 강하고 영향력 있는 것으로 입증되었다. 이것은 20세기 지식인 무대에서 선도적인 두 저자 토마스 만과 지그문트 프로이트가 이 같은 관계를 재구성하고 분석하려는 수고를 아끼지 않았다는 단순한 사실만으로도 알 수 있다.

이집트의 성서적 이미지의 의미와 이 담론의 목표는 되돌아보면 쉽게 정의될 수 있다. 이집트의 성서적 이미지는 '우상숭배'다. 그것은 '모세구별'이 종교상 진리의 반대라고 배제했던 것을 상징한다. 이런 구별을 함으로써 '모세'는 자신의 민족과 종교적 신념이 문화적·자연적 맥락에 연결되어 있었던 비성서적 끈을 잘라낸 것이다. 성서가 표현하는 이집트는 거부된 것, 폐기된 것, 그리고 버려진 것을 상징한다. 그 이집트는 단지 역사적 정황이 아니라 유일신교의 근원적인 의미론이다. 그것은 제1계명에서 명시적으로 등장하고 제2계명에서 함축적으로 등장한다. 「출애굽기」에서 이집트의 역할은 아시리아, 바빌로니아, 팔레스타인 그리고 후기 시대 이집트를 포함한 다른 철기 시대 강대국들이 성서의 역사서와 선지서들 속에서 했던 역할과는 구별되어야 한다. 「출애굽기」에서 이집트의 역할은 역사적인 것이 아니라 신비주의적인 것이고, 그것은 그 이야기를 한 사람들의 정체성을 정의하는 데 도움을 준다. 이집트는 선민들이 출현한 어머니의 자궁이지만 비성서적 탯줄은 모세구별에 의해 영원히 잘려졌다.

스펜서, 커드워스, 마셤과 다른 몇몇 사람들은 이 분명한 구별에 대해 번역이란 개념을 대립시켰다. 이런 패러다임의 전환은 아마도 다음에서 말하는 메타포에 의해 분명해질 것이다. 반-종교는 팰림프세스트(palimpsest), 다시 말해 글자를 지우고 다시 사용한 파피루스나 양피지에 비유될 수 있다. 오래된 텍스트가 지워지고 새로운 텍스트가 깨끗해진 표면 위에 적혔다. 그 표면을 깨끗하게 하기 위한 노력이 더해지면 더해질수록 오래된 텍스트는 덜 보이기 마련이다. 하지만 보통 그 오래된 텍스트의 희미한 흔적은 남게 된다. 그 흔적은 증오와 혐오의 대상이 된다. 이것이 옛 패러다임이다. 새로운 패러다임은 새로 적힌 텍스트 아래에 여전히 보이는 오래된 텍스트에 집중한다. 그 안에 있는 거부되고 폐기된 것의 흔적을 보는 대신에 새로운 패러다임은 그것을 14세기 이탈리아의 시에나(Siena) 그림들 속에 사용된 일종의 '황금색 밑바탕'으로 간주한다. 그것은 궁극적으로 출애굽과 계시를 수정하고 모세구별을 지워 버리는 황금색 밑바탕의 복원이었다. 이러한 프로젝트는 민족들, 신앙고백들, 종교들, 그리고 계급들 간의 경계를 허물고, 증오, 몰이해, 박해로 특징지어지는 이념적 구별을 '파괴'한다.

적대관계의 문제와 그것을 해체하고 극복하려는 시도는 모세-이집트 담론의 엔진, 다시 말해 추진력이 된다. 그런 시도는 스펜서와 더불어 시작되었고 그는 여전히 규범적 전도라는 대단히 적대적인 틀 안에서 논의되었으며 프로이트와 더불어 종말을 맞이한다. 프로이트는 모든 인간에게 공통된 '고대의 유산' 속에서 억압된 사건의 회귀로서의 계시라는 부정성을 정신분석적으로 해석함으로써 그런 적대관계를 해체한다.

이집트의 성서적 이미지를 파괴하는 프로젝트는 다양한 형태들의 종교적 적대관계에 해당하는 국면들 속에서 계속된다.

혁명 혹은 옛 것과 새 것

아마르나

아마르나 종교는 유일신교의 혁명적 형식들 사이에서 다뤄야 한다. 아마르나 종교는 부정, 비관용, 박해라는 가장 폭력적인 형식들로 전통을 적대시한다. 하지만 그것이 거부한 전통은 결코 문헌들 속에서 언급되지 않는다.

그래서 우리는 그 종교의 개념적 구조를 이해할 수 없다. 이것이 아마르나 종교와 성서적 유일신교 간의 기본적 차이들 중 하나다. 이 사실은 부분적으로 아마르나 종교에 대한 전승의 부족 때문이기도 하고, 부분적으로는 그 종교의 '우주신교적' 성격 때문이기도 하다고 생각한다. 아마르나 유일신교가 만약 어떤 규범적 텍스트나 그에 대한 해석들이 생겨날 만큼 오래 존재했었더라면 그 폐기된 전통과 반대적인 해석을 발전시켰을 수도 있다. 기원전 14세기에 혁명적 반-종교가 발생했던 것은 그런 현상이 기껏 해봐야 20년간 지속되었다는 사실과, 나중에 어떤 개정이나 해석, 혹은 변증론 없는 최초의 원텍스트만 존재한다는 사실만큼이나 특이하다. 그러므로 '이교도 신앙'이나 '우상숭배' 같은 적대적 개념들이 아마르나 종교의 발생 가능한 범위 안에서 생겨났는지, 밖에서 생겨났는지는 알 수 없다.

한 가지 사실은 명백한데, 그것은 아마르나 혁명이 계시가 아닌 증거를 토대로 일어났다는 것이다. 이것이 아마르나 유일신교와 성서 유일신교 간의 또 다른 근본적 차이다. 아마르나 종교는 우주신교적이다. 아톤은 우주신이다. 아톤은 보이지 않는 신이 아니며 빛과 가시성의 창조자다. 그는 영적이거나 윤리적이지 않고 오히려 아주 태양 행태적이다. 프로이트는 증거를 토대로 한 '자연'종교가 계시에 근거한 '실증'종교보다 대비적인 자기-정의에 명백히 덜 의존한다는 사실을 몰랐다.

바로 모세-이집트 담론의 성격이 이런 구별을 흐리게 하고 모세를 우주신교자로 바꾸어 놓는 경향이 있다. 그래서 모세의 하느님은 이집트로부터 온 해방시킨 자가 아니라 하늘과 땅의 창조자이자 모든 존재하는 것의 유일한 원천이 된다. 예호수와 아미르는 이런 혼동이 헬레니즘 시대에 시작되었고, 더 나중 시대의 위대한 철학자들은 모세에게서 사상을 차용했다고 생각하기에 모세의 가르침이 이 철학자들의 가르침과 다르지 않음을 애써 입증하려 했던 유대교와 기독교 변증론자들의 목표와 일치한다고 확신을 갖고 자신의 논문에서 명석하게 보여 주었다.[1] 출애굽의 신은 아주 다르다. 그 신은 주된 정치적 인물이라는 점에서 아리스토텔레스가 말한 원동자(原動者, unmoved mover)는 말할 것도 없고, 아톤이나 아문보다는 파라오에 훨씬 더 가깝다. 그는 또한 '화산신'도 아니다. 그의 '분노'와 '질투'는 정치적 결과물이고 그것은 가신들과 조약을 맺은 왕에게 적합한 것이다.[2] 마지막 단계에서는 하느님과 세계 혹은 창조자와 창조물 간의 구별조차 희미해진다. 톨런드는 최초로, 그리고 공개적으로 모세를 '스피노자주의자'라 불렀다. 하지만 그는 성서적 기록을 노골적으로 무시하고 스트라본에 전적으로 의존하면서 그렇게 했다. 라인홀트와 실러는 성서를 배제하지 않으면서도 톨런드와 같은 일을 해냈다.

"모세"

성서의 역사와 신학이라는 전반적인 맥락 안에서 모세라는 이름과 특별히 연관을 맺고 있는 유일신교적 운동은 반-이집트적 혁명으로서의 출애굽에 대한 책에서 그 모습을 드러낸다. 여기서 나는 역사적 모세나 그의 개인적 생각과 의도가 아닌 모세라는 이름이 담고 있는 성서적 텍스트의 의미론을 다루고 있다. 이 유일신교는 아마르나 종교와 큰 대조를 보이면서 그 중요한 의미론적 요소들을 거부된 타자에 대한 해석으로부터 도출하고, 이런 의미론들은 오늘날까지 계속해서 그 영향력을 행사한다.[3] 모세의 유일신

---

[1] Yehoshua Amir, "Die Begegnung des biblischen und des philosophischen Monotheismus als Grundthema des jüdischen Hellenismus", *Evangelische Theologie*, no.38, 1978, pp.2~19..

[2] Lactantius, *De Ira Dei*와 나의 논문 Assmann, "Politische Theologie"를 보라.

교는 그 자신을 규정하기 위해 그것이 반대하는 종교의 지속을 필요로 하는 명시적인 반-종교이다. 이런 이유 때문에 성서는 이집트의 이미지를 자신의 반대 이미지로서 보전했다. 여기서 그 이미지의 핵심을 표현할 수 있는 개념은 우상숭배다. 이 개념은 그 어휘 항목적 차원에서 정의되는 것이 아니라 모델 서사, 즉 '원초경'(primal scene) 차원에서 정의된다. 우상숭배의 원초경은 황금 송아지에 대한 이야기다. 그것은 "무엇이 우상숭배인가?"에 대한 물음에 대답할 때 용어론상의 정의로 사용된다. 그 자체로 그것은 '문둥병환자들'에 대한 이집트 이야기의 정확한 대응물이다. 그 두 이야기들은 서사적 예시를 통해 상호적 부정이 무엇인지 정의내린다. '우상숭배자들'은 '우상파괴자들'을 혐오하고, '우상파괴자들'은 '우상숭배자들'을 혐오한다.

황금 송아지는 이집트적 이미지이자 아피스의 이미지다. 그 이야기의 원저자들은 그 사실을 의식하지 못하고 단지 랍비들과 기독교 주석가들만이 그렇게 읽었을지도 모른다. 하지만 이 점은 기억사의 맥락 안에서 볼 때 중요하지 않다. 그 '원저자들'은 또한 그들이 '원초경', 다시 말해 대단히 중대하고 결정적 중요성을 지닌 이야기를 쓰고 있다는 사실을 인식하지 못했을 것이다. 전통이 그런 중심적 위치를 획득한 것은 바로 긴 역사 속의 수용과 정전화의 과정에서였다. 황금 송아지의 이야기는 확실히 그런 지위를 획득하였는데 그 이유는 그 이야기가 유대의 속죄일에 교독문이 되기 때문이다. 신의 분노는 한 번 더 돌이킬 수 있을까, 그 맹세는 지속될 수 있을까, 삶은 한 해 더 계속될 것인가? 그것이 생과 사의 문제, 사느냐 죽느냐의 문제이고 그것이 이집트 우상숭배와 관련되어 있다.

---

3) Walzer, *Exodus and Revolution*을 보라.

비밀 혹은 계시된 것과 감춰진 것

비밀이 모든 종교에서 필수불가결한 요소라는 것은 의심의 여지가 없다. 확실히 아무런 비밀이 없는 종교는 없다. 그리고 우리가 종교사를 거꾸로 올라가면 갈수록 비밀이 큰 역할을 한다는 것을 알 수 있다. 그래서 언뜻 보면 모세-이집트 담론이 종교사에서 주요인으로 꼽고 있는 비밀의 중대한 개념에는 특별한 것이 없다. 그러나 이 담론의 비밀과 다른 종교들의 비밀 사이에는 근본적이 차이가 있다. 모세-이집트 담론의 틀에서 비밀은 종교적 적대성의 모습을 띠게 되었다. 종교에서 비밀의 일반적 개념은 일반적 지식과 특별한 지식 사이를 구별한다. 일반적 지식은 모든 사람에게 열려 있고 또 심지어 어느 정도는 의무이기까지 하다. 특별한 지식은 일반적 지식의 틀 위에서 만들어지되 모든 사람이 접근하기에는 매우 어렵고 위험한 종교의 영역 속으로 몇 걸음 더 들어간다. 그러나 모세-이집트 담론의 콘텍스트에서 구성된 비밀의 개념은 완전히 다른 구별을 하고 있다. 그것은 가장 급진적인 반대를 함축하는 모세구별이라는 개념으로서 개방된 지식과 비밀의 지식 모두에게 적대감을 드러낸다. 지식의 두 몸체는 완전히 서로 허용될 수 없는 것이다. 즉 하나가 다른 하나를 완전히 부정한다.

    분열된 종교의 정신분열적 사상은 종교사에서 가장 상도(常度)를 벗어난 개념이다. 신에 대한 견해를 고집하였던 비밀스런 사회들이 있었을 것이다. 그리고 만약 그것이 공적이었다면 교회, 국가, 그리고 사회의 제도를 완전히 변혁시키고자 했던 세계가 있었을 것이다. 그러나 이런 사회들은 실제적 혁명을 옹호하지 비밀의 '구조적' 개념을 옹호하지는 않았을 것이다.[4] 이

---

4) Jacob, *The Radical Enlightenment*를 보라.

것이 사회와 종교가 일하는 방식이라는 주장, 그리고 이런 종류의 비밀스런 사회들이 구조적으로 필수불가결하다는 주장에 대한 역사적 증거를 거의 찾아볼 수 없다. 그러나 바로 그러한 일이 모세-이집트 담론의 과정에서 생겨난 비밀 개념에 의해, 특히 워버턴에 의해 일어난 것이다. 이러한 유형의 비밀 없이 일할 수 있는 국가는 없다. 이교는 구조적으로 진리에 맞서는 정치적 제도다. 모세는 '특별한 신의 섭리'에 의존할 수 있었기 때문에 감히 비밀 없이 사회를 건설하려고 했던 유일한 사람이다. 다시 말하지만 우리는 실제 역사의 '사실들'이 아니라 문화적 기억의 작업들을 탐구하고 있다는 것을 잊어서는 안 된다. 역사적으로 비밀의 이 개념은 분명 이성적인 개념들이 그럴 수 있는 것처럼 잘못된 것이다. 그러나 비밀의 역사적 모순에도 불구하고 그것은 강하고 극단적으로 영향력을 발휘한 개념으로 과거의 재구성뿐만 아니라 현재와 미래에 관한 믿음에도 역시 도움을 준다.

분열된 종교의 개념은 비적대, 온건 적대, 급진적 적대 형태에서 발생한다. 비적대 형태는 필론, 플루타르코스, 알렉산드리아의 클레멘스, 그리고 이암블리코스 같은 이집트 종교에 관한 고전적 이론들이 지지한다. 이 형태는 스토아학파와 신플라톤주의적 지식 사회학과 상응하며 적용의 개념에 포함된다. 인류가 진리를 파악하기 위해 서로 다른 방법을 채비한 이래 한 사회 안의 지식의 배분은 스스로 이런 차이점들에 자신을 맞추어 가야 했다. 타미노[모차르트의 마술피리에 나오는 주인공—옮긴이]에게 들어맞는 진리가 있고, 파파게노에게 들어맞는 다른 진리도 있다. 실제적으로 모든 고전적 자료들은 이집트 제사장들이 사원의 지성소에서 비밀을 지켰던 유명한 지혜가 이런 종류의 것이었다는 데 동의한다. 그것은 일반적 정신에 접근하기 어려운 지식이었지 공공질서 유지를 파괴하기 위한 것이 아니었다. 후대의 사상은 이집트 종교의 고대 모델에 포함되지 않았다.

워버턴이 제기한 분열된 종교의 온건 형태는 기원전 5세기 그리스의 이성주의로 소급된다. 이 콘텍스트에서 끊임없이 언급되는 표준구(locus classicus)는 『크리티아스』의 유명한 어구인데 그것은 인간의 역사를 세 단계로 재구성한다.

1. 자연적인 야만 상태: 이 단계는 선행이 보상받지 않고 범죄가 처벌받지 않은 채 남아 있는 단계로서 무질서와 대량살육이 경합한다.
2. 사법제도는 질서를 창조하고 유지하지만 오직 어느 정도 단계까지만 그렇다. 많은 범죄와 폭력은 비밀리에 계속되고, 붙잡히지 않고 남아 있기 때문에 여전히 처벌받지 않게 된다.
3. 종교의 창안, 그리고 그에 따른 신적 전지함과 미래에 올 상급과 심판의 상태에 대한 창안은 그 인위적이고 전략적 성격이 들키지 않는 한 남몰래 저지를 범죄행위를 저지할 목적을 수행한다. 종교의 위약효과는 오직 진리가 발견되지 않을 때만 효력을 발생한다. 하지만 그 창안의 목적은 선하므로 그것은 사기가 아니라 인류의 복지를 위해 필수불가결한 제도다.[5]

신성문자에 대한 전통적 연구들이 고대 이집트 종교에 관한 이 불가사의한 이론을 가장 강하게 지지하고 있다는 것을 알게 하는데, 이 신성문자는 세속화로부터 진리를 보호하고 초심자들에게 미망을 벗어날 때 있을 수 있는 충격을 주지 않는 형식으로 흔히 사제들의 비의적 유일신교를 전달하려고 고안된 암호체계로 해석된다.

---

5) Warburton, *Divine Legation*, vol.2, 149ff.를 보라.

분열된 종교 개념의 급진적 형식은 기만이론이다. 17, 18세기에 매우 일반화되었던 이 이론은 특히 베르나르 퐁트넬(Bernard Fontenelle)[6] 및 그의 "성직자들의 반역"(trahison de clercs) 개념과 관련되어 있다. 퐁트넬의 『신탁의 역사』(Histoire des oracles, 1686)는 전통적 견해에 따라 이단적 신탁이나 기적을 이용했던 '악마'와 귀신들을 악한 성직자들로 대체했으며 기적들을 매우 인간적인, 비밀리에 이루어지는 권모술수와 조작으로 설명했다. 이것은 아마 이집트 다신교에 대한 가장 조잡한 왜곡일지도 모른다. 고대 이집트 종교에 관한 그런 불합리한 견해가 어떻게 가장 진보한 유럽 학자들의 정신에서 그렇게 오랫동안 유지될 수 있었는지는 것은 의문으로 남는다. 한 종교가 과연 그 진리의 완전한 부정이나 '환멸'을 이기고 살아남았던 적이 있던가? 진리와 거짓 사이의 모세구별은 두 종교 사이, 또는 두 문화체계 사이에서 기능할지도 모른다. 그러나 그것이 어떻게 한 체계 또는 같은 체계 내에서 기능할 수 있는가? 고대 이집트를 고려하여 분열된 종교의 급진적 모델을 제기한 학자들은 사실 성서와 기독교의 기억 및 자기정의의 토대가 된 이집트 서브텍스트를 찾는 데 관심을 기울이지 않았다. 그들은 자기 자신만의 이집트를 건설하여 박해를 감내하는 대신 현재에 관해 이야기하는 데 그치고 말았다. 불성실한 이집트 제사장들의 모델은 동시대의 성직자 제도들의 거울로서 행위하는 것을 의미했다. 과거를 재구성하는 데 집중하는 이 연구의 콘텍스트에서 우리는 기만이론을 제외하고 진행할 수 있다. 왜냐하면 그것은 역사적으로 별 의미가 없기 때문이다. 그것은 진실로 이집트에 관심이 없는 것이다.

---

6) Manuel, *The Eighteenth Century Confronts the Gods*, pp.47~53을 보라.

잠복, 또는 망각한 것과 기억한 것

헤카타이오스에서 프로이트에 이르는, 모세와 이집트 담론의 오랜 역사에서 적대성의 전위(轉位)가 외부에서 내부로 나아가는 것을 확인할 수 있다. 우리는 혁명과 추방에서 시작하여, 적대성이 한 사회 내에서 일어나는 비밀과 신비로 진행했다. 그리고 적대성이 집단적 정신뿐 아니라 개인적 정신에서도 존재하는 잠복으로 끝을 맺었다. 종교적 적대성과 긴장의 세번째 모델로서의 잠복은 지그문트 프로이트의 발견에서 온 것으로 모세와 이집트 담론에 대한 그의 가장 중요한 기여가 되었다. 이 담론에 대한 프로이트의 위대한 발견이자 지속적인 기여는 바로 그가 기억의 역동성과 억압의 회귀에 공헌한 역할이다. 나는 원시적 아버지 살해 개념이라든가, 문화의 이론으로 작동하기 위해 오이디푸스 콤플렉스의 일반화를 요구하는 개인적 기억과 집단적 기억 사이에서 프로이트가 그려 내는 긴밀한 유추에 관한 이론에 대해 자세하게 알지 못한다는 점을 시인해야 한다. 그러나 나는 프로이트 이론의 특별한 교의를 사람들이 믿지 않는다 하더라도 잠복과 억압된 것의 회귀에 대한 개념은 문화적 기억의 어떤 이론으로도 대체할 수 없다고 생각한다. 하지만 이들은 문화적 용어로 재정의해야 한다. 프로이트는 '문화적 망각'이나 심지어 '문화적 억압'과 같은 것들이 있다는 사실을 우리에게 상기시킨다. 프로이트 이래로 어떤 문화이론도 이런 개념들을 숙고하지 않을 수 없다. 전통에 대한 옛 이론은 불충분한 것으로 판명되었다.

'문화적 망각'이란 무엇인가? 현재의 이론에 따르면 망각은 '구조적 망각'의 형식으로서 글쓰기가 결핍된 사회에서 일어난다.[7] 문화적 기억은 구어적 전통사회에서 지속적으로 재작업된다. 현재의 관심사에 더 이상 의미 있게 상응하지 못하는 과거에 관한 그러한 지식의 요소들은 폐기되었고, 오랜 시간을 거쳐 오는 동안 잊혀졌다. 구어적 사회는 폐기된 지식을 저장하는 어떠한 수단도 소유하지 않는다. 그리고 마찬가지로 그 사회는 어떠한 망각의 기술도 알지 못한다. 가장 간단하고 일반적인 망각의 기술은 비문들이나 성상들 같은 문화적 객관화에 있어서 기억의 파괴를 들 수 있다. 이것이 아케나톤의 유일신교적 혁명에서 일어났던 일이다. 그리고 이 파괴는 19세기가 진행되는 동안 고고학적 재발견이 있을 때까지 이 사건을 완전히 회복할 수 없게 하기에 충분하고도 남는 일이었다. 후기 시대의 이집트에 유포되었던 '문둥병자들'과 출애굽에 관련된 전설들에 대한 나의 연구는 어떤 의미에서 망각뿐만 아니라 억압에 대해서 이야기하는 것 또한 가능하다는 것을 충분히 보여 주었다. 아마르나 사건은 거의 80년 안에 완전히 망각되어 버렸다. 그러나 그 경험은 전설적인 전통을 생산하기에 충분히 정신적 충격이 컸고, 전통은——공적인 문화적 기억에 그들의 위치가 없기 때문에——떠돌게 되었으며, 그래서 의미론적으로 관계된 다양한 경험들과 잘 어울릴 수 있게 되었다. 그들은 이집트의 문화적 기억에서 '토굴'을 형성하였다.

다른 망각의 기술은 침묵이다. 이 기술은 그들이 암묵적으로 거부하는 것을 결코 말하지 않는 아마르나 텍스트들에 의해 실천되었다. 이 기술의 정확한 반대는 규범전도이다. 여기서 거절된 것이 기억된다. 그 자신을 위해서가 아니라 자신의 정체성이 가진 반-이미지로서다. 규범전도는 구조적으로 재발을 피하기 위해 망각의 강한 의무를 부과한 개종과 관련된다.

---

7) Rüdiger Schott, "Das Geschichtsbewusstsein schriftloser Völker", *Archiv für Begriffsgeschichte*, no.12, 1968, pp.166~205. Aleida Assmann and Jan Assmann, "Schrift, Tradition und Kultur", ed. Wolfgang Raible, *Zwischen Festtag und Alltag*, Tübingen: Narr, 1988, pp.25~50, 특히 p.35f.를 보라.

모든 개종자는 자신의 개종 이야기대로 살아간다.[8] 우리는 이집트인 모세와 관련된 초기 문서들에서 규범전도의 동기를 만났고 마이모니데스와 존 스펜서의 글에서 그것의 완전한 분석을 공부했다. 규범전도는 타자의 기억을 생생하게 보관한다. 그 이유는 이 이미지가 대비적인 자기규정을 위해 필요했기 때문이다. '사비아 교도들'은 그들을 유일신교의 반-이미지의 자격으로 고양시켰던 마이모니데스에게 발견되지 않았더라도 분명 기억되지 않았을 것이다. 19세기 같은 최근의 텍스트들에서 "자비이주의"(Sabiism) 혹은 "사비아주의"(Sabianism)란 용어를 만난다는 것은 인상적이다. 그러나 이 기억은 타종교의 이미지가 아니라 자신의 종교가 가진 반-이미지일 뿐이다. 그래서 그것은 진정한 기억들이나 전통들에서 살아남은 것은 모두 파괴하고 그들을 논쟁적인 반-구조로 대체한다.

유대교와 기독교의 전통에서 이 망각의 전략은 아주 잘 작동되어 우리가 '다신교'를 완전히 이해하기 힘들게 하였다. 규범전도는 문화적 혐오를 구성하는 것이다. 그래서 이집트는 유령과 숙명적 질병으로 둔갑하였다. 이스라엘-이집트 좌표는 상호 혐오의 모델이 되었다. 그러나 이 좌표와 관계하는 담론은 신비적 담론으로서 이집트애에까지는 미치지 못한 가운데 드러내 놓고 이집트에 공감하는 것은 아니지만 양가적이다. 이런 텍스트들에는 이집트로의 귀환을 금하는 반-퇴행적 충동이 항상 있어 왔고, 이런 경향성은 프로이트에게 가장 각인되어 나타났다. 이 담론에 발을 담근 그 어느 누구도 '다신교의 찬양'을 강조하는 데까지 가지는 못했다. 이것은 포스트모던 철학에서 하나의 담론으로 똬리를 틀고 있다.[9]

하지만 우주신교를 고려하면 상황은 다르다. 신플라톤주의, 헤르메스

---

8) Luckmann, "Kanon und Konversion"을 보라.

주의, 연금술, 카발라, 스피노자주의, 이신론, 그리고 범신론 같은—이 중 대부분은 이집트애의 명백한 형식들을 발전시켰다—우주신교적 운동들의 힘과 영향은 억압된 것의 회귀로 설명될 수 있을 것이다. 우리가 문화적 기억이론에 다가가기 위한 프로이트의 통찰들을 되살리기 위해 그의 몇몇 심리학적 유형들로부터 유래한 범주들을 사회적·문화적·정치적 범주로 (재)번역하는 것이 시급하다. 문화적인 용어로 우리는 '잠복'에 대해 다양한 형식들을 가정할 수 있다.

1. **재현할 수 없는 외상적 잠복.** 프로이트가 생각한 집단적 또는 문화적 억압은 외상적 상황에서 발생한다. 홀로코스트가 하나의 예다. 독일에서 수많은 연구 작업들과 집중적인 과학적 역사 기술(記述)들이 그 시대를 다루고 있음에도 불구하고, 문화적 기억에는 몇몇 쓸모없는 글들만 존재한다. 문화적 기억은 독일에서 여전히 무력한 것처럼 보인다.
2. **암시적 잠복.** 마찬가지로 다른 잠복의 형식들이 있다. 그런 형식들 중에서 마이클 폴라니(Michael Polanyi)가 "암묵적 차원"(the tacit dimension)이라고 명명한 것, 또는 분명한 소통과 사회적 의식의 일부분이 되기에 너무 자명한 암시적 지식을 고려하고 싶다.
3. **주변으로 전락한 잠복.** 잠복의 세번째 형식은 아주 단순하지만 주변으로 전락하는 것이다. 문화적 지식은 항상 인간의 마음에 체화되어 있어서

---

9) Odo Marquard, "Lob des Polytheismus: Über Monomythie und Polymythie", ed. Hans Poser, *Philosophie und Mythos. Ein Kolloquium*, Berlin: Walter de Gruyter, 1979, pp.40~58; Jacob Taubes, "Zur Konjunktur des Polytheismus", ed. Karl Heinz Bohrer, *Mythos und Moderne: Begriff und Bild einer Rekonstruktion*, Frankfurt: Suhrkamp, 1983, pp.457~470.

소통의 집단들이나 루트들을 통해 순환한다. 그것이 순환을 멈추자마자 그것은 주변으로 전락한다. 주도 집단이 박해받거나 그 영향력을 상실하기 때문이고, 혹은 지식이 관심의 변전으로 인하여 새로운 패러다임에 의하여 밀려났기 때문이다. 하지만 그것은 책들에 저장된 채 남아있다. 그래서 후일 다시 귀환한다. 역사는 책의 발견으로 회귀하는 망각된 지식으로 가득 차 있다. 예루살렘 성전의 복구 작업 중 「신명기」를 발굴한 것이나 중국의 한 가정집에서 공자의 책들이 발견된 것 같은 전설적 발견에서부터, 헤르메스 문서와 르네상스 시기에 호라폴론의 책이 재출현한 것, 나아가 우리 시대에 쿰란(Qumran) 공동체와 나그 하마디(Nag Hammadi)의 도서관이 발견되는 것에 이르기까지 다양하다. 문화적 기억은 지하와 어두운 공간에 풍부하게 널려 있다. 발견과 재출현들은 언제든지 있을 수 있고, 지성사가 획일적인 진화의 단순한 통로 위에서 진행되는 것을 막아 준다. 성서적 유일신교의 억압된 반-종교로서의 이집트와 이집트의 우주신교는 아마도——적어도 서구에서는——사상과 사회, 그리고 도덕적 제도들의 발전을 위해 지나간, 그리고 잠재적 실천들에 의해 판단할 이런 현상의 최고 사례 중 하나로 볼 수 있을 것이다.

옮긴이 후기

얀 아스만의 이 책을 번역하게 된 것은 나의 학문적 관심에서 출발한 것이 아니었다. 그것은 순전히 2009년 초 그린비로부터 받은 한 통의 이메일 때문이었다. 진태원 선생님이 이 책을 번역하여 줄 것을 출판사에 요청하면서 아예 내가 그 번역을 맡았으면 좋겠다고 추천까지 하였다는 것이다. 아마도 그 분은 내가 저자의 부인인 알라이다 아스만의 『기억의 공간』을 번역했다는 것을 염두에 둔 모양이었다. 나는 감사히 수락했지만 나의 결정이 잘못되었다는 것을 아는 데는 채 한 달이 걸리지 않았다. 원서의 본문은 이집트어, 히브리어(이 두 언어에 대해서는 솔직히 말해 표기법도 모른다), 그리스어, 라틴어, 프랑스어 등으로 가득했고, 낯선 인명들과 책들, 개념어들이 나를 괴롭혔다. 하지만 낯선 언어로 가득한 이 책이 그렇게 큰 흥미를 끌 줄 몰랐다. 『기억의 공간』이 한 편의 서사시라면, 이 책은 서스펜스로 가득한 모험소설이었다. 종교학자도, 이집트학자도, 문화학자도 아닌 문예학자인 내가 이 책을 한 호흡으로 읽어 낼 수 있었던 것은 바로 기억사라는 주제가 끄는 흥미 때문이었다.

얀 아스만은 뤼베크에서 태어나 하이델베르크에서 성장했다. 그는 뮌헨, 하이델베르크, 파리, 괴팅겐 등지에서 이집트학과 고고학, 그리스학을 전공했다. 1966~1967년 그는 카이로의 독일고고학연구소로부터 장학금을 받고 이집트로 간 후, 1967년부터 1971년까지 독일연구재단으로부터 기금을 받아 연구원으로 일하게 되었다. 테베 서부 지역에 있는 고고학 유물 탐사에 주력하였던 그는 람세스 시대의 고관무덤을 발굴하는 데 가담하였다. 그후 1971년에 교수자격시험을 통과했고, 1976년부터 2003년 퇴임하기까지 하이델베르크 대학교의 이집트학과 교수를 지냈다. 현재 그는 콘스탄츠 대학교의 일반문화학과 명예교수로 재직하고 있다.

문화학자로서 아스만은 부인인 알라이다 아스만과 함께 문화적 기억 이론을 연구했고 이 업적으로 인해 세계적인 주목을 받았다. 자기 전공 영역인 이집트학을 넘어 종교학 연구에까지 이른 그는 소위 출애굽과 밀접한 관련이 있는 유일신교의 탄생에 대한 해석으로 역사학자들, 문화학자들, 문예학자들, 종교학자들에게 명망을 떨쳤다. 그것이 바로 우리의 이 책에 담겨 있다. 아스만은 이 책을 쓴 후, 1999년 독일 대통령으로부터 영예로운 역사학자상을 받았다. 그 외에도 그의 업적은 막스 플랑크 연구상(1996), 뮌스터 대학교 명예 신학박사(1998), 예일 대학교 명예박사(2004), 예루살렘 대학교 명예박사(2005), 독일철십자훈장(2006)을 통해 인정받았다.

이제 책을 안내할 차례다. 아스만은 놀랍게도 그의 글 맨 처음에 수학 논리학자 조지 스펜서-브라운의 "제1구성법칙"으로 그의 구별을 시작한다. 물론 그의 책에서 사용하는 "구별"이라는 범주도 여기에서 따온 것이다. 스펜서 브라운은 구별을 형식(form)과 실체(substance)로 나누는데, 가령 물을 예로 들어 보자. 물은 존재적·정신적 의미에 있어서 형식을 달리하지만(얼음[고체]-강물[액체]-구름[기체]) 실체는 체험할 수 있다. 그리고 직관적·정서적 의미에서 형식은 다르지만 실체는 유사하다. 감각적 또는 물리적 의미에 있어서는 형식은 모양을 갖고 있지만 실체는 질량을 갖고 있다.

우리가 이 법칙을 문화에 적용해 보면 그의 생각이 분명해진다. 모세는 성서적 의미에서 형식은 히브리인(유대인)이지만, 실체는 이집트인이다. 다분히 가설이기는 하지만 역사적 의미에 있어서 형식은 율법판을 받은 '모세'이지만 실체에 있어서 아마르나 혁명을 만든 파라오 아멘호테프 4세 '아케나톤'이다. 그러므로 이 영역, 또는 이 공간에서 아스만은 역사적 인물 모세와 기억의 인물 모세가 같지 않다는 점을 부각시킨다. 아스만은 이것을 기억사라고 칭한다. 그는 "기억사는 역사의 반대개념이 아니라 오히려 지성사나 사회사, 정신사, 이념사들처럼 역사의 한 부문이거나 하위 영역이다.……기억사는 다시 말해, 과거에 의지하는 기억의 산물들이자 후세의 해석의 관점에서만 드러나는 의미와 중요성의 관점들만 전적으로 탐구한다"(본문 25~26쪽)라고 말한다. 이 말을 달리 표현하자면 이집트인 모세를 역사적으로 파악하겠다는 것이 아니라 후세에 특정한 집단(여기서는 서유럽)에 의해 모세가 어떻게 (회상)기억되었는가를 탐구하겠다는 것이다.

성경에 따르면 모세는 유일신교의 창시자다. 하느님이 불타는 떨기나무 속에 나타난 이후 그는 자기 민족인 이스라엘 백성을 이집트에서 이끌어내었다. 이것이 출애굽의 역사다. 모세가 십계명을 하느님으로부터 받아 공표할 때부터 참 종교와 거짓 종교의 구별이 시작되었다. 아스만에 따르면, 이 구별로 인해 최초로 만들어진 문화적 공간이 유대-기독-이슬람의 유일신교였다. 이 세 종교의 역사적 영향력은 바로 모세와 더불어 시작된 이 구별로부터 만들어진 것이다. 이런 구별로 인하여 세 종교의 정체성과 정향성이 만들어지기도 했지만 갈등과 비관용과 폭력의 근원을 만들기도 했다. 이런 모세에 대해 그가 이 책에서 제시한 질문은 다음과 같다.

1. 모세는 과연 역사적 실존인물이었던가? 우리는 그에 대해 무엇을 알고 있는가?
2. 모세는—그의 실존여부와 상관없이—문화적 기억에서 어떤 의미를 가지는가?
3. 모세라는 인물은 기억사에서 어떤 변화과정을 겪었는가?
4. 그리고 그 변화과정은 각각의 시대에 어떤 목적을 가지고 있었는가?

결론부터 말하자면 역사적 모세는 없고 기억의 모세만 있다. 마네톤, 스트라본, 톨런드, 프로이트는 모세를 민족적·문화적 의미에서 진정한 이집트인으로 보았고, 스펜서, 커드워스, 워버턴, 라인홀트, 그리고 실러는 모세가 규범에 충실한 유대인이지만 이집트의 지혜와 신비를 알고 있는 사람으로 간주하였다. 아스만은 모세구별로 인하여 많은 갈등이 있었음을 언급하고 있다. 그 갈등은 유대교와 기독교 사이에, 기독교와 이슬람 사이에, 또 유럽과 오리엔트 사이에(예컨대 에드워드 사이드의 오리엔탈리즘) 지속적으로 있어 왔다.

　서구 역사에서 갈등을 완화하기 위해 이런 구별을 되돌리려는 시도가 없진 않았다. 그러나 지그문트 프로이트의 『그 사람 모세와 유일신교』에 와서야 비로소 모세구별은 결정적 계기를 맞게 되었다. 프로이트는 모세를 이집트인이라 보고 유일신교를 아케나톤의 종교적 혁명으로 환원하면서 갈등을 일으키는 구별을 해체하려 했다. 그래서 프로이트는 모세 이야기를 성경과는 다르게 읽는다. 즉, 이스라엘 사람들이 모세에게 반기를 들고 그를 살해했다는 것이 프로이트의 주장이다. 그는 이 '아버지 살해'가 미래에 오게 될 메시아를 기다리는 소원 환상을 불러왔다고 주장한다. 종교가 정신분석가의 계몽적 처방을 통해 강박 노이로제로 변하는 순간이다.

프로이트의 모세 해석은 모세라는 인물에 대한 인류 역사의 길고도 다양한 해석의 맨 마지막에 자리하고 있다. 유일신교가 형성되는 그 근본적 사건의 복잡성을 설명하기 위해 '이집트인 모세'는 먼저 지속된 유일신교 혁명을 이룬 파라오 아멘호테프 4세, 즉 아케나톤으로 거슬러 올라간다. 아스만은 모세의 근원을 이 왕에게서 찾고 그리고 어떻게 그의 추종자들이 자신들의 신앙의 근원인 이집트인들을 거부했고 그들을 우상숭배자로 비난했는지를 보여 준다. 이런 과정에서 생겨난 "반-종교"는 결국 아스만이 말하는 "반-기억"과 맥락을 같이 한다. 이런 반-종교의 형성과정에서의 역사적 맥락을 재구성하기 위해 아스만은 그리스, 로마, 그리고 르네상스 학자들의 견해를 일일이 추적한다. 필론, 마네톤, 스트라본, 헤카타이오스, 타키투스 등이 그들이다. 그 가운데 아스만은 문둥병, 박해와 추방, 나아가 고대 다신교의 존재와 그것이 유일신과 어떤 관계에 있었는지를 논의한다. 이것이 2장의 내용이다.

3장의 내용은 이렇다. 17세기 이집트학자 존 스펜서에 이르러서 드디어 모세 담론은 영국 계몽주의자들의 눈에 더 이상 신화나 주술이 아니라 이성과 계몽의 언어로 읽히기 시작했다. 결국 모세율법은 규범전도의 법칙에 따라 번역되고 적용된 것으로 이집트적 기원을 갖고 있다는 것이 이들의 공통된 견해다. 인류 문명 초기의 신에 대한 생각은 모든 종교에서 공통성을 보이고, 그것이 서로 교환 가능하며, 번역 가능하다는 것이 이들이 가진 사상의 핵심이다. 그것은 그리스-로마의 신들이 그랬고, 지중해의 여러 나라들이 믿었던 신들이 그랬다. 이는 특히 이집트 신성문자가 보존하고 있는 것으로서 커드워스가 설명한 이집트의 불가해한 신학의 핵심은 '헨 카이 판'(Hen kai pan)에 잘 드러나 있다. 이 유명한 문구에는 다신이자 유일신의 정체가 비밀과 계시로 존재했음을 말해 준다.

4장에서 아스만은 18세기의 모세 담론들을 다룬다. 맨 먼저 그는 존 톨런드의 시각을 다루는데, 톨런드는 모세를 입법자로 파악하며 모세의 법 또한 자연법으로 보고 있다. 윌리엄 워버턴은 모세가 신비의 종교를 대중들에게 전했다고 보고 있다. 특히 그라마톨로지의 관점에서 신성문자의 두 가지 기능, 즉 드러냄과 감춤에 대한 워버턴의 견해는 매우 고무적이다. 종교 입문과정에서의 초보자와 성직자 간의 차이는 문자의 비밀에 대한 차이와 유사한 것으로, 워버턴은 이집트의 우상숭배와 모세의 유일신교 간의 차이를 바로 이런 과정의 변화에 의한 것으로 보고 있다.

이어지는 4장의 내용에서 아스만은 독일의 계몽주의 철학자, 라인홀트, 시인 실러, 나아가 괴테, 레싱, 빌란트, 야코비, 베토벤, 모차르트 등의 프리메이슨 운동을 다루고 있다. 앞에서 제기한 '헨 카이 판'의 정신적 운동을 중심으로 다루면서 이집트가 종교적 적이 아니라 자유주의 사상의 모태로 유럽에 수용되었음을 서술하고 있다. 우리는 오늘날 모차르트의 「마술피리」와 댄 브라운의 『다빈치 코드』로 알려져 있는 프리메이슨 운동이 사실 이집트애나 이집트광과 연결되어 있음을 알 수 있다. 라인홀트는 모세 종교를 반-종교가 아니라 비밀 종교라 파악하며 베토벤을 포함한 이들 프리메이슨들은 베일에 싸인 이시스 신의 비밀을 유지하는 종교로 받아들였다. 괴테의 『파우스트』에 나오는 그레트헨(마르가레테)과 파우스트와의 하느님에 대한 대화나 모차르트의 「마술피리」에 나오는 이시스와 오시리스에 대한 설정은 모두 실러가 생각한 자연의 숭고함, 범신론, 우주신에 대한 열광을 표현하는 운동이 되었다.

5장에서는 이제 중세와 르네상스 시대의 지혜의 근원으로서의 모세상, 그리고 계몽주의의 해석을 지나 프로이트에 이르게 되었다. 여기서는 이미 우리가 위에서 말한 억압의 회귀라는 프로이트의 모세 종교에 대한 사상을 언급하고 있다. 6장에서는 이집트학자로서 이집트학의 고고학적 발견을 통해 그것과 성서 텍스트 사이의 연관관계를 예시하고 있다.

유일신교와 서양문화의 깊은 근원에 서 있는 모세는 역사의 인물이 아니라 기억의 인물이다. 그렇게 모세는 아스만의 책에서 혁신적인 기억사 서술의 핵심적 주제가 되었다. 그러므로 이 책 『이집트인 모세』는 사실적 또는 허구적 사건과 그 인물들이 어떻게 종교적 믿음 속에서 기억으로 자리하게 되고, 철학적 정당화, 문학적 재해석, 문헌학적 재구성(부정), 그리고 정신분석학적 탈신비화를 위해 변형되는지 그 방식을 말하고 있다. 그러나 이 책은 단순히 다양한 지식을 망라하고 깊이 있는 성찰을 한 종교학적·이집트학적·문화학적·역사학적 연구서일 뿐만이 아니라 이집트를 유럽의 문화적 기억의 일부에 편입시키는 획기적인 책이다. 그런 편입의 시도에는 이유가 있다. 아스만은 이 책에서 자기 민족의 과거가 유대인뿐 아니라 전 인류에 쇼아(홀로코스트)라는 깊은 상처를 남겼다는 사실을 인정하고 있다. 아스만이 기억의 문제에 몰두한 것은 바로 상처의 근원이 된 '모세구별'을 폐지하기 위한 동기에서 출발한 것이다. 아스만이 바란 민족 간의 대화는 곧 문화 간의 번역 가능성, 수용, 그리고 적용에 그 기반을 두고 있다.

    이 번역서가 빛을 보기까지 많은 분들이 주신 도움을 잊을 수 없다. 책을 소개해 주신 그린비의 박재은 팀장님, 꼼꼼한 질문과 교정을 해주신 박광수 씨, 라틴어 번역을 도와주신 안재원 선생님께 감사드리고, 특히 나의 짧은 영어를 보완해 준 친구 줄리에게 무엇보다 감사한다.

2009년 12월
변학수

찾아보기

ㄱ

가시성 315, 323
가시적 세계 352~353
게일, 테오필(Gale, Théophile) 109
계몽주의 188, 250, 283
계시의 패러다임 348, 351, 353~354, 367
고대 신학(prisca theologia) 41, 107, 157
괴딕케, 한스(Goedicke, Hans) 65
괴테, 요한 볼프강 폰(Goethe, Johann Wolfgang von) 100, 246
　『색채론』(Zur Farbenlehre) 330
　『파우스트』(Faust) 100, 244
규범에 따라(thesei) 189
규범전도 63, 74, 110, 119, 125, 130, 135, 273, 381~382
　~의 원칙 64, 115, 120~121
그라마톨로지(grammatology) 189, 199, 207

그 사람 모세 263, 269~270, 293
급진적인 계몽주의 169
기억
　개종 ~ 24~25
　문화적 ~ 29, 32, 34, 37~38, 40, 48, 77, 377, 380~381, 384
　아마르나 ~ 80
　억압된 ~ 289
　외상적 ~ 53, 78
　집단 ~ 26~27, 78
　해체 ~ 25
　회상 ~ 26
기억사(mnemohistory) 22, 27, 31, 37, 51, 61, 375
　~에서 담론의 의미 37~40
　~와 역사 비교 47
　~와 역사적 실증주의 비교 27
　~의 안정체 61
　~의 패러다임 261
　~적 담론분석 38
기억술(ars memoriae) 202

ㄴ·ㄷ

나폴레옹(Bonaparte, Napoléon) 42, 46, 256
　~의 이집트 원정 42, 46
놈(nome) 72, 120, 173
능산적 자연(natura naturans) 163, 184
다신교 16~17, 151, 180, 231~232
『달아나는 아탈란타』(Atalanta Fugiens) 237
더글러스, 메리(Douglas, Mary) 64, 81, 293
　엔클레이브 문화(enclave culture) 64~65, 293
더 작은 신비 180, 187, 214, 225, 230
「더 짧은 찬가」(Shorter Hymn) 306, 321, 353
더 큰 신비 180~181, 214, 226~227
데리다, 자크(Derrida, Jacques) 189
데미우르고스(Demiourgos) 160
도리니, 피에르-아당(d'Origny, Pierre-Adam) 184~185
　『고대 이집트』(L'Egypte ancienne) 184
둠밈 138~139
디오도루스(Diodorus) 32, 34, 118, 126, 172, 174, 180

ㄹ·ㅁ

라인홀트, 카를 레온하르트(Reinhold, Karl Leonhard) 28, 171, 183, 210, 212~214, 216, 218, 220~221, 227~228, 231, 250
　사자음문자 해석 221
　이집트적 신비들 213
락탄티우스(Lactantius) 219
레드포드, 도널드(Redford, Donald B.) 60, 79, 334
레비-스트로스, 클로드(Lévi-Strauss, Claude) 39~40
레싱, 고트홀트 에프라임(Lessing, Gotthold Ephraim) 20, 222, 248~249, 251
리시마코스(Lysimachos) 70
마네토(Manetho) 19, 59~63, 66~68, 110
　『이집트지(誌)』(Aigyptiaka) 59
　~과 성서의 출애굽 설명 78~79
마다우라의 아풀레이우스(Apuleius of Madaurus) 89
　『변신』(Metamorphoses) 89
마이모니데스(Maimonides) 28, 108, 110, 112, 114~115, 280
　『혼란에 빠진 자들을 위한 지침서』(Moreh Nebukhim) 108
　~의 이중표현(verba duplicata) 144
마이어, 에두아르트(Meyer, Eduard) 59, 61, 279
만, 토마스(Mann, Thomas) 265, 274
　『요셉과 그 형제들』(Joseph und seine Brüder) 265
만화경(kaleidoscope) 260, 264, 296
망각술(ars oblivionalis) 111
매뉴엘, 프랭크(Manuel, Frank) 28
메소포타미아 목록학(Listenwissenschaft) 87
"모든 것인 하나"(una quae es omnia) 365~366, 368

모세 15, 28, 50, 73, 116, 146, 172~174, 178, 203, 233, 247, 278~279
　이름의 기원 270~271
　~구별 15, 17~18, 20~22, 24~25, 171, 256, 305, 371~372, 376
　~시대보다 선행한 신(diu ante Mosis tempora) 133
　~신학 214
　~오경 173
　~율법 18, 45, 72, 78, 107, 112, 114, 133, 140, 148, 169, 177~178, 213
　~의 유일신교 288~290
　~의 이집트 교육 136
모세-이집트 담론 43, 264, 266~267, 270, 274, 280~285, 293, 295, 370, 372, 376~377
모차르트, 볼프강(Mozart, Wolfgang Amadeus) 38, 46, 100, 211, 241, 244
　「마술피리」(Die Zauberflöte) 38, 46, 241, 243
무위의 신(deus otiosus) 86
문둥병자 19, 28, 63, 81~82, 84, 381
뮐러, 카를 오트프리트(Müller, Karl Otfried) 33
므네모시네(Mnemosyne) 37

ㅂ

바(ba) 351
바로(Varro) 100
바르부르크, 아비(Warburg, Aby) 31, 37
　이동경로(Wanderstrassen) 31, 37
바울(Paulus) 29~30

반-공동체(counter-community) 110
반-기억(counter-memory) 30, 111
반(反)성상주의 82
반-역사(counterhistory) 31, 66~67
반유대주의 20, 22, 61, 84~85
반-종교(counter-religion) 17, 23, 74, 77, 185, 214, 266, 302, 304~307
발생학(embryology) 324
버낼, 마틴(Bernal, Martin) 32
　『블랙 아테나』(Black Athena) 32
　~의 구모델과 신모델 32
번역 135, 148
베유, 레몽(Weill, Raymond) 60~61
베토벤, 루트비히(Beethoven, Ludwig van) 224
　~의 이신론 신조 225
변형 종교(translatio religionis) 72
보른, 이그나츠 폰(Born, Ignaz von) 211, 228, 292
부족종교 86
부차적 종교 304~306
불가해한 신학 152~155, 157, 163, 165
브라운, 토머스(Browne, Thomas) 192
　~의 신성문자 해석 192
브레스티드, 제임스 헨리(Breasted, James Henry) 51, 262, 275, 339
브루노, 조르다노(Bruno, Giordano) 202
블라시우스, 헤라르트(Blasius, Gerard) 237, 239
　『동물해부학』(Anatome Animalium) 237, 239
블루멘베르크, 한스(Blumenberg, Hans) 39
　신화 작업(Arbeit am Mythos) 39

비알, 데이비드(Biale, David) 31
비유적(tropical) 신성문자 198
빌란트, 크리스토프 마르틴(Wieland, Christoph Martin) 211~212

ㅅ

사문자(tetragraphy)체계 197, 199
사비아
　~교도 108, 112, 114, 140
　~주의 112
사이스(sais)의 베일에 가려진 성상 160, 198, 214~216, 218, 233
사자음문자(Tetragrammaton) 214, 222
상호 문화적 번역 17, 25, 86, 104
새로운 태양 신학(New Solar Theology) 308, 324
샹폴리옹, 프랑수아(Champollion, François) 43, 207
성사(historia sacra) 168~169
성서 29, 51, 78~79, 104, 369
　「민수기」 81
　「사도행전」 203, 269
　「시편」 302~311, 326, 341
　「신명기」 174, 204
　「출애굽기」 18, 23, 137, 269, 371
　~적 유일신교 277, 298
성좌(ex cathedra) 134
『세 명의 사기꾼』(De tribus impostoribus) 171, 247, 282
세트(Seth) 신 58, 74~75, 83, 205
소산적 자연(natura naturata) 163, 184
속사(historia profana) 168~169

숭고함 239, 243
스트라본(Strabo) 76, 174~175, 214
　~이 파악한 모세(Moses Strabonicus) 175
스틸링플리트, 에드워드(Stillingfleet, Edward) 109
스펜서, 존(Spencer, John) 28, 105, 107, 112, 115, 120~127, 130~133, 137~142, 144~145, 148, 152, 169~170, 227, 230, 260, 278
　동화(同化) 134
　세기의 정신(genius seculi) 133
　『우림과 둠밈』(Urim and Thummim) 105
　『히브리 제의에 관하여』(De Legibus Hebraeorum Ritualibus et Earum Rationibus Libri Tres) 39, 105, 135~136
　~와 마이모니데스의 차이 112~115, 122
　~의 기독교 신학의 두 가지 기본 가정 106~107
스펜서-브라운, 조지(Spencer-Brown, George) 14
　~의 제1구성법칙(first Law of Construction) 14
스피노자, 바뤼흐(Spinoza, Baruch de) 24, 44~45, 177, 183, 185, 248, 250, 255
　신 즉 자연(deus sive natura) 183, 212, 248, 343
　~주의 249
『스피노자의 정신: 세 명의 사기꾼』(L'esprit de Monsieur Benoit de Spinosa: Traite des trois imposteurs) 171~172

스핑크스 155, 216
시빌의 신탁집 152, 220
시원(始原)종교 176
신비숭배 179, 185, 192~193
신비학 전통 140
신성문자 43, 190, 192, 195~196, 200, 202, 206~210, 232, 342
신의 성육화(die Weltwerdung Gottes) 343
신 즉 자연 즉 이시스(Deus sive natura sive Isis) 256
신화 동력(mythomoteur) 36, 40
실러, 프리드리히(Schiller, Friedrich) 28, 72, 224, 228, 230~231, 233, 243
　「모세의 파송」(Die Sendung Moses) 38, 213, 224~225, 230
　「사이스의 베일에 가려진 성상」 229

ㅇ

아나톨리아(Anatolia) 54
「아네보에게 보내는 편지」 156
아누 샤 아멜리(Anu ša Ameli) 87
아도니스(Adonis) 130
아르타파노스(Artapanos) 72~73
　『유대인에 대하여』(On the Jews) 72
아르테미도로스(Artemidorus) 206
　알레고리적(allegorical) 꿈 206
　사변적(theorematikos) 꿈 206
아리스토텔레스학파 188~189
　간접적 의미(mittelbare Signifikation) 188
아마르나(Armarna) 28, 55~61, 65, 79

~ 기억 80
~ 신학 308
~ 유일신교와 성서 유일신교 간의 차이 372~373
~ 종교 276, 303, 305~307, 339, 372~373
~ 찬가 275, 319, 326
~ 혁명 267
아문-레 344, 346, 348, 362
아불렌시스(Abulensis) 126
　『출애굽기 해설서』(Commentary in Exodum) 126
아시아의 질병 57
아우소니우스(Ausonius) 99
아우어바흐, 엘리아스(Auerbach, Elias) 262
아케나톤(Akhenaten) 15, 18~19, 21, 28, 50~51, 77, 267, 272, 275~276, 278, 298, 303, 318~319, 337, 339
　~의 유일신교적 혁명 21, 52~53, 272
아피스 수소 118, 134
알레고리 145, 156, 161
알렉산드리아의 클레멘스(Clement of Alexandria) 136, 147~148, 155, 179~181, 195, 199, 227~228
　~의 이집트 문자체계 분석 197, 199
야코비, 프리드리히 하인리히(Jacobi, Friedrich Heinrich) 248, 250, 254
억압된 것의 회귀 380
에우세비우스(Eusebius) 135, 146, 180
에우헤메리즘(euhemerism) 291~292, 295
에페수스의 많은 유방을 가진 디아나 198, 242~243

엘레우시스 제전 180
역사와 신화의 구별 34~36
영원한 철학(philosophia perennis) 41
예이츠, 프랜시스(Yates, Frances A.) 28, 57~158
오르페우스(Orpheus) 252~253
오리게네스(Origenes) 147, 154
오사르시프(Osarsiph) 63, 65~68
오시리스(Osiris) 127~130
온켈로스(Onqelos) 116
요세푸스 플라비우스(Josephus Flavius) 52, 62~63, 75, 79, 83, 179
 『아피온 반박문』(Contra Apionem) 62
우림 138~139
우상숭배 16, 18, 23~24, 81~82, 114, 171, 205, 371, 375
우주 기원론 324
우주신 101, 104, 220, 254, 256
 ~교 218, 244, 254~256, 343
우주적 신(le dieu cosmique) 164
우주적 자연(Universal Nature) 198
우주적 적(敵) 318~319, 323
우주혼(anima mundi) 351
워버턴, 윌리엄(Warburton, William) 28, 45, 171, 177~180, 183, 185~188, 193~196, 198~199, 201~207, 213, 224, 230, 261, 378
 『모세 신성한 특사』(The Divine Legation of Moses Demonstrated) 38
 종교와 철학 발전의 세 단계 187
 ~의 신성문자 해석 192, 194~196
 ~의 이집트 문자체계 분석 197~199
 ~의 형상적 기호의 세 가지 법칙 195
원시적 유일신교 150

웨이걸, 아서(Weigall, Arthur) 51, 262, 339
「위대한 찬가」(Great Hymn) 306, 309, 324, 337
유월절 115, 119~120, 125, 145
 양의 희생 119, 122
 제례 145
유음현상 266~267
유일신교 15, 23~24, 77, 270, 297, 298
 우주적 ~ 69
 ~적 우상숭배 142
율법 144~146
이방인 15~18
이스라엘 24
이시스(Isis) 243, 246
이신론자 177
이암블리코스(Iamblichos) 157, 160, 162
이원적 종교 179
이집트 24, 26, 80, 153, 169, 185
 기억사 25
 동물숭배(zoolotria) 122, 206
 숭배 47, 217
 신성문자 156
 역병 141
 오노마스티카(onomastica) 208
 종교 186
 코이아크(khoiak) 의식 128
 ~와 이스라엘의 기억사적 의미 22~25
 ~의 종교적 축제 54~55
 ~의 성서적 이미지 371~372
 ~적 기원 138
 ~ 종교와 성서적 종교 간의 적대주의 273
 ~학 47~48

이집트 공포(Egytophobia) 140, 213
이집트광(Egyptomania) 40, 140, 170, 256
이집트애(Egyptophilia) 42, 140, 213, 382~383
　~적 르네상스 담론 43
이집트인 모세 28~31, 41, 46, 51, 76, 281, 289, 302, 382
　~와 히브리인 모세 비교 28~30
익명성 218~219, 243
익명의 신(deus anomymus) 219~222, 233, 244, 256, 346
인간 역사의 세 단계 378
일과의 노래(Tageszeitenlied) 315~316
일루미나티(Illuminati) 211~212

ㅈ · ㅊ

자문화중심주의 86
『자연과 문자(성서)의 조화』(Naturae et Scripturae Concordia) 190
자연법(Naturae lex) 175, 183
자연의 빛(lumen naturale) 302
장미십자회(Rosicrucianism) 45
전파론(傳播論) 263
제그너, 요한 안드레아스 폰(Segner, Johann Andreas von) 234~235
제이콥, 마거릿(Jacob, Margaret) 169
젤린, 에른스트(Sellin, Ernst) 262, 280
종교 15~17, 104, 178, 273~275
　공적 ~ 185
　비밀 ~ 214
　자연 ~ 150, 169, 171, 256

　주된 ~ 304, 306
　~적 적(敵) 83
진실한 이름(verum nomen) 91~92
진즈부르그, 카를로(Ginzburg, Carlo) 84
「참된 교리」(Alethes Logos) 100
창조의 패러다임 345
총신주의(summodeism) 309

ㅋ · ㅌ

카소봉, 이사크(Casaubon, Isaac) 43~44, 157~158, 165
칸트, 임마누엘(Kant, Immanuel) 230, 233, 239
　『판단력 비판』(Kritik der Urteilskraft) 233~234
커드워스, 랠프(Cudworth, Ralph) 45, 150, 153, 156~165, 252, 302~303, 342~343, 368
　『우주의 진정한 지적 체계』(True Intellectual System of the Universe) 150, 251
　~의 고대 이집트 신학 해석 156~158
케루빔 137~138
켈수스(Celsus) 100, 154
콜로나, 프란체스코(Colonna, Francesco) 40
키르허, 아타나시우스(Kircher, Athanasius) 40, 44, 138, 164
키케로(Cicero) 176
　『신의 본질에 관하여』(De natura deorum) 176
　『예언에 관하여』(De divinatione) 176

『크리티아스』(Critias) 378
타키투스(Tacitus) 73~74, 84, 115, 121
태양신 315, 319, 338, 346
『토이처 메르쿠르』(Teutscher Merkur) 211
톨런드, 존(Toland, John) 20, 168, 170~173, 214, 374
   『유대인의 기원』(Origines judaicae) 170, 177
틴들, 매슈(Tindal, Matthew) 169

ㅍ

팔레스티나 52, 68, 73, 76
팰림프세스트(palimpsest) 371
페사흐 하가다(Pessah Haggadah) 27
포르피리오스(Porphyrios) 100, 136, 156, 199
   ~의 이집트 문자체계 분석 197, 199
퐁트넬, 베르나르(Fontenelle, Bernard) 379
   『신탁의 역사』(Histoire des oracles) 379
푼켄슈타인, 아모스(Funkenstein, Amos) 31, 66~67
프로이트, 지그문트(Freud, Sigmund) 20~21, 28, 51, 213, 261~267, 270~271, 273~274, 276, 278, 283~285, 294~297, 302~303, 339, 370
   『그 사람 모세와 유일신교』(Der Mann Moses und die monotheistische Religion) 20, 38, 265, 267, 269, 271, 289, 291

기억작업(Erinnerungsarbeit) 370
반유대주의의 기원 298~299
잠복(latency) 274, 380, 383
잠복의 세 가지 형식 383~384
~의 모세 살해 분석 286~289
~의 이집트인 모세와 마이어의 미디안인 모세 비교 280, 282
프로클로스(Proklos) 160, 162, 216~218
프리메이슨 188, 211, 241
플라톤학파 149, 189
   본성적 방법으로(physei) 189
   케임브리지 ~ 149
플로티노스(Plotinos) 191, 330
플루타르코스(Ploutarchos) 74, 101, 145, 155, 159~161, 215, 217~218
   『이시스와 오시리스에 관하여』(De Iside et Osiride) 159, 215
피치노, 마르실리오(Ficino, Marsilio) 40~42, 191
필로조프(philosophe) 271
필론(Philo) 19, 106, 161
   『모세의 생애』(Vita mosis) 106, 136
   『십계명에 관하여』(De decalogo) 19
   『특수 율법에 관하여』(De specialibus legibus) 19

ㅎ

하늘궁전(celestial palaces) 145
할례속 241, 278
할례의 표시(signum circumcisionis) 277~278
해몽술 206~207

헤르더, 요한 고트프리트 폰(Herder, Johann Gottfried von) 32, 370
　민족정신(Volksgeist) 195
　시대정신(Zeitgeist) 133
헤르메스 동굴(Hermetic Cave) 240
『헤르메스 전집』(Corpus hermeticum) 40, 44~45, 104, 157~159, 163, 165, 252, 367
헤르메스 트리스메기스투스(Hermes Trismegistus) 41, 45, 157, 219, 240, 251
헤카타이오스(Hecataeus) 32~34, 68~69
헨 카이 판(hen kai pan) 150, 163, 222, 248~251, 253, 255, 257, 302, 343, 361

현시(顯示)의 패러다임 345
호라티우스(Horatius) 126
호라폴론(Horapollo) 104, 147, 162, 188
　『신성문자』(Hieroglyphica) 104, 18
홀로코스트 34
황금색 밑바탕 372
황금 송아지 134, 207, 375
훔볼트, 알렉산더 폰(Humboldt, Alexander von) 236, 239
　『식물지리학 개론』(Ideen zu einer Geographie der Pflanzen) 236, 239
히프시스토스(Hypsistos) 95, 100
힉소스 왕족 52, 60~63, 66, 79~80, 272